	기사일	경오일	신미일	임신일	계유일
1국	287	339	389	441	493
2국	291	343	393	445	497
3국	295	347	397	449	501
4국	299	351	401	453	505
5국	303	355	405	457	509
6국	307	359	410	461	513
7국	311	363	414	465	517
8국	315	367	418	469	521
9국	319	371	422	473	525
10국	323	375	426	477	529
11국	327	279	430	482	533
12국	331	383	434	486	539

○ 묘성과, 리괘, 호랑이가 사람을 무는 상
구관은 길하고, 나머지 정단은 모두 흉하다. 특히 출행, 병재, 관재가 흉하다.

○ 별책과, 음란의 상, 불완전의 상
혼인과 가정에서 음란이 발생한다. 모든 일에서 불완전하다.

○ 팔전과, 동인괘, 협력동심의 상
근친상간의 상으로서 가정이 음란하다. 유실물은 안에 있다.

○ 반음과, 진괘, 경천동지의 상
길사는 불성하고, 흉사는 사라진다. 혼인과 가정과 직장과는 절연된다.

○ 복음과, 간괘, 수구대신의 상
구관(求官)은 길하고, 나머지 정단은 모두 흉하다. 질병은 수술수가 있다.

즉문즉답 대육임직지

갑자순

우산愚山 이수동李洙銅

1963 경북 백두대간 황악산 남쪽 산자락에서 출생
1991 한국기공연합회 기공사, 감사 역임
2005 『운명 바꿀 것인가 따를 것인가』에
    한국의 대표 역학인 10人에 소개
2006 『육임입문』 1·2·3 출간
2009 『육임실전』 1 출간
2010 『대육임필법부 평주』 출간
2013 원광대학교 한국문화학과 졸업, 문학박사
2014 『육임실전』 2(「육임지남주해」) 출간
2018 「육임의 혼인점단 이론체계 연구」, 실천민속학회, 2018.
전직) 서라벌대학교 풍수명리학과 강사, 공주대학교 동양학과 강사
현재) 원광디지털대학교 동양학과 강사, 동국대학교 미래융합교육원 강사
    (학술단체) 고려육임학회 학회장, 한국택일 연구소
        네이버에서 고려육임학회 카페 http://cafe.naver.com/taotemple
        이메일 : gigong@naver.com

대유육임시리즈 7 **대육임직지** ① 갑자순

- 3쇄 발행 2020년 10월 15일
- 주해   우산 이수동
- 편집   이연실 윤치훈
- 발행인 윤상철   · 발행처 대유학당 since1993
- 출판등록 2002년 4월 17일 제305-2002-000028호
- 주소 서울 성동구 성수동2가 280-1 SKV1 센터 1동 814호
- 전화 (02)2249-5630
- 블로그 http://blog.naver.com/daeyoudang   유튜브 대유학당 TV
- ISBN 978-89-6369-090-2   13180
- 정가 **30,000원**

- 이 도서의 국립중앙도서관 출판예정도서목록(CIP)은
  서지정보유통지원시스템 홈페이지(http://seoji.nl.go.kr)와
  국가자료공동목록시스템(http://www.nl.go.kr/kolisnet)에서
  이용하실 수 있습니다. (CIP2018030939)

즉문즉답
대육임직지

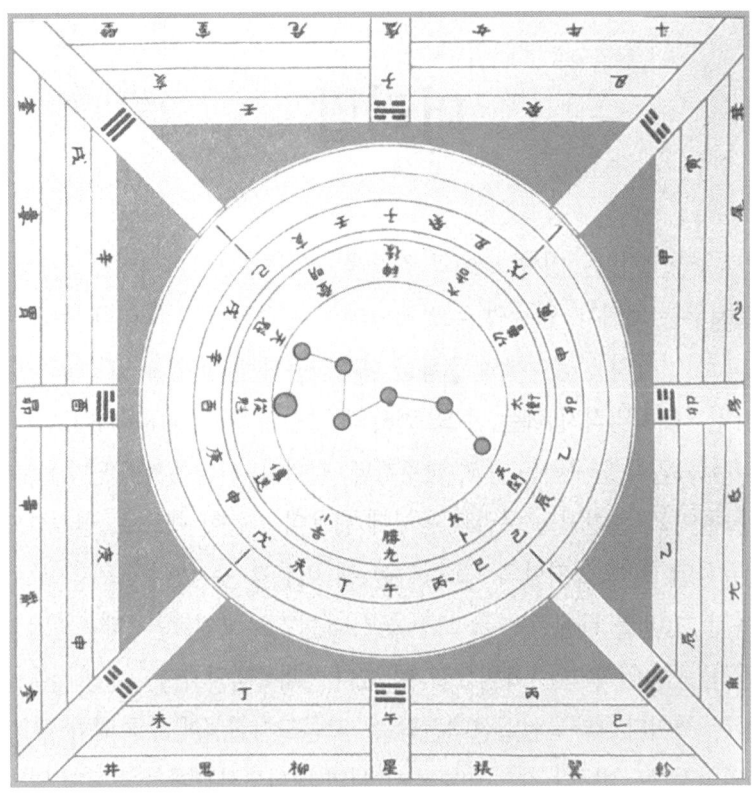

낙랑군 우왕묘에서 출토된 육임식반의 복원도.

○ 육임식반은 하늘을 뜻하는 원형(圓形)의 천반과 땅을 상징하는 방형(方形)의 지반으로 구성되어 있다.
□ 원형(동그라미)의 한 가운데에는 북두칠성이 그려져 있고, 동그라미 테두리에는 육임의 12월장 및 10간 12지가 적혀 있으며, 그 바깥의 방형의 네모에도 10간 12지와 팔괘 그리고 이십팔수가 적혀 있다.
△ 이 유물을 통해 육임식반이 널리 사용됐고, 육임점(六壬占)이 널리 성행했음을 알 수 있다.

머리말

『대육임직지』는 인사(人事)의 길흉을 손가락으로 가리키듯 곧바로 가르쳐주는 책이자, 인사의 주요 사안에 '즉문즉답'하는 책이다. 육임은 720과로 인사의 성공여부와 길흉을 예측하는 학문이다. 육임 720과 주석서인 『대육임직지』에는 주요 인사의 답안이 '직지(直指)'되어 있다. 따라서 육임을 연구하는 분과 사주카페, 철학관, 사찰에서 상담하는 분은 물론이고, 일반인도 구입과 동시에 활용이 가능한 책으로, 편리성으로 말하면 토정 이지함의 『토정비결』에 비유할 수 있다.

육임 720과를 해설한 주요 고전을 시대순으로 살펴보면 『대육임입성대전검』, 『육임직지』, 『육임요결』이 있다. 『대육임직지』는 이 고전들을 주석한 책이다. 『대육임입성대전검』은 고금도서집성에 수록되어 있고, 『육임직지』는 청나라 강희제(康熙帝) 때의 왕실도서관에 소장되어 있었던 고서이며, 『육임요결』은 청말·근대초기 오사청 문집의 한 책이다.

10여 년 전 720과 주석서 출간을 결심한 뒤에, 이제야 갑자순, 갑술순, 갑신순의 주석서를 먼저 세상에 내 놓는다. 이 책에는 가정(주택), 구관(시험, 승진), 혼인, 임신·출산, 귀인 알현(면접), 구재(장사, 사업), 질병, 출행(여행), 귀가, 쟁송(관재) 외에도 날씨와 음택(산소)과 전쟁에 대한 길흉여부와 그 이유가 비교적 자세하게 설명되어 있다. 아무쪼록 이 책이 육임을 연구하는 분, 상담 현장에서 상담하는 분, 그리고 일반인에게 작은 도움이 되길 기원한다.

서기 2018년 계하에
빛고을 光明에서 우산 이수동 삼가 적음

일러두기

1. 본고의 근본은 『대육임입성대전검』, 『육임직지』, 『육임요결』에 두었다.

2. 과체

   매 국의 과체에서 '∥' 이전의 것은 고전의 것이고, '∥' 이후의 것은 고전 이외의 것으로써 저자가 보완하였다.

3. 귀인접지법

구분 주야 십간	현대		청나라 이전 ~명나라	
	낮	밤	낮	밤
甲	未	丑	丑	未
乙	申	子	子	申
丙	酉	亥	亥	酉
丁	亥	酉	亥	酉
戊	丑	未	丑	未
己	子	申	子	申
庚	丑	未	丑	未
辛	寅	午	午	寅
壬	卯	巳	巳	卯
癸	巳	卯	巳	卯

본고에서는 현대인의 활용을 위해 아래와 같이 현대의 귀인접지법을 적용하였다.

갑일의 낮 귀인은 未이고 밤 귀인은 丑이다.
을일의 낮 귀인은 申이고 밤 귀인은 子이다.
병일의 낮 귀인은 酉이고 밤 귀인은 亥이다.
신일의 낮 귀인은 寅이고 밤 귀인은 午이다.
임일의 낮 귀인은 卯이고 밤 귀인은 巳이다.

4. 섭해과의 삼전은 고전의 삼전을 취용하였다.

5. 귀인알현

   이 항목은 공무원이나 직장인이 그들의 상급자에게 청탁하거나 혹은 서민이 관청의 공무원 혹은 귀인을 만나서 부탁할 때에 적용된다.

6. 가정

   원문에서의 '가택'이다. 가정사와 가상(양택) 항목이다. 만약 회사를 정단하면 회사가 되고, 가게를 정단하면 가게가 된다. 따라서 회사 또는 가게의 좋고 나쁜 상황을 알 수 있다.

7. 쟁송과 관재

   쟁송은 원고와 피고가 정해진 상황에서 승소와 패소를 예측하는 것이고, 관재는 범법을 저지른 뒤 죄의 경중을 예측하는 것이다.

8. 원문에서 10개 '괘'로 표기되어 있는 것을 '과'로 바꾸었다. 예를 들어 '원수괘'를 '원수과'로 바꾸었다.

9. 정단에서의 우산그림(☂)은 원문에는 없지만 꼭 필요하다고 생각하여 저자가 추가한 것이다. 가령 갑자일 제1국에서 '☂ 알현' 항목을 저자가 보충하여 항목의 가장 뒤편에 수록하였다.

『대육임직지』의 특징

1. 이 책의 원저는 『대육임입성대전검』, 『육임직지』, 『육임요결』이다.

2. 이 책은 인사의 주요 질문에 대한 답을 직지(直指)한 책이다. 따라서 육임의 최종 결과물이라고 할 수 있다.

3. 이 책은 과체(課體), 과의(課義), 해왈(解曰), 단왈(斷曰), 12개 사안, 그리고 『대육임필법부』와 『과경』을 비롯한 육임의 주요 문헌에서의 720과 해설로 구성되어 있다. '과의'는 '핵심'으로, '해왈'은 '분석'으로, '단왈'은 '정단'으로 변경하였다.

4. 사안별 정단은 12개 사안 혹은 10개의 사안으로 구성되어 있다. 가령 갑자일 제1국의 12개 사안은 천시(날씨), 모망, 가택, 혼인, 질병, 임신·출산, 구재, 포획, 유실, 행인, 출행, 정벌이다. 그러나 일진에 따라 일부가 빠지고 이를 대신하여 공명, 실탈(失脫), 쟁송이 추가되어 있다. 본문의 일부에서는 공명이 사환(仕宦)으로 되어 있거나 혹은 정벌(征伐)이 병전(兵戰)으로 기술되어 있으며 혹은 쟁송이나 실탈(유실)이 빠져있기도 하다.

정단에 필요한 도표

〈표 1〉 국수

월장 중기 점시	亥 우수~	戌 춘분~	酉 곡우~	申 소만~	未 하지~	午 대서~	巳 처서~	辰 추분~	卯 상강~	寅 소설~	丑 동지~	子 대한~
子	2	3	4	5	6	7	8	9	10	11	12	1
丑	3	4	5	6	7	8	9	10	11	12	1	2
寅	4	5	6	7	8	9	10	11	12	1	2	3
卯	5	6	7	8	9	10	11	12	1	2	3	4
辰	6	7	8	9	10	11	12	1	2	3	4	5
巳	7	8	9	**10**	11	12	1	2	3	4	5	6
午	8	9	10	11	12	1	2	3	4	5	6	7
未	9	10	11	12	1	2	3	4	5	6	7	8
申	10	11	12	1	2	3	4	5	6	7	8	9
酉	11	12	1	2	3	4	5	6	7	8	9	10
戌	12	1	2	3	4	5	6	7	8	9	10	11
亥	1	2	3	4	5	6	7	8	9	10	11	12

● 국수를 찾는 방법과 점시, 월장, 행년

가령 서기 2018년 6월 1일 낮 10시에 정단할 경우, 일진은 甲子이고 점시는 巳이며 월장은 申이다. 점시 난의 巳와 월장 난의 申이 만나는 지점에 10이 적혀있으므로 갑자일의 제10국을 열어서 궁금한 항목을 찾아서 보면 된다. 점시는 〈표 2〉를 참조하면 되고, 월장은 〈표 3〉을 참조하면 되며, 한국나이에 따른 행년은 〈표 4〉를 참조하면 된다.

〈표 2〉 12점시(기준 : 표준시)

점시	시간(대략)
자시(子時)	밤 11시 32분~01시 31분
축시(丑時)	밤 01시 32분~03시 31분
인시(寅時)	밤 03시 32분~05시 31분
묘시(卯時)	새벽 05시 32분~07시 31분
진시(辰時)	아침 07시 32분~09시 31분
사시(巳時)	낮 09시 32분~11시 31분
오시(午時)	낮 11시 32분~1시 31분
미시(未時)	낮 1시 32분 - 3시 31분
신시(申時)	낮 3시 32분~5시 31분
유시(酉時)	저녁 5시 32분~7시 31분
술시(戌時)	밤 7시 32분~9시 31분
해시(亥時)	밤 9시 32분~11시 31분
※ 점시의 기준은 매일 조금씩 달라진다.	

〈표 3〉 월장이 바뀌는 날짜(기준 : 양력)

월장	12기	양력	월장	12기	양력
亥	우수(雨水)	2월 18일~20일	巳	처서(處暑)	8월 22일~23일
戌	춘분(春分)	3월 20일~22일	辰	추분(秋分)	9월 22일~24일
酉	곡우(穀雨)	4월 20일~21일	卯	상강(霜降)	10월 23일~24일
申	소만(小滿)	5월 20일~21일	寅	소설(小雪)	11월 22일~23일
未	하지(夏至)	6월 21일~23일	丑	동지(冬至)	12월 21일~23일
午	대서(大暑)	7월 22일~23일	子	대한(大寒)	1월 20일~21일

※ 월장이 바뀌는 일시분(日時分)은 매년 달라진다.
신뢰성 있는 만세력을 참조할 것.

〈표 4〉 행년표

나이	1세	2세	3세	4세	5세	6세	7세	8세	9세	10세
남자	丙寅	丁卯	戊辰	己巳	庚午	辛未	壬申	癸酉	甲戌	乙亥
여자	壬申	辛未	庚午	己巳	戊辰	丁卯	丙寅	乙丑	甲子	癸亥

나이	11세	12세	13세	14세	15세	16세	17세	18세	19세	20세
남자	丙子	丁丑	戊寅	己卯	庚辰	辛巳	壬午	癸未	甲申	乙酉
여자	壬戌	辛酉	庚申	己未	戊午	丁巳	丙辰	乙卯	甲寅	癸丑

나이	21세	22세	23세	24세	25세	26세	27세	28세	29세	30세
남자	丙戌	丁亥	戊子	己丑	庚寅	辛卯	壬辰	癸巳	甲午	乙未
여자	壬子	辛亥	庚戌	己酉	戊申	丁未	丙午	乙巳	甲辰	癸卯

나이	31세	32세	33세	34세	35세	36세	37세	38세	39세	40세
남자	丙申	丁酉	戊戌	己亥	庚子	辛丑	壬寅	癸卯	甲辰	乙巳
여자	壬寅	辛丑	庚子	己亥	戊戌	丁酉	丙申	乙未	甲午	癸巳

나이	41세	42세	43세	44세	45세	46세	47세	48세	49세	50세
남자	丙午	丁未	戊申	己酉	庚戌	辛亥	壬子	癸丑	甲寅	乙卯
여자	壬辰	辛卯	庚寅	己丑	戊子	丁亥	丙戌	乙酉	甲申	癸未

나이	51세	52세	53세	54세	55세	56세	57세	58세	59세	60세
남자	丙辰	丁巳	戊午	己未	庚申	辛酉	壬戌	癸亥	甲子	乙丑
여자	壬午	辛巳	庚辰	己卯	戊寅	丁丑	丙子	乙亥	甲戌	癸酉

갑자일

| 甲子日의 길신(구보)과 흉살(팔살) |

일덕	寅		형	
일록	寅		충	
역마	寅		파	
장생	亥		해	
제왕	卯		귀살	申酉
순기	丑		묘신	未
육의	甲子		패신	子
귀인	주	未	공망	戌亥
	야	丑	탈(脫)	巳午
합(合)			사(死)	午
태(胎)	酉		절(絶)	申

대육임직지

甲子日 제1국

공망 : 戌·亥 ○
낮 : 왼쪽 신장, 밤 : 오른쪽 신장

丙	己		壬
青 寅 蛇	朱 巳 勾		后 申 白
寅	巳		申
丙	丙	甲	甲
青 寅 蛇	青 寅 蛇	白 子 后	白 子 后
甲 寅	寅	子	子

己巳 朱巳	庚午 蛇午 勾	辛未 貴未 空	壬申 后申 白
丙辰寅 合辰 蛇			癸酉 陰酉 常
丁卯卯 勾卯 朱			○戌戌 玄戌 玄○
丙寅寅 青寅 蛇	乙丑丑 空丑 貴	甲子子 白子 后	○亥亥 常亥 陰○

□ **과체** : 복음, 원태∥자임, 왕록임신, 주객형상, 간지공귀인(밤), 덕록임신, 사화백(蛇化白,밤).

□ **핵심** : 두 귀인에게 차질이 생겼다. 여섯 호랑이가 일진을 치니, 질병과 소송은 두렵고 수험생과 관직자는 기쁨이 넘친다.

□ **분석** : ❶ 낮 귀인은 밤의 12지에 임하고 밤 귀인은 낮의 12지에 임하니 귀인에게 차질이 있다. 따라서 귀인에게 부탁하면 하나의 결실도 돌아오지 않는다. 그러나 일간 寅과 일지 子가 밤 귀인 丑을 끼고 있으니 귀인에게 요청하는 일은 유익하다.

❷ 사과의 두 寅이 백호이고, 다시 두 子에 백호가 타고 있으며, 초전이 백호의 오행인 寅이며, 말전의 申에는 백호가 타고 있으니 "여섯 호랑이가 진을 친다."고 하였다. 두 호랑이가 집으로 오고 백호의 오행인 申이 관귀효이니 질병이나 소송을 정단하면 두렵다.

❸ 일덕·일록·역마가 일간에 임한 뒤에 발용이 되었고, 다시 말전의 관귀효에 백호가 타니 관직자가 정단하면 매우 좋다.

❹ 甲 위에 형제효인 寅이나 卯가 가하면 구재에서 게으름을 피우거나 의욕이 없으니 나중에 후회하게 된다.

※ 귀인차질 : 현대에서는 낮 귀인인 未가 낮 12지인 未에 가하고 밤 귀인인 丑이 밤 12지인 丑에 가하니 '귀인차질'로 보지 않는다.

□ 정단 : ❶ 원태이며 자임이다. 가만히 있으면 이롭지만 움직이면 불리하고, 윗사람에게는 이롭지만 아랫사람에게는 불리하며, 군자에게는 이롭지만 소인에게는 불리하다.

❷ 형(刑) 속에 해(害)가 있고 파(破) 속에 합(合)이 있으니 길과 흉, 화와 복이 함께 있다.

○ 날씨 : 비는 오지 않고 바람만 분다.

→ 수는 강우를 뜻하고 화는 맑음을 뜻한다. 복음과이니 수와 화가 엎드려서 숨어 있고, 다시 낮에는 청룡이 寅에 타서 사당에 드니 비가 오지 않고 바람만 분다.

○ 모망 : 처음은 어렵고 나중은 쉽다.

→ 삼전이 삼형이니 처음은 어렵지만 지상의 子가 일간 甲을 생하여 오니 나중은 쉽다. 대체로 고시와 관직에는 좋고 다른 일에는 나쁘다.

○ 가정 : 집을 옮기면 우환이 발생한다. 낮 정단에서는 상(喪)을 방지해야 한다.

→ ● 가상 : 일간은 사람이고 일지는 집이다. 일지가 일간을 생하고 지상이 간상을 생하니 이 집에서 거주하는 것이 좋다. 만약 이 집을 버리고 다른 곳으로 이사하면 우환이 생긴다. 따라서 지금의 가택에서 거주하는 것이 좋다. ● 부모 : 부모효는 부모, 백호는 질병을 뜻한다. 낮 정단에서 백호가 지상의 부모효 子에 타고 있으니 부모에게 질병이 발생한다. 만약 신월(申月)의 낮에 정단하면 백호가 타고 있는 지상의 부모효 子가 신월(申月)의 사기에 해당하니 부모의 생명이 위험하다.

○ 혼인 : 나쁘다. 밤 정단은 미녀이고 낮 정단은 추녀이다.
　➔ ● 혼인 : 복음과의 삼전이 삼형이어서 남녀가 평생 싸우는 상이니 나쁘다. ● 선악 : 밤 정단에서 지상에 길장인 천후가 타니 미녀이고, 낮 정단에서 지상에 흉장인 백호가 타니 추녀이다.
○ 질병 : 말을 하지 못한다. 간병이 있고 다시 신장의 정수가 고갈되었다.
　➔ 복음과이니 말을 하지 못한다. 그리고 백호가 금에 타서 오행의 목을 극하니 간병이 있고, 子수가 寅목으로 탈기되어 신장의 정수가 고갈되었으니 금의 장부인 폐를 맑혀서 수의 장부인 신장을 북돋아야 한다.
○ 임신·출산 : 선천성청각·언어장애자가 될 우려가 있다.
　➔ 복음과는 선천성청각·언어장애자가 될 우려가 있다.
○ 구재 : 뜻을 얻기가 매우 어렵다. 타인의 암해를 방지해야 한다.
　➔ 처재효가 과전에 보이지 않으니 구재할 수 없다. 만약 본명이나 행년이 일간의 재신인 辰·戌·丑이라면 구재가 가능하다. 간상과 발용에 보이는 청룡이 비록 재물의 류신이지만, 청룡이 寅에 타면 청룡이 사당에 든다는 뜻이 되니 재물을 얻지 못한다.
○ 도난 : 여자도둑은 서북에 있고 남자 도둑은 정남에 있다. 모두 관할 지역을 넘지 못했다.
　➔ 여자도둑이 서북에 있는 이유는 주야 정단에서 현무가 서북방위를 뜻하는 戌에 임해서이고, 남자도둑이 정남에 있는 이유는 戌에서 역으로 4위를 가면 未(남서간)에 임하기 때문이다. 관할 지역을 넘지 못하는 이유는 복음과의 과상이 간괘(艮卦)여서 산이 막힌 상이기 때문이다.
○ 유실 : 집안에 있다.
　➔ 복음과는 유실물이 집안에 있다.
○ 출행 : 육로행이 좋다.

→ 일간은 육로행이고 일지는 수로행이다. 간상에 길신인 일덕·일록이 임하니 육로행이 좋다.
○ 귀가 : 원방으로 출행한 사람은 길을 나서고, 근방으로 출행한 사람은 곧 도착한다.
→ 복음과는 원방으로 출행한 사람은 귀가하기 위해 길을 나섰고, 근방으로 출행한 사람은 곧 도착한다.
○ 정벌 : 『옥장경』에서 말하기를 청룡이 발용이 되면 보물과 책을 취득한다. 그러나 복병을 방비해야 하고 길한 가운데에서 흉이 있으니 이것에 대비해야 한다.
→ 청룡은 재물의 류신이다. 청룡이 발용에 타고 있으니 전리품을 얻고, 말전이 귀살이니 복병을 만난다.
↑ 알현 : 귀인사에서 길하다.
→ 밤 정단에서 일간과 일지가 밤의 천을귀인 丑을 끼고 있으니 귀인사에 길해서 귀인에게 부탁하는 일은 뜻을 이룬다.

□ 『필법부』 : (제91법) 백호가 일간에 임하면 귀살의 흉한 작용이 매우 빨리 나타난다.
→ 백호가 낮에는 지상에 타고 있고 밤에는 말전에 타고 있다.
(제7법) 제왕 겸 일록이 일간에 임하면 망령된 행동을 하면 안 된다.
(제69법) 백호가 둔간귀살에 타면 재앙이 얕지 않다. 이른바 백호가 순 내의 천간에 가임하고 일간의 귀살이 되는 것이다. 설령 공망되더라도 재앙을 구할 수 없다.
→ 밤에 정단하면 백호가 말전에 申에 타서 일간을 극한다.
(제75법) 손님과 주인이 다투니 형벌이 있다.
→ 삼전이 寅巳申 삼형이니 대인 관계에서 서로 다투는 것을 방지해

야 한다.
- 『오월춘추』: 3월의 酉시에 범려가 오왕의 질병을 정단했다. 삼전이 寅巳申이다. 일덕과 일록은 寅에 있고 질병은 巳에 있다. 봄에는 목이 왕성하고 금이 수기(囚氣)이니 몸이 상하지 않는다. 己巳일에 몸이 좋아졌고 壬申일에 완전히 나았다.

※『오월춘추』: 동한의 조엽(趙曄)이 오나라·월나라의 역사를 기록한 책.

甲子일 제 2 국

공망 : 戌.亥
낮 : 왼쪽 신장, 밤 : 오른쪽 신장

□ **과체** : 비용(지일), 연여(중음) ∥ 불행전, 염막귀인(밤), 태상지생, 회환, 육의(발용), 재공, 인종지신, 살몰.

□ **핵심** : 생을 하지만 실제로는 생을 하지 못하고, 간지는 서로 무형이다. 부모님의 질병은 안전하지 못하다.

□ **분석** : ❶ 삼전의 子와 亥가 일간을 생하지만 갑자순의 공망이니 생을 하지 못한다.

❷ 비록 子와 丑, 寅과 亥가 교차상합하지만 공망되어 형상이 없으니 어찌 이롭겠는가?

❸ 부모효가 공망되었으니 만약 부모의 질병을 정단하면 흉하다.

❹ 밤 정단에서 천후와 현무가 나란히 삼전에 타고 있어서 암매하지만 자세하게 알려고 해서는 안 된다.

❺ 홀연히 천귀(天鬼)가 충하여 오고 있지만 다른 사람의 눈치를 보아서는 안 된다.

※ 천귀 : 월건신살의 하나이다. 인월부터 酉午卯子이다.

□ **정단** : ❶ 비용과는 하나를 선택하되 둘을 선택하면 안 되는 과이다. 먼 것을 버리고 가까운 것을 취해야 한다. 은혜 속에 해가 있고 모든

일은 동류로부터 발생한다. 행하고 싶지만 행하지 못하고 멈추고 싶지만 멈추지 못하며 의외의 사태가 발생한다. 초전에 눈에 보이지 않는 도움의 뜻이 있지만 애석하게도 쓰지 못하는 곳으로 접어든다.
❷ 관직을 위해 귀인을 만나면 합(合)이 있지만 합(合)이 되지 않는다. 우환과 의혹 등 풀리고 흩어져야 할 일에는 이로워서, 『역경』에서 말하는 "호랑이의 꼬리를 밟지만 사람을 물지 않는다."에 해당한다.
→ 『역경』 10번째 괘인 천택리괘에 해당한다. 이 괘의 〈단왈〉에서는 "유(柔☱)가 강(剛☰)에 밟히니 기뻐서 건(乾)에 응하여서 범의 꼬리를 밟지만 사람을 물지 않는다."고 하였다.

○ 날씨 : 맑다. 오랫동안 비가 온 뒤에 맑다.
→ 초전과 중전이 수의 오행인 子와 亥이니 오랫동안 비가 오고, 말전이 수를 극하니 나중에는 비가 그친다.
○ 가정 : 공망이 지상에 임하니 가정이 공허해지고 손실과 헛된 지출이 우려된다.
→ 공망은 공허를 주관하고 일지는 가정이다. 일시가 공망되었으니 가정에 손실과 헛된 지출이 우려된다.
● 장생은 부모이다. 지상의 장생이 공망되었으니 부모의 생사를 정단하면 부모가 사망한다.
● 일간은 가장이다. 낮에 정단하면 간상의 재성에 천공이 타고 있으니 재물을 잃고, 밤에 정단하면 간상의 재성에 천을귀인이 타고 있으니 귀인을 통해 득재하는 상이니 관청을 통한 사업으로 돈을 번다.
● 삼전은 가운(家運)이다. 초기 : 공무원이 있는 가정이라면 초전이 육의이니 승진수가 있고, 만약 낮에 정단하여 부모님이 생존해 계

실 경우에는 부모효에 백호가 타고 있으니 부모에게 병이 든다. 중기 : 중전의 장생이 공망되었으니 부모님이 생존해 있을 경우 사망 위험이 있거나 혹은 생계난이 있다. 말기 : 말전의 재성에 현무가 타고 다시 공망되었으니, 손재수가 있거나 혹은 아내가 도망치거나 혹은 아내에게 병이 있을 경우에는 사망할 우려가 있다.

○ 혼인 : 설령 이뤄지더라도 무익하며 얻더라도 잃게 된다. 낮 정단에서는 귀한 가문의 신부로서 미모를 갖췄고 음식 솜씨가 좋다.

→ 기궁 寅은 지상신 亥와 육합하고 일지 子는 간상신 丑과 육합하여 간지가 교차상합하지만 지상이 공망되었으니 설령 이뤄지더라도 무익하고 얻더라도 잃게 된다. 낮에는 지상에 태상이 타고 있으니 귀한 가문의 신부로서 미모를 갖췄고 음식 솜씨가 좋다. 밤에는 지상에 태음이 타고 있으니 미인이다.

○ 임신·출산 : 출산기에 쉽게 낳는다. 여아로서 쌍둥이다.

→ 일간은 태아이고 일지는 임신부이다. 일지가 공망되었으니 쉽게 출산한다. 일간이 1음2양이니 여아이다. 그리고 지상의 亥에는 쌍의 뜻이 있으니 쌍둥이이다.

○ 질병 : 머리와 눈에 질병이 있고 화기(火氣)가 매우 쇠하다. 신병은 차츰 낫고 구병 및 부모의 질병을 정단하면 모두 흉하다.

→ 초전과 중전이 수이니 화기가 약하다. 낮에 정단하면 간상에 천공이 임하고 있으니 신병은 차츰 낫지만 구병은 흉하다. ● 일간의 장생은 부모이다. 지상의 亥가 공망되었으니 부모의 질병정단을 하면 흉하다. 만약 부모의 생사를 정단하면 부모가 사망한다. ● 의약신이 巳午이니 뜸과 방사선 등 온열요법이 좋고, 의약신이 午未에 임하니 정남과 서남간에서 의약을 구하면 된다.

○ 유실 : 찾기 어렵다.

→ 재성은 재물이다. 재성인 戌이 공망되었으니 찾기 어렵다.

○ 도난 : 잡지 못한다.

→ 현무는 도둑이다. 현무가 일지음신과 말전에서 공망되었다.
○ 귀가 : 즉시 귀가한다.
→ 삼전이 퇴여이고 다시 말전 戌 … 중전 亥 … 초전 子 … 간상 丑으로 이어지니 즉시 귀가한다.
○ 출행 : 수로로 가면 장애가 생길 우려가 있다.
→ 일간은 육로이고 일지는 수로이다. 수로를 뜻하는 일지가 공망되었으니 수로로 가면 장애가 생길 우려가 있다.
○ 정벌 : 피아간에 접전이 없으며 길하지도 않고 흉하지도 않다. 그러나 제대로 훈계하고 군의 진용을 갖춰서 만일의 사태에 대비해야 한다. 적군의 음모가 있더라도 두려워하지 않아도 된다.
→ 일간은 아군이고 일지는 적군이다. 기궁 寅은 지상신 亥와 육합하고 일지 子는 간상신 丑과 육합하여 간지가 교차상합하니 피아간에 접전이 없으며 길하지도 않고 흉하지도 않다. 그러나 제대로 훈계하고 군의 진용을 갖춰서 만일의 사태에 대비해야 한다. 간상의 丑에서 지상의 亥를 극하니 적군의 음모가 있더라도 두려워하지 않아도 된다.

□ 『필법부』 : 〈제21법〉 일진이 교차상합하면 서로의 왕래에서 이롭다.
→ 기궁 寅은 지상신 亥와 육합하고 일지 子는 간상신 丑과 육합하여 간지가 교차상합한다. 따라서 서로의 왕래에서 이롭다.
〈제38법〉 폐구되면 매사의 앞일을 예측하지 못한다. 질병정단에서는 말을 못하는 병이거나, 입이 닫히거나 이질이 우려된다. 이와 같지 않으면 인후가 종기로 막혔거나, 담궐증인데 음식을 섭취하지 못한다. 태아 출산정단에서는 벙어리이다.
→ 이 과전은 폐구에 해당하지 않는다.
〈제82법〉 초전·중전이 말전으로 나아가지 못하니 초전만을 살펴야 한다.

→ 이 과전에서는 중전의 亥와 말전의 戌이 공망되어 초전과 중전이 말전으로 나아가지 못하니 초전만을 살펴야 한다.

□ 『과경(課經)』 : 낮에 정단하면 亥가 子에 가하고 태상이 일간의 장생에 타서 일지에 임하여서 교차상합하니 가정에 혼사가 있다. 그리고 비단 가게를 열거나 술집이나 음식점을 열면 좋다. 삼전이 모두 사과에 임하면 반주격(盤珠格)이다. 만약 태세와 월건과 일지가 삼전에 임하면 일이 원대하여 뜻하는 바를 완수한다.

甲子일 제3국

공망 戌·亥
낮 : 왼쪽 신장, 밤 : 오른쪽 신장

	壬	庚
玄 戌 玄	后 申 白	蛇 午 靑
子	戌 ○	申
甲	○	○	壬
白 子 后	玄 戌 玄	玄 戌 玄	后 申 白
甲 寅	子	子	戌 ○

丁勾卯朱巳	戊合辰合午	己朱巳勾未	庚蛇午靑申
丙青寅蛇辰			辛空未貴酉
乙空丑貴卯			壬后申白戌○
甲白子后寅	后常亥陰丑	陰玄戌玄子	癸陰酉常亥

□ **과체** : 비용, 패려, 참관, 여덕(주야) // 원수, 불비(무음), 재공승현무, 왕래수생[자재], 피난도생, 답각공망, 말조초전, 백호가일간(낮), 복덕, 퇴간전, 육양, 고진과수.

→ 사과에서 제2과와 제3과는 동일한 글자인 戌이다. 천반의 戌이 지반의 子를 극하고 있으니 비용과가 아니라 원수과이다.

□ **핵심** : 말하지 않더라도 망설이지 않고 나를 도와준다. 밤 정단에서는 인행이 같지민, 낮 정단에서는 그렇지 않을 수도 있으니 자세히 살펴야 한다.

□ **분석** : ❶ 일지가 간상으로 와서 일간을 생하는 것은 서슴없이 나에게 은혜를 베푸는 것이니, 입을 열고 도와준다는 말을 기다리지 않아도 된다. 밤 정단에서는 천후가 타서 일간을 생을 하니 말한 것과 같다. 그러나 낮에는 백호가 타고 있어서 놀라고 의혹스러우니 자세하게 살펴야 한다.

❷ 만약 초전의 재물을 탐하면 귀살과 탈기로 들어간다.

❸ 申이 공망된 戌에 앉고 삼전이 세 순의 공망이니 모든 일에서 성취되는 것이 없고, 초전이 공망되었으니 불리해서 나중을 기대할

❹ 비록 말전에서 초전을 생하지만 오히려 간상을 충을 하니 만약 분별없는 행동을 하면 나중에 반드시 화가 미친다.

❺ 하물며 재신인 戌이 순중의 공망에 해당하고 양쪽에 현무를 끼고 있으니 재물을 얻지 못한다.

❻ 삼전이 퇴간전이니 이른바 '도발사(倒拔蛇)'이다.

❼ 일간의 재신이 공망에 앉고 현무가 일지에 앉으니 손실을 방지해야 한다.

□ **정단** : 이 과로 정단하면 외사가 많다. 우환과 의혹 정단은 저절로 흩어지고, 재해는 불성하며, 화(禍)와 난(亂)은 생기지 않는다. 외사인 이유는 천반에서 지반을 극한 곳이 발용이 되었기 때문이다.

○ **날씨** : 오늘 매우 적은 비나 눈이 온다.
→ 적은 비와 눈은 중전에 수의 오행인 壬이 있기 때문이다. 하계에는 비가 오고 동계에는 눈이 온다.

○ **가정** : 헛된 지출을 막아야 한다. 가정이 편안하지 못하다.
→ 일간은 사람이고 일지는 가정이다. 비록 일지인 子수가 간상으로 와서 일간인 甲목을 생하고 있으니 좋은 가상이지만, 지상의 재성 戌에 현무가 타고 다시 공망되었으니 도난을 당해 가정에 재물이 없는 상이다. ● **부모** : 낮 정단에서는 간상의 子에 백호가 타니 부모에게 병이 난다.

○ **혼인** : 이루기 어렵다. 이루더라도 반드시 생사이별을 한다. 여자를 정단하면 얼굴이 검고 예의가 없다. 여자가 시가로 시집간다.
→ 신부를 뜻하는 처재효와 일지가 공망되었고 발용이 다시 공망되었으니 혼인을 이루기 어렵고 설령 이루더라도 반드시 생사이별을 한다. 현무가 지상에 타고 있으니 여자의 얼굴이 검다. 신부를 뜻하

는 일지가 남자를 뜻하는 간상으로 왔으니 여자가 시가로 시집간다.
○ **임신·출산** : 남아를 출산하는 기쁨이 있고 申일에 태어난다.
  → 남아인 이유는 일간의 천반과 지반이 모두 양이고 또한 상극하가 발용이 되었기 때문이다.
○ **구관** : 모두 헛된 영화이다. 노력한 일이 보람이 없고 헛되기만 하다.
  → 관성인 申이 공망된 戌에 앉아 있고 삼전이 '답각공망' 곧 세 순의 공망이니, 모든 일에서 이루는 것이 없다.
○ **구재** : 무자본으로 재물을 구하면 오히려 얻는 것이 있다.
  → 초전의 재물 戌을 탐하면 중전이 귀살이고 다시 말전이 탈기이니 얻는 것이 없다. 초전의 재신 戌이 순공에 해당하며 주야 모두 현무를 끼고 있으니 재물을 얻지 못한다. 그리고 처재효가 공망인 경우에 자본이 없는 사람에게는 이로워서 오히려 얻게 된다.
○ **도난** : 도둑을 잡기 어렵다. 소리를 듣더라도 발견하지 못한다.
  → 현무는 곧 도둑이다. 현무가 공망되었으니 잡지 못한다.
○ **출행** : 낮 정단에서 역마가 청룡을 대동하니 여정이 안녕하다. 날씨는 청명하지만 나루터에서 장애가 생긴다.
  → 역마는 여객수단이고 청룡은 만리를 나는 신이다. 청룡이 역마에 타니 무사히 여행할 수 있다. 삼전의 수의 12지와 천장이 공망되었으니 날씨가 맑고, 동신인 戌이 공망되었으니 나루터에서 장애가 생긴다.
○ **행인(귀가)** : 초전이 공망되었으니 출행인은 아직 오지 않는다. 지금 절반을 왔다.
  → 말전은 출발지, 중전은 경유지, 초전은 도착지이다. 초전이 공망되었으니 아직 오지 않고, 동신(動神)인 辰의 아래가 사중신인 午에 가하니 절반을 왔다.
○ **유실** : 집의 노비가 훔쳐갔으니 손에 넣지 못한다.

➔ 戌은 노비이다. 재물을 손에 쥐지 못하는 이유는 재신이 공망되었기 때문이다.
○ **출병** : 장애가 많다. 노력하더라도 공을 세우지 못한다. 적의 사신이 하는 말은 사실이 아니다.
➔ 장애를 많이 겪는 것은 초·중전이 공망되었기 때문이고, 공을 세우지 못하는 것은 결과물인 재성 戌이 공망되었기 때문이다.
○ **위탁** : 정직해야 하며 타인에게 부탁하면 안 된다.
➔ 일지와 초전이 공망되었으니 타인에게 부탁하면 안 된다.

□ 『**필법부**』 : 〈제9법〉 옛 터전을 버리고 난을 피해 도망가서 산다.
  〈제18법〉 답각공망은 나아감이 옳다.
  ➔ 초전 戌은 갑자순의 공망, 중전 申은 갑술순의 공망, 말전 午는 갑신순의 공망이니 삼전이 모두 공망되었다. 물러날 곳이 없으니 나아감이 옳다.
  〈제91법〉 백호가 일간에 임하면 귀살의 흉한 작용이 매우 빨리 나타난다. 申이 戌에 가하고 밤 천장 백호가 타니 두렵다. 申이 공망된 戌에 앉고, 백호 음신의 午화가 백호를 제압한다.
  ➔ 이 과전에서는 중전에 임하고 있는 백호승신이 공망되었으니 백호가 두렵지 않다.
□ 『**고감(古鑒)**』 : 이 과는 비장병으로서 맥이 짧고 병이 깊다. 발용의 戌토에 현무가 타고 있고 사과가 불비이지만 다행한 것은 말전의 청룡에서 백호가 타고 있는 귀살을 제압하니 오랫동안 편안하다.
  ➔ 비장병인 이유는 비·위를 뜻하는 토의 오행인 戌이 공망되었기 때문이다. 대개 질병이 발생하는 곳은 백호로부터 극을 받은 오행의 장부이다. 그러나 『고감』에서는 공망된 오행의 장부에 병이 생기는 것으로 분석하였다.

| 甲子일 제 4 국 |

공망 戌·亥 ○
낮: 오른쪽 천장, 밤: 왼쪽 천장

庚	丁	甲
蛇午青	勾卯朱	白子后
酉	午	卯
○	壬	癸	庚
常亥陰	后申白	陰酉常	蛇午青
甲寅	亥○	子	酉

丙蛇寅巳	丁勾卯午	戊合辰未	己勾巳申
青	朱	合	朱
乙空丑辰 貴			庚蛇午酉 青
甲白子卯 后			辛貴未戌 空
癸常亥寅 陰	○玄戌丑 玄	癸陰酉子 陰	壬后申亥 白○

□ **과체**: 원수, 삼교, 삼기, 고개승헌, 천번//관폐구, 장상제흉격, 사손취익, 양공협묘(밤), 태상간생격(낮), 육의(말전), 구생(俱生), 복덕, 맥월, 인귀생성, 귀인입옥, 살몰, 사묘加장생.

□ **핵심**: 장생은 공망되고 귀살이 실재하니 가정은 깨지고, 난을 당해 입이 닫힌다. 귀인의 은혜를 입지 못한다.

□ **분석**: ❶ 간상의 亥는 공망 된 장생이고 지상의 酉는 실재하는 귀살이다.

❷ 酉는 순중의 꼬리로서 가택 위에 머물고 폐구가 되었으니 어려움을 면하지 못한다.

❸ 지상의 酉는 일지 子와 파(破)이고 子는 酉의 패신이니 가정이 깨진다.

❹ 양 귀인이 입옥되어 귀인이 편안하지 못하니 어찌 나에게 은혜를 베풀 수 있겠는가?

□ **정단**: ❶ 원수과이다. 높은 이가 낮은 이를 제도하고 귀한 이가 천한 이를 제도하니, 정단하는 일이 매우 순조롭고 모든 일은 남자로부터 발생한다. 신하는 충성하고, 자식은 효도하며, 소송에서는 먼저 거

는 쪽이 이롭고 승소한다.

○ 날씨 : 크게 맑다.
  → 초전이 午화이고 중전이 卯목이니 처음에는 맑다. 그러나 말전이 子수이고 이곳에 낮에는 수를 생하는 금의 천장인 백호가 타고 밤에는 수의 천장인 천후가 타니 나중에는 비가 온다.
○ 가정 : 생하는 뜻이 많다. 가택에 주막이나 음식점을 차리면 반드시 발복한다.
  → 일간은 사람이고 일지는 가정이다.
  ● 사람 : 장생인 亥가 간상에서 공망되었으니 부모님이 생존할 경우, 사망할 위험이 있다. 그리고 장생에 낮에는 태상이 타니 음식이나 의류 장사를 하면 돈을 벌고, 밤에는 태음이 타니 귀금속이나 여성용품으로 장사를 하면 돈을 번다. 다만 공망된 장생이 풀리는 해년·해월·해월장 기간에만 이러하다. 그리고 미혼인 사람이 가정에 있을 경우, 혼인의 기쁨이 있다.
  ● 가정 : 일지 子와 지상신 酉가 파(破)이니 가정에 깨지는 것을 방지해야 한다. 그리고 낮에는 태음이 귀살 겸 도화인 酉에 타서 일간을 극하고 있으니 음란사를 삼가야 하고, 밤에는 태상이 타서 일간을 극하고 있으니 주색을 삼가야 한다.
○ 혼인 : 성사된다. 여자는 미인이다.
  → ● 성부(成否) : 일간은 나이고 일지는 상대이다. 낮 정단에서 태상이 장생에 타서 일간에 임하니 혼인이 이뤄지는 상이지만 일간이 공망되었으니 남자가 혼인할 수 없는 상황이거나 혼인할 의사가 없다. 낮 정단에서는 지상에 태음이 타고 밤 정단에서는 태상이 타니 주야 모두 미인이다.
  ● 궁합 : 일지 子가 일간 甲을 생하고 지상신 酉가 간상신 亥을 생하

니 좋은 편이다.

- 길흉 : 일지는 여자이다. 지상의 酉가 일간 甲을 극하니 남자에게 해를 입히는 여자이다.

○ 모망 : 부지런히 힘쓰면 이룬다.

→ 일간은 나이고 일지는 모망사이다. 지상의 酉가 간상의 亥를 생하니 부지런히 힘쓰면 이룬다.

○ 유실 : 도로에 있고 얻는다.

→ 간상의 亥는 책이다. 만약 책을 잃어 버렸다면 亥가 공망되었으니 얻지 못한다.

○ 출행 : 반드시 장애가 생긴다.

→ 일지는 여행지이다. 지상에 귀살인 酉가 임하니 반드시 장애가 생긴다. 낮 정단에서는 태음이 지상에 타고 있으니 여자 음인에 의한 해가 우려되고, 밤 정단에서는 태상이 지상에 타고 있으니 음식으로 인한 해가 우려된다.

○ 임신·출산 : 태아는 여아이다. 출산할 때에 놀라며 두려움이 있다.

→ 일간은 태궁이다. 일간이 甲(양)·간상이 亥(음)·간음이 申(양)의 1음2양이니 딸이다. 초전의 자손효 午에 낮에 등사가 타니 놀라고, 지상의 태신 酉가 폐구되었으니 선천성 청각·언어장애자일 가능성이 있다. 만약 사월(巳月)에 정단하면 태신이 사기에 해당하니 태아가 사망할 우려가 있다.

○ 행인(귀가) : 말(馬)이 병지(病地)에 임하니 병으로 인해 장애가 발생한다.

→ 초전의 午가 午의 병지인 酉에 임하니 병으로 인해 장애가 발생한다.

○ 질병 : 과로로 인해 생긴 병으로서 숨을 몰아쉬면서 기침한다. 비록 폐에서 발병하여 비장으로 파급되어 병이 중하지만 무해하다.

→ ● 병증 : 지상의 酉금이 폐구 되었으니 천식과 해수가 발생하지

만 초전의 午화에서 지상의 귀살 酉금을 극하니 위험하지 않다. 다만 헌개격이어서 환자의 혼이 떠도는 상이니 신속하게 치료해야 한다.

　● 치료법 : 의약신이 午이니 뜸과 방사선 등 온열요법이 좋고, 의약신이 酉에 임하니 정서에서 의약을 구하면 된다.

○ 출병 : 발용이 청룡이니 대승할 조짐이다. 겨울과 봄에는 길하고 여름과 가을에는 두렵다.

　→ 귀살은 적군이다. 초전의 午에서 지상의 酉를 극하니 아군이 승전한다.

□ 『필법부』 : 6월 정단에서 亥가 甲에 가한다. 목의 장생이자 부모효인 亥가 공망되고 다시 사기이니 부모님께 재앙이 발생한다. 그리고 월장인 子가 卯에 가하고 청룡이 발용이 되었으니 문관직이다. 주작이 관성인 卯목에 타니 문자가 드러나며 원수과이니 으뜸으로 발탁된다. 午는 천마, 卯는 천차, 子는 화개이니 '고개승헌'이다. 화는 위엄으로서 예부에 속하며 수가 2이니 품계가 매우 높아서 상서직이다. 말전은 귀결문이다. 천후가 子에 타니 81세이다. 지상에 보이는 酉는 여자이다. 이곳에 태상이 타니 총명하고 뛰어난 무관직자를 배우자로 맞게 된다.

　→ 간상의 亥가 사기가 되는 때는 미월(未月)이다. 따라서 미월에는 더욱 흉하다.

□ 『육임지남(六壬指南)』 : 卯년 11월에 월장 寅을 巳에 가했다. 청룡이 발용이 되었지만 무기하고 다시 상극하를 하니 별안간 고향으로 돌아가게 된다. 내년 봄에 일록과 역마가 청룡을 생하여 일으키니 공경직에 이른다. 이 과전에서는 일덕과 등사가 서로 가하니 그릇됨과 올바름이 같이 있는 상이다.

| 甲子일 　 제 5 국 |

공망 戌·亥 ○
낮 : 왼쪽 천장, 밤 : 오른쪽 천장

○	庚	丙
合戌合	后午白	白寅后
寅	戌 ○	午
○	庚	壬	戊
合戌合	后午白	蛇申青	玄辰玄
甲寅	戌 ○	子	申

乙丑空貴	丙寅白午	丁卯常未	戊辰玄申
甲子青辰 蛇			己巳陰酉 常
○亥勾卯 朱			庚午后戌 白
○戌合寅 合	癸酉朱丑 勾	壬申蛇子 青	辛未貴亥 空○

□ **과체** : 중심, 참관, 염상, 교동(밤) // 초전협극, 무음, 주객형상, 호승둔귀(밤), 신장·살몰·귀등천문(낮), 재공, 록현탈격(낮), 복덕, 육양, 고진과수.

□ **핵심** : 간지가 서로 극을 하니 서로가 해를 입는다. 밤에는 중전이 나쁘다. 재물을 잃고 종업원을 잃는다.

□ **분석** : ❶ 간상의 戌에서 일지 子를 극하고 지상의 申에서 일간 甲을 극하니 서로 해를 입는다.

❷ 중전의 둔반에는 순의 귀살인 庚이 있고 천반의 午에는 백호가 타니 지극히 흉하고 지극히 나빠서 설령 공망되더라도 흉이 풀리지 않는다. 『필법부』에서 말하기를 "백호가 둔귀에 타면 재앙이 얕지 않다."고 하여, 질병정단을 하면 매우 위험하다.

❸ 초전의 戌이 재성이고 종업원이지만 공망되어 없고 다시 협극을 당했으니 노비와 재물을 잃는다.

□ **정단** : ❶ 중심과의 삼전에 염상이 보이니 많이 공허하고 조금 실하다.

❷ 묘신이 장생에 임하니 밝음이 오히려 어두워지고, 모망사는 뜻을

잃어 이루기 어려우며, 타인에게 부탁하면 안 된다. 구류와 승도 그리고 자본이 없는 사람이 마음을 비우고 도모하면 뜻을 성취할 수 있다.

❸ 중심과이다. 하극상이 발용이 되었다. 아랫사람이 윗사람을 범하고, 천한 이가 귀한 이를 부리고, 모든 일이 매우 불순하고, 모든 일은 여인에게서 일어나고 내사(內事)가 많다. 음인과 소인으로 인해 뜻을 성취하기 어렵다.

❹ 과체가 무음이니 부부의 음란이 그치지 않는다.

―――――――――――――――――――

○ 날씨 : 맑다. 비가 내리지 않는다.
　➔ 삼전이 화의 오행으로 구성되어 있으니 맑다.
○ 가정 : 가정이 깨지고 재물이 손실되어 곤궁에 이른다. 서민의 가정에는 관재가 생긴다.
　➔ ● 음란사 : 간지가 교차상극하니 가정이 깨지고 부부가 사정(私情)을 갖는다.
　● 우환 : 삼전의 염상에서 일간을 탈기하니 곤궁해지고, 지상의 申에서 일간 甲을 극하니 가정에 재앙이 생긴다. 지상의 낮에는 등사가 타니 경공사가 발생하고, 밤에는 청룡이 타니 가계난이 닥친다.
　● 질병 : 노쇠하거나 병약한 부인이 있을 경우 처재효가 공망되었으니 사별할 위험이 있다. 주야 모두 재성 辰에 천후가 타고 있으니 이러한 뜻이 더욱 확실하다.
○ 혼인 : 어둡다. 청룡승신이 천후승신을 극하고 지상이 일간을 극하니 여자가 남자를 해친다.
　➔ ● 성부(成否) : 일간은 나이고 일지는 상대이다. 간지가 교차상극하니 혼인이 어둡다. 그리고 재성은 여자이다. 재성이 공망되었으니 장가들지 못하는 상이니 혼인이 어둡다. 낮 정단에서는 청룡승신 子

수가 천후승신은 午를 극하고, 밤 정단에서는 청룡승신 申금이 천후승신 寅목을 극하니 남자가 여자를 해친다. 그러나 『육임직지』원문에서는 "천후가 청룡을 극하고 일지가 일간을 극하니 여자가 남자를 해친다."고 하였다.
- 음란사 : 삼전이 교동이니 남자가 음란하다.

○ 임신·출산 : 태아는 남자이다. 그러나 건강하지 못하며 손상을 방지해야 한다.
→ 일간의 천지반이 모두 양이니 아들이고 삼전이 염상이니 다시 아들이다. 태아가 건강하지 못한 것은 태아를 뜻하는 일간이 공망되었기 때문이다.

○ 질병 : 폐와 대장에 관련된 병이고, 오래된 구병은 흉하다.
→ 삼전의 화국에서 금의 장부인 폐와 대장을 극하니 폐와 대장에 병이 난다. 특히 밤 정단에서는 중전의 둔귀인 庚에 백호가 타고 있으니 병재를 피하기 어렵다. 그리고 일간이 공망되면 구병 환자는 사망한다.
- 치료법 : 의약신이 巳이니 뜸과 방사선 등 온열요법이 좋고, 의약신이 酉에 임하니 정서에서 의약을 구하면 된다.

○ 출행 : 불리하다.
→ 일간은 여행객이고 일지는 여행지이다. 지상의 申에서 일간을 극하니 위험한 여행지이다. 다만 신장, 살몰, 귀등천문이니 여행에 장애가 생기지 않는다. 그리고 간상의 재성이 공망되었으니 여비가 없다.

○ 행인(귀가) : 아직 도착하지 않는다.
→ 역마인 寅이 목적지인 말전에 있고, 또한 동신인 辰이 사맹인 申에 임하기 때문이다.

○ 유실 : 식구가 깊이 숨긴 것으로서 발견하기 어렵다.
→ 지상에 현무가 보이지 않으니 식구가 은닉한 것이다.

○ 도난 : 도적이 정북방에 있다. 도둑을 잡지 못한다.
  → 도둑이 온 방위는 현무가 임한 지반으로 알 수 있고, 도둑이 숨어 있는 방위는 현무의 음신으로 알 수 있다. 주야 모두 현무의 음신이 子이니 도둑이 자방(子方)에 있다. 참관격이니 도둑을 잡지 못한다.
  ※『육임직지』원문에서는 "도적이 동남방에 있다."고 하였다.
○ 출병 : 지상에서 일간을 극하고 낮 정단에서는 현무에서 구진을 극하니 근신하는 것이 매우 좋다.
  → 일간은 아군이고 일지는 적군, 구진은 아군이고 현무는 적군이다. 지상의 申금에서 일간 甲목을 극하니 아군이 불리하고, 낮 정단에서 현무승신 辰토에서 구진승신 亥수를 극하니 아군이 불리하다. 따라서 근신해야 한다.

□ 『필법부』: (제85법) 초전이 협극되면 뜻대로 되지 않는다. 만약 협극되는 것이 재신이면 재물을 꾀하지 못한다.
  → 초전 천반의 戌토가 지반의 寅목으로부터 극을 받고 다시 타고 있는 육합의 오행으로부터 극을 받았으니 초전이 협극되었다. 협극된 것이 일간의 재성이니 여자를 구하는 일과 재물을 구하는 일이 뜻대로 되지 않는다.
  (제64법) 부부가 음란하여 각기 사통하는 일이 있다.
  → 일지인 子가 일지음신의 辰을 취하려고 하니 간상의 戌토가 극하고 일간인 甲이 간상의 戌을 취하려고 하니 지상의 申금이 극하여서 교차상극하니 부부가 음란하여 각기 사통하는 일이 있다.
  (제5법) 육양수가 갖춰지면 공적인 일에서 좋다.
  → 육양수가 갖춰졌으니 시험과 관직자의 승진 등 공적인 정단에서는 좋다.

〈제40법〉 천후와 육합은 혼인정단에서 중매인을 쓰지 않아도 된다.
→ 낮에 정단하면 초전에 육합이 타고 있고 중전에 천후가 타고 있으니 교동격이고, 밤에 정단하면 초전에 육합이 타고 있고 말전에 천후가 타고 있으니 역시 교동격이다. 따라서 중매인을 쓰지 않아도 된다.

□ 『대육임심경(大六壬心鏡)』 : 일간이 장차 子를 취하려고 하니 申의 극이 두렵고, 子가 甲을 가까이 하려고 하니 戌이 침범해 온다. 처가 안으로 사적인 정분을 품고, 비록 남자인 甲과 여자인 子가 상생하지만 여자인 子수가 정인인 申금과 합을 하려고 한다.

甲子일 제 6국

공망 戌·亥 ○
낮 : 왼쪽 천장, 밤 : 오른쪽 천장

	丙	癸	戊
	白寅后	朱酉勾	玄辰玄
	未	寅	酉
癸	戊	辛	丙
朱酉勾	玄辰玄	貴未空	白寅后
甲寅	酉	子	未

甲子巳 青蛇	乙丑午 空貴	丙寅未 白后	丁卯申 常陰
勾亥辰 ○ 朱			玄辰酉戌 玄
合戌卯 ○ 合			陰巳戌己 常 ○
癸酉寅 朱勾	壬申丑 蛇青	辛未子 貴空	庚午亥 后白

□ **과체** : 지일, 유도액∥주작폐구(낮), 구진폐구(밤), 작귀(雀鬼), 부구앙수, 지상묘신, 귀인작묘(낮), 재승현무, 록현탈격(낮), 간지구귀(俱鬼), 아괴성, 알구화출(謁求禍出), 침해, 일덕, 회환, 맥월, 관격(關格).

□ **핵심** : 나와 상대가 모두 화를 당하고 서로에게 덕이 없으니 거래를 꺼린다. 가정의 살림살이가 늘지 않고 사라진다.

□ **분석** : ❶ 간상의 酉는 일간을 극하고 지상의 未는 일지를 극한다.
❷ 일덕인 寅이 이미 극을 당했으니 더 이상의 설명이 필요하지 않다.
❸ 만약 거래와 교섭을 논하면, 지상의 未는 일간의 묘신이고 간상의 酉는 일지의 패신이니, 가정의 살림살이가 늘지 않고 사라지며 사람이 하는 일은 어둡다.
❹ 지상의 재성 未에서 간상의 귀살 酉를 생하니, 높은 이를 만나는 일은 불리하고, 구재정단에서는 화가 생기는 것을 방지해야 한다.
❺ 주작이 일간의 귀살에 타서 일간에 가하니 관청으로부터의 탄핵을 방지해야 한다. 만약 신하가 임금에게 글을 올리면 오히려 책망을 받게 된다.

→ 일간과 일지가 극을 당하면 가정 혹은 직장의 내외에 재앙이 생긴다. 교섭에는 혼인, 매매, 교역, 양국 정상회담, 노사 회담, 여야 영수회담 등이 있다.

※ 주귀격 : 사원이 회사 측에 혹은 하급자가 상급자에게 진정서를 제출하면 꾸지람을 듣는다.

□ 정단 : ❶ 지일과를 '비용'이라고도 한다. 손을 들어 사람을 가려서 뽑는 상이다.

❷ 초전에 일록과 역마가 보이니 군자가 정단하면 승진이 가능하지만 발용이 묘신 위에 앉으니 모든 일에서 어둠을 자초한다.

❸ 비용과는 동류를 뜻하며 친구가 나를 시기하고 모든 일은 밖에서 온다. 주(主)는 이롭고 객(客)은 불리하다.

❹ 일간과 중전이 폐구 되었으니 모든 일이 바르지 못하며, 은혜 속에 해가 생기더라도 참아야 한다.

→ "주(主)는 이롭고 객(客)은 불리하다"고 하였다. 주는 주인을 가리키고 객은 손님, 주는 정자(靜者)를 가리키고 객은 동자(動者)를 가리킨다. 위에서 아래를 극해서 발용이 된 원수과이니 객에게 이롭고 주에게 불리하다. 그리고 간상에 주귀(朱鬼)와 구귀(勾鬼)가 임하니 학생이 교사에게, 시민이 관청에, 국민이 국가에, 사원이 직장에 민원을 제기하면 화가 닥친다.

○ 날씨 : 낮 정단에서는 백호가 寅에 타서 未에 임하니 대풍이 분다. 巳일에는 비를 기대할 수 있다.

→ 백호는 바람을 주관하는 천장이다. 낮 정단에서 백호가 초전의 寅에 타고 있으니 태풍이 분다. 양일은 子의 지반이 비가 오는 시기이다. 子의 지반이 巳이니 사일(巳日)에 비가 온다.

○ 가정 : 일반인은 관재와 소송으로 시비가 생기고, 귀인에 의한 우롱

과 기만을 당한다.
→ 일간은 가장이고 일지는 가정이다.
● 가장 : 낮 정단에서 주작이 간상의 酉에 타서 일간을 극하니 관재와 구설이 생기고, 낮 정단에서 귀인이 지상의 묘신 未에 타고 있으니 귀인에 의해 속임을 당한다.
● 가정 : 지상의 지귀에 낮에는 귀인이 타서 일지를 극하니 가정에서 관재가 발생하는 것을 방지해야 하고, 밤에는 천공이 타니 사기를 방지해야 한다.
● 화목 : 사과 세 곳의 천반에서 지반을 극하니 부자와 부부가 서로 화목하지 않다.

○ 질병 : 음식으로 인해 몸이 상하고 위장이 뒤집혀서 토역한다. 말을 하지 못하는 지경에 이르고 음식을 먹지 못하는 지경에 이르지만 치유는 된다.
→ ● 병증 : 위장병이 생기는 것은 낮 정단에서 초전의 寅에 백호가 타서 위장이 소속되어 있는 토를 극하기 때문이다. 그리고 위험해지는 것은 子가 巳에 가하면 죽을 '사(死)' 글자가 되기 때문이다.
● 치료법 : 의약신이 巳午이니 뜸과 방사선 등 온열요법이 좋고, 의약신이 戌亥에 임하니 서북간에서 의약을 구하면 된다. 다만 의약신이 공망되었으니 효력이 약하다.

○ 혼인 : 성취되기 어렵고 해를 입는다.
→ 일간은 나이고 일지는 상대이다. 지상이 묘신이니 혼인하기 어렵고 그 둔반에 귀살이 임하니 만약 그를 배우자로 맞이하면 해를 입게 된다. 간상에서 일간을 극하고 지상에서 일지를 극하니 남녀에게 나쁜 일이 닥친다. ● 유도액 : 천반은 남자이고 지반은 여자이다. 세 곳의 천반에서 지반을 극하는 유도액이니 여자에게 불리한 혼인이다.

○ 출행 : 시비를 막아야 하고, 맹목적으로 움직이면 장애가 생긴다.

→ 낮 정단에서 간상의 주작이 귀살에 타서 일간을 극하니 시비가 생기고, 여행지인 지상에는 둔귀가 임하니 여행지에서 화를 당한다.

○ **행인(귀가)** : 즉시 온다. 도난을 예방해야 한다.
→ 역마가 집 근처를 뜻하는 초전에 임하니 즉시 집에 온다. 말전의 재성 辰에 현무가 타고 있으니 여행 중 소인배로부터의 도난을 예방해야 한다.

○ **임신·출산** : 태신이 일덕과 일록에 임하니 여아를 낳아서 유복하다.
→ 태신인 酉가 일덕과 일록인 寅에 임하니 유복하다. 여아인 것은 태신인 酉가 『주역』의 태괘에 해당하고 다시 일간의 음양이신이 1음2양이기 때문이다.

○ **유실** : 거친 눈썹에 눈이 큰 사람이 훔쳐갔다. 오히려 일을 만드니 서로 해를 입히고 해를 입는다.
→ 초전의 寅은 나무, 구렛나루, 수염, 거친 눈썹을 뜻한다.

○ **도난** : 도둑은 동남방에 있다. 잡기 어렵다.
→ 도둑이 도망친 방위는 현무의 음신이니 도둑은 해방(亥方)에 있다. 그리고 현무가 말전에 임하니 먼 곳으로 도망쳤다.

○ **출병** : 어명이 있지만 전공(全功)을 세우지 못한다.
→ 귀살은 적군이다. 간상의 酉가 일간을 극하니 패전한다.

○ **관직** : 승진된다.
→ 초전에 일록과 역마가 보이니 군자가 정단하면 승진이 가능하다. 특히 겨울과 봄 정단에서는 寅이 왕상하니 더욱 좋다.
● **주작폐구** : 시험정단에서는 낙방한다.
● **작귀(作鬼)** : 낮 정단에서 간상에 주작이 귀살에 타니 탄핵이나 관재를 예방해야 한다.
● **록현탈격** : 낮 정단에서 초전의 일록에 백호가 타니 관직자와 직장인은 불리하다.

- 『**필법부**』: 〈제63법〉 나와 상대가 모두 상하니 양쪽 모두 화를 방비해야 한다.
  → 일간 甲목은 간상의 酉금으로부터 극을 받고, 일지 子수는 지상의 未토로부터 극을 받는다.
  〈제43법〉 천을귀인이 올바르지 못하면 소송에서 비록 나의 이치가 바를지라도 왜곡된 판결을 받게 된다.
- 『**고감**』: 9월에 월장 卯가 申에 가한 질병정단이다. 이 사람은 처가에 가서 병에 걸렸는데 음증으로 중독되었다. 오늘의 일간이 未에 가하는 것은 未가 처가이고 천후가 그 위에 있기 때문으로 처가의 부인이 된다. 酉는 여색이고 구진은 사려(思慮)인데 다시 酉가 폐구되니 말을 표현하지 못할 정도의 질병이 된다.

| 갑자순 | 갑자일 | 7국 |

甲子일 제 7국

공망 戌·亥 ○
낮 : 왼쪽천장, 밤 : 오른쪽 천장

	丙	壬	丙
	白寅后	蛇申青	白寅后
	申	寅	申
壬	丙	庚	甲
蛇申青	白寅后	后午白	青子蛇
甲寅	申	子	午

○勾亥巳朱	甲子午青蛇	乙丑未空貴	丙寅申白后
○合戌辰朱癸酉卯勾			常丁卯酉陰玄戊辰戌己巳亥○常
蛇壬申寅	貴辛未丑	空庚午子后白	陰

- □ **과체**: 반음, 무의, 원태(절태), 섭해 // 주객형상(삼전삼형), 사호둔귀(밤), 간지공귀인, 귀인작묘(낮), 축미상가(연명 : 丑未), 육양, 양귀상가, 멸덕, 록현탈, 회환, 명암이귀.
- □ **핵심**: 록은 끊기고 덕은 닫힌다. 귀인이 귀인을 조아리는 상이니 군자는 좋고 일반인은 매우 두렵다.
    → 일록과 일덕인 寅이 寅의 절신인 申에 가했다. 주야의 귀인인 丑과 未가 서로 가하여서 두 귀인이 모임을 갖는 상이니 귀인을 만나러 가면 만나지 못한다.
- □ **분석**: ❶ 초전의 寅은 일간의 일덕이면서 일록이다. 寅이 申에 임해서 극을 당하고 다시 패신과 절신의 지반에 머무니 록은 끊기고 덕은 닫힌다.
    ❷ 주야귀인인 丑未가 서로 가하니 왕래가 반복되고 귀인이 귀인을 만나는 상이다.
    ❸ 중전의 申에 청룡이 타고 있으니 관성이 동한다. 군자는 이롭다. 그러나 일반인은 관사를 면하지 못하고 어지럽게 되어 길하지 못하다.

❹ 대체로 반음의 모든 과는 하는 일이 많이 뒤집히고 꾀하는 일을 이루기 어렵다.
□ 정단 : ❶ 천지가 뒤집혀서 신음하고 12신 본래의 자리가 쉽게 바뀌니 화사한 기운이 전혀 없으며, 왔다가는 다시 가고 갔다가는 다시 오니 모든 일이 의혹스럽고, 다시 지체되며, 원근에 마음이 닫힌다.
❷ 덕과 록이 닫혔으니 움직여도 의지 할 곳이 없고, 가만히 있더라도 기댈 곳이 없다.
❸ 화가 밖에서 발생하여 몸에 닥치니 덕을 닦아서 조화롭게 해야 한다.

○ 날씨 : 낮 정단에서는 비가 온다.
  → 낮 정단에서는 초전의 寅에 백호가 타고 있으니 바람이 일어나고 중전의 둔반에 壬수가 있으니 비가 온다.
○ 가정 : 비록 자손이 손상을 당하고. 형극(刑剋)을 당하지만 우환 중에 기쁨이 있고 기쁨 중에 우환이 있다.
  → 일간은 가장이고 일지는 가정이다. ● 가장 : 간상의 申에서 일간을 극하니 재앙이 닥친다. 낮에는 등사가 타니 경공사가 발생하고, 밤에는 청룡이 타니 재정난이 닥친다. ● 가정 : 지상의 자손효 午가 일지 子로부터 극을 받으니 자손이 손상을 입는다. 밤에는 백호가 타고 있고 그 둔반의 庚에서 일간을 극하니 생명이 위험하다. 만약 인월에 정단하면 午가 사기에 해당하니 목숨을 잃는다. ● 가상 : 일간과 일지의 상하가 상충하니 사람과 가정이 불안한 가상이다. 집을 팔고 이사하는 것이 좋다.
○ 혼인 : 교차합이니 중매인의 도움을 얻고 그 중매인은 사내종이다. 밤 정단에서는 매우 추녀이고 조급하며, 낮 정단에서는 미녀이다.
  → 일간은 남자이고 일지는 여자이다. 기궁 寅은 지상의 午과 삼합

하고 일지 子는 간상의 申과 삼합한다. 따라서 혼사가 가능하다. 다만 반음과는 나중에 파혼하거나 혹은 혼인한 뒤에 이혼하는 경우가 많으니 나쁘다. 그리고 밤 정단에서는 지상에 백호가 타고 있으니 추녀이고, 낮 정단에서는 지상에 천후가 타고 있으니 미녀이다. ● 궁합 : 비록 간지가 교차삼합하지만 지상의 午에서 간상의 申을 극하니 좋은 가운데에 나쁜 점이 있다.

○ 질병 : 질병은 화(火)에 관련된 병증이다. 심혈(心血)이 부족하여서 번복되는 것을 방지해야 하며, 가을정단에서는 불길하다.
　→ ● 병증 : 일지인 子에서 그 천반의 午를 극하니 화에 관련된 병이다. 그리고 가을이 특히 흉한 이유는 식록을 뜻하는 일록 寅이 절신이 되기 때문이다. 그리고 반음과의 질병은 병세가 엎치락뒤치락하는 특징을 보인다. ● 치료법 : 의약신이 午이니 뜸이나 방사선 치료 등 온열요법이 좋고, 의약신이 子에 임하니 정북에서 의약을 구하면 된다.

○ 출행 : 중도에 되돌아온다.
　→ 운행수단을 뜻하는 역마가 충지인 申에 가하니 사고나 난다. 따라서 중도에 되돌아온다.

○ 행인(귀가) : 즉시 도착한다.
　→ 운행수단인 역마가 초전에 있기 때문이다. 행인정단에서 말전은 목적지, 중전이 중간 도착지, 초전은 근지를 뜻한다.

○ 관송 : 형사책임을 당한다.
　→ 중전이 관귀효이며, 특히 낮에는 등사가 타고 있어 더욱 흉하다.

○ 임신·출산 : 맏아들을 낳고 출산기에 이르러서 순산한다.
　→ 아들인 이유는 일간이 양이고 그 상신 또한 양이기 때문이다.

○ 출병 : 패전하여 도망치는 것을 방지해야 하고, 많은 군사가 도망칠 우려가 있다.
　→ 귀살은 적군이다. 간상의 귀살 申이 일간 甲을 극하니 패전할 우

려가 있다. 반음과는 천반과 지반이 충을 하고 있으니 군사가 뿔뿔이 흩어질 우려가 있다.
- ↑ **관직** : 공무원이나 직장인은 승진의 기쁨이 있다.
  - → 과전에 천리(寅)와 천성(申)이 겹쳐 있고 초전과 말전에는 역마인 寅이 임하기 때문이다. 아쉬운 점은 반음과이므로 공무원이나 직장인이 정년퇴직하지 못할 우려가 있다.

- □ 『필법부』 : 〈제69법〉 백호가 둔간귀살에 타면 재앙이 얕지 않다. 설령 공망되어 더라도 재앙을 구할 수 없다.
  - → 밤에만 지상에 백호가 둔간귀살에 타고 있으니 밤 정단에서만 재앙이 심하다.

  〈제79법〉 일간과 일지가 절신이면 모든 모망사는 끊긴다.
  - → 간상의 申은 申의 절신인 寅에 임하고 지상의 午는 午의 절신에 임한다. 비록 지상의 午가 子에 임하여서 12운성의 절신에 임하지는 않았지만 午火의 절신을 子水로 볼 수 있다.
- □ 『육임지남』 : 월장 亥가 巳에 가하고 밤 귀인이면 덕은 죽고 록이 끊기니 반드시 장차 자리를 내주게 된다. 주작이 월장에 타서 巳에 가하여 일간을 생하고, 4월에 따뜻하게 서로 머물고, 두 마리의 말이 상충하니 가을에는 반드시 역을 달린다.
- □ 『고감』 : 申년 2월에 월장 亥가 巳에 가한다. 행년 위에 子가 보인다. 子수가 일간 甲목을 생하고 다시 申이 寅에 가하고 초전과 말전 모두에 천후가 보이니 은택이 있다. 申은 존장자이고 寅은 비하자이다. 관성의 양쪽에 거듭해서 은택이 보이니 아버지와 자식이 합격한다. 午는 甲의 자식이다. 가정 위의 子수가 午를 극제하니 午는 리괘의 눈이니 자식에게 눈병이 있다.
  - ※ 리괘 : 『주역』 팔괘의 하나로서 인체의 눈[目]에 해당한다.

| 갑자순 | 갑자일 | 8국 |

甲子日　제 8 국

공망 : 戌·亥 ○
낮 : 왼쪽천장, 밤 : 오른쪽 천장

甲	己		○
青 子 蛇	陰 巳 常	合 戌 合	
未	子		巳
辛	甲	己	○
貴 未 空	青 子 蛇	陰 巳 常	合 戌 合
甲寅	未	子	巳

○ 合 戌 巳	○ 勾 亥 午	甲 子 未 青 蛇	乙 丑 申 空 貴
朱 癸 酉 辰			白 丙 寅 酉 后
蛇 壬 申 卯 青			常 丁 卯 戌 陰 ○
貴 辛 未 寅	空 庚 午 丑 白	陰 己 巳 子 常	玄 戊 辰 亥 玄 ○

□ **과체** : 지일, 주인, 승헌, 장도액//교차육해(피차시기), 묘신부일, 염막귀인加일간(밤), 육편판(六片板), 재공, 복덕, 회환, 살몰.

□ **핵심** : 낮에는 간상의 천을귀인이 초전을 극한다. 작은 일이 확대된다. 출행인은 아직 오지 않는다. 서로가 서로를 속인다.

□ **분석** : ❶ 초전의 子를 간상의 천을귀인이 해를 입히니 소송에서 굴욕을 당하고 작은 일에서조차 흉하다.

❷ 묘신이 일간을 덮는다. 나를 성난하면 혼미하고 시체되며, 질병 정단을 하면 병이 몸에 가라앉아서 고생하며, 출행인 정단을 하면 아직 오지 않는다.

❸ 일간 甲이 일지 子를 심하게 탈기하고, 지상의 巳화에서 일간 甲을 탈기하니, 서로 혼을 빼고 속인다. 시장의 거간꾼은 모든 일에서 진실한 마음이 전혀 없다.

□ **정단** : ❶ 견기과이다. 사맹이 발용이 되지 않았으니 사맹과는 무관하다. 사중을 취해 발용이 되었으나 진퇴를 단정할 수 없고 모든 일이 지체되고 의혹이 든다.

❷ 발용에 육해가 보일 경우, 일간을 생을 하여 일간을 돕는 것이

보일지라도 무익하다.

❸ 음양이 아직 통하지 않으니 혈맥도 아직 조화를 이루지 못한다.
→ 이 과전은 지일과이다. 견기격은 섭해과에 딸려 있는 격인데 왜 견기라고 했는지 의문이 든다. 그리고 초전의 子와 간상의 未는 육해이다. 육해에는 해치는 작용이 있다. 따라서 타인을 믿어서는 안 된다.

○ 날씨 : 낮 정단에서 청룡이 발용이 되었으니 未일에 비가 온다.
→ 양일에는 子의 아래가 비가 오는 시기이다. 낮 정단에서 초전의 子에 청룡이 타고서 未에 임하니 未일에 비가 온다.
○ 혼인 : 남녀가 모두 극을 받으니 반드시 성취하지 못한다. 또한 간지가 교차육해이니 서로 시기한다.
→ 혼인은 불성한다. 간상의 未는 지반의 寅으로부터 극을 받고 지상의 巳는 지반의 子로부터 극을 받는다. 그리고 기궁 寅과 지상의 巳가 육해이고 일지 子와 간상의 未가 육해이다. 또한 사과 세 곳의 지반에서 그 천반을 극하는 장도액이다. 이와 같은 이유로 혼인은 불성한다. ● 혼담 : 나쁘다. 일간이 일지를 탈기하고 지상의 巳화에서 일간을 탈기하니 남녀가 혼을 빼고 속인다.
○ 질병 : 치통과 토혈 또는 무엇에 놀란 병으로서 치료를 받으면 쉽게 낫는다.
→ ● 병증 : 일간은 환자이고 일지는 병증이다. 지상의 巳는 치통과 토혈을 뜻한다. 쉽게 낫는 이유는 의약신인 巳가 있기 때문이다.
● 묘신 : 간상이 묘신이다. 병사가 몸속에 침입하였으니 쉽게 낫지 않는다. 과전에서 묘신을 구하지 못하니 사망할 우려가 있다.
● 치료법 : 의약신이 巳이니 뜸과 방사선 등 온열요법이 좋고, 의약신이 子에 임하니 정북에서 의약을 구하면 된다.

○ 가정 : 묘신이 일간에 가하니 사람이 어둡다. 남을 이익이 되게 해야 하며, 가족의 질병을 예방해야 한다.
→ ● 사람 : 묘신에는 암매의 뜻이 있다. 간상에 일간의 묘신인 未가 임하니 사람이 하는 일이 어둡다. 낮에는 간상에 귀인이 타니 귀인의 해를 방지해야 하고, 밤에는 천공이 타니 타인의 속임을 방지해야 한다. 만약 병이 있을 경우 묘신이 일간에 임하니 목숨이 위험하다. ● 화목 : 사과가 장도액이니 가정의 부모가 자식에게 능욕당하고 남편이 아내에게 능욕당하는 것을 방지해야 한다. ● 가정 : 지상의 巳에서 일간 甲을 탈기하니 가정에 손실이 많다. 낮에는 태음이 타니 아가씨와 음인으로 인한 것이고, 밤에는 태상이 타니 음식과 의복비로 인한 것이다. 그리고 일지음신의 戌이 공망되었으니 재물을 잃는다.
○ 구재 : 어둡고 밝지 못한 재물을 얻는다.
→ 묘신에는 암매의 뜻이 있다. 간상에 있는 未가 일간의 묘신이니 어둡고 밝지 못한 재물이다. 말전의 戌이 비록 재성이지만 공망되었으니 얻기 어렵다. 만약 연명이 申과 亥이면 그 상신이 각각 처재효인 丑과 辰이니 재물을 얻는다. 그리고 중전의 암재인 己를 얻는다.
○ 모망 : 처음은 어렵지만 나중은 쉽다.
→ 묘신이 간상에 임하니 처음은 어렵다.
○ 유실 : 문서와 음식물을 집안에서 찾는다.
→ 지일과이니 집안에서 찾을 수 있다.
○ 포획 : 남방의 말(馬)이 시장에 있지만 잡기 어렵다.
→ 도둑의 류신은 현무이다. 현무가 과전에 임하지 않으니 도둑을 잡을 수 없다.
○ 출병 : 위험이 있으니 새롭게 고쳐서 도모해야 한다.
→ 묘신에는 암매의 뜻이 있다. 간상신이 묘신이니 위험하다.
○ 행인(귀가) : 아직 오지 않는다.

➔ 묘신이 일간에 임하니 아직 오지 않는다.
○ **소송** : 그릇된 판결을 받고 수금된다.
➔ 초전의 子와 간상의 未가 육해이기 때문에 그릇된 판결을 받게 된다.
○ **출산** : 역산이다.
➔ 卯는 손이고 戌은 발이다. 卯가 戌의 위에 가하니 역산이다.

□ 『**필법부**』 : (제43법) 천을귀인이 올바르지 못하면 소송에서 비록 나의 이치가 바를지라도 왜곡된 판결을 받게 된다.
➔ 이 과전에서는 초전의 子가 간상의 귀인승신 未와 육해이니 천을 귀인이 올바르지 못하여서 소송에서 비록 나의 이치가 바를지라도 왜곡된 판결을 받게 된다.
(제76법) 서로 시기하여 모두에게 화가 미친다.
➔ 간상의 천을귀인 未가 초전에 있는 子와 육해이다. 따라서 주객이 서로 시기하여 모두에게 화가 미친다.
□ 『**고감**』 : 申년 2월에 월장 亥를 午에 가한다. 묘신 未가 甲에 가하니 일간이 묘지로 들어간다. 묘신인 未의 위가 子이니 육해가 되어 서로 공격한다. 未는 식구이다. 그 위에 천공이 타서 子와 육해가 되고, 부모효 子에 등사가 타고 삼전이 가정으로 귀가하니 반드시 집의 식구에 의해 가정에 소송이 일어난다. 사중신[子·午·卯·酉]의 하나인 자일(子日)의 파쇄이면서 부엌인 巳에 태상이 타니 밤 정단에서는 아랫사람에 의해 분쟁이 생긴다. 巳화는 자손효이다. 말전의 戌에서 未속의 丁화를 촉발시켜 형을 일으키니 식구에게 이러한 작용이 생기는 것이다. 만약 행년이 寅이면 당년에 소송이 일어나고 일상이 未이니 음력 6월에 소송이 발생한다.

甲子일 제 9 국

공망 : 戌·亥
낮 : 왼쪽 천장, 밤 : 오른쪽 천장

戊	壬	甲
玄 辰 玄	蛇 申 靑	靑 子 蛇
子	辰	申

庚	○	戊	壬
后 午 白	合 戌 合	玄 辰 玄	蛇 申 靑
甲 寅	午	子	辰

朱 癸酉巳	勾 合 戌午	合 勾 亥未	朱 甲子申 蛇
蛇 壬申辰 靑			空 乙丑酉 貴
貴 辛未卯 空			白 丙寅戌 后
后 庚午寅 白	陰 己巳丑 常	玄 戊辰子 玄	常 丁卯亥 陰

- □ **과체** : 원수, 윤하, 참관, 폐구, 여덕 // 사기격, 삼전체생, 교차상극, 육양, 사호둔귀(蛇虎遁鬼), 합중범살, 폐구(연명 : 巳), 지묘겸일재, 여덕, 복덕, 관격, 주객형상.
- □ **핵심** : 밤 정단에서는 백호가 둔귀에 타고 있다. 삼전의 열 두 신이 모두 수(水)이다. 화재가 발생할 우려가 있다. 점차 길해진다.
- □ **분석** : ❶ 간상에서 백호가 午에 타고 있고 그 둔반에는 庚이 일간의 귀살이니 화가 매우 신속하다. 다행스러운 것은 삼전이 모두 수(水)이고 여기에서 귀살 申을 제화하여 일간 甲을 생한다. 이와 같으니 먼저 발생한 재액을 면하지는 못하지만 나중에는 면한다.

   ❷ 지상에는 일지의 묘신 겸 일간의 재신 辰이 임하고 간상에는 午가 임하니 질병정단을 하면 매우 흉하다.

   ❸ 현무가 타고 있는 辰이 비록 순수에 임하여 폐구가 되었지만 다행히 순미가 순수에 가하지는 않는다. 더욱이 壬癸일에 수(水)의 천장을 겸하니, 사적인 일에서 타인의 도움을 받지 않더라도 공(公)을 이룬다.
- □ **정단** : ❶ 원수과는 높은 이가 낮은 이를 통제하고, 귀한 이가 천한

이를 다스린다. 모든 일은 순조롭고 남자로부터 일어난다.

❷ 모든 일은 한 사람에 관련된 것이 아니고 고향 사람과 관련되어 있으며, 친구와 더불어서 하는 일은 아직 결실로 돌아오지 않는다.

──────────────────────────

○ 날씨 : 계속하여 비가 온다.
　→ 수의 12지와 천장은 비를 뜻한다. 삼전이 수국이며 다시 초전에는 수의 천장인 현무가 타고 있고, 중전과 말전에는 비를 뜻하는 청룡이 타고 있으니 많은 비가 온다.
○ 가정 : 가정의 동요를 방지해야 한다. 가장에게 권위가 있다. 재물을 넉넉하게 쓰지 못한다.
　→ ● 음란사 : 일간 甲이 지상의 辰을 극하고 일지 子가 간상의 午를 극하여 교차무음이니 가정에 음란사가 발생한다.
　● 가장 : 일간은 가장이다. 간상의 탈기신 午에 낮에는 천후가 타니 부인으로 인해 손실이 생기고 다시 둔반에 귀살이 타니 해가 더욱 심하다. 밤에는 백호가 타고 그 둔반에 귀살인 庚이 타니 중병이다. 만약 인월에 정단하면 午가 사기이니 생명이 위험하다.
　● 가정 : 원수과이니 가장에게 권위가 있다.
　● 도난 : 지상의 재성 辰에 현무가 타니 가정에서 도난과 사기를 방지해야 한다.
○ 고시 : 순조롭지 못하다.
　→ 간지가 교차상극하며 관성 申이 간상의 午화로부터 극을 받으니 순조롭지 못하다.
○ 구재 : 얻기 어렵다. 소인에 의해 재물을 잃을 우려가 있다.
　→ 지상의 辰은 일간의 재성이며 일지의 묘신이다. 여기에 소인을 뜻하는 현무가 타고 있으니 소인에 의해 재물을 잃을 우려가 있다.
○ 혼인 : 매우 불길하다.

→ 남자를 뜻하는 일간과 여자를 뜻하는 일지가 교차상극하니 서로에게 사정(私情)이 있으니 매우 불길하다. 또한 연애나 혼담의 마지막인 말전의 子수에서 간상의 午화를 극해오니 역시 불길하다.

○ **질병** : 겁이 많은 증세이지만 치료하면 낫는다.

→ ● 병증 : 백호는 병인(病因)이다. 밤 정단에서 백호가 午화에 타서 금의 장부를 극하니 폐·대장이 손상되어 흉하지만 말전의 子수에서 午화를 제압하니 낫는다. ● 치료법 : 의약신이 巳午이니 뜸과 방사선 등 온열요법이 좋고, 의약신이 丑寅에 임하니 동북간에서 의약을 구하면 된다.

○ **임신·출산** : 태아가 불안하다. 출산한 뒤에 키우지 못한다.

→ 일간은 태아이고 일지는 임신부이다. 태아가 불안한 이유는, 출산정단에서 과전이 삼합하니 태아가 어머니의 자궁을 떠나지 않는 상이기 때문이고, 출산한 뒤에 태아가 사망하는 것은 간지가 교차상극을 하기 때문이다.

○ **출행** : 육로는 평안하고 수로는 잘못된다.

→ 일간은 육로이고 일지는 수로이다. 수로행이 나쁜 것은 수로행을 뜻하는 지상신이 일지의 묘신이기 때문이다.

○ **포획** : 현무가 폐구 되었으니 도둑을 삽는 일에서 크게 좋다.

→ 현무는 도둑이다. 현무승신 辰이 순수에 임하니 현무가 폐구되었다. 따라서 도둑을 잡는 일에서 크게 좋다.

○ **상매(商賈)** : 반드시 자본금을 잃고 길에서 억류된다.

→ 일간의 재성인 辰이 일지의 묘신일뿐만 아니라 여기에 戊가 임한다. 乙亥일의 제8국 또한 지상의 辰이 일간의 재성이자 일지의 묘신이니 이와 동일하다.

○ **출병** : 승리하지만 장수가 힘을 얻지 못할 우려가 있다.

→ 현무는 적군이다. 일간 甲이 지상의 현무승신 辰토를 극하니 아군이 승전한다.

□ 『필법부』: 〈제31법〉 삼전이 차례로 일간을 생하면 타인의 추천을 받는다.
　➜ 초전(辰) ⋯➜ 중전(申) ⋯➜ 말전(子) ⋯➜ 일간(甲)을 차례로 생을 하면, 공무원과 직장인은 승진·발탁되고, 혼인은 성립하며, 구재에서는 재물을 얻는다.
　〈제66법〉 일지의 묘신과 재신이 나란히 보이면 여정을 다시 생각해야 된다.
　➜ 지상의 辰은 일지의 묘신이고 일간의 재신이다. 이러한 재물은 내 것이 되지 않는다.
　〈제64법〉 부부가 음란하여 각기 사통하는 일이 있다.
　➜ 간지가 교차상극하면 남편과 아내가 사통한다.
　〈제69법〉 백호가 둔간귀살에 타면 재앙이 얕지 않다.
　➜ 만약 연명이 寅이면 밤 정단에서 백호가 寅의 천반에 있고 귀살은 둔반에 있다.
　〈제84법〉 합 속에 살을 범하는 것은 꿀 속에 비상이 있는 것이다.
　➜ 삼전이 비록 삼합하지만 초전의 辰이 지상의 辰과 자형이고 말전의 子는 간상의 午와 상충하니 합 속에 살을 범한다.

□ 『과경』: 甲에서 지상의 辰토를 극하고 일지 子에서 간상의 午화를 극한다. 만약 남자의 본명과 행년이 지상에 있고 여자의 본명과 행년이 간상에 있으면 이것을 '진해리과'라고 부른다. 두강[辰]이 일진의 음양에 임한 뒤에 발용이 되면 '사기격(死奇格)'으로서 천강은 辰을 가리킨다. 재앙과 겁살이 모두 있고 극적을 하면서 백호가 타서 다시 연과 월 위에 보이면 '삼사과(三死課)'이다. 만약 천강이 일간에 임하면 순내에 우환이 있고, 지상에 임하면 월내에 우환이 있으며, 태세에 임하면 연내에 우환이 있다.

甲子日　제 10 국

공망 戌·亥 ○
낮 : 왼쪽 천장, 밤 : 오른쪽천장

壬	○	丙	
蛇申青	勾亥朱	白寅后	
巳	申	亥 ○	
己	壬	丁	庚
陰巳常	蛇申青	常卯陰	后午白
甲寅	巳	子	卯

壬蛇申巳	癸○朱酉勾合戌合勾○朱午未亥申		
辛貴未空辰			甲青子蛇酉
庚后午白卯			乙空丑貴戌○
己陰巳常寅	戊玄辰玄丑	丁常卯陰子	丙白寅后亥○

□ **과체** : 중심, 원태(생태), 가찰(苛察) ∥ 탈상봉탈(밤), 인택수탈(간지구탈), 독족, 절신가생, 백호입상차(초전), 귀인입옥, 형상, 초전협극(낮), 덕경(공망), 록현탈(낮), 복덕.

□ **핵심** : 멈추면 근심이 사라진다. 양 귀인이 모두 노한다. 일지와 일간이 모두 형을 당하고 있으니 집에서 거주하기 어렵다.

□ **분석** : ❶ 간지가 모두 그 상신으로부터 탈기를 당하고 있으니 멈추면 우환이 사라지고 근심이 풀리지만 꾀하는 일은 기운이 없다.
　❷ 양 귀인이 입옥되었으니 높은 이를 만나는 일은 좋지 못하다.
　❸ 간지가 모두 상하로 형을 한다. 子卯가 가정에 속하니 가정이 이롭지 못해 살기 어렵다.
　❹ 중전과 말전이 장생, 일덕, 일록이지만 공망되었고, 홀로 있는 申 금은 일간의 귀살이다. 중전과 말전이 공망되었으니 앞으로 나아갈 수 없으니 초전만 살피면 된다.

□ **정단** : ❶ 초전의 申에서 말전의 寅을 제압하고 일덕과 일록인 寅이 다시 공망된 지반에 임하니, 일체의 모든 모망사는 시작은 있지만 결과가 없으며 뜻대로 되지 않는다.

❷ 중전과 말전이 모두 공망되었으니 초전으로만 일의 정황을 판단하면 된다.

○ 날씨 : 밤 정단은 비가 오고, 낮 정단은 맑다.
→ 청룡은 비를 부르는 천장이고, 등사는 맑음을 부르는 천장이다. 초전의 밤 정단에서는 청룡이 타고 낮 정단에서는 등사가 타니, 밤 정단에서는 비가 오고 낮 정단에서는 맑다.
○ 가정 : 간지가 모두 탈기를 당하니 도난을 당할 우려가 있다. 사람과 가택이 모두 평안하지 못하다.
→ ● 손재수 : 일간은 가장이고 일지는 가정이다. 일간 甲은 간상신 巳로부터 탈기를 당하고 일지 子는 지상신 卯로부터 탈기를 당하니 가장과 가정에 손재수가 발생한다.
● 가장 : 간상의 巳에서 일간을 탈기한다. 낮에는 태음이 타니 소인으로 인해 손재수가 발생하고, 밤에는 태상이 타니 유흥비로 인해 손재수가 발생한다.
● 음란사 : 일지의 상하가 子卯형이고 밤 정단에서는 지상에 음란의 천장인 태음이 타니 가정에 음란사가 발생한다. 이와 같으니 가정이 평안하지 않다.
○ 혼인 : 성립된다. 낮 정단에서는 여자가 음식을 잘 한다.
→ ● 성부(成否) : 일간은 나이고 일지는 상대이다. 지상신 卯에서 일상신 巳를 생하고, 일지 子에서 일간 甲을 생하니 혼인이 성립된다.
● 미모 : 낮 정단에서는 지상에 태상이 타니 음식 솜씨가 좋고 미인이다.
● 성정 : 지상의 卯가 일간의 양인이니 드세다. 그리고 일지의 상하가 음란지형이니 음란한 여성이다. 특히 밤에는 음란의 천장인 태

음이 타니 더욱 더 음란한 여성이다.
○ **구관** : 헛된 관직만 있고 장구하지 못하며 혹은 관직은 있더라도 녹봉은 받지 못한다.

→ 관성은 관직이고 일록은 녹봉이다. 관직만 있는 이유는 관성인 申이 지반으로부터 극을 받고 있고 낮 정단에서는 관성이 협극(夾剋)을 당하기 때문이다. 관직이 장구하지 못한 이유는 관성이 중전과 말전에서 공망되었기 때문이다. 일록은 공무원에게는 국가에서 받는 돈이고, 직장인에게는 직장에서 받는 돈이며, 자영업자에게는 사업체에서 버는 돈이다. 이러한 일록 寅이 공망된 지반에 앉아 있으니 국록이 없다고 하였다.

○ **구재** : 희망이 없다.

→ 돈을 뜻하는 일간의 재성이 과전에 없기 때문이다. 다만 연명이 辰·戌·丑·未이라면 가능하다. 그 이유는 그 상신이 각각 재성인 未·丑·辰·未이기 때문이다. 다만 밤 정단에서는 未에 천공이 타고 있으니 불가하고, 낮 정단에서는 丑에 천공이 타고 있으니 불가하고, 주야 정단에서 戌이 공망되었으니 불가하고, 주야 정단에서 辰에 현무가 타고 있으니 불가하다.

○ **관송** : 스스로 서로에게 모순이 있으니 관새가 그치지 않는다.

→ 일간은 나이고 일지는 상대이다. 나는 제1과에서 寅巳 형을 하고, 상대는 제3과에서 子卯 형을 한다. 따라서 서로에게 모순이 있다.

○ **임신·출산** : 뱃속의 태아는 여자이고 순조롭다.

→ 일간은 태궁이다. 제1·2과에서 일간 甲은 양, 일상신 巳는 음, 일음상신 申은 양이어서 1음2양이니 딸이다. 그리고 삼전은 태아의 형성과정이다. 초전 申은 양, 중전 亥는 음, 말전 寅이 양이어서 1음2양이니 딸이다. 또한 곤괘에 해당하는 중심과는 여아이다. 출산이 순조롭다고 하였지만 삼전이 병태이면 모자 모두 병이 드는 상이니

그렇지 않을 우려가 있다. 또한 태신인 酉가 지반의 午로부터 극을 당하니 태아가 상할 우려가 있다.

○ **행인(귀가)** : 역마가 공망되었으니 아직 도착하지 못한다.
→ 甲子일의 역마인 寅이 말전에서 공망되어 었다. 따라서 자동차를 타지 않았으니 아직 오지 않는다. 차를 타는 날은 공망된 亥가 풀리는 해일(亥日)이나 해월(亥月)이다.

○ **출행** : 수로로 가야 한다. 육로로 갈 경우 병을 예방해야 한다.
→ 일간은 육로행이고 일지는 수로행이다. 일간과 일지가 삼형이지만 지상에는 여행의 신인 정마가 있다. 따라서 수로로 가야 한다.

○ **질병** : 록신이 공망되었으니 음식을 섭취하지 못할 우려가 있다. 봄과 여름 정단에서는 의사가 도움이 된다.
→ ● 병증 : 일록이 공망되면 음식을 먹지 못하고 사망한다. 그리고 초전의 천반 申은 신체를 뜻하는 申이고 그 지반이 상여를 뜻하는 巳이니 사망의 상이다. 그러나 이를 극복하면 간상이 의약신 巳이니 치유가 가능한데, 巳가 왕상해지는 봄과 여름 정단에서는 의술이 있는 의사나 약효가 좋은 약이 구해지니 치유가 가능해진다.
● 치료법 : 의약신이 巳이니 뜸과 방사선 등 온열요법이 좋고, 의약신이 寅에 임하니 동북간에서 의약을 구하면 된다.

○ **출병** : 비록 승리의 기세는 있지만 반드시 재물과 병졸을 잃는다.
→ 일간은 아군이고 일지는 적군이다. 일지 子가 일간 甲을 생하고 지상신 卯가 간상신 巳를 생하니 아군이 유리하다. 다만 간상에서 일간을 설기하고 있으니 재물과 병졸을 잃을 우려가 있다.

○ **알현** : 양 귀인이 입옥 되었으니 귀인을 만나는 일에서 결과가 나쁘다.
→ 여기에서의 귀인은 공무원이나 회사의 중역 또는 어떠한 일에서 영향력을 행사하는 사람을 뜻한다. 낮 귀인은 辰에 임하고, 밤 귀인은 戌에 임하고 있으니 귀인이 교도소에 갇힌 상이다. 따라서 귀인

을 만나서 부탁하는 일은 성사되지 않는다.
O **관재** : 구속된다.
→ 만약 죄를 지었다면 정마가 움직여서 양인을 만나고 귀인이 지망에 앉으니 반드시 소송으로 인해 구속된다.

□ 『필법부』 : 〈제15법〉 위에서 탈기하고 다시 탈기를 만나면 헛된 속임을 방지해야 된다.
→ 밤에 정단하면 간상의 巳화가 일간 甲목을 탈기하고 巳에 타고 있는 태상의 오행에서 巳화를 탈기하고 있으니 헛된 속임을 방지해야 된다.
〈제82법〉 삼전이 나아가지 못하는 불행전은 초전만을 살피면 된다.
□ 『과경』 : 길신이 극을 받으면 기쁨은 빈 메아리가 될 뿐이다.
□ 『육임지남』 : 丑년의 5월에 월장 申을 巳에 가한다. 월장이 巳로부터 극을 당하고 청룡이 월장으로부터 내전이 되니 반드시 관원에 의해 일을 그르치게 된다. 일간의 간상에는 비부(飛符)가 임하고 일지에는 유혼(遊魂)이 임하니 현재 사람과 가정에는 반드시 재앙과 시비가 생긴다. 정마가 움직여서 양인을 만나고 귀인이 지망에 앉으니, 반드시 공적인 소송으로 인해 구속된다. 다행한 것은 구진의 음신에서 일간을 생하니 진실이 명백하게 밝혀진다. 덕신과 일록과 역마가 천문인 亥에 모이니 정연히 요직에 머물지만, 단지 갑자순의 공망되었으니 장구하지 못하다.
→ '비부(飛符)'를 '직부(直符)'라고도 한다. 백사를 행할 수 없다. 출행을 꺼리며 도피는 불가하다. 주작·구진이 보이면 그 흉이 더욱 심하다. 그러나 일덕이 과전에 들면 선흉후길하다.

※ 비부

10간	甲	乙	丙	丁	戊	己	庚	辛	壬	癸
비부	巳	辰	卯	寅	丑	午	未	申	酉	戌

※ 비혼

신살＼월건	寅	卯	辰	巳	午	未	申	酉	戌	亥	子	丑
비혼(飛魂)	亥	子	丑	寅	卯	辰	巳	午	未	申	酉	戌

甲子일 제 11 국

공망 戌·亥 ○
낮 : 왼쪽 천장, 밤 : 오른쪽 천장

戊	庚	壬
合辰合	蛇午靑	后申白
寅	辰	午

戊	庚	丙	戊
合辰合	蛇午靑	靑寅蛇	合辰合
甲寅	辰	子	寅

辛貴未巳	空	壬后申午	白	癸陰酉未	常	○玄戌申	玄
蛇庚午辰	青					○常亥酉	陰
朱己巳卯	勾					白甲子戌	后
合戊辰寅	合	勾丁卯丑	朱	青丙寅子	蛇	空乙丑亥	貴○

□ **과체** : 중심, 불비, 참관, 등삼천, 교동 // 진간전, 육양, 피난도생, 권섭부정, 참관, 신장·살몰·귀등천문(밤), 강색귀호, 초전협극, 췌서격, 형상, 무음.

□ **핵심** : 초전의 재신 辰은 협극, 중전의 午는 탈기, 말전의 申은 백호귀살이고 놀랄만한 액이 닥친다.

□ **분석** : ❶ 초전의 辰이 일간의 재신이지만 甲(寅)의 극을 받고 다시 육합 卯의 극을 받는다. 『필법부』에서는 "조전이 협극 낭하면 부사유스럽다."고 하였다.

❷ 중전의 午는 자손효이다. 말전에서 申이 午에 가하여서 자손과 귀살이 친구가 되니 구제를 믿어서는 안 된다.

❸ 다행한 것은 일간 甲(寅)이 지상으로 가서 일지 子로부터 생을 받으니 난을 피해 도망가서 사는 '피난도생(避難逃生)'이다.

❹ 간상과 초전의 辰이 일간의 재신이면서 일지의 묘신이니, 이른바 과에서 일지의 묘신 겸 재신이니 구재를 위한 여정을 숙고해야 한다. 원행하여 행상을 하는 사람이 정단하여 이와 같으면, 반드시 자본금을 잃고 하는 일에서 막힘이 있다.

□ 정단 : ❶ 관직을 구하는 정단에서 웃어른은 점차 길해지고 임금을 알현하는 일에서는 이롭다. 그러나 소인은 이로움이 없다.
❷ 지일과는 반드시 하나를 선택한 뒤에 쓸 수 있다.
➔ 이 과전은 일하적상이 초전이 되었으니 지일과가 아니라 중심과다.

○ 날씨 : 구름이 짙게 끼고 비가 온다.
➔ 삼전 辰午申은 등삼천으로서 용이 하늘로 올라 비를 뿌리는 상이니 비가 온다.
○ 가정 : 가정의 모든 일이 화순하다. 가정에서 어머니가 가장이고 집에 데릴사위가 있다.
➔ ● 가정 : 그렇지 않다. 사과가 불비이고 다시 낮 정단에서 초전에 육합이 타고 말전에 천후가 타서 교동이니 남자가 사통한다. 그리고 간상의 辰이 상하 협극되어 발용이 되었으니 모망사가 뜻대로 되지 않는다. 또한 중심과이다. 겨울과 봄에 정단하면 하가 강하고 상이 약하니 가장이 능욕을 당해 권위가 약해진다. 이와 같으니 가정이 화순하지 않다.
● 데릴사위 : 기궁이 지상으로 갔으니 데릴사위가 있을 가능성이 있다.
● 이사 : 기궁이 지상으로 갔다. 만약 이 집으로 이사를 들어가면 일지로부터 생을 받으니 이로운 점이 있다.
○ 혼인 : 서두르면 혼인한다. 나중에 훌륭한 자식을 둔다.
➔ ● 성부(成否) : 일간은 남자이고 일지는 여자이다. 기궁이 지상으로 가는 것은 남자가 처가로 장가드는 상이니 혼인이 성립된다. ●
자식 : 자손효인 午와 丙이 과전에 있다. 午에 밤 정단에서는 길장인 청룡이 타고 있으니 훌륭한 자식을 낳고, 丙의 아래에 낮에는 청룡

이 타니 역시 훌륭한 자식을 낳는다.
○ **구관** : 특례로 발탁된다.
→ 삼전이 등삼천이니 특례로 발탁된다. 초전의 용(辰)이 협극을 면하는 여름과 사계 정단에서는 더욱 길하고, 또한 밤 정단에서는 귀등천문이니 더욱 길하다.
○ **구재** : 희망이 있다.
→ 간상과 초전에 재성인 辰이 있으니 희망이 있다. 辰이 협극을 면하는 여름과 사계 정단에는 더욱 확실하다. 그리고 연명이 巳·亥이면 그 상신이 재성인 未·丑이니 재물을 손에 쥔다. 다만 연명 申은 재성인 戌이 공망되었으니 불가하다.
○ **질병** : 노기로 간을 상했다. 의술이 있는 의사는 동남에 거주한다.
→ ● 병증 : 지상의 寅에 청룡이 타면 간·담의 병이고 비·위가 상한 병이다. 그리고 의사와 약을 뜻하는 의약신 午가 辰에 가하니 辰이 뜻하는 동남방에 양의가 있고, 또한 의약신 巳가 卯에 가하니 정동방에도 양의가 있다.
● 치료법 : 의약신이 午이니 뜸과 방사선 등 온열요법이 좋고, 의약신이 辰에 임하니 동남간에서 의약을 구하면 된다.
○ **출행** : 육로행은 장애가 있고 수로행은 대길하다.
→ 육로행이 나쁜 것은 간상의 辰이 지묘(支墓)이기 때문이고, 수로행이 좋은 것은 지상의 寅이 일지 子로부터 생을 받기 때문이다.
○ **귀가** : 출행한 목적을 이루지 못했다. 아직 귀가하지 않는다.
→ 일간의 재성인 辰이 일지의 묘신이니 구재에 장애가 생긴다. 초전이 협극 되었으니 근지에서 장애가 있다.
○ **출병** : 완승한다. 금은보화 및 옥과 비단을 획득한다.
→ 용이 승천하는 상이니 완승한다. 다만 재성이 협극을 당했으니 금은보화 및 옥과 비단을 넉넉하게 얻지는 못한다.
○ **임신·출산** : 남아이다. 출산부와 자식 모두 안전하며 출산은 매우 빠

르다.
→ 일간은 태아이다. 일간이 양이고 그 상신이 양이니 남아이다. 태아인 寅이 어머니 자리인 지상으로 가서 어머니의 생을 받으니 모자 모두 안전하다. 그리고 용이 승천하는 상이니 출산이 빠르다.

○ 관재 : 처음은 흉하고 나중은 길하다.
→ 말전 申에서 일간 甲을 극하지만 중전 午에서 이를 제압하니 나중이 길하다. 또한 '신장살몰'과 '강색귀호'이니 화가 생기지 않는다.

□ 『필법부』 : 〈제8법〉 일록이 일지에 임하면 임시직으로서 정당한 자리가 아니거나 혹은 먼 곳에 직장이 주어진다.
→ 일간의 일록인 寅이 지상에 임하고 있다.

〈제91법〉 백호가 일간에 임하면 귀살의 흉이 매우 빨리 나타난다.
→ 밤에 정단하면 이 과전에서는 백호가 말전에 타고 있다.

〈제85법〉 초전이 협극되면 뜻대로 되지 않는다.
→ 초전 천반의 辰이 지반의 寅목과 辰에 타고 있는 육합의 오행인 乙卯목으로부터 협극을 받고 있다.

〈제40법〉 천후와 육합은 혼인정단에서 중매인을 쓰지 않아도 된다.
→ 낮에 정단하면 초전에는 육합이, 말전에는 천후가 타고 있다.

〈제9법〉 난을 피해 생을 도모하고 구태를 버려야 한다.

〈제52법〉 천강[辰]이 귀신문[寅]을 막으면 일을 꾀할 수 있다.
→ 辰은 그물이고 寅은 귀신문이다. 초전의 천반이 辰이고 그 지반이 寅이니 이에 해당한다.

□ 『중황경(中黃經)』 : 辰午申은 하늘로 오르지 않을 수 없다. 병(病)과 사(死)가 형극을 만나면 소송에서 관청에 의해 조사되는 것을 살펴야 한다.
→ 등삼천이다. 관직자나 직장인이 승진, 발탁되어 신분이 상승하

지 않을 수 없다. 특히 여름과 토왕절에는 협극이 되어 있는 초전이 협극을 벗어나니 더욱 길하다.

□ 『괄낭부(括囊賦)』: 일간이 일지에 임하면 두 성씨가 동거한다.

→ 일간이 일지에 임하면 데릴사위가 되는 뜻이 있다. 따라서 처가의 성씨와 시가의 성씨가 같이 있으니 두 성씨가 한 집에서 거주한다.

공망 : 戌·亥 ○
낮 : 왼쪽 천장, 밤 : 오른쪽 천장

甲子일 제 12국

戊	己	庚
合辰合	朱巳勾	蛇午青
卯	辰	巳
丁	戊	乙	丙
勾卯朱	合辰合	空丑貴	青寅蛇
甲寅	卯	子	丑

庚午巳 蛇	辛未午 青	壬申未 空	癸酉申 白
己巳辰 朱勾	貴	后	陰常 ○
戊辰卯 合合			玄戌酉 玄 ○
丁卯寅 勾朱	丙寅丑 青蛇	乙丑子 空貴	常亥戌 陰 ○ 甲子亥 白后 ○

- □ **과체** : 중심, 연여(숭계) // 나거취재(懶去取財), 잡란과(雜亂課), 침해, 복덕, 간지공일록, 관격(關格).
- □ **핵심** : 우환과 의혹스러운 일이 풀려야 한다. 이것을 풀기 위해서는 방편을 쓰는 것이 좋다. 모망사를 취하려고 하지만 나아가서 취하기 어렵고 한 발짝도 움직이기 어렵다.
- □ **분석** : ❶ 초전에서는 협극(夾剋)을 당한 재성이 육해에 임하고, 중전의 巳와 말전의 午에서는 모두 일간의 기운을 설기한다. 이 과전으로 정단하면 풀려야 할 일에서 우려가 생기고 의혹스러워질 뿐이다.
❷ 간상과 지상에 왕기가 타니 움직이면 그물로 변해 반드시 재앙에 직면하게 되니 한걸음도 나아가기 어렵다.
❸ 일간의 양신 卯에서 일지의 양신 丑을 극하고 일지의 음신 寅에서 일간의 음신 辰을 극하니, 뒤섞여서 어지럽다는 뜻의 '잡란과'로서 안팎으로 모두 부족한 뜻이 있다.
❹ 말전의 午에서 초전의 辰을 생하니 처음에는 어렵고 나중에는 쉽다.
❺ 卯에 주작이 타서 寅에 임하니 구설과 문서사가 생긴다. 나아가

면 흉하고 물러나면 길하다. 卯는 정신이고, 11월의 寅은 천마이며, 丁이 천마에 임하니 일상적이지 않은 움직임이 있다. ⑥ 만약 丑이 본명이면 '본명이 가정을 연모한다'고 하여 움직이려는 뜻이 없다. 이 이론은 증명된 이론이다. 丑이 子에 가하면 가정을 연모한다.
→ 초전의 재성 辰이 지반의 卯로부터 극을 당하고, 타고 있는 육합의 오행인 卯목으로부터 극을 당하니 협극이 되었다. 따라서 나의 의지대로 일이 풀리지 않는다. 또한 辰이 임한 卯와는 육해이고 중·말전 또한 일간을 설기하니 손실만 초래한다. 그리고 가출정단에서 가출인의 본명이 지상이 되고 일지와 합을 하면 가정으로 돌아온다고 분석할 수 있다.

□ 정단 : ❶ 계속 한걸음씩 나아가지만 손실이 매우 크다.
❷ 만약 봄과 여름에 정단하면 귀한 자손이 있는 상이다.

❸ 이 과로 정단하면 문서가 오지 않으면 반드시 구설로 인해 나쁜 일이 생기며, 또는 반드시 화재를 조심해야 한다.
→ 자손효는 곧 자식이다. 만약 신혼부부에게 자식이 없을 경우, 이 과전도에서 자식이 있다고 분석한다. 그리고 문서의 류신은 주작이다. 이 주작이 밤 정단에서 간상에 탄다. 쇠를 지은 경우이라면 양인이 정마에 타고 있으니 관재로 인해 구속되고, 시비에 얽매인 경우이라면 구설수로 괴로워진다.

○ 날씨 : 오랫동안 맑고 비가 오지 않는다.
→ 중전과 말전의 巳午가 화의 오행이니 계속하여 맑다.
○ 가정 : 가정에 귀한 기운이 있고, 거주하는 집이 높은 관직자의 오랜 관아이다. 그리고 아들이 아들의 친구에게 인심 쓸 일로 인해 지출이 생긴다.

→ ● 가정 : 일지는 가정이다. 지상의 丑이 삼기이고 여기에 밤 정단에서 천을귀인이 타니 귀한 기운이 서려있다. 그러나 낮에는 천공이 타고 있으니 그렇지 않다.
　● 관아 : 丑은 부동산이다. 丑이 삼기이고 여기에 천을귀인이 타니 공무원이 거주하는 관사일 가능성이 있다.
　● 아들 : 육합은 아들이다. 초전의 재성 辰에 육합이 타니 아들로 인한 손재수를 방지해야 한다.
　● 가장 : 일간은 가장이다. 간상에 양인이 임하고 여기에 흉장인 구진과 주작이 타니 근신해야 한다.
○ 혼인 : 귀한 집안의 여자와 인연이 된다. 중매인의 도움으로 후일에 반드시 가정을 꾸리고 귀한 자식을 낳는다.
　→ ● 여자 : 일지는 여자이다. 밤 정단에서는 지상에 천을귀인이 타고 있으니 귀한 집안의 여자이다. 그러나 낮 정단에서는 천공이 타고 있으니 천한 집안의 여자이다. ● 자식 : 만약 봄과 여름에 정단하면 자손효 巳·午가 왕성하니 귀한 자식을 둔다. ● 성부(成否)·궁합 : 일간은 나이고 일지는 상대이다. 일지에서 일간을 생하지만 간상의 卯에서 지상의 丑을 극하니 혼인할 확률이 절반이고, 궁합 또한 좋고 나쁨이 절반이다
○ 구관 : 관성을 깨는 관살(煞)이 왕성하니 관로에서 불리하다.
　→ 중전과 말전의 자손효인 巳와 午가 '박관살'이니 관록정단에서 불리하다.
○ 구재 : 삼전이 모두 자손효이니 구재를 해서는 안 되며, 구태여 재물을 구하지 않더라도 재물이 저절로 생긴다.
　→ 중전과 말전에 있는 자손효에서 제2과의 처재효 辰과 제3과에 있는 丑을 생하니 저절로 재물이 생긴다. 그러나 만약 나태하면 간상에 있는 형제효로 인해 재물을 쟁탈당할 우려가 있다. 그리고 초전에 있는 처재효 辰이 상하협극이니 사업의 초기에는 돈벌이에 장

애가 있다. 하지만 여름과 계월에 정단하면 辰이 왕성해지니 무난하다.

○ **질병** : 음식을 생각하지 말고 치료를 하면 속효를 본다.
  → ● 병증 : 병이 계속 이어진다. ● 치료법 : 자손효는 의약신이다. 이것이 중전과 말전에 있으니 치료 효과를 본다. ● 치료법 : 의약신이 巳午이니 뜸과 방사선 등 온열요법이 좋고, 의약신이 辰巳에 임하니 동남방에서 의약을 구하면 된다.

○ **임신·출산** : 여아를 임신하며 순산한다.
  → 일간 甲은 양, 일상신 卯는 음, 일간음신 辰은 양이다. 1음2양이니 딸이고, 삼전의 초전 辰은 양, 중전 巳는 음, 말전 午는 양이어서 1음2양이니 딸이며, 중심과이니 딸이다.

○ **행인(귀가)** : 날씨로 인해 장애가 발생하고, 교역에서는 화합에 장애가 생긴다.
  → 辰이 卯에 가하면 관격(關格)이라고 하여 이동에 장애가 생긴다. 그리고 일간은 나이고 일지는 상대이다. 간상의 卯에서 지상의 丑을 극하니 교섭에 장애가 생긴다.

○ **출행** : 구설에 말려드는 것을 방지해야 한다.
  → 일간은 여행객이다. 일간에 밤에는 수삭이 타고 있으니 구설이 생기고, 낮에는 구진이 타고 있으니 다툼이 생긴다.

○ **관송** : 교도소에서 출소한다.
  → 연명이 卯이면 卯 위에 동신인 辰이 임하니 출소한다. 그러나 연명이 午이라면 午 위에 未가 있으니 간지협정삼전이 되어 감옥살이를 벗어날 수 없다.

○ **포획** : 도둑은 정서방에 있고, 군역을 지는 노복(奴僕)이다.
  → 도둑은 현무의 음신방에 있다. 따라서 도둑은 해방(亥方)에 있다. 그리고 현무가 戌에 타고 있으니 戌이 뜻하는 군인이거나 혹은 남종이거나 혹은 조직폭력배이다.

○ **출병** : 병영이 습격당하는 것을 방지해야 한다.
→ 일간은 아군이다. 간상에 양인인 卯와 정마가 임하니 기습을 방지해야 한다.

□ 『**필법부**』: (제55법) 천라지망을 만나면 모망사가 보잘 것이 없게 된다.
(제85법) 초전이 협극되면 뜻대로 되지 않는다. 만약 협극되는 것이 재신이면 재물을 꾀하지 못한다.
→ 매 일의 12국은 천라지망이다. 간상신이 일간의 전1위이고 지상신은 일지의 전1위이다. 그리고 협극은 천반의 12지가 여기에 타고 있는 천장 오행으로부터 극을 받고 다시 지반으로부터 극받는 것을 말한다.

□ 『**과경**』: 음양이 공협(拱夾)하면 흉이 많고 길도 많다. 날씨가 맑으면 오랫동안 맑고, 날씨가 흐리면 오랫동안 비가 온다.
→ 삼전에서 초전의 양과 말전의 양에서 중전의 음을 끼고 있으니 '음양이 공협한다'고 하였다.

을축일

乙丑日의 길신(구보)과 흉살(팔살)

일덕	申	형	
일록	卯	충	
역마	亥	파	
장생	亥	해	
제왕	卯	귀살	申酉
순기	丑	묘신	未
육의	甲子	패신	子
귀인	주	申	공망	戌亥
	야	子	탈(脫)	巳午
합(合)		사(死)	午
태(胎)	酉	절(絶)	申

대육임직지

| 갑자순 | 을축일 | 1국 |

乙丑일 　 제 1 국

공망 : 戌·亥 ○
낮 : 왼쪽 천장, 밤 : 오른쪽 천장

戊	乙	○
勾 辰 勾	白 丑 蛇	陰 戌 陰
辰	丑	戌 ○

戊	戊	乙	乙
勾 辰 勾	勾 辰 勾	白 丑 蛇	白 丑 蛇
乙 辰	辰	丑	丑

己巳 合	庚午 朱	辛未 空	壬申 貴
巳	午	未	申 常
戊辰 勾辰			癸酉 后 酉 玄
丁卯 青卯 合			○戌 陰戌 陰 ○
丙寅 空寅 朱	乙丑 白丑 蛇	甲子 常子 貴	○亥 玄亥 后 ○

- □ **과체** : 복음, 자신, 가색, 참관 // 전재(全財), 재공, 형상.
- □ **핵심** : 하나의 목에서 아홉 토를 극하며, 음을 발동시키고 백호를 발동시킨다. 배탈로 인해 위장병이 생긴다. 사업하여 재물을 욕심내면 화와 장애가 발생한다.
- □ **분석** : ❶ 일간은 하나의 木이고 과전은 아홉 土이다. 이와 같이 몸은 지극히 허약한데 재물은 지극히 크니, 만약 재물을 탐하면 화가 생긴다. 재물을 탐하면 태음의 성질인 백호 金을 생해서 나를 극하여 오니 질병과 소송으로 인한 화를 어찌 면하겠는가?

❷ 복음에서 모든 신이 본가로 돌아가서 천지가 하나가 되었으니 엎드려서 아직 움직이지 못하는 상이다.

❸ 가색에는 다시 어려움의 뜻이 숨어 있다. 이 과전으로 정단하면 모든 일에서 핍박을 받아 행동이 부자유스럽게 되지만, 만약 뇌신(雷神)을 만나면 변화한다.

❹ 참관이니 안거하지 못하며, 은신과 피신에 이롭다. 그러나 보이지 않는 가운데에 불순이 있어서 다시 고치거나 중지된다.

※ 뇌신 : 12지의 寅卯를 가리킨다.

□ 정단 : ❶ 이 과에 재물은 많지만 신체가 약해서 그 재물을 감당하기에는 역부족인 상태이니 재물로 인한 화를 불러일으킬 우려가 있다.
❷ 만약 본명상과 행년상에서 일간을 생하는 신을 얻거나 혹은 겨울과 봄의 목왕지절이면 이러한 우려가 없다.
❸ 모든 일에서 처음에는 빠르지만 나중에는 늦춰지고, 노력은 하더라도 결과가 없으며, 설령 이루어지더라도 오래가지 않는다. 그러나 근심과 걱정하는 일은 오히려 풀린다.

○ 날씨 : 오랫동안 가물고 비가 오지 않는다.
→ 삼전이 비를 쫓는 토의 오행으로만 구성되어 있다. 따라서 오랫동안 가물고 비가 오지 않는다.
○ 가정 : 여자가 가정을 농단하고, 시비를 부르니 편안하지 않다.
→ ● 가정 : 처재효는 처이다. 왕성한 재국에서 부모효를 극하니 부모의 수명이 줄고 부모에게 불효를 저지른다.
● 화목 : 일간은 가장이고 일지는 식구이다. 간지와 그 상신이 파(破)이고 간지 교차상파이니 가정이 화목하지 않다.
● 가장 : 간상의 辰土가 발용이 되어 주야에 토의 천장 구진이 타니 부동산으로 돈을 벌거나 혹은 부동산으로 인해 관재가 발생한다. ● 부인 : 지상의 처재효 丑에 낮에는 백호가 타니 부인에게 병이 나고, 밤에는 등사가 타니 놀랄 일이 생긴다. 만약 유월과 술월에 정단하면 처재효 丑이 사신과 사기에 해당하니 생명이 위험하다.
○ 혼인 : 불길하다. 여자가 흉악하다.
→ ● 길흉 : 불길하다. 첫째, 간상의 辰과 지상의 丑이 파(破)이다. 둘째, 재성이 왕성하다. 셋째, 지상에 낮 정단에서는 백호가 타고 밤 정단에서는 등사가 타니 성정이 흉악하다.
● 성부(成否)·궁합 : 간지와 그 상신이 파(破)이고 간지 교차상파이

니 궁합이 나쁘고 혼인은 불성한다. ● **부모** : 과전이 재국이니 부모의 수명이 짧아진다.

○ **구재** : 어렵다. 재성이 태과하니 오히려 재물이 훼손된다.

→ 과전의 천반에 일곱 토(土)가 있고 둔반에는 세 토(土)가 있으니 신약재왕(身弱財旺)하다. 따라서 흉하다.

○ **질병** : 위장이 그득하고 배가 더부룩하게 부어오르는 병이고 신체에 누른 종기가 생기는데 의약이 효과가 없다.

→ ● **병증** : 과전에 지나치게 토가 많으니 위실증이다. 그리고 토의 극을 받는 수의 장부는 허증이 되어 병증으로 나타난다. 따라서 신장과 방광 그리고 비뇨기과에 병이 온다. 특히 낮 정단과 밤 정단 모두 백호가 토(土)의 12지에 타고 있으니 이러한 뜻이 명확해진다. 이 정단에서는 부모의 질병정단에서 가장 흉한데, 그 이유는 왕성한 처재국에서 신약한 부모효를 극하기 때문이다. 과전이 재국이면서 삼형을 만드니 병이 위중하다.

● **치료법** : 의약신이 巳午이니 뜸과 방사선 등 온열요법이 좋고, 의약신이 巳午에 임하니 동남간과 정남방에서 의약을 구하면 된다.

○ **임신·출산** : 태아는 여아이다. 기를 수 없다.

→ 일간은 음인 乙, 일상신은 양인 辰, 일음은 양인 辰이니 1음2양이고 따라서 딸이다. 태신은 태아이다. 이 과전에서는 酉가 태신이다. 酉가 월신살인 사기에 해당하는 사월(巳月) 정단에서는 태아가 사망한다. 그리고 복음과의 삼전이 삼형이니 수술로 출산한 가능성이 높다.

○ **출행** : 편안하게 거주할 수 없다. 오히려 장애가 생긴다.

→ 복음과이지만 간상과 발용에 역마의 성격을 지닌 辰이 있으며 만약 6월과 12월에 정단하면 辰이 동신(動神)의 하나인 천마에 해당하니 출행한다. 출행하더라도 삼전이 삼형이니 장애가 생긴다.

○ **행인(귀가)** : 양인이 몸에 임하니 몸이 상할 우려가 있고 또한 지체될

우려가 있다.
→ 일간은 여행객이고 양인에는 혈광과 구속의 뜻이 있다. 간상의 辰이 양인이니 몸이 상할 우려가 있고 또한 구속될 우려가 있다.
○ 출병 : 낮에는 길하고 밤에는 불리하다.
→ 주야 정단 모두 과전에 임하니 길흉이 동일하다.
○ 분묘 : 파괴되는 것을 예방해야 한다.
→ 일지는 묘지이다. 간상의 辰과 지상의 丑이 파(破)이니 파묘된다.
○ 알현 : 기쁨이 없다.
→ 일간은 나이고 일지는 상대이다. 간지와 그 상신이 파(破)이니 서로의 뜻이 맞지 않다.
○ 관재 : 구금된다. 화를 면할 수 없다.
→ 과전이 삼형을 만들기 때문이다.

□ 『필법부』: 〈제2법〉 순수와 순미가 마주 보이면 시종일관 좋다.
→ 이 과전은 〈제2법〉과 무관하다.
〈제68-2법〉 재물이 지나치게 왕성하니 병이 든 몸으로 짊어지기 어렵다.
〈제58법〉 용신이 깨지니 심신이 돌아갈 곳이 없다.
→ 초전의 辰에서 지상의 丑을 파(破)를 한다.
□ 『과경』: 을일(乙日)의 발용에는 천강인 辰이 보이고 간상의 辰이 이 방위와 동일하게 어둡다. 법식 속에 다툼의 단서가 들어있는 상이니 이를 대비해야 하며, 만약 대비하지 못하면 손실이 발생한다.

| 갑자순 | 을축일 | 2국 |

乙丑日 제 2 국

공망 : 戌·亥 ○
낮 : 왼쪽 천장, 밤 : 오른쪽 천장

甲	○	○	
常 子 貴	玄 亥 后	陰 戌 陰	
丑	子	亥 ○	
丁	丙	甲	○
青 卯 合	空 寅 朱	常 子 貴	玄 亥 后
乙 辰	卯	丑	子

勾 戊 辰 巳	己 合 巳 午	庚 朱 午 未	辛 蛇 未 申 白
青 卯 辰	合		貴 壬 申 酉 常
空 寅 卯 朱			后 癸 酉 戌 玄
白 丑 寅 蛇	常 甲 子 貴 丑	玄 亥 后 子	陰 戌 陰 亥 ○

- □ **과체** : 중심, 퇴여, 용덕, 여덕(낮) // 주객형상, 나거취재, 재공, 불행삼전, 왕록임신, 인희아우, 우녀상회(낮), 부귀육의(밤), 퇴여, 살몰.
- □ **핵심** : 서로 무례하다. 일록에 만족하기 어렵다. 모든 정단에서 흉이 심하지만 혼인정단은 좋다.
- □ **분석** : ❶ 간상과 지상의 子와 卯가 서로 형(刑)을 하니 서로 무례하다.

❷ 간상의 일록 卯에 정마가 타고 있고 卯가 子로부터 형을 받으니 까마귀의 발에 의지한다.

❸ 중·말전이 공망되었으니 우환과 근심을 푸는 일에는 좋지만, 서민이 정단하는 일에서는 무슨 이익이 있겠는가?

❹ 子에 태상이 타서 丑과 합을 하면 '우녀상회'라고 하여 혼인정단에서 길하다.

❺ 낮 정단에서는 지상에 염막귀인이 임한다. 모든 정단에서 염막귀인이 공망되는 것을 좋아하지 않고, 묘신을 좋아하지 않으며, 극을 좋아하지 않고, 공망되면 더욱 나빠서 시험관이 그의 시험지를 보지 않는다. 만약 주작이 타고 있는 12지에서 염막귀인을 극하면 그

글은 반드시 시험관의 뜻에 합당하지 않다. ⑥ 간상신 卯와 기궁 辰이 서로 육해하지만 지상의 子와 일지 丑이 상합하니, 나는 고생하지만 타인은 편안하고 즐겁다.
- 정단 : ❶ 이 과는 왕록이 일간에 임하니 꾀하려고 하는 것을 멈추고 옛것을 지켜야 한다. 스스로에게 재물과 식록이 있으니 함부로 행동하면 그 행동이 그물이 되어 나에게 화를 미친다. 마음을 진정하여 조용히 정(靜)을 유지하면서 바르게 해야 하며 가정을 나가지 않는 것이 좋다.

○ 날씨 : 비는 오지만 많지 않다.
  → 오행의 수는 비를 뜻한다. 초전에 子가 있지만 중전과 말전이 공망되었으니 조금 온 뒤에 멈춘다.
○ 가정 : 도적을 방비해야 하고, 가택은 좁고 사람은 많다. 노복 곧 남자종업원과 여자종업원의 도움을 받지 못한다.
  → ● 가정 : 일지는 가정이다. 낮 정단에서 일지음신 亥에 현무가 타니 가정에 도둑이 든다.
  ● 가택 : 삼전의 수국에서 일간을 생하니 집은 좁고 사람은 많다.
  ● 노비(종업원) : 종업원을 뜻하는 戌이 공망되었으니 종업원의 도움을 받지 못한다.
○ 혼인 : 성립한다.
  → ● 성부(成否) : 일지와 발용의 상하가 子와 丑이니 우녀상회이다. 우녀상회는 혼인한다.
  ● 귀천 : 지상이 육의이고 낮에는 子에 태상이 타고 밤에는 귀인이 타니 귀한 여자이다.
  ● 궁합 : 일간은 나이고 일지는 상대이다. 기궁 辰과 일지 丑이 파이고 간상 卯와 지상 子가 형이니 나쁘다.

○ **임신·출산** : 태아는 여아이다. 유혈이 있더라도 무방하다.
  → 일간은 태궁이다. 일간인 乙과 일상신인 卯가 모두 음이니 딸이다. 유혈이 있는 이유는 간지상신이 서로 형(刑)이기 때문이다.
○ **질병** : 수족이 굳어지는 병이다. 구병은 장애가 있다.
  → ● 병증 : 말전이 괴도천문이다. 이는 여성의 생리가 원활하지 않은 것이고, 음식에 체하거나 막힌 병, 수족이 자유롭지 않은 것을 뜻한다. ● 치료법 : 의약신이 巳午이니 뜸과 방사선 등 온열요법이 좋고, 의약신이 午未에 임하니 정남과 남서방에서 의약을 구하면 된다.
○ **유실** : 집안에 있고 북방에서 찾을 수 있다.
  → 내사문이 발용이 되었으니 집안에 있다.
○ **출행** : 육로행은 평안하다. 수로행은 도난을 당할 우려가 있으니 이를 방비해야 한다.
  → 일지는 수로행이다. 수로행이 두려운 이유는 낮 정단에서 일지 음신에 현무가 타고 있기 때문이다.
○ **행인(귀가)** : 귀가를 생각하지만 아직 오지 않는다.
  → 여객수단을 뜻하는 역마 亥가 중전에서 공망되었기 때문이다.
○ **구재** : 분수에 맞는 재물만 얻되 조속히 구해야 한다.
  → 말전에 있는 재성이 공망되었으니 과욕을 삼가면서 서두르지 않으면 얻지 못한다.
○ **구관** : 아직은 뜻대로 되지 않는다.
  → 승진을 뜻하는 역마가 중전에서 공망되었고 관성을 생하는 재성 또한 공망되었기 때문이다.
○ **알현** : 집에 있으니 만날 수 있고, 만나면 이익이 있다.
  → 낮 귀인 申이 일덕에 해당하니 덕이 있는 귀인이고, 밤 귀인 子에서는 일간을 생하니 귀인의 도움을 받을 수 있다.
○ **출병** : 서로 대치하고 적군에게 난이 일어난다. 다만 병영을 겁탈하

고 암통하는 사람이 있는 것이 우려되니 이를 방비해야 한다.
➔ 일간은 아군이고 일지는 적군이다. 간지상신이 상형이니 서로 대치하는 것이고 간지상신이 상생하니 암통한다.

○ **직장** : 관직, 직장, 현업을 떠나서는 안 된다.
➔ 왕록이 나를 뜻하는 일간에 임하며, 또한 일록 卯가 지상신 子와 삼형을 하기 때문이다.

○ **관재** : 사라진다.
➔ 중전과 말전이 공망되었으니 사라진다.

□ 『**필법부**』 : 〈제7법〉 왕록이 일간에 임하면 망령된 행동을 하면 안 된다.
➔ 왕신은 제왕과 일록을 가리킨다. 나를 뜻하는 일간 위에 제왕과 일록이 임하니 망령된 행동을 하면 안 된다.

□ 『**육임지남**』 : 戌이 亥에 가하면 까마귀의 울음으로 정단한다. 유도와 적부가 간지에 임하고, 오른쪽에는 역마와 현무가 보이며, 왼쪽에는 겁살과 적부가 보인다. 도적 8인~9인이 동북방에서 와서 옆 사람의 옷가지를 겁탈해서 강을 건너갔고 子가 발용이 되었으니 동북에서 온 것이다. 子가 丑에 가하니 8명~9명이고, 구진이 현무를 요극하니 5일 후에 반드시 잡는다.

※ 유도(遊都)

일간 신살	甲	乙	丙	丁	戊	己	庚	申	壬	癸
유도 (遊都)	丑	子	寅	巳	申	丑	子	寅	巳	申
	甲일부터 丑子寅巳申 두 번 ・도적이 오는 길이다.									

※ **적부(賊符)** : 과전 천반의 巳·申·子·卯가 적부.

乙丑일 제3국				공망 : 戌·亥 ○ 낮 : 왼쪽 천장, 밤 : 오른쪽 천장			
○	癸		辛	丁青卯巳	戊勾合辰午	己勾青巳未	庚朱午申空
玄亥后	后酉玄		蛇未白	丙空寅辰			辛蛇未酉白
丑	亥 ○		酉	乙白丑卯蛇			壬貴申戌常
丙	甲	○	癸	甲常子寅貴	○ 玄亥后丑	○ 陰戌子陰	癸后酉玄亥○
空寅朱	常子貴	玄亥后	后酉玄				
乙辰	寅	丑	亥 ○				

□ **과체** : 중심, 시둔 // 나거취재, 말전호묘(末傳虎墓), 퇴간전, 답각공망, 체생(불성), 오음, 장생공망, 재공, 귀인입옥(낮), 폐구, 고진과수.

□ **핵심** : 백호가 탄 묘신을 辛(둔귀)이 따르니 출행인이 병든 몸으로 귀가 : 며 이를 '환혼격(還魂格)'이라고 한다. 삼전이 차례로 일간을 생한다.

□ **분석** : ❶ 삼전이 묘신으로 드니 반드시 출행인이 오지만 묘신 위에 백호가 타니 병든 몸으로 온다.

❷ 공망 된 지상의 亥가 발용이 되었고, 말전의 未土가 중전의 酉金을 생하며, 중전에서는 초전의 亥수를 생하여서 계속 생을 하니 '환혼(還魂)'이다. 亥가 공망되었으니 결국 무력해져서 비록 생을 하지만 생을 하지 못한다.

❸ 말전 재효의 둔반이 귀살인 辛이고 여기에 백호가 타니 구재에서 어찌 화를 면하겠는가? 꾀하는 일에서 시작은 있지만 끝이 없고 좋아 보이지만 결국 나쁘다. 특히 밤 정단에서는 손실이 발생한다.

❹ 말전에서 未가 酉의 위에 가하고 여기에 백호가 타니 구하는 물사(物事)는 찻잎이다.

❺ 이 과는 세 순의 공망이 되어 었다.
→ 초전이 공망되면 길사를 시작할 수 없고, 질병과 관재 등 우환사는 우환이 사라진다. 그리고 초전의 亥는 갑자순의 공망이고, 중전의 酉는 갑술순의 공망이며, 말전의 未는 갑신순의 공망이다.

□ 정단 : ❶ 이 과는 오행이 자취도 없이 사라지는 매몰의 지반에 가라앉아 있고, 네 계절이 쇠하고 패망한 지역에 들어갔으며, 닫히고 막혀서 불통하고, 어두워서 밝지 못해 고독하게 된다.
❷ 고향을 떠나 재물을 헛되게 없애게 되며, 혼자 가정을 꾸리는 상이다. 승려나 수도자는 좋지만 나머지 사람은 좋지 않다.

―――――――――――――――

○ 날씨 : 비록 구름은 잔뜩 끼지만 비는 오지 않고, 흐린 것인지 혹은 맑은 것인지를 알 수 없다.
→ 구름이 끼지만 비가 오지 않는 것은 초전이 수이지만 공망되었기 때문이다.
○ 가정 : 사람은 왕성하고 가정은 쇠미하다. 부모에게 장애가 생긴다.
→ ● 가택 : 말전 未토 … 중전 酉금 … 초전 亥수 … 일간 乙목을 차례로 생하니 사람은 왕성하다. 그러나 일지가 공망되었으니 가정은 쇠미하다.
● 부모 : 부모의 류신은 장생이다. 장생이 공망되었으니 부모님이 생존할 경우, 생명이 위험하다.
● 가장 : 일간은 가장이고 간상의 寅은 형제효이다. 여기에 낮에는 천공이 타니 지인으로 인해 공허한 일이 생기고, 밤에는 주작이 타니 구설수가 생긴다.
● 가정 : 일지음신의 酉에 낮에는 천후가 타니 처로 인한 고통이 생기고, 밤에는 현무가 타니 도난을 당한다.
○ 질병 : 신장이 허해져서 손상되었다. 신병(新病) 환자는 액을 쫓아서

풀어야 하고, 구병 환자는 액이 있다.
→ ● 병증 : 신장이 허한 것은 수의 오행인 亥가 공망되었기 때문이다. 귀신에 의한 병 곧 귀수가 있는 것은 낮 정단에서 귀인승신 申에서 일간을 극하기 때문이다.
● 치료법 : 의약신이 巳午이니 뜸과 방사선 등 온열요법이 좋고, 의약신이 未申에 임하니 서남간에서 의약을 구하면 된다.
○ 고시 : 답이 어둡다. 즉 낙방한다.
→ 주작은 답안지이자 문서이다. 주야의 주작승신이 일간을 생해오지 않으니 낙방한다.
○ 구재 : 서두르면 이익을 취한다. 그러나 화와 우환을 방비해야 한다.
→ 말전의 재성 未는 일간의 묘신이고 그 둔반에는 귀살이 임하니 재물을 신속하게 취해야 한다. 만약 서두르지 않으면 간상의 寅에게 뺏긴다.
○ 사환 : 역마가 공망되고 식록은 끊어졌으니 흉하다.
→ 역마가 공망되었고 또한 일록인 卯가 卯의 병지인 巳에 앉아 있으니 불리하다. 그러나 해년·해월·해월장 기간에 정단하면 공망이 메워지니 관직정단에서 길한데, 그 이유는 삼전이 체생해서 일간을 생하여 오기 때문이다.
○ 임신·출산 : 임신한 뒤에 병이 난다. 첩이 임신한 것이다.
→ 태신은 태아이다. 태신인 酉가 병지인 亥에 임하고 있으니 병이 있고, 첩이 임신한 것은 태신이 처재효에 해당하지 않기 때문이다.
○ 출행 : 육로는 평안하다. 수로는 도적을 방비해야 한다.
→ 일지음신에 현무가 타고 있으니 수로행에서 도둑을 당하고 또한 일지가 공망되었으니 수로행이 나쁘다.
○ 행인(귀가) : 역마가 공망되었으니 아직 오지 않는다.
→ 역마는 운행 수단을 가리킨다. 또한 말전이 묘신이고 중전과 초전이 공망되었기 때문이다. 이 외에 말전이 묘신이고 여기에 백호

가 타고 있으니 현재 행인에게는 몸에 병이 있다.
- ○ **출병** : 멈춰서 가지 않아야 하고, 속이지 말아야 한다.
  - → 초전과 중전이 공망되어 었고 말전이 묘신이기 때문이다.

- □ 『**필법부**』: 〈제31법〉 삼전이 차례로 일간을 생해 오면 타인의 추천을 받는다.
  - → 초전과 중전이 공망되었으니 체생하지 못한다. 다만 해년(亥年), 해월(亥月), 해월장(亥月將) 기간에는 공망이 메워지니 체생을 하고, 따라서 많은 사람의 도움을 받아 뜻대로 된다.

  〈제33법〉 시작은 있지만 끝이 없다. 어려움이 변해서 쉽게 된다.
  - → 초전이 공망이니 시작하기 어렵고, 중전은 공망되고 말전이 묘신이니 뜻대로 되지 않는다. 더욱이 이 과전은 답각공망되었으니 성공은 요원하다.

  〈제62법〉 묘신백호가 일지에 임하면 엎드린 시신인 '복시'가 있다.
  - → 이 과전에서는 말전의 일묘인 未에 백호가 타고 있으므로 '복시'가 있다고 하였다.

  〈제47법〉 귀인이 옥에 앉으면 귀인을 만날 수 없다.
  - → 낮 귀인 申이 교도소를 뜻하는 戌에 임하고 있으니 '귀인입옥'이다. 귀인을 만나 부탁하면 그는 나의 부탁을 들어주지 않는다.

- □ 『**시둔시(時遁詩)**』: 때가 이롭지 않으니 숨어서 하고, 군자에게 알려서 군자가 알아야 한다. 군자는 때를 기다리면 길해지고, 소인은 병환으로 인한 액을 방비해야 한다.

```
乙丑일    제 4 국
```

공망 : 戌·亥 ○
낮 : 왼쪽 천장, 밤 : 오른쪽 천장

	乙	○	辛	
青 丑 蛇	朱 戌 陰		后 未 白	
	辰	丑	戌 ○	
	乙	○	○	辛
青 丑 蛇	朱 戌 陰	朱 戌 陰	后 未 白	
	乙 辰	丑	丑	戌 ○

空	丙寅巳	朱	丁卯午	白	戊辰未	合	己巳申	勾	玄	青
青	乙丑辰	蛇					庚午酉	常	陰	空
勾	甲子卯	貴					辛未戌 ○	玄	后	白
合	○亥寅	后	○戌丑	朱	癸酉子	陰	壬申亥	蛇	貴	常

□ **과체** : 가색, 췌서, 여덕, 유자, 삼구(三丘), 오묘(五墓) // 주객형상, 삼전불행, 복시살(호묘), 사호둔귀, 재공, 삼기(초전), 회환, 불비(무음), 신장·귀등천문(낮).

□ **핵심** : 삼전이 사과로 되돌아와서 사과에 나타나고, 주야 정단에서 일간 : 괴롭히는 묘신이 사과에 거처하니 위험과 의혹이 병존한다.

□ **분석** : ❶ 삼전이 사과를 벗어나지 않았으니 모든 일은 빙 둘러쳐져서 막혔으니 바르게 이룰 수 없다.

❷ 과전이 모두 재신이니 재물이 매우 왕성하다. 『필법부』에서 "삼전의 재신이 태왕하면 오히려 재물이 훼손된다."고 하였다.

❸ 말전의 묘신에 백호가 타고 그 둔반에는 나에게 허물이 되는 귀살이 다시 임하니 이 과전은 위험하다.

❹ 말전은 일간의 묘신이다. 일간이 움직여서 未에 이르고 보니 未로부터 묘신의 작용을 받는다. 일간이 未를 충분히 제압하니 스스로 와서 두 가지를 돌아본다.

❺ 일간의 재신인 丑이 간상으로 왔으니 나에게 이롭다. 따라서 정단하는 사람은 앉아서 정수하는 것이 가장 좋고 이롭다. 만약 탐을

내서 많이 취하려고 하면 반드시 화가 미친다. 따라서 기운에 순응하는 것이 가장 길하다.

☐ **정단** : ❶ 귀살 겸 묘신이 일간에 임했다. 묘신에서는 오행이 소멸하고 잠복하며, 또한 네 계절이 공허하게 끊겨서 쇠패되는 신이어서, 닫히고 막히며 불통해서 어두우며 밝지 못하다. 정단하는 모든 사람에게 만약 귀살 겸 묘신이 임하면, 숨어서 꾀하는 속셈과 등 뒤에서 나를 어지럽히는 사람이 있다.

❷ 질병과 소송에서 매우 꺼린다. 삼전과 연명(본명·행년)에서 충(冲)을 해서 이를 깨면 겨우 화를 면한다.

→ 일간 乙의 귀살은 申酉이고 묘신은 未이다. 간상에 丑이 임하니 간상에는 귀살이나 묘신이 임하지 않는다. 이 과전에 귀살은 임하지 않지만 묘신은 말전에 임한다.

○ **날씨** : 오랜 기간 맑고 비가 오지 않는다.

→ 오행의 수는 비를 뜻한다. 삼전의 토국에서 수를 극하니 장기간 비가 오지 않는다.

○ **가정** : 비록 전원이 있더라도 그로 인해 누가 된다. 존장에 대해 뉘우침이 있다.

→ ● 부동산 : 신약재왕하니 부동산을 지닐 수 없다. 다만 겨울과 봄에는 일간이 왕성해지니 가능하다.

● 부모 : 일간의 장생은 부모나 조부모이다. 장생이 공망되었고 다시 과전이 재국이니 부모님이 생존할 경우 생명이 위험하다.

● 가계 : 지상의 두 재성이 공망되었으니 집에 재물이 없다.

● 가장 : 丑은 부동산 류신이다. 간상의 丑토가 재성이니 부동산에 관련된 사업으로 돈을 벌면 된다. 낮에는 재물의 류신인 청룡이 타니 더욱 좋다.

○ 구관 : 왕성한 재신에서 관성을 생하니 좋다. 다만 부모상이 우려된다.
　→ 과전의 재국에서 관성을 생하니 승진·발탁된다. 그러나 일간의 장생 亥가 공망되었으니 부모상이 우려되고 다시 왕성한 재국에서 인성을 제압하니 부모에게 우환이 생긴다.
○ 질병 : 비장과 신장에 병이 났다. 음식을 줄여서 꿋꿋하게 절제해야 하며 휴식하면서 양명해야 한다.
　→ ● 병증 : 일간은 사람이고 재성은 음식이다. 일간이 약하고 재성이 매우 왕성하니 음식을 지나치게 섭취해서 온 위장병이다. 수의 오행에 속하는 신장이 토의 극을 받았으니 신장에 병이 든다. 신장 질환에는 방광과 비뇨기과 질환이 있다.
　● 치료법 : 의약신이 巳午이니 뜸과 방사선 등 온열요법이 좋고, 의약신이 申酉에 임하니 서남간과 정서에서 의약을 구하면 된다.
○ 임신·출산 : 남아이지만 질병을 방지해야 한다.
　→ 일간에서 일간이 음인 乙, 일상신이 음인 丑, 일음이 양인 戌이어서 1양 2음이니 아들이다. 삼전에서도 초전의 丑이 음, 중전의 戌이 양, 말전의 未가 음이어서 1양2음이니 아들이다.
○ 구재 : 공허하고 부실하다.
　→ 『필법부』에서 '삼전의 재신이 태왕하면 오히려 재물이 훼손된다.'고 하였다. 일부의 재물은 구하려다가 허탕을 치게 되는데 그 이유는 재성인 戌과 未가 공망되었기 때문이다.
○ 출행 : 귀살 겸 묘신이 일간에 임하니 집을 나서는 것은 불길하다.
　→ 귀살 겸 묘신이 일간에 임하지 않는다. 다만 간상과 지상이 삼형이고 또한 삼전이 삼형이니 흉하다. 형(刑)에는 사고, 쟁투, 소송, 수감 등의 뜻이 있다.
○ 유실 : 반드시 땅속에 있다.
　→ 과전이 모두 토이니 땅 속에 유실물이 있다. 따라서 땅을 살피면

된다.
○ 포획 : 낮 정단에서는 도둑이 서북방의 현가(賢家)에 잠시 머물고 있다.
  → 낮 정단에서 현무의 음신이 寅이니 인방(寅方)에 숨어 있다.
○ 출병 : 보이지 않는 손실이 있다. 군의 상황에 대한 첩보를 가볍게 여기면 안 된다.
  → 재성은 군량미이다. 제3·4과와 중·말전의 재성이 공망되었으니 군량미를 잃는다.

□ 『필법부』: 〈제87법〉 사람과 가정에 묘신이 가하면 불행을 부른다. 〈68-2법〉 모두가 재신이면 병든 몸을 감당하기 어렵다.
  → 사과는 물론이고 삼전이 모두 일간의 재신이어서 병든 몸이니 병든 몸을 감당하기 어렵다.
  〈제75법〉 손님과 주인이 다투니 형벌을 받는다.
  → 일간은 나이고 일지는 상대이다. 간상의 丑과 지상의 戌이 삼형이니 주객이 서로 다투는 상이다. 혼인, 동업, 매매, 계약 등 모든 일에서 다툼이 발생한다.
□ 『조담비결(照膽秘訣)』: 진음(제4과)에서 지진(제3과)을 형을 하고 천강인 辰이 거처한 곳이 사맹이면 어린 사람이 당황해서 어리둥절하게 된다. 밤 정단에서는 戌이 주작을 부려서 일지에 가하니 가정에 도량형이 매우 많다.

| 갑자순 | 을축일 | 5국 |

乙丑일   제 5 국

공망 : 戌·亥 ○
낮 : 왼쪽 천장, 밤 : 오른쪽 천장

己	乙	癸
玄 巳 青	青 丑 蛇	蛇 酉 玄
酉	巳	丑
甲	壬	癸	己
勾 子 貴	貴 申 常	蛇 酉 玄	玄 巳 青
乙 辰	子	丑	酉

乙丑巳 青	丙寅午 蛇	丁卯未 空	戊辰申 朱
甲子辰 勾			己巳酉 合
○亥卯 合			庚午戌 常
○戌寅 朱	癸酉丑 陰	壬申子 蛇	辛未亥 勾

- □ **과체** : 종혁, 을기(乙奇) // 원수, 부귀육의, 화미, 삼기(중전), 복덕(초전), 귀덕, 일순주편, 맥월, 교차삼합, 교차태신, 합중범살, 살몰.
- □ **핵심** : 안팎으로 함정에 빠졌으니 비록 애태우고 마음 졸이지만 여러 금에서 수를 생하니 다행이다. 낮 귀인도 이와 같다.
- □ **분석** : ❶ 丑이 巳로 가서 巳에 가한 뒤에 금국을 이뤄서 일간을 극하니, 가정의 식구가 외부의 올가미에 걸려서 화가 닥친다. 그러나 다행히 묘는 金에서 子수를 생해서 일으키고, 낮 귀인과 삼전의 천장이 일간으로 와서 일간을 생한다. 따라서 처음에는 비록 시달리지만 밤 귀인의 힘으로 그 금의 기운을 빼서 그의 작용으로 화가 풀린다.
❷ 삼전이 차례차례 생을 하여 간상의 子를 생하고 다시 일간을 생한다. 이 '子' 한 글자가 전체의 살(殺)을 일간을 생하는 신으로 변화시켰다. 이것은 귀살을 끌어당겨서 일간을 생하게 하는 존재이다.
❸ 일간 乙이 일지 丑을 극을 하니 재신이지만 지상에 귀살이 타고 있으니 이 재물을 취하면 놀람과 위험 속에서 재물을 취하는 것이 된다.
❹ 간상이 子이고 지상이 酉이니 순 중의 첫 글자와 끝 글자가 모두

보인다.
- □ **정단 :** ❶ 종혁은 옛것을 새롭게 고치는 상이다. 모든 일에서 막힘이 많고, 기가 있으면 혁명해서 점차 나아가고, 기가 없으면 혁명해서 물러나고 실패한다. ❷ 사과가 발용이 되어 초전이 되면 일명 '맥월(驀越)'이라고 하여, 의외의 근심과 기쁨이 있다.

○ **날씨 :** 계속 비가 내릴 우려가 있다.
→ 금은 비를 만드는 오행이고 수는 비이다. 삼전의 오행이 모두 금국이고 말전의 둔반에 癸수가 임하니 많은 비가 온다.
○ **가정 :** 가장은 건강하다. 안주인에게는 병이 있는데 4월 정단에서는 더욱 더 형(刑)과 극(克)을 한다.
→ ● 가장 : 일간은 가장이다. 간상의 子에 낮에는 구진이 타니 부동산으로 인한 이익이 있고, 밤에는 귀인이 타니 귀인의 도움을 받는다. ● 부인 : 일지는 안주인이다. 지상의 酉에 낮에는 경공을 뜻하는 등사가 타고, 밤에는 도둑을 뜻하는 현무가 타니, 안주인에게 우환이 있다. 만약 4월에 정단하면 酉가 4월의 사기이니 생명이 위험하다. ● 화목 : 기궁과 일지가 파를 하고 간지의 상신이 다시 파를 하니 가족이 화목하지 않다.
○ **혼인 :** 여자가 남자 집안을 탐내서 혼인하지만 가장이 집안을 잘 다스린다.
→ ● 귀천 : 일지는 상대이다. 밤 정단에서 지상의 酉에 현무가 타니 여자에게 흑심이 있다. 지상의 酉에 낮에는 등사가 타고 밤에는 현무가 타니 천한 집안의 사람이다. ● 성부(成否) : 간지가 교차육합하니 혼인한다. ● 궁합 : 일간·일지·삼전의 세 곳이 삼합하고 간지가 교차육합하니 좋은 궁합이다. 그리고 간지가 교차태신이니 혼인 한 뒤에 바로 임신의 기쁨이 있다.

○ **구관** : 무관직과 문관직 모두 왕성하고 전정이 밝다.
→ 관성은 관직이다. 삼전이 삼합하여 관성국이고 여기에서 간상의 인성을 생하여 일간을 생하니 최길하다. 만약 가을에 정단하면 관성국이 왕기가 되니 더욱 길하다.

○ **구모(求謀)** : 옛것을 버리고 새로운 것을 따르면 점차 좋아진다.
→ 삼전의 巳酉丑은 종혁이다. 따라서 옛것을 고쳐서 새로운 것을 취하는 상이다.

○ **임신·출산** : 태아는 안전하지만 난산이다.
→ 일간은 태아이고 일지는 임신부이다. 간지가 교차육합하니 태아와 임신부는 모두 안전하다. 다만 과전이 삼합국을 이루니 출산을 정단하면 난산이다.

○ **질병** : 기침과 피로로 인해 몸이 상했다. 10월에 정단하면 대흉하다.
→ ● 병증 : 기침은 폐질환의 일종이고 금의 장부는 폐이다. 삼전이 금국이니 기침과 피로로 인해 몸이 상했다. 그러나 삼전의 귀살국이 간상의 부모효를 생하고 부모효가 다시 일간을 생하니 점차 쾌차한다. 다만 10월의 낮에 정단하면 백호승신 묘가 사기이니 대흉하다. ● 치료법 : 의약신이 巳午이니 뜸과 방사선 등 온열요법이 좋고, 의약신이 酉에 임하니 정서에서 의약을 구하면 된다.

○ **관송** : 시작은 어긋나지만 끝은 덕으로 인해 화평하다.
→ 일간은 나이고 일지는 상대이다. 지상의 酉가 비록 귀살이지만 간상의 子수를 생하고 여기에서 일간 乙을 생하니 초흉후길하고, 일간음신에 일덕귀인이 임하니 관송이 해소된다.

○ **유실** : 계집종이 훔쳐갔다.
→ 지상의 酉는 계집종이다. 酉를 현대에서는 여종업원이나 아가씨로 분석할 수 있다.

○ **포획** : 도둑떼가 매우 많다. 서두르면 잡기 어렵다.
→ 삼전의 귀살국은 도둑떼이다. 삼전이 삼합하니 빨리 잡지는 못

한다.
○ 출병 : 크게 완승한다. 상대방이 반드시 스스로 아군에게 와서 귀순한다.
→ 일간은 나이고 일지는 적군이다. 일지의 귀살국이 간상신을 생하고 여기에서 다시 일간을 생하니 적군이 아군에게 귀순한다.

─────────────

□ 『필법부』 : (제11법) 귀살이 무리를 짓지만 전혀 두렵지 않다.
→ 삼전이 비록 귀살국이지만 간상의 인성이 이를 설기하여 일간을 생하니 귀살이 두렵지 않고 오히려 유익하다.
(제47법) 귀인이 비록 감옥에 있더라도 일간에 임하면 나쁘지 않다.
→ 귀인이 지반의 辰이나 戌에 임하면 귀인이 감옥에 갇힌 상이다. 다만 일간이나 일지에서의 입옥은 입옥으로 분석하지 않고 오히려 귀인이 나와 내 가정을 방문한 것으로 분석한다.
(제2법) 순수와 순미가 마주 보이면 처음부터 끝까지 좋다.
→ 순수인 갑자는 일간에 임하고 순미인 계유는 일지에 임한다.
(제3법) 염막귀인은 높은 성적으로 장원급제 한다.
→ 관직정단에서 일간과 연명에 염막귀인이 임하면 퇴임한다. 낮 정단에서는 염막귀인이 일간에 임하니 고시에서 합격한다.
(제84법) 합을 하는 가운데에서 살을 범하면 꿀 속에 비상이 있는 것이다.
→ 삼전이 삼합한다. 그러나 말전의 酉가 간상 子와는 파(破)를 하고 지상 酉와는 자형을 한다.
□ 『육임지남』 : 2월에 월장은 亥이고 점시는 卯이다. 시험 정단이다. 삼전의 12신이 체생하고 일순주편격이다. 간지가 교차생합이어서 문장이 매우 좋고, 또한 주작 둔반의 丙이 왕성하니 문장이 화려하다. 따라서 높은 성적으로 합격하는 것은 의심의 여지가 없다.

| 갑자순 | 을축일 | 6국 |

乙丑일 제 6 국

공망 : 戌·亥 ○
낮 : 왼쪽 천장, 밤 : 오른쪽 천장

丁	○	己
白 卯 玄	朱 戌 朱	玄 巳 白
申	卯	戌 ○

○	庚	壬	丁
合 亥 蛇	陰 午 空	貴 申 勾	白 卯 玄
乙 辰	亥 ○	丑	申

甲勾子寅巳	乙貴丑午	丙青寅未	丁空卯申
后陰	青白	空玄	白
○合亥辰蛇			戌常辰酉常
○朱戌卯			己玄巳戌白
蛇癸酉寅	壬合申丑	辛后未子	庚陰午亥空
合貴	貴勾	勾青	青

- □ **과체** : 지일, 착륜, 사절(四絕), 찰미∥초전협극(낮), 재공, 덕경, 록현탈, 복덕, 사절, 맥월.
- □ **핵심** : 생은 허하고 귀살은 실하다. 관직정단은 길하다. 낮 정단에서는 : 에게 빌어야 하고, 움직이면 식록을 잃을까 두렵다.
- □ **분석** : ❶ 장생인 亥수는 공허하고 관성인 申금은 실재하니, 허명은 강하고 실제적인 해를 입는다.

❷ 착륜은 관직정단에서 가장 좋고 특히 무관식에 근무하는 사람이 정단하면 권위가 있다.

❸ 낮 귀인이 귀살 申에 타고 지상에 임하니, 병자는 신에게 기도하고 향을 피우면서 소원을 빌어야 낫는다.

❹ 일간의 록신인 卯가 申으로부터 극을 당하고 있다. 밤 정단에는 현무가 타고 있으니 폐구인 셈이고 낮 정단에서는 백호가 정신을 타고 있으니 병자에게 액이 빨리 닥친다.

❺ 밤 정단에서는 염막귀인이 지상에 임하니, 고시생이 정단하면 고향사람이나 조상의 도움을 받으며, 남몰래 모색하면 잘 된다.

- □ **정단** : ❶ 간상의 亥가 나를 생하지만 생하지 못하고, 식록 卯가 있지

만 나의 식록이 아니다.

❷ 구관정단에서 천을귀인이 보인다. 겉으로는 기쁘고 믿음직하지만 속은 알 수 없고 그의 도움을 받을 수 없다.

❸ 날씨정단에서 구름은 많지만 비가 오지 않는다.

❹ 모든 정단에서 때를 알아서 후퇴하는 것이 좋고, 바라지 않았는데 이루어지는 기묘함이 있다.

○ 날씨 : 바람은 불지만 적은 비가 온다.
  ➔ 오행의 수는 비를 뜻한다. 삼전에 수의 간지가 없으니 비가 오지 않는다.
○ 가정 : 부모에게 닥칠 재앙과 어린이가 다치는 것을 방지해야 한다. 가정의 어머니가 실권을 쥐고 있고 토목공사를 한다.
  ➔ ● 부모 : 장생인 亥가 공망되었으니 부모에게 재앙이 닥치고, 자손효 午가 공망에 떨어졌으니 어린이가 다친다. ● 토목공사 : 초전이 착륜이니 토목공사를 한다. ● 가계 : 일지음신의 일록에 낮에는 백호가 타고 밤에는 현무가 타니 재산을 잃는 것을 방지해야 한다.
○ 혼인 : 낮 정단에는 귀한 여자이고 단아한 사람이니 좋다. 다만 남편과 아이에게는 도움이 되지 않는다.
  ➔ ● 귀천 : 일간은 남자이고 일지는 여자이다. 지상의 낮에 천을귀인이 타니 귀한 여자이다. 다만 지상의 申에서 일간을 극하니 남자에게 유해한 여자이다.
  ● 궁합 : 기궁 辰과 일지 丑이 육파이고 간상의 亥와 지상의 申이 육해이니 나쁘다.
  ● 성부(成否) : 간지와 그 상신이 각각 육파와 육해를 하며 다시 일간이 공망되었으니 불성할 가능성이 많다.
○ 사환 : 부임지가 멀지 않고 오랫동안 재임하지 못한다.

➜ 부임지가 가까운 것은 정마가 초전에 있기 때문이고, 오랫동안 근무하지 못하는 것은 중전과 말전이 공망되었기 때문이다.
○ **고시** : 낮 정단에서 중시에는 합격하지만 대시에는 합격하지 못한다.
➜ 초전이 착륜이니 제1차 시험에서는 합격하지만, 중전과 말전이 공망되었으니 제2차 시험과 제3차 시험에서는 낙방한다.
○ **구재** : 자기의 분수에 맞는 재물만 얻는 것이 옳다. 크게 흥왕하지는 못한다.
➜ 중전의 재성이 공망되었으니 제대로 재물을 얻기 어렵다.
○ **질병** : 위의 입구가 막혀있고 폐 부위에도 병이 있으니 빨리 집으로 가서 신에게 오랫동안 빌어야 하며, 의사는 손을 쓰지 못한다. 병이 가을에 더 심해지는 것을 방지해야 한다.
➜ ● 병증 : 신에게 빌어야 하는 것은 낮 정단에서 지상의 귀인승신 申에서 일간 乙을 극하기 때문이고, 의사가 힘을 쓰지 못하는 것은 착륜이기 때문이며, 가을에 더 심해지는 것은 초전의 卯가 상차(喪車)이기 때문이다.
● 치료법 : 의약신이 巳午이니 뜸과 방사선 등 온열요법이 좋고, 의약신이 戌亥에 임하니 서북간에서 의약을 구하면 된다.
○ **임신·출산** : 비록 남아이지만 헛된 기쁨이 된다.
➜ 남아인 것은 착륜이기 때문이고, 태아가 잘못되는 것은 태궁인 일간이 공망되었기 때문이다.
○ **출행** : 수로가 좋고 귀인을 만나는 일에 이롭다.
➜ 일간은 육로이고 일지는 수로이다. 일간이 공망되었으니 육로가 나쁘다. 수로행을 하면 낮 정단에서 지상에 천을귀인이 타고 있으니 귀인을 만나는 일에 이롭다.
○ **행인(귀가)** : 역마가 공망되었으니 아직은 오지 않는다.
➜ 역마는 여객수단이다. 간상의 역마인 亥가 공망되었으니 아직 오지 않는다.

- 출병 : 조급하게 움직이면 안 된다. 주(主)가 승전한다.
  → 지일과이지만 하적상이 발용이 되었으니 주가 승전한다. 주는 후대응하는 군대이다.
- 유실 : 문안에 있으니 안에서 찾으면 된다.
  → 지일과는 집안에 유실물이 있다.
- 포획 : 4월에 정단하면 즉시 사로잡는다.
  → 밤 정단에서 초전에 있는 현무를 지상에 있는 구진에서 극하니 잡을 수 있다. 다만 구진승신인 申이 왕기가 되는 가을에는 잡을 수 있다.

- 『필법부』 : 〈제9법〉 옛 터전을 버리고 난을 피해 도망가서 산다.
  → 초전의 일록 卯에는 주야 모두 흉장이 타고 있고 중전과 말전은 공망되어 취할 수 없으니 난을 피해 도망가서 살아야 한다.
  〈제38법〉 폐구가 되면 모든 정단에서 때를 알기 어렵다.
  → 이 과전에서는 천간의 마지막 글자이면서 60일진의 마지막 일진인 현무가 초전에 임하는 것을 폐구로 보았다.
  〈제48법〉 천을귀인이 귀살에 타면 곧 하늘 귀신과 땅 귀신의 해가 있다.
  → 낮에 정단하면 천을귀인이 일간의 귀살인 申금에 타서 일간 乙목을 극하고 있으니 귀수가 있다.
- 『옥성가(玉成歌)』 : 일간의 관성이 일지의 두 과에 임하면 반드시 공무원이 나의 가정에 온다.
  → 일지는 가정이다. 낮에는 지상에 천을귀인이 타니 나의 집에 공무원이 온다.

乙丑일 제 7 국

공망 : 戌·亥 ○
낮 : 왼쪽 천장, 밤 : 오른쪽 천장

○	戊	○
朱 戌 朱	常 辰 常	朱 戌 朱
辰	戌 ○	辰
○	戊	辛	乙
朱 戌 朱	常 辰 常	后 未 青	青 丑 后
乙 辰	戌 ○	丑	未

○ 合 亥 蛇 巳	甲 勾 子 貴 午	乙 青 丑 后 未	丙 空 寅 陰 申
○ 朱 戌 朱 辰 蛇 癸 合 酉 卯			白 丁 卯 玄 酉
			戊 常 辰 常 戌 ○
壬 貴 申 寅	辛 勾 后 未 丑	庚 陰 午 空 子	己 玄 巳 白 亥

□ **과체** : 반음, 가색, 참관, 관격 // 형상, 재공, 전국, 가색, 회환, 오양, 래거구공, 고진과수.

□ **핵심** : 일간의 묘신이 일지에 임하니 집에 복시가 있다. 삼전이 모두 공 : 되었으니 처가 죽고 재물을 잃는다.

□ **분석** : ❶ 지상에 묘신백호가 타니 복시가 있다. 일간의 묘신인 未가 일지에 임하고 여기에 백호가 나란히 타고 있다. 비록 백호는 아니지만 동일한 묘신이니 복시로 본다.

❷ 삼전이 왕래하면서 모두 함몰, 공망되고 모두 처재효이다. 처를 정단하면 반드시 처가 죽는 우환이 생기고, 재물을 정단하면 반드시 도난을 당하는 흉이 생긴다. 그래서 '처가 죽고 재물을 잃는다.' 고 하였다.

❸ 문장을 주관하는 주작이 공함되어 무기하니 반드시 구문(舊文)을 베낀 것으로서 제목의 뜻에 맞지 않는다.

❹ 봄과 가을에 정단하면 모든 일이 길하다.

❺ 丑이 未에 가한 곳에 낮에는 청룡이 타고 있으니 비가 온다.

□ **정단** : ❶ 반음과는 고독한 상으로서, 의지할 곳이 없고, 모든 일이

여러 번 반복(反覆)되며, 모든 일에서 의혹이 생기고 많이 지체된다.
❷ 삼전의 모든 재신이 왕래하니 반드시 재물로 인해 다툰다.
❸ 참관이 발용이 되었으니 피난을 가고, 삼전에 고진이 보이니 고향을 떠나는 상이다.

○ 날씨 : 잠깐 개고 잠깐 비가 온다.
  → 오행의 토는 흐린 날씨이다. 삼전이 토의 오행으로만 구성되어 있으니 흐리고 비가 오지 않는다.
○ 가정 : 가족이 불안하다. 집의 동쪽에 있는 여자 묘(墓)의 귀수 작용을 받기 때문이다.
  → ● 가족 : 일진의 천지반이 서로 충을 하니 가족이 불안하다.
  ● 귀신탈 : 제4과는 묘지이다. 밤 정단에서는 제4과의 묘신에 천후가 타니 여자의 귀수이다.
  ● 화목 : 기궁 辰과 일지 丑이 육파이고 다시 간상신 戌과 지상신 未가 삼형이니, 부부 및 부자가 화목하지 못하다.
  ● 가상 : 일간은 사람이고 일지는 가택이다. 간상의 재성이 공망되었으니 사람에게 재물이 모이지 않고, 지상이 묘신이니 가택이 어두워지는 가상이다. 또한 간지가 파(破)를 하고 간지의 상신이 형(刑)을 하니 불상사가 생기는 가상이다.
○ 혼인 : 낮 정단에서는 매우 아름다운 여자이다. 그러나 가정파탄이 두렵다.
  → ● 미모 : 낮 정단에서 지상에 길장인 천후가 타니 미인이다. 밤 정단 또한 길장인 청룡이 타니 미인이다.
  ● 일간은 나이고 일지는 상대이다. 기궁 辰과 일지 丑이 파(破)이고 다시 간상신 戌과 지상신 未가 삼형이니 파혼한다. 설령 혼인 하더라도 부부의 금슬이 나쁘다.

- 궁합 : 간지가 육파이고 간지의 상신이 삼형이니 나쁘다.
○ 임신·출산 : 여아이고 쉽게 낳는다.
  → 여아인 것은 하적상이 발용이 되었고 다시 일간의 음양이신이 1음2양이기 때문이다. 쉽게 낳는 것은 태궁인 일간이 공망되었기 때문이다.
○ 시험 : 문자[답안지]가 비어 있으니 불합격이다.
  → 주작은 문장이다. 낮과 밤 정단에서 간상의 戌에 타고 있는 주작이 공망되었으니 답안지를 작성하지 못한 상이니 불합격한다.
○ 구재 : 쟁투가 생긴다.
  → 재성은 재물을 뜻하고 주작은 구설을 뜻한다. 주작이 재성에 타고 있으니 재물로 인해 구설이 생기는 것을 방지해야 한다.
  - 사업 : 과전이 순토이니 부동산에 관련된 사업을 하는 것이 좋다. 다만 신약재왕하니 일간이 강해지는 겨울이나 봄에 개업하되 일간이 왕성해지는 북방이 좋다.
○ 질병 : 구설수로 인해 병이 나서 음식을 먹지 못한다. 좋아지더라도 재발되는 것을 방지해야 한다.
  → - 병증 : 주작은 구설을 뜻하고 재성은 재물을 뜻한다. 간상의 재성 戌에 주작이 타고 있으니 구설수로 인해 음식을 먹지 못한다.
  - 치료법 : 의약신이 午이니 뜸과 방사선 등 온열요법이 좋고, 의약신이 子에 임하니 정북에서 의약을 구하면 된다.
○ 출행 : 수로로 갈 수 있지만 중도에 되돌아 올 우려가 있다.
  → 일간은 육로이고 일지는 수로이다. 일간이 공망되었으니 육로로 가지 못한다. 그리고 지상신 未가 일간의 묘신이니 안전한 수로행이 아니다.
○ 행인(귀가) : 가까운 곳으로 갔다면 즉시 온다.
  → 천강이 사계에 가했으니 곧 도착한다.
○ 유실 : 머물렀던 곳에 있으니 이곳에서 찾으면 된다.

➡ 하적상이 발용이 되어 중심과의 상이니 낮은 곳에 있다.
○ 포획 : 이미 먼 곳으로 도망쳤다.
➡ 현무는 도둑을 가리킨다. 현무가 과전에 없으니 먼 곳으로 도망쳤다.
○ 출병 : 다른 좋은 계책을 찾아야 공을 세울 수 있다.
➡ 일간은 아군이다. 일간이 공망되었으니 아군이 무력한 상황이고 따라서 계책을 세워야 한다.

□ 『필법부』 : 〈제68-2법〉 병든 몸으로는 짐을 짊어지기 어렵다.
➡ 일간이 약하고 과전에 재성이 지나치게 많으면 신약재왕하여 득재할 수 없다.
〈제90법〉 오고 감이 모두 공망되면 어찌 움직이는 것이 옳겠는가?
➡ 삼전이 모두 공망되었으니 어떠한 일을 시작하더라도 성취할 수 없다.
□ 『옥성가』 : 반음과로 정단하면 그쳐야 한다. 둘 이상 왕복되는 것은 두 가지의 일이다. 일반인이 정단하면 몸이 요동치게 되며 움직이지 않으면 원망하는 마음이 생긴다.

乙丑일 제 8 국

공망 : 戌·亥 ○
낮 : 왼쪽 천장, 밤 : 오른쪽 천장

丙	辛	甲	
空寅陰	后未青	勾子貴	
酉	寅	未	
癸	丙	庚	○
蛇酉合	空寅陰	陰午空	合亥蛇
乙辰	酉	丑	午

○朱戌巳	○合亥午	甲子未	乙丑申
朱	蛇	勾貴	青
蛇酉辰	合		丙寅酉 空
貴壬申卯	勾		丁卯戌 白
后辛未寅	青午	空玄己	白戊 常亥
	陰未丑	巳子	辰

□ 과체 : 중심, 여덕(낮), 천옥∥침해, 육의(말전), 복덕, 가중사거, 구재대획, 명암이귀, 아괴성, 살몰.

□ 핵심 : 흉한 가운데에 이로움이 숨어 있다. 계속하여 가니 삼전의 밤에는 삼전이 협극된다. 寅은 모두 사기이다.

□ 분석 : ❶ 酉가 乙에게 와서 乙을 극하니 흉하지만 지상의 午화에서 이를 제극한다.

❷ 말전으로 가니 천장의 오행이 모두 재물이다.

❸ 그러나 밤 정단에서는 삼전이 모두 협극이 되었으니 재물이 무기력하고, 지출이 매우 많으며, 다툼이 많아 편히 누릴 수 없다.

❹ 간상의 酉에서 초전의 寅을 극하고, 초전의 寅에서 중전의 未를 극하며, 중전의 未에서 말전의 子를 극하니 구재정단에서 재물을 대획한다.

❺ 간상의 酉는 일간의 귀살이다. 지상의 午화에서 간상의 酉금을 제극한다. "제귀(制鬼)의 자리가 좋은 의사"라고 하였다. 질병정단에서는 당연히 의술로 가족의 병을 고치고, 재난정단에서는 구해 주는 사람이 있으며, 소송 정단에는 진실을 밝혀서 의혹을 씻을 수

❻ 간상의 酉는 드러난 귀살이고 午 둔반의 庚은 숨겨진 귀살이다.
❼ 간상이 酉이고 지상이 午이니 '사승살(四勝煞)'이다. 사승살에는 모든 정단에서 스스로 능력을 발휘해서 공을 가로채는 뜻이 숨어 있다.
※ 사승살(四勝煞) : 간지상에 酉와 午가 모두 임하면 '사승살'이라 한다.『필법부』75-5법, 모든 정단에서 서로의 능력이 훨씬 낫다고 하면서 서로 공을 세우려고 다툰다. 가령 乙丑·丙寅·戊寅·辛未·壬申 5일에서 간상이 酉이고 지상이 午일 때와, 그리고 壬寅·乙未·丙申·戊申·辛丑 5일에서 간상이 午이고 지상이 酉일 때이다.
□ 정단 : 이 과에서는 삼전이 모두 협극을 당하니, 모든 일에서 자기 뜻대로 되지 않으니 인내하는 것이 좋다.

○ 날씨 : 수가 올라가고 화가 내려오니 당연히 비가 온다.
→ 초전의 寅이 목이니 바람이 불고, 중전의 未가 바람의 신이니 바람이 불며, 말전의 子가 수이니 비가 온다.
○ 가정 : 화재와 혈광으로 인한 재앙이 있고, 음사(陰私)와 구설수가 있다.
→ ● 가장 : 일간은 사람이고 일지는 가정이다. 간상의 酉에 낮 정단에서는 등사가 타서 일간을 극하니 혈광사가 발생하고, 밤 정단에서는 육합이 타서 일간을 극하니 소인배에 의한 해가 발생한다.
● 가정 : 지상의 둔반 庚에서 일간을 극하니 가정에 재앙이 발생한다.
● 가상 : 일간은 사람이고 일지는 가택이다. 기궁과 일지가 파(破)이고 지상신에서 간상신을 극하니 나쁜 가상이다. 일지 천반의 午에서 일간을 설기하니 손실이 생기고, 일지 둔반의 庚에서 일간을 극하니 재앙이 발생하는 가상이다.

○ **혼인** : 일간과 일지는 모두 도화이고 함지이다 성사되지 않는 것이 좋다.
  → ● 음란 : 도화에는 음란의 뜻이 있다. 지상의 午는 일지의 도화이고 간상의 酉는 기궁의 도화이다. 남녀가 모두 음란하니 혼인하지 않는 것이 좋다.
  ● 궁합 : 일간은 나이고 일지는 상대이다. 기궁과 일지가 파를 하고 지상신에서 간상신을 극을 하니 나쁜 궁합이다.
  ● 길흉 : 지상의 午에서 일간을 설기하니 상대로 인해 손실을 입고, 일지의 둔반에 귀살이 타니 상대로 인해 해를 입는다.
○ **구재** : 반드시 재물을 크게 얻는다. 그러나 투자하는 비용이 지나치게 많다.
  → 간상에서 초전을 극하고, 초전에서 중전을 극하며, 중전에서 말전을 극하면 '구재대획격'이라고 하여 큰 재물을 얻는다. 일간은 사업자이고 일지는 사업장이다. 지상의 午에서 일간을 설기하니 사업장에 투자하는 비용이 많다.
○ **임신·출산** : 쌍둥이다. 1남1녀이다.
  → 간상의 酉는 일간의 태신이고 태괘에 해당하니 딸이고, 지상의 午는 일지의 태신이고 리괘에 해당하니 딸이다.
○ **출행** : 寅월과 戌월에는 원행하는 것이 이롭지 않다.
  → 일간은 나이고 초전은 여행의 초기 상황이다. 지상의 午가 인월(寅月)의 사기이고, 초전의 寅이 술월(戌月)의 사기이니 출행이 나쁘다.
○ **행인(귀가)** : 삼전이 묘신으로 전해지니 도착은 아직 멀었다.
  → 초전 寅의 묘신은 중전의 未이다. 따라서 아직 도착하지 않는다.
○ **포획** : 쉽게 잡힌다.
  → 삼전이 연이어서 극을 하니 쉽게 잡힌다.
○ **유실** : 나무 서랍장 위에서 발견된다.

→ 재성은 재물이다. 중전의 지반이 寅이니 나무서랍장이고 그 위의 未가 재물이니 나무서랍장 위에서 발견된다.
○ **출병** : 중도에 멈추는 경우가 많다. 밤에 정단하면 방어해야 한다.
→ 초전과 중전과 말전이 협극되었으니 중도에 멈추는 경우가 많다. 특히 밤 정단에서는 삼전이 협극되니 더욱 더 어려움이 많으며 적의 공격을 방어해야 한다.

□ 『필법부』 : 〈제75법〉 손님과 주인이 다투니 형벌을 받는다.
→ 이 과전은 형상격에 해당하지 않는다.
〈제68법〉 귀살을 제압하는 자리가 곧 훌륭한 의사가 있는 곳이다.
→ 이 과전에서는 의약신이 丑에 임하니 북방에서 의약을 구하면 된다. 그리고 의약신이 화이니 뜸이나 방사선 등 온열요법이 좋다.
□ 『고감』 : 8월에 월장 卯를 戌에 가하여 부역을 부과하고 재물을 징발하는 일을 맡아 보는 정단이다. 이 명관의 몸을 귀살이 묶었다. 초전이 공조인 寅인데 그가 이미 관직을 얻었지만 손실을 입는다. 관성인 酉에 등사가 휘감고 있으니 乙이 재갈물림을 당하게 된다. 초전에 천공이 타고 있으니 잘못을 인정하지 않으면 교도소에 입소하고 중전이 천후이니 인정하면 무사하다. 말전은 구진이다. 子와 未가 서로 상해하니 이를 벗어나기 어렵고 벗어나더라도 재발한다. 지상의 午에 태음이 타니 나의 기쁨이 오히려 타인의 집안에 재앙을 만든다.

乙丑일 제9국

공망 : 戌·亥 ○
낮 : 왼쪽 천장, 밤 : 오른쪽 천장

癸	乙	己
蛇酉合	青丑后	玄巳白
巳	酉	丑

壬	甲	己	癸
貴申勾	勾子貴	玄巳白	蛇酉合
乙辰	申	丑	巳

蛇癸酉巳	合○朱戌午	朱○合亥未	勾甲子申 貴
貴壬申辰 勾			青乙丑酉 后
后辛未卯 青			空丙寅戌 陰○
陰庚午寅 空	玄己巳丑 白	常戊辰子 常	白丁卯亥 玄○

- **과체** : 중심, 교동(밤), 종혁 // 초전협극, 귀덕임신(낮), 삼기(중전), 복덕, 오음, 맥월, 복태, 염막귀인(밤).
- **핵심** : 서민은 부임하기 어렵고, 질병과 소송정단에서는 흉이 발생한다. 관직을 가지고 있는 사람은 이로워서 녹봉은 배가 되고 직위는 올라간다.
- **분석** : ❶ 모든 금에서 일간을 극하고 말전의 밤에는 백호가 탄다. 서민이 이것을 만나니 어찌 질병과 소송 면할 수 있겠는가? 만약 낮에 정단하면 귀인 겸 일덕이 일간에 임하니 모든 흉과 허물을 제거한다.

❷ 관귀효가 중첩되고 다시 '최관(催官)'이 지상에 임하니 관직자가 정단하면 반드시 관직이 오르고 또한 녹봉이 오른다.

❸ 금국이 일간을 극하여 오는 것을 밤 정단에서는 막을 수 없다. 그러나 낮 정단에서는 초전의 酉금에 타고 있는 등사의 오행이 酉금을 극하고, 다시 酉금이 중전의 丑토의 묘지에 빠지며, 말전의 巳화가 酉금을 극하니 酉금은 완전히 무력하다.

❹ 酉가 巳에 가한다. 이는 태신이 장생에 앉은 것이니 임신정단에

는 크게 좋지만 출산정단에서는 불리하다.

❺ 丑이 酉에 가했으니 복태격이다. 반드시 처가 임신한 일로 온다. 그 이유는 丑은 배이고 酉는 뱃속의 태아이기 때문이다.

☐ 정단 : ❶ 종혁격이니 묵은 것을 버리고 새로운 것을 창조하는 상이다.

❷ 쓸데없이 번잡하고 자질구레한 일이 한둘이 아니며 동요되어 마음을 종잡을 수 없다.

❸ 모든 정단의 모든 일에서 의심하고 주저하니 전진할 수 없는 상이다.

○ 날씨 : 비바람이 분다.
→ 삼전의 금국이 비를 만들고 다시 초전에 癸수가 임하니 비가 오고, 말전의 밤에 백호가 타니 바람이 분다.
○ 가정 : 음사로 인한 어두운 일이 있으니 당연히 스스로 예(禮)로써 이를 방어해야 길하다.
→ 밤 정단에서 초전에 육합이 타고 중전에 천후가 타니 남자에게 음사가 발생한다. 그리고 삼전의 종혁은 가정의 부부가 이혼하는 상이니 음사를 방지하고 이혼을 막아야 한다.
● 가상 : 일간은 사람이고 일지는 가택이다. 기궁과 일지가 파(破)를 하고 간상신과 지상신이 형(刑)과 극(剋)과 파(破)를 하니 가상이 나쁘다.
○ 혼인 : 여자가 시가를 이익되게 한다. 그러나 합의 속에 형이 있으니 헤살을 놓아 해를 끼치는 일이 생기는 것을 면할 수 없다.
→ 일간은 남자이고 일지는 여자이다. 지상의 巳와 간상의 申이 육합하니 남녀가 화합하는 상이지만, 巳와 申이 형이 되니 다투는 일이 발생하고, 다시 육해가 되니 남녀가 서로를 해치니 좋은 궁합이

아니다. 그러나 간상의 申이 일간의 일덕이니 남녀가 노력하면 혼인이 가능하다. 여자가 시가를 이익되게 하는 것은 지상 巳가 간상 申의 장생이기 때문이다.

○ 임신·출산 : 여아이지만 난산이다.

→ 목과 화는 양이며 아들이고 금과 수는 음이며 딸이다. 삼전이 가을에 해당하는 음기이니 딸이고, 일간의 음양이신이 1음2양이니 다시 딸이며, 중심과이니 다시 딸이다. 그리고 과전이 삼합하니 난산이다.

○ 관송 : 여러 사람에 의해 서로 얽혀서 연루되고 가을 정단에서는 우려된다.

→ 여러 사람에게 얽히는 것은 과전이 삼합하기 때문이고, 가을에 흉한 것은 삼전의 종혁이 가을 기운이니 가을에 흉한 일이 발생한다.

○ 질병 : 병환이 하나가 아니며 간의 경락이 상하였고 난치이다.

→ ● 병증 : 과전의 세 곳이 삼합하니 여러 병증이며, 간의 경락에 병이 온 것은 삼전의 금국에서 목의 오행에 속하는 간을 극하기 때문이다. 낮 정단에서는 간상에 천을귀인이 귀살 申에 타서 일간을 극하니 귀신에 의한 해가 있다.

● 치료법 : 의약신이 巳이니 뜸과 방사선 등 온열요법이 좋고, 의약신이 丑에 임하니 동북간에서 의약을 구하면 된다.

○ 출행 : 원행은 나쁘다. 육로로 가면 귀인을 만난다.

→ 삼전이 삼합을 하면 집을 떠나지 않거나 길을 떠나더라도 가까운 곳으로 가는 상이다. 일간은 육로이다. 간상의 낮 정단에서 천을귀인이 타고 있으니 귀인을 만난다.

○ 행인(귀가) : 이익을 얻었고 즉시 온다.

→ 말전은 출발지, 중전은 경유지, 초전은 도착지, 일간은 기다리는 사람이다. 말전 巳火 ⋯ 중전 丑土 ⋯ 초전 酉金으로 오행이 연결되니

순조로운 귀가이다.

○ 포획 : 잡을 수 있다.

→ 삼전이 삼합하니 도둑을 잡을 수 있다.

○ 유실 : 집의 둘째 딸이 훔쳐갔다.

→ 귀살은 범인이다. 가정을 뜻하는 일지음신의 酉가 태괘이니 셋째 딸이 범인이다. 현대에서는 딸로 분석해야 한다.

○ 출병 : 심사숙고해야 한다.

→ 과전이 삼합하니 아군과 적군이 휴전하는 것이 좋다.

□ 『**필법부**』 : 〈제47법〉 귀인이 비록 감옥에 있더라도 일간에 임하면 좋다.

→ 귀인이 辰이나 戌에 임하면 귀인입옥이라 하여 나쁘지만 辰이나 戌이 기궁이나 일지이면 이와 같이 분석하지 않는다.

〈제48법〉 천을귀인이 귀살에 타면 곧 하늘 귀신과 땅 귀신의 장난이 있다.

→ 낮에 정단하면 천을귀인이 일간의 귀살인 申에 타고 있다.

〈제40법〉 천후와 육합이 임하면 혼인정단에서 중매인을 쓰지 않아도 된다.

→ 천후와 육합은 음란한 천장이다. 밤에 정단하면 육합은 초전에 타고 있고 천후는 중전에 타고 있다.

〈제11법〉 비록 귀살이 무리를 짓더라도 전혀 두렵지 않다.

→ 이 과전에서는 일간음신의 子에서 삼전의 귀살을 순화하여 일간을 생하니 삼전의 귀살이 두렵지 않다.

〈제68법〉 귀살을 제압하는 자리가 곧 훌륭한 의사가 있는 자리이다.

〈제81법〉 삼전에서 묘신이 묘신에 들면 증오와 사랑으로 나눠진다. 만약 초전이 일간의 재신·록신·장생·관성 등이지만 중·말전이 묘신이면 나쁘다. 그러나 만약 일간의 귀살이나 도기 등이면 오히려 중·말전에서의 묘신을 반긴다.

- 『중황경』 : 쇠한 일간 乙목에 왕성한 금을 보지만 삼전에 화가 없으니 나쁘다.
    → 말전이 비록 巳화이지만 금국으로 변화하였으니 화로 보지 않았다.

乙丑일 제 10 국

공망: 戌·亥 ○
낮: 왼쪽 천장, 밤: 오른쪽 천장

辛	○	乙
蛇未青	陰戌朱	白丑后
辰	未	戌 ○

辛	○	戊	辛
蛇未青	陰戌朱	勾辰常	蛇未青
乙辰	未	丑	辰

壬申巳貴	癸酉午后	○ 陰戌未合朱	○ 玄亥申蛇
辛未辰蛇青			甲子酉常貴
庚午卯朱空			乙丑戌白后○
己巳寅合白	戊辰丑勾常	丁卯子青玄	丙寅亥空陰○

- **과체**: 중심, 참관, 부귀, 구묘(丘墓), 음불비∥형상, 재공, 가색, 삼기(말전), 여덕(밤).
- **핵심**: 일지와 일간에 묘신이 타니 마치 운무에 갇힌 것과 같다. 악마가 지나간 뒤에는 처와 재물을 모두 취할 수 있다.
- **분석**: ❶ 묘신인 未와 辰이 간지를 덮고 있으니 가정의 내외가 어둡고 막힌다. 낮 정단에서는 간상의 未에 등사가 타니 더욱 흉하다. ❷ 乙(辰)이 묘신인 未가 두려워서 지상으로 간다. 辰의 둔간이 戊이고 丑 속에는 癸가 있으니 戊와 癸가 간합을 하니 처와 재물을 취할 수 있다. ❸ 간상이 未가 비록 일간의 재성이지만 둔반의 辛은 일간의 귀살이다. 이것을 '재둔귀격(財遁鬼格)'이라고 하여 반드시 재물로 인해 화가 미치고, 음식으로 인해 몸이 상하며, 처로 인해 송재가 닥친다. ❹ 봄에는 丑, 여름에는 辰, 가을에는 未, 겨울에는 戌이 관신(關神)이다. 가을에 이 과로 정단하면 일간의 묘신이 곧 관신이고 이것이 발용이 되니 식구에게 재앙이 닥친다. ❺ 밤 귀인 子는 순수이고 지반의 상신에 현무가 타니 폐구이다.

□ 정단 : ❶ 삼전이 모두 재성이다. 재성이 많으면 오히려 뜻대로 되지 않고 오히려 중간에 장애가 생긴다.
❷ 그러나 초전과 말전이 상충하니 흉사를 충을 하여 우환과 의혹스러운 일을 해소하는 일에서는 좋다. 그러나 중·말전이 공망이니 모든 일이 결국은 어수선해지고 걷잡을 수 없게 된다.

○ 날씨 : 밤 정단에는 비가 오고, 낮 정단에는 맑다.
→ 밤 정단에서 초전에는 비를 뜻하는 청룡이 타고 있고 말전에는 수의 오행인 천후가 타고 있으니 비가 온다.
○ 가정 : 가정의 내외가 밝지 못하다. 그러나 특수한 기운이 감춰져 있다. 그것은 처첩은 편안하고 자식은 시와 예를 아는 것이다.
→ 일간은 외사문이고 일지는 내사문이다. 간상의 未가 일간의 묘신이고 지상의 辰이 일지의 묘신이니, 가정의 내외가 모두 어둡다. 그리고 사과가 불비이니 가정에 음란사가 발생한다.
● 가상 : 일간은 사람이고 일지는 가택이다. 사과가 불비이니 가택에 완전하지 않은 곳이 있다. 그리고 기궁 辰이 지상으로 가서 일지 丑과 파(破)를 하니 이 집으로 들어가서 거주하면 재물과 가족이 흩어지고 결국 이사하게 된다.
○ 관직 : 밤 정단에는 승진하지만 낮 정단에서는 승진이 지체된다.
→ 초전이 묘신이니 나쁘다. 그나마 초전에 밤 정단에서는 길장인 청룡이 타고 있으니 흉한 가운데에 길하다. 그리고 중전과 말전이 공망되었으니 관직자의 관로가 어둡다.
○ 구재 : 반드시 분수를 준수해야 한다.
→ 초전의 재성은 묘신이고 중전과 말전의 재성이 공망되었으니 모든 구재는 어둡다.
○ 혼인 : 데릴사위로 가게 된다.

→ 일간은 남자이고 일지는 여자이다. 기궁이 지상으로 갔으니 데릴사위가 된다.

● 궁합 : 기궁 辰이 지상으로 가서 일지 丑과 파(破)를 하니 궁합이 나쁘다. 데릴사위가 되지 않을 경우에는 기궁과 일지가 파를 하지만 간상신과 지상신이 비화되니 대체로 좋은 궁합이다.

● 성정 : 지상신이 괴강의 하나인 辰이고 여기에 낮에는 구진이 타니 드센 사람이고, 밤에는 태상이 타니 귀한 사람이다.

○ 질병 : 구토로 인해 놀라고 기의 충돌로 인해 소화가 되지 않는다. 서남방에 있는 의사에게서 치료할 수 있다.

→ ● 병증 : 토는 재성이고 음식이다. 삼전의 토가 역행하니 구토하고 소화가 되지 않는다.

● 치료법 : 의약신이 巳午이니 뜸과 방사선 등 온열요법이 좋다. 본문에서는 서남방에 있는 의사로부터 치료를 받으면 된다고 하였다. 그러나 의약신이 寅卯에 임하니 동북간과 정동에서 의약을 구하면 된다.

○ 출행 : 반드시 장애가 생기고 지체가 된다.

→ 초전은 여행의 초기, 중전은 중기, 말전은 말기이다. 삼전이 도로를 뜻하는 가색이지만 역행하고 삼전이 묘신과 공망되었으니 장애가 생긴다.

○ 행인(귀가) : 바로 온다.

→ 삼전의 토가 공망되었으니 귀가가 늦어진다.

○ 임신·출산 : 남아이고 바로 출산한다.

→ 일간은 태아이고 삼전은 태아의 생육과정이다. 일간의 음양이신이 1양2음이니 남아이고, 삼전이 1양2음이니 역시 남아이다.

○ 출병 : 처음에는 비록 쌍방이 대치하지만 결국에는 화목하다.

→ 간상의 未와 지상의 辰이 동류인 토이니 화목하게 된다.

- 『필법부』: 〈제88법〉 간지에 묘신이 임하면 각각 혼미해진다.
  → 간상에는 일간의 묘신인 未가 임하고 지상에는 일지의 묘신인 辰이 임하고 있다.
  〈제68-2법〉 병든 몸으로는 짐을 맡아서 지기 어렵다.
  → 일간은 약하고 삼전이 재국을 형성하고 있다.
  〈제65법〉 일간의 묘신이 관신(關神)을 아우르면 사람과 가정은 폐관되는 허물이 있다.
  → 만약 가을에 정단하면 간상의 未는 일간의 묘신이면서 가을의 관신이다. 봄에는 丑, 여름에는 辰, 가을에는 未, 겨울에는 戌이 관신이다.
  〈제75법〉 손님과 주인이 다투니 형벌을 받는다.
  → 이 과전에서는 삼전의 未戌丑이 삼형이니 주객이 서로 다툰다.
- 『육임지남』: 2월에 월장 亥를 점시 申에 가해서 경성으로 되돌아가는 정단을 했다. 간지에 묘신이 타니 형통하지 않고, 기궁이 일지로 돌아가니 정(靜)하면 이롭고 동(動)하면 이롭지 않다. 중전과 말전이 공망되었으니 중도에 되돌아온다. 정룡이 일간에 머문 뒤에 발용이 되니 금년에 관직이 생기고, 행년상의 酉가 관인(官印)이고 음신에 보이는 귀인에서 일간을 생하니 반드시 '상보(尙寶)' 직책을 받는다.

乙丑일 제 11 국

공망 : 戌·亥
낮 : 왼쪽 천장, 밤 : 오른쪽 천장

	壬	○	甲
	貴申勾	陰戌朱	常子貴
	午	申	戌 ○
庚	壬	丁	己
朱午空	貴申勾	青卯玄	合巳白
乙辰	午	丑	卯

辛蛇未巳	壬貴申午	癸后酉未	○陰戌申	朱
庚朱午辰			○玄亥酉	蛇
己合巳卯			甲常子戌	貴
戊勾辰寅	丁常卯丑	丙青寅子	乙白丑亥	后

□ **과체** : 중심, 용덕, 진간전, 섭삼연∥재공, 일덕, 육의(말전), 권섭부정, 복덕, 오양, 탈상봉탈(밤), 강색귀호, 양귀수극, 살몰.

□ **핵심** : 낮에는 탈기와 공망이고, 일록에는 정마가 탔으며, 일간의 관성에 있고 있는 천을귀인이 노하니 길과 흉은 불성한다.

□ **분석** : ❶ 간상의 午에 천공이 타서 일간을 탈기하지만 이곳에서 초전의 귀살 申을 제압하니 구신이 된다.

❷ 일록 卯에 丁이 타고 밤 정단에서 현무가 타고 있으니 일록이 지출된다.

❸ 초전의 낮 귀인 申은 귀인이 타고 있는 12지를 극하는 지반인 午에 앉아 있고, 밤 귀인 子는 교도소를 뜻하는 戌에 임하여서 교도소에 갇혔으니, 귀인을 만나러 가면 기쁨이 있는 것이 아니라 귀인의 분노를 사게 된다.

❹ 중전과 말전이 모두 공망되었으니 길사와 흉사 모두 불성한다.

❺ 일록이 지상에 임하면 '권섭부정'이다. 모든 정단에서 스스로 존귀하지 못하고 타인에게 굴욕을 받거나 혹은 먼 곳의 직록을 받거나 혹은 가문의 록을 받거나 혹은 본인의 일록을 장차 자식이나 손

❻ 여섯 乙일은 모두 이와 같다. ⑦ 未가 巳에 가하면 양사협묘이다. 질병정단에서 반드시 덩어리[積塊]가 쌓여 있고, 소송정단에서는 반드시 수금되며, 일을 정단하면 반드시 흉화가 생긴다.

❼ 간상의 탈기에 천공이 타면 '탈공격(脫空格)'이다. 모든 정단에서 터무니없이 날조되니 『필법부』의 '탈상봉탈방허사(脫上逢脫防虛詐)'에 해당한다.

□ 정단 : 이 과에는 일을 가로 막는 장애물이 많다. 물러날 수도 없고 완수할 수도 없다.

○ 날씨 : 맑다.
→ 말전이 수의 오행인 子이지만 협극을 받았고 다시 공망되었으니 맑다.
○ 가정 : 낮 정단에는 현처를 얻고 귀한 아들을 낳는다. 밤 정단에서는 헛된 지출이 많으니 손실을 방지해야 한다.
→ 일지는 여자이다. 낮 정단에서 현처를 얻는 것은 지상의 일록 卯에 정룡이 타기 때문이고, 귀한 아들을 두는 것은 간상의 자손효 午에 학문성인 주작이 타기 때문이다. 그러나 밤에는 일록에 현무가 타고 있으니 재물을 잃게 하는 여자이다.
○ 혼인 : 여자가 남자의 집을 좋아한다. 혹은 데릴사위가 좋다. 낮 정단에서는 미녀이다.
→ 지상의 卯에서 간상의 午를 생하니 여자가 남자를 좋아한다. 그리고 남자를 뜻하는 乙卯가 여자를 뜻하는 지상으로 갔으니 데릴사위가 된다. 낮 정단에서 지상에 길장인 청룡이 타고 있으니 미인이다.
● 일간은 나이고 일지는 상대이다. 기궁 辰과 일지 丑이 파(破)를

하고, 간상의 午와 지상의 卯가 파를 하니 나쁜 궁합이다.
- ○ **질병** : 의사의 도움을 받으면 비록 위험하지만 무해하다.
    - ➔ ● 병증 : 간상에 임한 의약신 午가 초전의 귀살을 제압하니 유능한 의사이다. 그리고 중전과 말전이 공망되었으니 쉽게 낫는다.
    - ● 치료법 : 의약신이 巳이니 뜸과 방사선 등 온열요법이 좋고, 의약신이 卯辰에 임하니 정동과 동남간에서 의약을 구하면 된다.
- ○ **임신·출산** : 여아이고 8월에 정단하면 즉시 낳는다.
    - ➔ 일간은 태아이고, 중심과는 곤괘, 일지는 임신부이다. 일간의 음양이신이 1음2양이니 딸이고 다시 중심과이니 딸이다. 그리고 간지의 상신이 파(破)이니 출산정단을 하면 빨리 낳는다.
    - ※ 『육임직지』 원문에서는 "남아"라고 하였다.
- ○ **행인(귀가)** : 寅일이나 午일에 온다.
    - ➔ 음일에는 발용의 절일에 온다. 발용이 申이니 申의 절이 寅이니 인일(寅日)에 온다.
- ○ **관직** : '좌이(佐貳)'가 될 수 있다.
    - ➔ 초전의 申이 관성이니 관직자가 될 수 있다.
- ○ **출행** : 수로로 가는 것이 좋다.
    - ➔ 일간은 육로이고 일지는 수로이다. 간상의 午에서는 일간을 설기하니 육로행이 나쁘지만, 지상의 卯가 일록이니 수로행이 좋다.
- ○ **유실** : 재신(財神)이 공망되었으니 발견하기 어렵다.
    - ➔ 재신은 재물이다. 중전에 있는 재신이 공망되었으니 얻기 어렵다.
- ○ **포망(捕亡)** : 밤 정단에서는 북쪽으로 갔고, 낮 정단에서는 남쪽으로 갔다.
    - ➔ 도둑을 잡는 정단에서는 현무의 음신이 도둑이 있는 방위이다. 낮 정단에서는 현무의 음신이 丑이니 축방(丑方, 동북간)으로 갔고, 밤 정단에서는 현무의 음신이 巳이니 사방(巳方, 동남간)으로 갔다.

○ **출병** : 노력하지만 공로가 없다.
→ 일간은 아군이다. 간상의 午에서 일간 乙을 설기하니 피해가 많고, 초전의 申이 지반의 午로부터 극을 받아 손상되었으니 공로를 인정받지 못한다.

□ 『**필법부**』 : 〈제8법〉 일록이 일지에 임하면, 임시직으로서 정당한 자리가 아니거나 혹은 먼 곳에 직장이 주어진다.
→ 지상에 일록인 卯가 임하고 있다.
〈제49법〉 양 귀인이 극을 받으면 귀인에게 부탁하는 일은 허락을 받기 어렵다.
→ 낮 귀인 申은 午화로부터 극을 받고, 밤 귀인 子는 戌로부터 극을 받는다. 귀인에게 부탁하는 일은 귀인이 허락하지 않는다.
〈제48법〉 귀살에 천을귀인이 타면 곧 하늘 귀신과 땅 귀신의 해가 있다.
→ 초전의 귀살 申에 천을귀인이 타고 있다.
〈제80법〉 사람과 가택에 모두에 사신이 임하면 사람과 가택이 쇠해지고 파리해진다.
→ 일간에는 乙의 사신인 午가 임하고 일지에는 丑의 묘신인 卯가 임하고 있다. 일지 丑의 사신 卯는 수토동궁이 적용되었다.

□ **섭삼연(涉三淵)에 관한 시결**
애써 움직이려고 하지만 움직이기 어려운 것이 '섭삼연'이다. 申戌子가 일전(日前)에 있을 경우 진퇴에서의 어려움이 만 가지의 형태로 존재하고, 바로 앞에 높은 하늘이 앞길을 가로막고 있다.

乙丑일   제 12 국

공망 : 戌·亥
낮 : 왼쪽 천장, 밤 : 오른쪽 천장

丙	丁	戊	
空 寅 朱	青 卯 合	勾 辰 勾	
丑	寅	卯	
己	庚	丙	丁
合 巳 青	朱 午 空	空 寅 朱	青 卯 合
乙 辰	巳	丑	寅

庚午巳朱	辛未午蛇	壬申未貴	癸酉申玄
己巳辰合青			○戌酉陰陰
戊辰卯勾勾			○亥戌玄后○
丁卯寅青合	丙寅丑勾空朱	乙丑子白蛇	甲子亥常貴○

- **과체** : 원수, 진여, 천라지망, 협정격(夾定格) ∥ 정화(正和), 침해, 복덕, 신장·귀등천문(밤).
- **핵심** : 일지와 일간이 삼전을 끼고 있다. 유일하게 봄 정단이 좋다. 흉을 우려하면 흉이 생긴다. 나중에 발생할 재앙이 숨어 있다.
- **분석** : ❶ 일간이 乙(辰)이고 일지가 丑이어서 간지가 寅卯辰을 끼니 간지의 안에 寅卯辰이 있다. 삼전에 모여 있는 목이 기궁을 극하고 가택을 극하니 흉을 면하지 못한다. 봄에는 목이 생왕하니 해가 되지 않는다. 하지만 만약 휴수일 때에 나아가면 재앙이 되고 흉이 의심되며, 아직은 흉이 발생하지 않았지만 잠복한 뒤에 발생한다. 이른바 '왕상하고 상생하면 재앙이 발생하지 않고 사수와 형극이면 재앙이 닥친다.'

  ❷ 봄과 겨울 정단에서는 삼양격이다. 천을귀인이 좌로 운행하고 양기가 순조로우니 1양이고, 일간과 일지가 천을귀인의 좌행에 있어서 양기를 펼칠 수 있으니 2양이며, 용신이 왕상하여 양기를 취하니 3양이다. 이 과전을 얻는 사람은 모든 일이 길하다.
- **정단** : ❶ 계속 나아가고 순조로운 시절에 움직이니 길하고 불리한

것이 없다.

❷ 봄에 정단하면 교제하여 태평한 시기이니 남에게 의지하면 관직이 드러나지만 다만 형제들이 연루되는 화를 방지해야 한다.

○ 날씨 : 비가 온 뒤에 맑다.
  → 삼전에 목의 오행만 있으니 바람이 불고 맑다.
○ 가정 : 재물이 모이지 않는다. 상(喪)을 당하는 것을 방지해야 한다.
  → 일지는 가정이다. 재물이 모이지 않는 것은 지상에 형제효 寅卯가 있고 다시 과전에 재성이 없기 때문이다. 술월(戌月)이나 해월(亥月)에는 지상의 寅이 사신과 사기가 되어 일지 丑를 극하니 상을 당할 우려가 있다. 그리고 일간은 남편과 가장이고 일지는 아내와 식구이다. 간상의 巳와 지상의 寅이 형(刑)과 해(亥)이니 부부금슬이 나쁘고 부모와 자식은 화목하지 않다.
○ 임신·출산 : 여아이고 순산하며, 이 여아는 영리하다.
  → 일간은 태아이다. 일간의 천지반이 모두 음이니 여아이고 만약 여름에 정단하면 초전의 지반 丑이 왕상하니 확실한 여아이다. 그리고 삼전이 양기가 움직이는 寅卯辰이니 영리하다.
○ 혼인 : 여자 측에 구설수와 속임이 많다.
  → 일간은 남자이고 일지는 여자이다. 지상의 낮에는 천공이 타니 속임이 있고, 밤에는 주작이 타니 구설수가 있다.
  ● 간지의 상신이 巳와 寅이니 서로 형과 육해이니 남녀가 서로 다투고 해치는 상이니 혼인이 되기 어렵다. 만약 겨울과 봄에 정단하면 초전의 천반이 왕상하니 남자가 여자를 잘 다독이는 상이다.
○ 질병 : 관곽살(棺槨煞)이 보이니 질병정단에서 대흉하다.
  → ● 병증 : 『육임대전』 착륜과에서 "卯가 庚에 가하거나 辛에 가하면 착륜격이고, 卯목이 휴수기이고 여기에 백호가 타면 관곽"이라

고 하였다. 이 과전은 착륜이 아니니 관곽에 해당하지 않는다. ● 간지가 삼전을 끼고 있으니 병을 벗어나기 어렵다. 다만 연명이 巳이면 그 상신이 午이니 병을 벗어난다.

● 치료법 : 의약신이 巳午이니 뜸과 방사선 등 온열요법이 좋고, 의약신이 辰巳에 임하니 동남간에서 의약을 구하면 된다.

○ 알현(면접) : 멈추는 것이 옳다. 인월과 오월과 술월에 정단하면 이롭지 않다.

→ 과전이 천라지망이어서 장애가 발생하니 멈추는 것이 좋다. 연명이 戌인 사람은 그 상신이 역마인 亥이니 亥가 왕상해지는 가을과 겨울에 움직이면 된다.

○ 구재 : 겁재(劫財)가 많으니 재물을 모으지 못한다.

→ 겁재는 재물을 흩는 작용을 한다. 제3·4과와 삼전의 세 곳이 겁재이니 사업을 하면 반드시 망한다. 말전의 辰이 비록 일간의 재성이지만 동방의 목국에 해당하니 겁재로 분석했다. 비록 과전이 흉하지만 본명과 행년이 子午卯酉이면 그 상신이 재성인 丑未辰戌이니 구재가 가능하다.

○ 포획 : 오히려 몸을 다칠 우려가 있다.

→ 초전은 도둑이고 말전은 도둑을 잡는 사람이다. 초전의 寅목에서 말전의 辰토를 극하니 도둑을 잡으려다가 오히려 도둑으로부터 상해를 입는다.

○ 유실 : 사람의 몸에 꿰차고 있을 우려가 있다.

→ 삼전의 寅卯辰이 일간인 乙(辰)과 일지인 丑에 둘러싸여 있기 때문이다.

○ 출병 : 근엄하게 호령하며 간첩을 막아야 한다.

→ 원수과는 장수가 병졸을 호령하는 상이다. 적군인 일지와 아군인 일간의 상신이 상생하니 간첩을 막아야 한다.

- 『필법부』: 〈제55법〉 천라지망을 만나면 모망사가 보잘 것이 없게 된다.
  → 지반의 그 다음 글자가 천반이 되는 매일의 제12국은 마치 일간과 일지를 그물로 묶는 상이니 모든 일에서 장애가 많다.
  〈제76법〉 서로 시기하여 모두에게 화가 미친다.
  → 지상의 寅과 간상의 巳는 육해이다. 혼인, 매매, 교섭, 교역에서 어려움이 있다.
- 『통신집(通神集)』: 일간에서 일어나서 일지를 떠나지 않으니 가정을 벗어나지 않는다.
  → 삼전이 간지를 벗어나지 않는다.
- 『옥성가』: 삼전이 합(合)을 꿰차고 있으면 귀인을 만날 수 있고, 일반인을 만나는 일에서도 이와 같다.
  → 이 과전에서의 寅卯辰은 방합이다. 寅卯辰을 간지가 끼고 있다.
- 『괘낭부』: 안에서 밖으로 나가는 것은 내가 요구하는 것이고, 양에서 음으로 들어가는 것은 타인에 의해 요구받는 것이다.

병인일

丙寅日의 길신(구보)과 흉살(팔살)			
일덕	巳	형	
일록	巳	충	
역마	申	파	
장생	寅	해	
제왕	午	귀살	亥子
순기	丑	묘신	戌
육의	甲子	패신	卯
귀인	주	酉	공망	戌亥
	야	亥	탈(脫)	辰戌丑未
합(合)		사(死)	酉
태(胎)	子	절(絶)	亥

대육임직지

| 갑자순 | 병인일 | 1국 |

丙寅일 제1국

공망 : 戌亥 ○
낮 : 왼쪽 천장, 밤 : 오른쪽 천장

己		壬		丙	
勾 巳	空	蛇 申	玄	白 寅	合
巳		申		寅	
己		己		丙	丙
勾 巳 空	勾 巳 空	白 寅 合	白 寅 合
丙 巳		巳		寅	寅

己巳 勾巳	庚午 空午	辛未 合未 白	朱未	壬申 蛇申	玄
戊辰 青辰	青			癸酉 貴酉	陰
丁卯 空卯	勾			○戌 后戌	后 ○
丙寅 白寅	合	乙丑 常丑	朱	甲子 玄子	蛇 陰亥	貴 ○

□ **과체** : 복음, 원태, 자임, 임관(臨官), 여덕 // 주객형상, 침해(피차시기), 일덕, 여덕(낮), 조지(朝支), 신임역마, 교차상형, 교차상해, 신장·귀등천문(밤).

□ **핵심** : 일간이 삼전을 거쳐서 일지로 들어가니, 기다리는 가족이 먼 곳에서 돌아오고, 식록과 재물은 모이며, 정단하는 모든 일은 좋다.

□ **분석** : ❶ 초전이 간상에서 올라가고 말전이 지상으로 돌아오니, 내가 타인에게 일을 부탁한다.

❷ 일지의 역마인 申이 말전으로 전달되어 지상으로 돌아오니 먼 곳으로 갔던 출행인은 반드시 돌아온다.

❸ 일록·역마·장생 및 재신이 모두 삼전에 모여 있으니 구하려고 하는 것은 뜻대로 되지 않는 것이 없다. 다만 과체가 형·충(刑·沖)이니 처음부터 끝까지 꾸준하게 해야 길하다.

□ **정단** : ❶ 이 자임은 또한 원태와 여덕이다. 모든 정단에서 정(靜)하면 이롭고 동(動)하면 장애가 생긴다. 군자가 모든 일에서 은둔하면서 움츠러서 바름을 지키고 덕을 닦으면 이롭다.

❷ 관직을 구하는 일에서 귀인이 보이고 일록과 역마를 만나니 좋

고, 형과 충을 벗어나지 못하니 좋은 가운데에서 나쁘다.
❸ 모든 정단에서 여덕을 만나면, 임금이 백성에게 은혜를 베푸는 뜻이 있으니 너그럽지 않은 것이 없다.
❹ 봄과 여름 정단에서는 길하고, 가을 정단에서는 보통이며, 겨울 정단에서는 나쁘다.
❺ 연명(年命)이 戌과 亥인 사람은 불리하다.

○ 날씨 : 처음에는 맑고 나중에는 비가 온다. 무지개가 뜨고 천둥번개가 치며 태풍이 분다.
  → 초전이 화의 오행인 巳이니 처음에는 맑고, 중전이 비를 부르는 申이니 비가 온다. 초전이 무지개를 뜻하는 巳이나 무지개가 뜨고, 말전에 바람을 주관하는 寅과 백호가 임하니 바람이 분다.
○ 가정 : 사람과 재물이 일어나서 왕성하고 가축은 불리하다.
  → 일록은 직업과 재물이며, 장생은 생계이다. 이들이 간지상에 모두 보이니 관록을 얻고 식록이 늘어난다. 그리고 낮 정단에서는 천을귀인이 酉에 임하여 '여덕'이니 기도해야 한다.
○ 혼인 : 성사되기 어렵다. 밤 정단에서는 자식이 많고, 낮 정단에서는 사나운 여자이다.
  → 일간은 남자이고 일지는 여자이다. 간상의 巳와 지상의 寅이 형(刑)과 해(害)이고 다시 간지가 교차형해이니 서로 싸우고 해치는 상이니 혼인이 불성한다. 삼전이 형과 충과 극을 하니 연애를 하는 동안에 계속하여 싸우고 충돌하며 불미하니 혼인은 요원하다. 그리고 밤에는 지상에 육합이 타고 있으니 애교가 있고 자식이 많은 여자, 낮에는 지상에 백호가 타고 있으니 사나운 여자이다.
○ 임신·출산 : 순산하지만 선천성 청각·언어장애자를 낳는 것에 대비해야 한다.

→ 듣지 못하고 말을 하지 못하는 것은 복음과이기 때문이다. 삼전이 삼형이니 수술해서 낳을 가능성이 높다.
○ 질병 : 맥이 팽팽하며 느리고 한열이 있으며 음식을 먹으려고 하지 않는다. 말전이 일간을 생하니 쉽게 낫는다.
→ ● 병증 : 맥이 팽팽한 것은 삼전이 삼형이기 때문이고, 쉽게 낫는 것은 말전이 일간을 생하기 때문이다. ● 치료법 : 의약신이 辰戌丑未이니 환(丸)이 좋고, 의약신이 辰戌丑未에 임하니 동남간, 서남간, 서북간, 동북간에서 의약을 구하면 된다. 삼전이 삼형이니 수술로 치료할 가능성이 높다.
○ 구재 : 뜻대로 되지 않는다.
→ 재성은 재물이다. 중전의 申이 초전 및 말전과 함께 삼형이니 위험성이 있는 구재이다.
○ 유실 : 집을 벗어나지 않았다.
→ 간괘에 해당하는 복음과는 사람과 물품이 집안에 있는 상이니 유실물이 집을 벗어나지 않았다.
○ 포획 : 읍리(邑里)를 벗어나지 않았다. 추격하면 잡는다.
→ 복음과는 동네를 벗어나지 않는 상이니 추격하면 잡을 수 있다.
○ 출행 : 결과는 없지만 여행길은 안전하다.
→ 일지는 목적지이고 삼전은 여정이다. 지상과 간상이 형(刑)과 해(害)이니 위험한 곳으로 가고, 삼전이 삼형이니 위험한 여정이다.
○ 행인(귀가) : 멀리 있는 사람은 길을 돌이키고, 가까이에 있는 사람은 곧 도착한다. 도착하는 날은 亥일과 戌일이다.
→ 복음과의 근행은 곧 귀가하는 상이다. 특히 이 과전에서는 간상신이 초전이 되었다가 말전이 지상으로 되돌아오니 곧 귀가하는 상이다. 원행한 사람은 발용의 삼합지에 오니 유일(酉日)이나 축일(丑日)에 오고, 근행한 사람은 발용의 육합지에 오니 신일(申日)에 온다.

○ **쟁송** : 합의하고 멈추면 길하지만 그렇지 않으면 형벌과 어려움을 초래한다.
　→ 일간은 나이고 일지는 상대이다. 간지상신이 형과 해이니 합의가 되기 어렵다. 만약 합의를 보지 않으면 삼전이 삼형이니 무거운 형을 받게 된다.
○ **출병** : 속임수를 방지하고 움직이지 않아야 하는 상이다.
　→ 복음과는 천반과 지반이 맞닿아 있으니 가만히 있어야 한다. 밤 정단에서 초전의 巳에 천공이 타니 속임수를 방지해야 한다.

□ 『**필법부**』 : 〈제24법〉 내가 타인에게 일을 구하는 격으로서 아랫사람에게 도움을 청하는 격이다. 왕상하면 길하다. 모든 복음과는 여섯 丙일에서만 길하다. 그 이유는 초전이 일덕과 일록이고, 중전이 재성이며, 말전 장생이기 때문이다. 이 모두는 공망을 꺼린다.
□ 『**풍후원경**』 : 丙辛일에서 寅은 유도(游都)이고 적장이다. 충(冲)은 노도(魯都)이고 적의 부장수이다. 만약 이들이 간지상에 임하면 적의 장수가 당일에 도착한다.
　※ 유도(游都) : 甲己일 丑, 乙庚일 子, 丙辛일 寅, 丁壬일 巳, 戊癸일 申.
　※ 노도(魯導)

일간 신살	甲	乙	丙	丁	戊	己	庚	辛	壬	癸
노도 (魯導)	未	午	申	亥	寅	未	午	申	亥	寅

□ 『**옥성가**』 : 복음과는 거동하여 이루는 것이 없다. 강일에는 가출한 사람이 집에 도착한다.
　→ 복음과는 근처로 간 사람은 곧 귀가하고, 원지로 간 사람은 귀가를 기약할 수 없다.

丙寅일 제 2 국

공망 : 戌·亥 ○
낮 : 왼쪽 천장, 밤 : 오른쪽 천장

甲	○	○	
玄 子 蛇	陰 亥 貴	后 戌 后	
丑	子	亥 ○	
戊	丁	乙	甲
青 辰 青	空 卯 勾	常 丑 朱	玄 子 蛇
丙 巳	辰	寅	丑

戊 青 辰 巳	己 勾 巳 午	庚 空 午 未	辛 朱 未 申 常
丁 空 卯 辰			壬 蛇 申 酉 玄
丙 白 寅 卯 合			癸 貴 酉 戌 陰 ○
乙 常 丑 寅	甲 朱 子 丑	○ 陰 亥 貴 子	○ 后 戌 后 亥 ○

□ **과체** : 지일, 참관, 퇴여, 천망 // 육의, 복덕, 가귀, 맥월, 불행전, 참관, 살몰.

□ **핵심** : 관귀효가 공망되어 었다. 질병은 재발을 조심해야 한다. 子와 丑이 육합을 한다. 丑에 낮에는 태상이 타니 견우와 직녀가 만났다.

□ **분석** : ❶ 중전의 亥는 丙의 관성이고 초전의 子는 丙의 귀살이다. 亥는 이미 순중의 공망되어 지반의 子에 임했고, 주야의 귀인이 모두 공망된 곳에 떨어졌다. 질병성난에서는 관귀효가 공망되면 재발을 방지해야 한다. 이미 끝난 일을 정단하면 모든 일이 재발할 우려가 있다. 질병을 예를 들고 다른 것은 생략한다.

❷ 子와 丑이 육합을 하고 낮 정단에서 丑에 태상이 타니 견우와 직녀가 결합하는 상이니 혼인정단에서 좋다.

❸ 시초를 뽑으면 계속하여 이어지고 일은 마치 쏜살같다.

❹ 삼전이 퇴여이니 먼저는 어렵고 나중은 쉽다.

□ **정단** : ❶ 이 과는 관성과 귀인과 재성이 모두 공망되었으니 비록 구관에서 귀인이 보이지만 모두 헛수고이다. 좋은 것은 일지의 의(儀)인 辰이 일간에 임하고, 순기(旬奇)인 丑이 일지에 임하며, 순의(旬

儀)인 子가 발용이 되었으니, 흉을 만나더라도 길로 변화한다.
❷ 양일에는 양과가 비화하니 일은 동류에게서 일어나고 또한 밖에서 오니 계획을 고쳐서 거취를 정해야 한다.

※ 지의(支儀) : 子일 午에서 역행 12지, 午일 未에서 순행 12지.

일지 신살	子	丑	寅	卯	辰	巳	午	未	申	酉	戌	亥
지의	午	巳	辰	卯	寅	丑	未	申	酉	戌	亥	子

○ 날씨 : 낮 정단에서는 큰 비가 온 뒤에 개이고, 밤 정단에서는 구름이 빽빽하게 끼지만 비는 오지 않는다.
  → 오행의 수는 비를 뜻한다. 초전에 子가 있고 낮 정단에서는 수의 천장인 현무가 타고 있으니 비가 온다. 그러나 중전과 말전이 공망되었으니 나중에 비가 그친다. 그러나 밤 정단에서는 초전의 子에 등사가 타고 있으니 비가 오지 않는다.

○ 가정 : 집이 넓어서 거주하기 어렵고, 구설이 많으며, 화재를 예방해야 한다.
  → 일지는 집이다. 초전과 중전의 子와 亥에서 일지 寅을 생하니 집이 넓다. 그러나 지상에 밤 정단에서는 주작이 타고 있으니 구설수가 생기고, 낮 정단에서는 태상이 타고 있으니 옷과 음식비가 많이 든다. 그리고 일간은 남편이고 일지는 아내이다. 간지의 상신이 辰과 丑이어서 파이니 부부가 화목하지 못하고 다시 지상의 둔반 乙에서 간상의 둔반 戊를 극하니 더욱 나쁘다.

○ 혼인 : 낮 정단에서는 쉽게 화합하고, 밤 정단에서는 불성한다. 중매인으로 인한 번거로움이 없다.
  → 간지상의 辰과 丑이 파(破)이니 혼인하기 어렵다. 지상에 낮 정단에서는 길장인 태상이 타고 있으니 쉽게 화합하고, 밤 정단에서는

흉장인 주작이 타고 있으니 불성한다. 그리고 중매인을 뜻하는 중전이 공망되었으니 중매인을 믿기 어렵다.
○ **임신·출산** : 남아이고 난산이다. 출산하지만 키우지 못한다.
  → 일간은 태아이다. 아들인 이유는 일간의 천지반이 모두 양이기 때문이다. 난산이 되는 이유는 간상에 그물을 뜻하는 辰이 임하기 때문이다. 초전에 있는 태신 子가 지반 丑으로부터 극을 받았으니 태아가 상할 우려가 있다.
○ **질병** : 급병은 신에게 빌면 즉시 낫고, 구병은 의약이 무효하다.
  → ● 병증 : 밤 정단에서는 천을귀인이 귀살인 亥에 타서 일간을 극하니 신불(神佛)에 불경해서 온 병이니 신불에 기도하면 낫는다. 구병은 간상과 지상에 의약신이 있으니 치유가 가능하다.
  ● 치료법 : 의약신이 辰丑이니 환(丸)이 좋고, 의약신이 巳寅에 임하니 동남간과 동북간에서 의약을 구하면 된다.
○ **구재** : 작고 어렵다.
  → 과전에 재성이 없으니 어렵다. 다만 본명과 행년이 酉와 戌인 사람은 그 상신이 재성인 申과 酉이니 구재가 가능하다.
○ **출행** : 늦춰서 가되 육로로 가야 한다.
  → 일산은 여행객이며 육로이다. 간상에 천리지망 辰이 있어서 장애가 있으니 늦춰서 가되 육로로 가야 한다. 초전은 여행 초기, 중전은 중기, 말전은 말기이다. 초전의 귀살에 낮에는 현무가 타고 있으니 도난을 방지해야 하고, 밤에는 등사가 타고 있으니 사고를 방지해야 한다. 그리고 중전과 말전이 공망되었으니 가지 못하고 되돌아올 우려가 있다.
○ **행인(귀가)** : 가까운 곳으로 나간 사람은 즉시 오고, 멀리 간 사람은 신일(申日)이나 진일(辰日)에 온다.
  → 근행은 발용의 육합일에 오니 子와의 육합이 되는 축일(丑日)에 오고, 원행은 발용의 삼합일에 오니 子와의 삼합이 되는 신일(申日)

이나 진일(辰日)에 온다.

※『육임직지』원문에서는 "멀리 간 사람이 亥일에 온다."고 하였다.

○ **도적** : 체포에 저항해서 도망치더라도 순을 벗어나서 반드시 잡힌다.
→ 초전은 도둑이고 말전은 잡는 사람이다. 말전의 戌에서 초전의 子를 극하니 잡힌다. 다만 공망된 戌이 풀리는 다음 순에 잡힌다.

□ 『**필법부**』: 〈제30법〉 지나치게 넓은 집은 사람을 쇠하게 한다.
→ 일지의 음신이 발용이 되어, 일지는 생하고 일간은 극한다. 집을 팔아 넘겨서 그 돈으로 재환에 들 비용을 대비하여 미리 갖춰놓는 것이 좋다.

〈제50법〉 두 귀인이 모두 공망되면 헛된 기쁨을 기약하게 된다. 주야 귀인이 모두 공망되면 귀인을 만나는 일에서 속게 된다. 나중에 타인이 나를 돕는다는 것을 타인이 나에게 전하더라도 믿어서는 안 된다.
→ 낮 귀인 酉는 지반 戌이 공망되었고 밤 귀인 亥는 천반이 공망되었다.

| 갑자순 | 병인일 | 3국 |

丙寅일　제 3 국

공망 : 戌·亥 ○
낮 : 왼쪽 천장, 밤 : 오른쪽 천장

乙	○	癸
勾 丑 朱	朱 亥 貴	貴 酉 陰
卯	丑	亥 ○

丁	乙	甲	○
空 卯 勾	勾 丑 朱	合 子 蛇	蛇 戌 后
丙 巳	卯	寅	子

丁空卯巳	戊勾辰午	己白午未	庚午申 白
丙青寅辰	合		辛陰未酉常
乙勾丑卯	朱		壬后申戌玄
甲合子寅	蛇朱亥丑○	蛇后戌子○	癸貴酉亥陰○

□ **과체** : 중심, 퇴간전, 용전, 격각(隔角) // 삼기, 간지구생(간지개패), 복덕, 극음, 불행전, 주객형상, 신장·귀등천문(낮).

□ **핵심** : 비록 생(生)은 하지만 기대하기 어렵다. 子와 卯는 무례지형(無禮之刑)의 패신이니 귀인에게 연연해서는 안 된다.

□ **분석** : ❶ 간상의 卯목이 비록 丙화를 생하지만 丙화의 패신이 卯에 있으니 어찌 생을 기대할 수 있겠는가?

❷ 간상의 卯가 지상의 子를 형(刑)을 하니 자식은 예의가 없고 높은 이와 낮은 이 사이에서 예의가 없다. 주야의 양 귀인이 모두 공망되었으니 귀인에게 구하지 않아야 한다.

❸ 간지의 상신이 모두 패신이니 쟁송에서 이롭지 않다.

❹ 음이 지극히 강한 극음(極陰)의 과이니 어두우며, 합(合) 속에 파(破)가 있으니 모든 일에서 불리하다.

→ 말전의 酉와 지상의 子가 파(破)이다.

□ **정단** : ❶ 중심과이고 다시 용전이다. 심신이 모두 혼란스러워서 전진은 적고 후퇴는 많으니, 반드시 자세히 살피고 이치에 맞게 잘못을 뉘우쳐서 이것을 면하기 위해 힘써야 한다.

❷ 사계에 정단하면 시작은 있지만 끝은 없다. 밤 정단에서는 속임이 많고, 낮 정단에서는 귀등천문이니 막힘이 없다.
❸ 만약 정단하는 사람의 연명이 子이면 양 귀인이 이 사람을 인종하지만 반드시 귀인이 말로만 도와준다.

○ 날씨 : 오랫동안 흐리고 많은 비가 내리며 바람이 분다.
→ 오행의 토는 흐린 날씨를 뜻하고 수는 비를 뜻한다. 초전이 丑토이니 날이 흐리고 말전이 癸수이니 많은 비가 온다.
○ 가정 : 식구가 손상된다. 밤 정단에서는 불(火)로 인해 놀라고, 낮 정단에서는 기쁜 일이 있다.
→ 일지는 가택이다. 지상의 子에 밤 정단에서는 등사가 타니 화재가 우려되고, 낮 정단에서는 육합이 타니 기쁜 일이 있다. 일간은 남편 혹은 부모이고 일지는 아내 혹은 자식이다. 간지의 상신이 형(刑)이니 남편과 아내가 서로 불화하고 부모와 자식이 서로 불화한다. 또한 간상의 卯는 일간의 패신이고 지상의 子는 일지의 패신이니 집안이 기운다. 그리고 낮 정단에서 간상에 천공이 타니 사기를 당할 우려가 있다.
○ 혼인 : 불성한다. 성사되면 형극(刑剋)이 있다.
→ 일간은 남자이고 일지는 여자이다. 간상과 지상의 卯와 子가 형이어서 서로 싸우고 다투니 혼인이 불성한다. 만약 혼인할 경우 궁합과 금슬이 대단히 나쁘다. 또한 일간과 일지에 패신이 임하니 가정이 무너져서 깨질 우려가 있다. 하적상하여 발용이 된 중심과이다. 만약 겨울과 봄에 정단하면 여자가 남자를 매우 경시한다.
○ 임신·출산 : 여아를 낳지만 난산이니 놀란다.
→ 중심과이니 여아이고, 삼전의 丑亥酉가 밤에 해당하니 여아이며, 과전이 오음이니 다시 여아이다.

○ **질병** : 몸에 병사(病邪)가 얽혀있으니 치료하더라도 효과가 없고 밤 정단에서는 더욱 위급하다.

→ ● 병증 : 일간은 환자이고 일지는 병증이다. 패신이 일간에 임하니 몸의 기혈이 쇠하고, 간지상신이 상형하니 몸이 상하며, 밤 정단에서는 지상에 등사가 타고 있으니 더욱 흉하다. 그러나 중전과 말전이 공망되었으니 점차 낫는다.

● 치료법 : 의약신이 丑이니 환(丸)이 좋고, 의약신이 卯에 임하니 정동에서 의약을 구하면 된다.

○ **구재** : 노력하지만 어렵고 설령 재물을 얻더라도 이익이 없다.

→ 재성은 재물이다. 말전의 재성 酉가 폐구가 되었고 다시 공망되었으니 득재할 수 없다.

○ **도난** : 내부에 있는 도둑이다. 숨어서 나오지 않고 또한 경찰이 도둑을 내버려둔다.

→ 초전은 도둑이고 말전은 경찰이다. 초전 丑과 말전 酉가 생하는 관계여서 경찰이 도둑을 내버려두니 도둑을 잡기 어렵다. 형(刑)에는 소인의 뜻이 있으니 곧 도둑을 뜻하며, 간지의 상신이 상형이니 내부인이다. 그 도둑은 낮 정단에서는 본명이나 행년이 申인 사람이고, 밤 정단에서는 戌인 사람이다.

○ **출행** : 출행을 늦춰야 한다. 급히 움직이면 수재와 화재를 방지해야 한다.

→ 일간은 출행인이고 일지는 여행지이다. 간지상에 패신이 타고 다시 간지의 상신이 형(刑)이니 패가망신하고 몸을 상할 우려가 있다. 수재가 발생하는 것은 지상의 子에서 내 몸을 형을 해오기 때문이다. 그러나 낮 정단에서는 여섯 흉장이 숨거나 죽는 '신장(神藏)'이고 귀인이 하늘로 오르는 '귀등천문'이니 출행에 장애가 없다.

○ **행인(귀가)** : 늦게 오지만 먼저 소식이 온다.

→ 늦게 오는 것은 중전과 말전이 공망되었기 때문이다. 먼저 소식

이 오는 것은 낮 정단에서는 중전에 주작이 타고, 밤 정단에서는 초전에 주작이 타기 때문이다.
○ 쟁송 : 나는 승소하지 못하고 타인은 파재한다.
→ 일간은 나이고 일지는 상대이다. 일간에 패신이 임하니 패소하고, 말전의 재성이 폐구되고 다시 공망되었으니 재물을 잃는다. 그리고 간지상신이 서로 형을 하니 합의가 되지 않고, 간지상에 패신이 임하니 양측 모두 패소한다.
○ 출병 : 적의 매복에 대비해야 하고, 우세한 적에 대한 작전을 세우고 기다려야 한다.
→ 일간은 아군이고 일지는 적군이다. 지상의 子가 귀살이니 적의 기세가 강하고, 지상의 子에서 간상의 卯를 형을 해오니 적의 공격에 대비해야 한다.

□ 『필법부』: 〈제36법〉 간상과 지상이 모두 패기를 만나면 건강정단을 하면 기혈이 쇠패하고, 가정정단을 하면 집이 기운다.
→ 간상의 卯는 일간 丙의 패신이고 지상의 子는 寅의 패신이다. 〈제75법〉 간상이 卯이고 지상이 子이니 간지의 상신이 무례지형이다. 교섭에서 서로 다른 마음을 품고 있다. 소송에서는 반드시 양쪽 모두 패소한다.
□ 『풍후원경(風後元經)』: 지상신에서 일상신을 생하고 다시 두 신이 서로 형을 하니, 첩보의 반은 허위이고 반은 진실이다. 낮 정단에서는 속임수이고 진실하지 않다. 양군은 화해해야 한다.
□ 『지장부(指掌賦)』: 대길[丑]과 소길[未]에 구진이 타면 논밭으로 인해 쟁투한다.

丙寅일 제 4 국

공망 : 戌·亥
낮 : 왼쪽 천장, 밤 : 오른쪽 천장

○	壬	己	
朱亥貴	后申玄	常巳空	
寅	亥 ○	申	
丙	○	○	壬
青寅合	朱亥貴	朱亥貴	后申玄
丙巳	寅	寅	亥 ○

丙寅巳 青	丁卯午 合空	戊辰未 勾白	己巳申 青常 空
乙丑辰 勾朱			庚午酉 玄白
甲子卯 合蛇			辛未戌 陰常
○亥寅 朱貴	○戌丑 蛇后	癸酉子 貴陰	壬申亥 后玄

□ **과체** : 호시, 원태(병태), 용덕, 불비∥요극, 침해(피차시기), 간지구생(불성), 왕래수생, 가귀(家鬼), 우로균점.

□ **핵심** : 활은 잡았지만 화살이 없다. 일이 길게 이어진다. : 위험과 의혹을 벗어나면 누군가가 나를 도와준다.

□ **분석** : ❶ 사과의 亥에서 일간을 극하고, 발용의 亥가 갑자순의 공망되었으니 마치 활을 잡고 화살을 놓친 셈이다.

❷ 말전에서 공망된 초전의 亥를 충하고 초전에서는 일간을 극한다. 위세가 강해서 위험하고 의혹스럽지만 두렵지 않다.

❸ 중전의 재신을 취하면 절대로 안 된다.

❹ 좋은 것은 일지 寅이 일간 丙을 생하고 있는 것으로서 고요하게 현 상황을 지키는 것이 좋다.

□ **정단** : ❶ 호시과이고 원태이다. 사맹이 발용이 되어 사맹으로 이어진다.

❷ 용신이 공망되면 모든 일이 요동치고 타인과의 인정은 뒤집힌다.

❸ 귀인을 만나는 정단에서는 주객이 비록 화합하지만 마음속으로는 서로 손상을 입힌다.

❹ 집밖에서 타인이 오면 그를 받아들여서는 안 된다. 반드시 그로 인해 생기는 구설이나 관사를 방비해야 하고 그는 서남쪽에서 오는 사람이다. 노인이나 어린이 정단에서는 오히려 대길한 상이다.

❺ 해년(亥年)과 해월(亥月)에 정단하면 일이 성사된다.

○ 날씨 : 오랫동안 비가 왔다면 반드시 개고, 오랫동안 맑았다면 비가 오지만 많지 않다.

→ 초전의 수의 오행이 공망되고 말전이 화의 오행이니 오랫동안 비가 왔다면 반드시 개이고 오랫동안 맑았다면 비가 오지만 많지 않다.

○ 가정 : 노인과 어린이에게 이로움이 있고 음인(陰人)과는 화목하지 않다.

→ 천반은 어른이고 지반은 어린이이다. 사과의 천반에서 지반을 모두 생하니 어린이가 어른의 사랑을 받아서 이로움이 있는 상이지만 제3·4과가 공망되었으니 그렇지 않다. 그리고 亥는 어린이이다. 지상에서 발용이 된 亥가 공망되었으니 어린이의 질병을 정단하면 사망한다. 일간은 남편이고 일지는 아내이다. 일간과 일지가 삼형이고 다시 그 상신이 상파이니 부부가 화목하지 않다.

○ 혼인 : 밤 정단에서는 길하니 혼인해도 된다. 천천히 추진하는 것이 옳다.

→ 일간은 남자이고 일지는 여자이다. 밤 정단에서 지상에 귀인이 타고 있으니 귀한 여자이니 혼인해도 된다.

● 일간과 일지가 삼형이고 다시 그 상신이 서로 파(破)이니 궁합이 나쁘다. 또한 지상이 공망되었으니 혼인은 불성한다.

○ 임신·출산 : 유산을 방지해야 한다. 산모는 안전하다.

→ 일간은 태아이고 일지는 임신부이다. 지상이 공망된 것은 출산

후 출산부의 배가 비어 있는 상이니 출산이 안전하다. 그러나 임신 정단에서는 낙태되는 상이니 흉하다.

○ 질병 : 비록 경증의 병이지만 낫기 어렵다. 부인은 징징대고 노인과 어린이는 즉시 낫는다.

➜ ● 병증 : 요극과이니 경증이고 삼전이 사맹이니 그 기세가 강하지만 삼전이 공망되었으니 병이 점차 사라진다. 그리고 어린이를 뜻하는 지상 및 초전의 亥가 공망되었으니, 어린이의 생사를 물으면 어린이가 사망한다.

● 치료법 : 의약신이 辰丑이니 환(丸)이 좋고, 의약신이 未辰에 임하니 서남간과 동남간에서 의약을 구하면 된다.

○ 구재 : 이익이 없다. 이익이 있더라도 취해서는 안 된다.

➜ 재성은 재물이다. 중전에 있는 재성이 공망되었으니 이익이 없다. 연명이 亥인 사람이 낮에 정단하면 그 상신이 재성인 申이니 득재하고, 밤에 정단하면 현무가 타고 있으니 재물을 얻지 못한다. 그리고 연명이 子인 사람이 정단하면 그 상신이 재성이지만 폐구가 되었으니 재물을 얻지 못한다.

○ 도난 : 도둑은 서남쪽에 있고 장물을 되찾지 못한다.

➜ 도둑은 현무의 음신 방위에 있다. 밤에 성난하면 현무의 음신이 사이니 사방(巳方) 곧 동남방에 있다. 도난품을 되찾지 못하는 것은 재성이 공망되었기 때문이다.

○ 출행 : 동방이 길하다.

➜ 그렇지 않다. 요극과의 출행은 서북방이 좋다.

○ 행인(귀가) : 길 위에 있고 실없이 놀란다.

➜ 말전은 출발지, 중전은 경유지, 초전은 도착지, 역마는 여객수단이다. 중전에 역마 申이 임하니 오는 중이다.

○ 쟁송 : 근심과 의혹으로 혼란스럽더라도 결국은 흩어져서 해가 되지 않는다.

➔ 요극과는 우환이 점차 사라지는 상이다. 다시 삼전이 공망되었으니 쟁송이 사라진다.
○ **정벌** : 천리의 땅이 열어있으니 전쟁에서 승전할 조짐이다. 그러나 발용이 공망되었으니 거듭하여 변화를 관찰해서 병사들을 잃지 않아야 하고, 寅·午·戌 월에는 경거망동하지 않아야 한다. 반간을 하여 적의 신하를 이용하면 전공을 세울 수 있다.
➔ 일간은 아군이고 일지는 적군이며 삼전은 전쟁하는 과정이다. 일간이 실하고 일지가 허하니 아군이 승전하는 상이다.

□ 『**필법부**』 : 〈제23법〉 타인이 나에게 와서 반드시 부탁한다. 이것은 초전이 지상에서 일어나고 말전이 간상으로 돌아오는 것이다.
➔ 이 과전에서는 초전의 亥가 지상에서 일어났지만 말전인 巳가 기궁이 되었으니 이와 같이 분석하였다.
〈제77법〉 호생과 구생은 모든 일에서 유익하다.
➔ '호생(互生)'은 지상이 일간을 생하고 동시에 간상이 일지를 생하는 것이고, '구생(俱生)'은 간상이 일간을 생하고 동시에 지상이 일지를 생하는 것이다. 이 과전은 간상의 寅이 일간 丙의 장생이고 지상의 亥가 일지 寅의 장생이니 구생(俱生)이다. 다만 지상의 亥가 공망되었으니 구생은 불성한다.
〈제48법〉 귀살에 천을귀인이 타면 곧 하늘 귀신과 땅 귀신의 해를 입는다.
➔ 밤에 정단하면 지상에 亥에 귀인이 타고 있다.
〈제92법〉 청룡이 생기에 타면 길함이 길고도 서서히 이어진다.
➔ 낮에 정단하면 청룡이 일간의 생기인 寅에 타고 있다.
□ 『**과경**』 : 구생격은 간상신이 일간을 생하고 지상신이 일지를 생하는 것이다. 또한 장생이어서 서로 화순하니 자본금을 합쳐서 생업을 경

영하는 것이 옳다. 그리고 일지가 일간에 가하여 일간을 생하는 것을 '자재격'이라고 한다.

→ 일지 寅이 간상으로 와서 일간에 가하여 일간을 생하고 있으니 자재격(自在格)이다.

丙寅일 제5국

공망 : 戌·亥
낮 : 왼쪽 천장, 밤 : 오른쪽 천장

○	庚	丙
蛇戌后 玄午白	青寅合	
寅	戌 ○	午
乙	癸	○	庚
勾丑朱	貴酉陰	蛇戌后	玄午白
丙巳	丑	寅	戌 ○

乙丑 勾巳 朱	丙寅 合午 青	丁卯 空未 勾	戊辰 白申 青
甲子 合辰 蛇			己巳 常酉 空
○ 朱亥 貴卯			庚午 玄戌 白
○ 蛇戌 后寅	癸 貴酉 陰丑	壬 后申 玄子	辛未 陰亥 常

□ **과체** : 중심, 염상, 참관, 교동 // 형상, 오양, 합중범살, 살몰, 고진과수.

➡ 삼전의 초전에 천후가 임하고 말전에 육합이 임하면 일녀격이다.

□ **핵심** : 묘신에서 장생으로 전해지니 먼저는 어둡고 나중은 밝다. 화기가 전혀 없다. 위도 형이고 아래도 형이다.

□ **분석** : ❶ 초전의 戌은 화의 묘신이고 말전의 寅은 화의 장생이니, 먼저는 어둡고 나중은 밝다. 일이 재발하는 것을 방지해야 하며, 병이 재발하는 것을 방지해야한다.

❷ 일지 寅은 丙의 기궁인 巳를 형하고 간상의 丑은 지상의 戌과 형이다. 이와 같이 일간과 일지가 상하로 형극하니 어찌 화합하는 기운이 있겠는가?

❸ 丑은 갑자순의 삼기이다. 지금 일간에 임하니 관직정단을 하면 일품의 지극히 높은 관직을 받는다. 공무원은 관청에 들고, 일반 사람은 흉이 사라진다.

□ **정단** : ❶ 이 과상은 화가 지나치게 왕성해서 마치 들판을 불태우는

기세이다. 밝은 일은 오히려 어두워지며 꾀하더라도 헛수고만 하고 이루지 못한다.

❷ 卯년에 출생한 사람이 정단하면 귀등천문이 되니 누구에게도 비할 바가 없는 실세가 된다. 그러나 성정이 지나치게 뻣뻣하고 조급해 하면 나쁘고, 인내하면 상하는 일이 없다.

❸ 나머지 정단은 허는 많고 실은 적다.

○ 날씨 : 아침에 뜨겁던 날씨가 나중에는 안개가 끼었다가 번개가 치며 비는 매우 적은 비가 온다.
　→ 삼전이 화의 오행인 염상이니 뜨겁고 비가 오지 않는 날씨이다. 말전의 낮에 청룡이 타니 적은 비가 온다.
○ 농작물 : 가물지만 낮은 곳이면 수확한다.
　→ 비록 염상이니 날이 가물지만 저지대에서는 수확물이 있다.
○ 가정 : 화재를 예방해야 한다. 낮 정단에는 노비가 주인을 속이고 무례를 범한다.
　→ 일간은 사람이고 일지는 가택이다. 일지가 화국이니 화재를 방지해야 한다. 주야 모두 지상의 戌이 일간의 묘신이니 종업원이 주인을 속이며, 일간을 탈기하니 주인에게 손실을 입힌다.
　● 일간은 남편이고 일지는 아내이다. 간지의 상신인 丑과 戌이 삼형이니 부부가 싸우고 반목한다. 그리고 일지의 음양이신이 삼합하여 형제국이니 재물이 흩어지는 가상이다.
○ 구관 : 이름이 세상에 드러나지만 공허하고 부실하다.
　→ 염상에는 공허한 뜻이 있다. 특히 초전과 중전이 공망되었으니 더욱 공허하다.
○ 구재 : 아직은 이루지 못한다.
　→ 제2과에 있는 재성이 공망되었고 삼전이 다시 겁재의 국이니 구

재는 불가하다.
○ **혼인** : 두 사람의 뜻이 서로 맞으니 중매인이 필요하지 않다. 또한 천후로 시작해서 육합으로 끝나면 '일녀격'이니 가장 꺼린다.

→ 밤 정단에서 초전에 천후가 타고 말전에 육합이 타니 여자가 음일하다는 뜻의 '일녀'이다. 이는 남녀가 연애하여 혼인하는 상이니 중매인이 필요하지 않다. 다만 혼인 후에 사정(私情)을 가질 우려가 있다.

○ **임신·출산** : 아이를 키우지 못하는 것을 방지해야 한다. 만약 사사롭게 사적으로 임신하면 오히려 키울 수 있다.

→ 일간은 태아이고 일지는 임신부이다. 간상의 丑과 지상 및 초전의 戌이 삼형이니 유산을 방지해야 한다.

○ **질병** : 열로 인한 폐결핵이다. 신병은 복을 지었으면 보호되어 치유될 수 있고, 구병은 위험하며 낫더라도 재발을 방비해야 한다.

→ ● 병증 : 금의 장부는 폐이다. 삼전이 화의 오행으로 구성된 염상이니 화의 극을 받는 금의 장부인 폐병이 발생한다. 만약 술년(戌年)이나 술월(戌月)에 정단하면 공망된 戌이 풀리니 생명이 위험하다. ● 치료법 : 의약신이 丑이니 환(丸)이 좋고, 의약신이 巳에 임하니 동남간에서 의약을 구하면 된다.

○ **유실** : 노비가 훔쳐갔다.

→ 戌은 노비 곧 종업원을 뜻한다. 지상의 戌토에서 일간 丙화를 탈기하니 종업원이 훔쳐갔다.

○ **출행** : 동방이 좋고 육로행이 좋다. 하인이 가세하면 북방이 유리하다.

→ 일간은 육로이고 일지는 수로이다. 말전의 寅에서 일간 丙을 생하니 동방으로의 원행이 좋다.

○ **행인(귀가)** : 일간의 묘신이 일지에 임해서 발용이 된다. 만약 노비와 젊은 사람을 기다리고 있다면 갑자순을 벗어난 뒤에 온다.

➡ 지상의 戌은 노비 곧 종업원과 젊은 사람을 뜻한다. 현재 공망되어 었지만 공망이 풀리는 갑술순에 온다.
○ 쟁송 : 화해해서 쟁송을 푸는 것이 좋다.
➡ 비록 초전과 중전이 공망되었지만 과전이 삼합하니 합의해서 푸는 것이 좋다. 만약 합의를 하지 않을 경우에는 삼전이 삼합하고 있으니 쟁송이 오래간다.
○ 정벌 : 장수는 존귀해지고 전공은 높아진다. 다만 출병을 신중하게 해야 하고, 던져진 미끼를 물지 않아야 우환이 풀리고 난이 해소된다.
➡ 삼전이 염상이니 장수에게 영광이 있는 상이다. 다만 장수를 뜻하는 간상의 丑과 초전의 戌이 삼형이어서 살을 범하고 중전 午와는 다시 육해이니 적의 암해를 방지해야 한다.

──────────────────────

□ 『필법부』 : 〈제42법〉 삼전에서 삼기를 만나면 존숭해진다.
➡ 이 과전에는 갑자순과 갑술순의 삼기인 丑이 삼전에 보이지 않는다.
〈제33법〉 처음은 어렵고 나중이 쉬운 것은 앞에 묘신이 있고 뒤에 장생이 있는 경우이다.
➡ 화국의 묘신인 戌은 앞에 있고 장생인 寅은 나중에 있다.
〈제65법〉 일간의 묘신이 관신을 아우르면 사람과 가택이 황폐해지는 재앙이 생긴다.
〈제84법〉 합을 하는 가운데에서 살을 범하면 꿀 속에 비상이 있는 것이다.
➡ ○ 정벌의 해설 참조.
□ 『수중금(袖中金)』 : 하괴인 戌이 일지에 임하고 중전에 백호가 타고 있으니 관문을 깨부수고 도망치는 일에서 유리하다.

- □ 『**관월경(觀月經)**』: 갑자순과 갑술순에는 대길인 旺이 두 순의 삼기이다. 만사 화합하고 천 가지의 재앙이 신속하게 풀린다.
  - → 위의 『필법부』(제42법) 해설 참조.

丙寅일 제 6 국

공망 : 戌·亥 ○
낮 : 왼쪽 천장, 밤 : 오른쪽 천장

甲	辛	丙
合子蛇	陰未常	青寅合
巳	子	未

甲	辛	癸	戊
合子蛇	陰未常	貴酉陰	白辰青
丙巳	子	寅	酉

甲子蛇合巳	乙丑勾朱午	丙寅青合未	丁卯空勾申
朱○亥貴辰			白戌青酉
蛇○戌后卯			常己空巳戌○
貴癸陰酉寅	壬后申玄丑	辛陰未常子	庚白午玄亥○

□ **과체** : 지일, 사절, 도액∥육의, 복덕, 앙구(체극), 일순주편(수미상견), 유도액, 간지구극.

□ **핵심** : 상대와 나에게 재앙이 닥친다. 삼전은 외전되고 간지는 묘신에 앉았다. 결국 일의 진실을 가리기 어렵다.

□ **분석** : ❶ 일간 丙화는 子수로부터 극을 당하고 일지 寅목은 지상의 酉금으로부터 극을 당하니, 나와 상대 모두에게 재앙이 닥친다.
❷ 삼전의 모든 천반에서 지반을 극하고 다시 외전이 되었으니 불화의 상이다. 다시 차례로 극을 하여 일간을 극하니 내가 타인으로부터 능멸당하는 것을 방지해야 한다.
❸ 기궁 巳는 戌의 위에 앉아 있고 일지 寅은 未의 위에 앉아 있으니 스스로 묘고(墓庫)에 임한다. 이는 기꺼이 어둠에 든 것이니 어찌 옳고 그름을 가릴 수 있겠는가?
❹ 간상은 순수이고 지상은 순미이다.
❺ 초전의 子수가 말전의 寅목을 생하여서 일간 丙화를 생하고, 지상의 酉금은 간상의 子수를 생하여서 발용이 된다. 이는 귀살을 끌어들여서 생을 하게 하는 것이다. 바르게 하면 재앙이 없지만 만약

망령되게 굴면 후회할 일이 생긴다.

□ **정단** : ❶ 지일과이다. 이 과전은 구관(求官)을 위해 귀인을 만나는 정단에서는 길하지만, 타인과는 화목을 잃는다.

❷ 좋아 보이는 것은 간기(干奇)와 지의(支儀)로서 일간과 제4과에 임한다. 순의(旬儀)인 子가 간상에 임하니 전화위복이 되어 어려움이 변하여 은덕이 된다.

○ **날씨** : 비는 많이 오고 맑은 날씨는 적다.
→ 오행의 수는 비를 뜻하고 未와 寅은 바람을 뜻한다. 초전이 子이니 비가 오지만 중전과 말전이 未와 寅이니 바람이 분다.

○ **가정** : 일간과 일지가 모두 묘신에 앉아 있으니 반드시 근처에 무덤이나 사당이 있다. 그리고 酉가 寅에 가하니 존장에게 재앙이 있다.
→ 일간(기궁)은 사람이고 일지는 가택이다. 기궁인 巳가 지반 戌에 임하고 일지인 寅이 지반 未에 임하니 사람과 가택이 모두 어두워지고, 부모를 뜻하는 장생인 寅이 그 천반의 酉로부터 극을 받으니 부모에게 흉사가 발생한다.
● 일간은 남편이고 일지는 아내이다. 간상의 子와 지상의 酉가 파(破)이니 부부가 화목하지 못하고 사과의 세 곳 위에서 그 아래를 극하는 '유도액'이니 손아래사람이 액을 당하는 상이다. 그리고 일간과 일지가 그 상신으로부터 극을 당하니 가정 내외에 화가 닥친다.

○ **시험** : 높은 성적으로 합격한다.
→ 간상과 발용이 육의이니 합격한다.

○ **혼인** : 부부가 화합하지만 가족이 좋아하지 않을 우려가 있다.
→ 일지 寅이 일간 丙을 생하지만 지상신 酉에서 간상신 子를 파(破)하니 혼인이 깨질 우려가 있고 궁합 또한 나쁘다. 그리고 삼전이 체

극하여 일간을 극하니 많은 사람들의 손가락질을 받을 우려가 있다. ● 지상의 낮에는 천을귀인이 타니 상대는 귀한 사람이고, 밤에는 태음이 타니 애교가 있는 사람이다.

○ **구재** : 재물을 크게 얻지만 재물로 인한 고통이 생긴다.

→ 그렇지 않다. 지상에 있는 재성 酉가 폐구되었으니 재물을 얻기 어렵다. 그리고 지상에 있는 재성에서 간상의 귀살을 생하니 재물로 인해 재앙이 닥치고 다시 삼전이 체극하여 일간을 극하니 재앙을 방지해야 한다.

● 만약 연명이 丑이면 그 상신이 처재효 申이니 재물을 얻는다.

○ **질병** : 어린이에게 불길하다. 귀신으로부터의 해(鬼祟)로 인해 놀라게 되니 신에게 기도해야 한다. 그리고 노인이 비록 병이 들더라도 쉽게 낫는다.

→ ● 병증 : 천반은 어른이고 지반은 어린이이다. 사과 세 곳의 천반에서 그 지반을 극하니 어린이에게 나쁘다. 귀수는 귀신에 의한 탈이다. 범 정단에서 귀인승신 亥에서 일간 丙을 극하니 귀수가 있다. ● 치료법 : 의약신이 辰未이니 환(丸)이 좋고, 의약신이 酉子에 임하니 정서와 정북에서 의약을 구하면 된다.

○ **알현** : 주인과 손님이 갑자기 모임을 가지지만 암매의 놀람이 있다.

→ 묘신에는 암매의 뜻이 있고, 일간은 손님이고 일지는 주인이다. 기궁인 巳가 巳의 묘신인 戌에 임하고 일지인 寅이 寅의 묘신인 未에 임하니 주객 모두 어두워진다.

○ **유실** : 물속에 빠져 있는 금속물체를 당연히 찾는다.

→ 지상의 재성 酉는 금속이고 그 둔반의 癸는 물이다. 따라서 금속이 물에 빠져 있다.

○ **출행** : 늦춰서 가야 한다.

→ 일간은 여행객이고 일지는 목적지이다. 간상에 귀살이 있어서 우환이 우려되니 늦춰서 가야 한다.

○ **행인(귀가)** : 늦게 온다.
  → 삼전이 체극하여 어려움이 많으니 귀가가 늦어진다.
○ **쟁송** : 쟁송이 동류로부터 일어나고 합의를 보는 것이 좋다.
  → 지일과는 쟁송이 동류로부터 일어난다. 동류는 형제, 친구, 동료 등 주위 사람을 뜻한다. 지일과는 『주역』의 수지비에 해당하니 합의를 시도하면 합의를 이끌어낼 수 있다. 만약 합의를 보지 않을 경우 일간과 일지가 그 상신으로부터 극을 당하니 양측 모두 패소한다.
○ **전투** : 장수가 적군을 기습하는 군대를 파견하는 지략을 내면 승전한다.
  → 일간은 아군이고 일지는 적군이다. 일간과 일지가 그 상신으로부터 극을 받으니 아군과 적군이 모두 패전할 우려가 있다. 쟁송정단에서는 간지가 모두 그 상신으로부터 극을 당하니 나와 상대 모두 패소할 우려가 있다.
○ **사환** : 탄핵기관으로부터 탄핵 당하는 것을 방지해야 한다.
  → 삼전이 체극하면 탄핵을 당한다. 말전 寅목에서 중전 未토를 극하고, 중전에서 초전 子수를 극하며, 초전에서 일간 丙화를 극하니 탄핵을 당한다.

□ 『**필법부**』 : 〈제2법〉 순수와 순미가 마주 보이면 처음부터 끝까지 좋다.
  → 간상에는 순수인 甲子가 임하고 지상에는 순미인 癸酉가 임한다.
  〈제87법〉 사람과 가택이 묘신에 앉으면 좋은 것이 불행을 부른다.
  → 기궁 巳는 巳의 묘신인 戌에 임하고 일지 寅은 寅의 묘신인 未에 임한다.
  〈제63법〉 서로 상하니 양측 모두 화를 방비해야 한다.

→ 일간 丙은 간상신 子로부터 극을 당하고 일지 寅은 지상신 酉로부터 극을 당한다. 쟁송에서는 원고와 피고 모두 패소한다.

□ 『관월경』: 세 곳의 위에서 그 아래를 극하면 어린이는 반드시 기진맥진해진다. 관귀효가 발용이 되었고, 중전이 자손효이며, 말전이 부모효이니 어린이에게 불리하다.

□ 『수중금』: 육갑의 순수가 초전에 임하니 의신(儀神)이 발용이 된 것이다. 말전에 길장이 타니 처음과 나중 모두 좋은 과이다.

丙寅일 제 7 국

공망 : 戌·亥 ○
낮 : 왼쪽 천장, 밤 : 오른쪽 천장

丙	壬	丙
青 寅 玄	后 申 合	青 寅 玄
申	寅	申
○	己	壬	丙
朱 亥 貴	常 巳 空	后 申 合	青 寅 玄
丙 巳	亥 ○	寅	申

○朱亥巳	甲貴子午	乙陰丑未	丙玄寅申
蛇○戌辰貴癸酉朱卯			空丁卯酉常
			白戊辰戌白○
后壬申寅	辛陰未丑	庚玄午子青	己常巳亥空○

□ **과체** : 무의, 원태(절태), 비용∥충파, 여덕(낮), 간지구절(결절), 회환, 맥월, 교차육합, 피차시기, 명암이귀, 작귀(雀鬼).

□ **핵심** : 서로 가까이 하여 합을 하니 유익하다. 비록 덕(德)·록(祿)·귀(鬼)·재(財)가 있지만 소용이 없다.

□ **분석** : ❶ 사과에서 양측이 서로 육합하고, 사귀며, 덕으로서 맞장구를 치니 이루려고 하는 일이 유익하다.

❷ 덕(德)·록(祿)·귀(鬼)·재(財)가 왕래하여 정해지지 않고, 길흉 모두 발휘하지 못한다.

❸ 귀살이 공망되었으니 해가 되지 않는다. 만약 일진과 삼전에 있는 귀살을 연명에서 제극하여 굴복시키지 않으면 흉하다.

□ **정단** : ❶ 이 과는 무의과이다. 12신 각각의 본래 위치가 바뀌니 의지할 곳이 없다. 온 사람은 가려고 생각하고, 간 사람은 다시 오려고 생각한다.

❷ 간상의 음양이신이 모두 공망되었으니 움직이면 무익하고, 조용히 근신하면서 예로써 행동해야 한다.

❸ 3월, 4월, 9월, 10월에 정단하여 이 과를 얻으면 점차 길하지만

| 갑자순 | 병인일 | 7국 |

길한 가운데에서 흉한 뜻이 숨어 있다.

○ **날씨** : 맑거나 비 오는 날씨가 일정하지 않다.
　➔ 반음과는 날씨가 일정하지 않다.
○ **사환(仕宦)** : 탄핵당하는 것을 방지해야하고, 만약 상소와 건의를 하면 문책을 당한다.
　➔ 주작은 말이나 문서이고 귀살은 재앙이다. 주작이 귀살에 타면 말이나 문서로 인해 화가 닥친다. 지금 낮 정단에서 주작이 귀살에 타고서 일간을 극하고 있으니 말이나 문서로 인한 탄핵이 생긴다. 만약 상부의 관청에 건의하면 책망을 받게 된다. 다만 이 과전에서는 주작승신 亥가 공망되었으니 화가 미치니 않지만 공망이 메워지는 해년(亥年), 해월(亥月), 해월장(亥月將) 기간에 정단하면 화가 닥친다.
○ **가정** : 이사하고 개조해야 하며, 집의 좌우에 통행길이 있는 곳에서 산다.
　➔ 일간은 사람이고 일지는 가택이다. 간상신 亥는 일간 丙의 절신이고 지상신 申은 일지 寅의 절신이이시 이 가택과는 인연이 끝났으니 이사해야 한다. 그리고 지상신과 그 음신이 도로를 뜻하는 申과 寅이니 집의 좌우에 도로가 나 있다.
○ **혼인** : 양가에 시비가 있으니 중매인이 분주하다.
　➔ 일간은 남자이고 일지는 여자이다. 기궁 巳와 지상신 申이 육합하고 일지 寅과 일상신 亥가 육합하니 혼인이 성사되는 상이지만, 기궁 巳와 일지 寅이 삼형과 육해이고 그 상신 亥와 申이 육해이니 궁합이 좋지 않고 혼인도 성사되기 어렵다. 특히 간상의 관성 亥가 공망된 것은 곧 남자를 잃는 상이니 혼인이 이뤄지기 어렵다. 특히 일간과 일지 위에 모두 절신이 임하여서 혼인 상대자와 인연을 끊

는 상이니 혼인이 이뤄지기 더욱 어렵다.
○ **임신·출산** : 낙태를 방지해야 한다.
→ 반음과는 임신부의 배에서 태아가 분리되는 상이다. 임신정단에서는 낙태를 뜻하니 불길하고, 출산정단에서는 출산을 뜻하니 길하다.
○ **구재** : 득해도 다시 잃게 되고 분쟁이 많이 발생한다.
→ 지상 및 중전의 申금은 재물이다. 재물이 절지에 앉아 있으니 내 재물이 되지 못한다. 설령 내 재물이 되었을지라도 재성 申의 위에 귀살 壬이 임하고 있고 다시 재성 申에서 간상의 귀살 亥를 생하니 재물로 인해 재앙이 발생한다.
○ **질병** : 한기와 열기가 왕래한다. 귀살이 공망되었으니 즉시 낫지만 재발을 방지해야 한다.
→ ● 병증 : 반음과는 음양이 반복되니 한열이 왕래한다. 질병정단에서 병재를 뜻하는 귀살 亥가 공망되었으니 병이 낫는 상이다. 다만 초전이 말전에 다시 나타났으니 재발을 방지해야 한다.
● 치료법 : 의약신이 丑未이니 환(丸)이 좋고, 의약신이 丑未에 임하니 동북간과 남서간에서 의약을 구하면 된다.
○ **도난** : 도둑을 잡기 어렵다.
→ 낮 정단에서는 잡히지 않고, 밤 정단에서는 잡힌다. 낮 정단에서는 현무가 과전에 없으니 잡지 못한다. 그러나 밤 정단에서는 일지 음신 및 초전과 말전에 있는 현무가 중전과 상충하니 잡힌다.
○ **출행** : 근행 한 사람은 돌아온다. 인오술(寅午戌) 월에 원행하면 이롭지 않다.
→ 반음과는 온 사람은 가려고 하고 간 사람은 돌아오려고 한다. 따라서 근행한 사람은 돌아온다. 인오술(寅午戌) 월에 원행하는 것이 이롭지 않은 것은, 이 세 달에는 간상의 亥가 겁살이기 때문이다.
○ **행인(귀가)** : 도로에서 안전하지 않고 장애가 생긴다.

→ 역마는 자동차이다. 중전의 역마 申이 지반 및 초전과 말전으로부터 충을 당하니 사고 날 우려가 있다.

○ 쟁송 : 요변스럽게 요랬다조랬다 하는 것이 매우 많지만 노력을 많이 하면 풀리고 쟁송이 쉬워진다.

→ 반음과의 초전이 중전에서 가라앉았다가 말전에 다시 나타나니 번복되는 상이다. 그러나 반음과의 쟁송 정단은 흉히 끊기는 상이니 쟁송이 쉽게 풀리는 경향이 있다.

○ 전투 : 병사와 말을 쉬게 하는 것이 옳다.

→ 일간은 아군이다. 일간이 공망되었으니 휴식을 취해서 사기를 높여야 한다.

□ 『필법부』: 〈제79법〉 일간과 일지에 절신이 임하면 모든 모망사는 끊긴다.

→ 간상에는 일간 丙의 절신인 亥가 임하고 지상에는 일지 寅의 절신인 申이 임한다.

〈제48법〉 귀인이 귀살에 타면 하늘 귀신과 땅 귀신의 해가 있다.

→ 밤에 점단하면 귀인이 일간의 귀살인 亥에 타고 있다.

〈제63법〉 일지와 일간이 극을 당하면 양쪽 모두 손상된다.

→ 일간 丙은 간상의 亥로부터 극을 당하고 일지 寅은 지상의 申으로부터 극을 당하고 있다.

〈제76법〉 서로 시기하면 화가 각자에게 미친다.

→ 일간은 나이고 일지는 상대이다. 간상의 亥와 지상의 申이 육해이니 주객이 서로 시기한다.

□ 『육임심경』: 무의는 곧 반음이다. 도망간 사람을 멀리 쫓아가서 찾아야하고, 모였던 사람은 분산되며 둥지를 다른 숲으로 옮긴다. 관직자는 직위가 바뀌고, 친하게 지내던 친구와 마음이 갈라선다.

- 『**수중금**』: 형·충·파·해가 되면 모든 일에서 양극단이 된다.
- 『**지장부**』: 천지가 어긋나고 남북이 서로 어긋나는 상이다. 동(動)하면 옳지만 정(靜)하면 우려가 생기고, 두 가지 일에서 용신이 왕상하면 비로소 좋다. 다시 말하기를 거꾸로 뒤집혀서 정해지지 않고 질병을 정단하면 두 가지의 병증이다. 일명 '결절격(結絕格)'으로서 낮에 정단하면 여러 귀인에게 말하여 흉사를 결절하는 일에서 좋다.

丙寅일　제 8 국

공망 : 戌·亥 ○
낮 : 왼쪽 천장, 밤 : 오른쪽 천장

甲	己	○
合 子 后	常 巳 空	蛇 戌 蛇
未	子	巳

○	丁	辛	甲
蛇 戌 蛇	空 卯 常	陰 未 勾	合 子 后
丙 巳	戌 ○	寅	未

○蛇 戌 巳	○朱 亥 午	甲 合 子 未	乙 勾 丑 申 陰
貴 癸 酉 辰 朱			青 丙 寅 酉 玄
后 壬 申 卯 合			空 丁 卯 戌 常 ○
陰 辛 未 寅 勾	庚 午 丑 玄 青	己 巳 子 常 空	戊 辰 亥 白 白 ○

□ **과체** : 비용, 승헌, 주인, 찰미∥침해, 육의, 복덕(불성), 가귀, 양사협묘, 묘공, 묘신부일, 간지구묘, 살몰.

□ **핵심** : 두 마리의 뱀이 묘지를 끼고 있으니 가정이 저주를 받는다. 삼전을 자세히 살펴보니 좋은 곳이 없다.

□ **분석** : ❶ 묘신에 두 마리의 뱀이 와서 묘지를 휘감고 앉아 있으니 어둡고 다시 흉하다.

❷ 천공이 巳에 타면 노비가 부엌에서 수인을 저수하고 아궁이를 파손시킨다.

❸ 삼전과 사과가 공망되고 일간을 탈기하니 어느 곳에도 좋은 것이 없다.

❹ 천공이 巳에 타서 지반으로부터 극을 당하니 아궁이를 망가뜨리고, 묘방(墓方)인 戌을 만나니 노비가 저주한다.

□ **정단** : ❶ 이 과로 정단하면 집은 어둡고 사람은 어둡다. 선악이 혼잡되어 있으니 속임이 하나가 아니다. 다행히 공망이 삼전에 있으니 실없이 놀랄 뿐이다.

❷ 구관을 위해 귀인을 만나는 일에서 마음이 동요되어 정해지지

않는다. 반드시 마음을 안정시켜서 인내해야 하고 이상한 것을 보더라도 놀라지 말아야 한다.

❸ 음덕을 널리 쌓으면 보이지 않는 가운데에서 신의 보호를 받아 흉이 사라지고 오랫동안 길하다.

○ 날씨 : 흐리고 어두우며 흙비가 오고 안개가 낀다. 한참 뒤에 갠다.
  ➔ 오행의 수는 비오는 날씨, 화는 맑은 날씨, 토는 비를 몰아내는 날씨이다. 초전이 子수이니 비가 오고, 중전이 巳화이니 맑으며, 말전이 戌토이니 흐리다.
○ 가정 : 노비가 저주하여 아궁이가 파손되고, 집 근처에는 사당과 묘지가 있고 창문은 어두침침하다.
  ➔ 천공이 巳에 타서 지반으로부터 극을 당하니 아궁이를 망가뜨리고, 巳가 巳의 묘신인 戌을 만나니 노비가 주인을 저주한다. 그리고 지상신 未가 일지 寅의 묘신이니 집 근처에 묘지나 혹은 사당이 있고 집안이 어둡다.
  ● 일간은 남편이고 일지는 아내이다. 일간의 기궁 巳와 일지 寅이 삼형이고 간지의 상신 戌과 未가 다시 삼형이니 부부는 화목하지 않다.
○ 혼인 : 부부가 화합하고 집안 살림을 이룬다.
  ➔ 일간은 남자이고 일지는 여자이다. 기궁 巳와 일지 寅이 삼형이고 간지의 상신 戌과 未가 다시 삼형이니, 남녀의 궁합이 좋지 않고 혼인은 불성한다.
○ 임신·출산 : 여아이다. 해산한 뒤에 키우지 못할 우려가 있다.
  ➔ 천반은 남자이고 지반은 여아이며, 삼전은 태아가 생육되는 과정이다. 하적상 발용이니 여아이고, 삼전이 1음2양이니 여아이다. 출산한 뒤에 키우지 못하는 것은 태신인 子수가 지반의 未토로부터

극을 받기 때문이다. 그리고 인월(寅月)에 정단하면 태신인 초전의 子가 생기이니 임신된다.

○ **구관** : 좌절하고 이루지 못한다.
  → 관귀효는 관직이고 일록은 관록이다. 묘신이 일간을 덮고 있으니 관로가 어둡다. 다시 관직을 뜻하는 초전의 子수가 지반의 未토로부터 극을 받아서 손상되었고, 중전의 일록 巳가 지반으로부터 극을 받아 손상되었다.

○ **구재** : 취득했다가 다시 잃는다.
  → 재성은 재물이다. 과전에 처재효가 없으니 돈을 취득하지 못한다. 다만 연명이 卯인 사람은 그 상신이 처재효인 申이니 취득한다.

○ **교역** : 화합은 하지만 불성한다.
  → 일간은 나이고 일지는 상대이다. 간지와 그 상신이 삼형이니 교역은 불성한다. 간상과 지상이 모두 묘신이니 교역을 하더라도 교역이 밝지 못하다.

○ **알현** : 산을 넘고 물을 건너가지만 헛수고이다.
  → 밤 정단에서는 천을귀인이 일간을 극하니 해롭고, 낮 정단에서는 천을귀인이 감옥에 수감되었으니 역시 해롭다. 따라서 산을 넘고 물을 건너가지만 헛수고이다.

○ **질병** : 거꾸로 구토하니 환(丸)을 처방을 받아서 약을 먹어야 한다.
  → 간지에서 묘신이 맹신에 앉아 있으니 구토증이고, 의약신이 토이니 환을 지어서 먹어야 낫는다.
  ● 귀살은 병재이고 백호는 병을 일으키는 천장이다. 초전의 귀살 子는 지반 未토로부터 극을 받아서 제압되었다. 그러나 간지상의 두 묘신인 戌과 未를 과전에서 제압하지 못하니 생명이 위험하다. 다만 연명이 申인 사람은 연명상의 丑에서 지상의 묘신 未를 충하여서 깨트리니 생명이 안전하다.

○ **도망** : 스스로 돌아온다.

→ 子는 자식을 뜻한다. 子가 초전에 임하니 자식의 귀가를 정단하면 자식이 곧 귀가한다.
○ 포획 : 잡기 어렵다.
→ 현무가 과전에 임하지 않으면 도둑이 먼 곳으로 도망친 것이니 잡지 못한다.
○ 출행 : 몸이 빠져 나올 수 없다.
→ 일간은 여행객이고 일지는 여행지이다. 간지의 상신이 묘신이니 여행에 장애가 발생하고 장애에서 벗어날 수 없다.
○ 행인(귀가) : 바로 온다.
→ 귀가할 사람이 자식이면 곧 귀가한다. 그 이유는 초전이 자식의 류신인 子이기 때문이다.
○ 쟁송 : 속임이 많다.
→ 묘신에는 속임의 뜻이 있다. 일간에는 일간의 묘신 戌이 임하고 일지에는 일지의 묘신 未가 임하니 속임을 당한다.
○ 매장 : 길지이다. 자손에게 좋고 귀한 일이 생긴다.
→ 여름에 정단하면 지상의 未가 용신(用神)이니 길지이다. 초전이 관성이니 상대에는 벼슬을 하고, 중전이 일록이니 중대에는 관직자가 나거나 혹은 상업으로 치부한다.

□ 『필법부』 : 〈제53법〉 양쪽의 등사가 묘신을 끼면 흉을 면하기 어렵다.
〈제88법〉 간지에 묘신이 타면 모두가 혼미해진다.
□ 『과경』 : 묘신이 일간과 일지를 덮으면 사람과 집이 혼침해지고 마치 구름과 안개 속을 가는 것과 같다. 정단에서 모두 형통하지 못하고 기쁘지 못하다.
□ 『고감』 : 戊申년 6월 丙寅일에 未를 寅에 가한 뒤에 신분과 지위를 정

단하였다. 일지와 일간에 있던 묘신과 귀살이 발용이 되어 삼전이 되고, 삼전이 다시 일상으로 돌아온다. 6월의 사신은 戌에 있는데, 두 마리의 뱀이 묘신을 끼고 있어서 미혹살(迷惑煞)을 차고 있으니 엎드린 시신의 재앙이 닥친다. 귀살이 가정에 드니 가정이 음습한데, 일상으로 돌아와서는 장차 사람을 해친다. 중전은 비록 생기이지만 사기로부터 극을 당해서 귀살로 변하니 戌년 戌월 未시에 사망한다. 나중에 모두 이와 같았다. 이와 같은 현상은 터를 닦고 집을 지을 때에, 옛 무덤 10여 기를 파낸 것이 원인이 되어 발생했다.

丙寅일 제 9 국

공망 : 戌·亥
낮 : 왼쪽 천장, 밤 : 오른쪽 천장

癸	乙	己
貴 酉 朱	常 丑 陰	勾 巳 空
巳	酉	丑

癸	乙	庚	○
貴 酉 朱	常 丑 陰	合 午 青	后 戌 蛇
丙 巳	酉	寅	午

癸酉巳 貴朱	○戌午 后蛇	○亥未 陰貴	甲子申 玄后
壬申辰 蛇合			乙丑酉 常陰
辛未卯 朱勾			丙寅戌 白玄 ○
庚午寅 合青	己巳丑 勾空	戊辰子 青白	丁卯亥 空常

□ **과체** : 중심, 종혁, 지망, 용덕∥형상, 초전협극(밤), 화미, 삼기(중전), 삼전재효태왕, 복덕, 오음, 주작폐구, 간지구사, 합중범살, 아괴성, 양귀수극, 삼전의 재성을 천장오행에서 생하는 격(낮).

□ **핵심** : 끝까지 쥐고 있으면 손해를 본다. 낮 천장에서 삼전을 도우니 수입은 일금이고 가정의 지출은 천만금이다.

□ **분석** : ❶ 간상의 酉가 비록 丙화의 재성이지만 丙화가 酉에서 사망한다. 하물며 삼전의 낮 천장이 모두 토이니 일간의 기운을 끝없이 탈기한다.

❷ 삼전이 비록 재국을 만들지만 가정 위에 있는 午화의 소비를 감당하기 어려우니, 수입은 일금이고 지출은 천만금이다.

□ **정단** : ❶ 이 과는 합을 하면서 파(破)를 하니 웃음 속에 칼이 숨어있다. 그리고 먼저는 순응하고 나중은 개혁해서, 금을 변화시켜서 무기를 만든다.

❷ 모든 일에서 재발하는 것을 방지해야 하고, 질병 또한 재발하는 것을 방지해야 한다.

❸ 본명상에 亥·子수가 임하는 것을 꺼린다. 수가 있을 경우에는 재

앙을 자초한다.
❹ 구관에서 귀인을 만나는 일은 좋지 않다.
❺ 백가지를 꾀하여 성사된 뒤에 변하고, 문명의 상이니 충분히 할 수 있다. 옛것을 버리고 새로운 것을 받아들이면 종혁의 뜻을 얻는다.

○ 날씨 : 많이 맑고 비는 적다.
→ 비록 삼전이 금국이지만 낮 정단에서는 삼전의 토의 천장들에서 비를 몰아내니 비가 적게 온다.
○ 가정 : 식구는 편안하지 않고 형제는 화목하지 않다.
→ 일간은 남편이고 일지는 아내이다. 기궁 巳와 일지 寅이 삼형이고 지상의 午에서 간상신 酉를 극하니 가족이 화목하지 않다. 그리고 지상의 형제효 午에서 간상의 酉를 극하니 형제가 불화한다.
● 중심과는 아내와 자식이 남편과 부모에게 무례한 상이니 가족이 화목하지 않다.
○ 혼인 : 화합 중에 깨진다.
→ 일간은 남지이고 일지는 여자이다. 비록 일간과 일지와 삼전이 삼합하여 화합하는 기운이지만 기궁과 일지가 삼형이고 지상신에서 간상신을 극하니 혼인이 깨진다. 특히 일간 및 삼전의 종혁은 구개신취의 상으로서, 배우자를 교체하는 뜻이 있으니 흉하다.
○ 임신·출산 : 午가 寅에 가하니 본처가 임신했다.
→ 사월(巳月)에 정단하면 일간에 임한 일지의 태신인 酉가 생기이니 임신되고, 만약 인월(寅月)에 정단하여 연명이 申이면 그 상신이 태신인 子가 생기이니 임신된다.
○ 시험 : 문자를 고쳐서 다시 쓰면 합격한다.
→ 삼전의 종혁이 구개신취의 상이니 고시(考試)를 바꿔서 응시하는

것이 좋다. 그리고 귀인이나 존장 그리고 공무원을 만나는 일은 낮과 밤 정단 모두 귀인이 극을 받으니 뜻을 이루지 못한다.
○ **구재** : 수입은 적고 지출은 많다. 구설수가 생긴다.
  ➜ 수입이 적은 것은 신약재왕(身弱財旺)하고 지상에 겁재가 임하기 때문이다. 만약 신왕해지는 여름이나 봄에 정단하면 신왕재왕하니 대재를 획득한다. 낮 정단에서는 삼전 천장의 토국에서 삼전의 재국을 생하니 토에 관련된 토목, 건축, 운수업 등으로 큰돈을 벌 수 있다. 간상의 酉에 주작이 타니 밤 정단에서 구설수가 있다.
○ **질병** : 떨어지고 막힌 중풍이다. 이질로 인해 입맛이 없어져서 먹지 못하는 병이거나 혹은 근골이 상했다. 모두 흉상이다.
  ➜ 일간과 일지와 삼전이 삼합하니 병세가 오래가고, 일간이 주작 폐구이니 말을 하지 못한다. 그리고 간상의 酉가 일간의 사기이고 지상의 午가 일지의 사기이니 사망할 위험이 있다.
○ **도난** : 도둑을 본 사람이 있지만 수긍하는 말을 하지 않는다.
  ➜ 삼전이 삼합하니 여러 명의 도둑이다. 그리고 일간이 폐구되었으니 말을 하지 않는다.
○ **출행** : 서남이 불리하다. 파재를 방지해야 한다.
  ➜ 일간은 여행객이고 일지는 여행지이다. 지상에 형제효 午가 임하니 여행지에서 손재수를 방지해야 한다.
○ **행인(귀가)** : 서신이 부침(浮沉)하고 여비가 보태지지 않는다.
  ➜ 삼전은 귀가길이다. 삼전이 삼합하여 재국이니 구재로 인해 분주하여 귀가가 늦어진다.
○ **쟁송** : 나의 주장을 말하지 못한다. 타인의 암해를 방지해야 한다.
  ➜ 주작이 폐구가 되었으니 나의 주장을 하지 못하니 불리하다. 그리고 간상 및 초전의 둔반에 귀살이 임하니 타인의 암해를 방지해야 한다.
○ **전투** : 휴전한 뒤에 곡식과 나물을 비축해야 한다.

→ 일간과 일지와 삼전이 삼합하니 적군과 휴전이 합의된다. 그리고 지상에 형제효가 있어서 군수품이 모자라니 이것을 비축해야 한다.

___

□ 『필법부』: 〈제49법〉 양 귀인이 극을 받으면 귀인을 만나기 어렵다.
→ 낮 귀인 酉는 지반의 巳화로부터 극을 받고, 밤 귀인 亥는 지반 未토로부터 극을 받는다.
제14법 : 삼전에서 재성이 태왕하면 오히려 재물이 부족해진다.
→ 다만 일간이 왕성해지는 여름과 봄 정단에서는 신왕재왕하니 취득한다.
〈제75법〉 손님과 주인이 다투니 형벌을 받는다.
→ 일간은 나이고 일지는 상대이다. 기궁 巳와 일지 寅이 삼형이니 주객이 다투는 상이다.
〈제84법〉 합 속에 살을 범하면 꿀 속에 비상이 있는 것이다.
→ 비록 삼전이 삼합하지만 초전 酉와 간상 酉가 자형이다.

□ 『수중금』: 순미가 순수에 가하면 폐구이다. 어떠한 일을 정단하면 비밀이 많으므로 계책을 세우기 어렵다. 귀인을 만나면 들어주지 않고, 억울한 옥살이를 하게 되더라도 이 옥살이를 하소연을 할 수 없다.
→ 이 과전에서는 순미가 순수에 가하지는 않았지만 일상에 순미의 癸酉가 임하니 폐구로 보았다.

□ 『관월경』: 사과 한 곳의 아래에서 그 위를 극하고 순행하면 우환이 얕고 역행하면 우환이 깊다. 묘신에 들면 해가 있지만 삼전에서 생을 하면 위험을 피한다.
→ 제1과의 하적상이 발용이 된 酉가 酉의 묘신인 丑으로 들어갔다. 그리고 주야 귀인 모두 역행하고 있다.

丙寅일 제 10 국

공망 : 戌·亥 ○
낮 : 왼쪽 천장, 밤 : 오른쪽 천장

	壬	○	丙	
蛇	申合	陰亥貴	白寅玄	
	巳	申	亥 ○	
	壬	○	己	壬
蛇合	申合	陰亥貴	勾巳空	蛇申合
	丙巳	申	寅	巳

壬申巳 蛇合	癸酉午 貴朱	○戌未 后蛇	○亥申 陰貴
辛未辰 朱勾			甲子酉 玄后
庚午卯 合靑			乙丑戌 常陰 ○
己巳寅 勾空	戊辰丑 靑白	丁卯子 空常	丙寅亥 白玄

□ **과체** : 중심, 진퇴, 불비, 체생 ∥ 형상, 충파, 침해, 초전협극, 일덕, 권섭부정, 간지록마, 왕래수생, 원태(생태), 무음(불리), 맥월, 절신가생, 재둔귀.

□ **핵심** : 교대로 추천해서 끌어당기는데, 낮 정단에서는 본보기로 삼을 만한 것이 없다. 그래서 존귀한 사람에게는 굴복하고 비천한 사람을 취한다. 꾀하는 것은 된다.

□ **분석** : ❶ 삼전이 계속해서 일간을 생해 오니 반드시 추천을 받는 기쁨이 있다. 다만 중전과 말전이 공함이 되었으니 이것이 헛됨을 면하지 못하고 허명만 있다.

❷ 낮 정단에서는 흉이 많고 장애가 있으니 의지할 곳이 없다.

❸ 일간 丙이 일지 寅을 취해서 일지의 생을 받으니 모든 일에서 겸손하고 사양하는 마음을 지니고 있으면 꾀하는 것이 성사된다.

□ **정단** : ❶ 이 과는 중심이고 원태이다.

❷ 일간에는 역마가 타고 일지에는 일록이 타니 부귀를 누릴 조짐이다.

❸ 간상의 재성 申이 巳에 가해서 발용이 되었다. 중전은 관귀인 亥

이고 삼전에서 차례로 일간을 생한다.

❹ 밤 정단에서는 육합이 발용이 되었고 다시 귀인이 천문에 오르니, 관록에 이로워서 재물을 바쳐서 관직을 얻는다. 혹은 윗사람의 추천을 받아 장차 고위직에 오른다.

❺ 낮 정단에서는 재성 申이 등사로부터 극을 받아 상하는데, 둔반의 壬이 일간을 노려보고 있고 중전과 말전이 공망되었으니 탐욕으로 인해 화를 초래할 우려가 있다.

○ 날씨 : 다소의 비가 오고 번개도 친다.
→ 비록 초전의 申이 수모이지만 중전의 亥수가 공망되었으니 비가 오지 않는다. 낮에는 말전의 寅에 백호가 타니 번개가 친다.
○ 가정 : 빈터가 많고 울타리가 있다. 사람은 편안하다.
→ 일간은 사람이고 일지는 가택이다. 밤 정단에서 지상에 천공이 타니 빈터가 있다. 사람이 편하다고 한 것은 사람을 뜻하는 기궁 巳가 지상으로 가서 일지 寅으로부터 생을 받기 때문이다. 그러나 기궁과 일지가 삼형이니 사람과 가택이 다투는 상이니 좋지 못하다.
● 일간은 남편이고 일지는 아내이다. 간지와 그 상신이 삼형이니 부부가 화목하지 않고, 사과가 불비이니 배우자에게 사정(私情)이 있다. 그리고 중심과이니 아내가 남편에게 무례하고 자식이 부모에게 무례하다.
○ 혼인 : 처음에는 다투고 나중에는 화합한다. 중매로 성사된다.
→ 일간은 남자이고 일지는 여자이다. 기궁이 지상으로 가서 일지로부터 생을 받으니 남자가 여가(女家)로 장가를 든 뒤에 내조를 받는 상이다. 데릴사위가 되지 않을 경우에는 간상의 申과 지상의 巳가 형과 합이니 다툰 뒤에 화합한다. 그러나 사과가 1양2음의 불비이니 남자가 다른 여자를 취하는 상이다.

○ **임신·출산** : 남아이고 순산한다. 천후가 낙공이 되었으니 나중에 키우지 못한다.

→ 일간은 태아이고, 삼전은 태아의 생육과정이며, 중심과는 여아의 상이다. 일간의 천지반이 모두 양이니 아들의 상이다. 그러나 삼전이 1음2양이니 여아의 상이고, 중심과이니 여아의 상이다. 만약 봄이나 여름에 정단하면 초전의 지반이 왕상하니 반드시 딸이다. ● 천후는 임신부이다. 낮 정단에서 천후승신 戌이 공망되어 임신부의 몸이 상할 우려가 있으니 이를 방지해야 한다.

○ **구관** : 낮 정단에서는 수도에 근무하는 직위를 얻는다. 밤 정단에서는 후회할 일이 생긴다.

→ 일록은 관록을 뜻하고 역마는 승진의 신이다. 역마가 일간에 임하고 일록이 지상에 임하니 승진한다. 그러나 밤 정단에서는 일록에 흉장인 천공이 타고 있으니 관록이 공허해질 우려가 있다.

● 만약 해년(亥年)이나 해월(亥月)이나 해월장(亥月將) 기간에 정단하면, 공망된 중전의 亥가 풀려서 삼전이 차례로 일간을 생을 해오니 승진되거나 발탁된다.

○ **구재** : 몰래 뇌물을 받는다.

→ 재성은 재물이고 관성은 관직이다. 일간 천반의 재성 申에서 관성 亥를 생하니 몰래 뇌물을 받는다.

● 만약 공무원이 뇌물을 받으면 간상의 재성 申에서 그 둔반의 귀살 壬을 생하니 뇌물로 인한 화를 입는다.

● 만약 사업을 한다면 초전의 재성 申에 낮 정단에서는 등사가 타니 향과 초와 조명기구를 파는 가게가 좋고, 밤 정단에서는 육합이 타니 교역, 상담, 매매, 중개업이 좋다.

○ **질병** : 색으로 인해 발병했다. 일지가 일간을 생하니 치료된다.

→ ● 병증 : 밤 정단에서는 간상에 육합이 타고 있으니 색으로 인해 발병했다. 낮 정단에서는 간상에 등사가 타고 있으니 경공이나, 악

몽이나, 불면증으로 인해 발병했다. 그리고 간상에 역마 申이 임하니 병이 확대되지만 일지에서 일간을 생하니 낫는다.

○ **유실** : 낮 정단에서는 찾지 않더라도 저절로 오고, 밤 정단에서는 찾지 못한다.

→ 재성은 재물이다. 초전의 재성이 일간으로 되돌아오니 유실물을 되찾는다.

○ **출행** : 서쪽으로 갔다가 북쪽을 우회하여 동쪽에 이르면 대길하다. 밤 정단에서는 길에서 재물을 유실하는 것을 방지해야 한다.

→ 삼전은 여정이다. 초전이 申이니 서쪽이고, 중전이 亥이니 북쪽이며, 말전이 寅이니 동쪽이다. 말전에 현무가 타고 있으니 유실이나 도난을 방지해야 한다.

○ **행인(귀가)** : 만약 아랫사람의 귀가를 정단하면 즉시 온다.

→ 육합은 자식이고 일간은 기다리는 사람이다. 밤 정단에서는 초전의 육합이 일간으로 되돌아 왔으니 자식이 곧 도착한다.

○ **쟁송** : 뇌물로 뒷거래를 해야 한다. 밤 정단에서는 승소하지 못한다.

→ 초전이 재성이고 중전이 관성이며 말전이 인성이니, 관청에 돈을 써서 유리한 판결을 이끌어내는 상이다. 다만 밤 정단에서는 말전의 인성에 현무가 타고 있으니 불리하다.

● 중심과이니 나중에 대응하고, 사과가 불비이니 미비한 서류를 보완해야 한다. 지상에 일덕귀인 巳가 임하니 흉이 감소한다.

○ **전투** : 출병준비를 갖춰야 하며, 전쟁에서 나중에 대응하는 쪽이 유리하다.

→ 사과가 불비이니 전열을 재정비해야 하고, 중심과이니 나중에 대응하는 쪽이 유리하다.

□ 『**필법부**』 : 〈제8법〉 일록이 일지에 임하면 임시직으로서 정당한 자리

가 아니거나 혹은 먼 곳에 직장이 주어진다.

〈제31법〉 삼전이 차례로 일간을 생하면 타인의 추천을 받는다.

〈제41법〉 간지상신이 일록과 역마이면 재물과 관직이 동한다.

〈제41법〉 간지상에 일록과 역마를 만나면 부귀해진다.

〈제58법〉 용신에서 몸과 마음을 깨트리면 돌아갈 곳이 없다.

□ 『수중금』: 申이 巳에 가하면 '생태'로서 근심이 있는 과이다. 새로운 일이 생기며 마음은 괴롭지만 몸은 기쁘다.

□ 『과경』: 삼전이 체생하고 일진이 생왕하면 사람은 형통하고 이익이 있어서 개운이 되니 '형통'이라고 한다. 그러나 만약 공망이나 파(破)나 형(刑)을 만나면 만사 이루기 어렵다.

丙寅일 제 11 국

공망 : 戌·亥 ○
낮 : 왼쪽 천장, 밤 : 오른쪽 천장

戊	庚	壬
青 辰 白	合 午 青	蛇 申 合
寅	辰	午

辛	癸	戊	庚
朱 未 勾	貴 酉 朱	青 辰 白	合 午 青
丙 巳	未	酉	亥

| 辛
朱 未
巳
合 庚
午 辰
勾 己
巳
青 戊
辰 寅 | 壬
蛇 申
午

空 丁
卯
丑 | 癸
貴 酉
未

常 丙
寅
子 | ○
后 戊
申 蛇
○
陰 亥 貴
酉
玄 甲
子 后
戌 ○
白 乙
丑 陰
玄 常 亥 |

- □ **과체** : 중심, 간전, 참관, 여덕 // 등삼천, 용화사(낮), 초전협극, 복덕, 강색귀호, 살몰.
- □ **핵심** : 壬申에 역마가 타고 있으니 말전에 보이는 재물을 포기하기 어렵다. 설령 재물을 얻더라도 도움이 되지 않는다. 지붕을 수리하는 일에 쓰면 된다.
  - → 말전의 재성 申이 상하로 협극을 받았으니 작은 재물이다.
- □ **분석** : ❶ 일간의 재성인 申의 둔반에 있는 귀살 壬이 일간을 극한다. 이 재물을 취하는 것은 위험 속에서 구하는 재물이지만 눈앞에 있는 재물을 누가 포기할 수 있겠는가?
  - ❷ 비록 일간 丙이 재물 申을 얻더라도 지상의 辰토로 설기되니, 가택을 고치는 일에 재물을 보태는 뜻이 된다.
- □ **정단** : ❶ 이 과의 삼전이 辰午申이니 하늘로 오른다는 뜻이 있는 '등삼천'이다. 군자에게는 이롭고 소인에게는 이롭지 않다. 귀인은 장차 관직이 오르고 하급직 공무원은 물러나며, 서민은 거주하는 주택이 불안하다. 그리고 전진하는 가운데에서 후퇴하게 되고 모든 일에서 힘들다.

❸ 이 과전은 사적으로 꾀하고 남몰래 기도하는 일에서 좋다.
　➔ 본문에서의 귀인은 고위직 공무원을 뜻한다. 천강인 辰이 귀호인 寅에 임하니 사적으로 꾀하고 남몰래 꾀하는 일에서 좋다.

―――――――――――――――――――

○ 날씨 : 비는 나중에 오고 많지 않다. 문득 날이 개이고 저녁노을이 진다.
　➔ 삼전의 辰午申이 하늘로 올라 비를 뿌리는 상이지만 비가 많이 오지 않는 이유는 초전에 청룡이 타고 말전 등사가 타기 때문이다.
○ 가정 : 수리 비용이 든다. 서방에 문을 내는 것이 옳다.
　➔ 일지는 가택이다. 지상에서 일간을 설기하니 수리에 비용이 든다. ● 일간은 남편 혹은 부모이고 일지는 아내 혹은 자식이다. 비록 일지 寅과 기궁 巳가 삼형이지만 일지에서 일간을 생하고 간지의 상신인 未와 辰이 동일한 오행이니 부부의 금슬이 좋은 편이다. 그러나 겨울과 봄에 정단하면 초전의 지반이 왕성하게 그 천반을 극하니, 아내는 남편에게 불손하고 자식은 부모에게 불효한다.
○ 혼인 : 나쁘다.
　➔ 무난한 편이다. 일지 寅과 기궁 巳가 삼형이지만 일지에서 일간을 생하고 간지의 상신인 未와 辰이 동일한 오행이니 궁합이 좋은 편이다. 만약 밤에 정단하면 지상에 백호가 타고 있으니 질병이 있거나 혹은 거친 사람이다. 만약 낮에 정단하면 청룡이 타고 있으니 귀한 사람이다.
○ 임신·출산 : 딸을 낳으며 순산한다. 괜히 놀란다.
　➔ 중심과는 곤괘의 상이니 딸을 낳는다.
○ 구관 : 정도로 가면 발탁된다. 그러나 삿된 길로 가면 차질이 생길 수 있으니 차질을 방지해야 한다.
　➔ 낮 정단에서는 청룡이 초전에 있고 말전에 등사가 있어서 구관

에 이롭지 않으니 정도로 가야 한다. 밤 정단에서는 구관에 이롭다.
○ **구재** : 힘이 든다. 얻는 것보다 잃는 것이 더 많다
　→ 재성은 재물이다. 말전의 재성 申에 낮 정단에서 상하 협극(夾剋)되어 있으니 파손된 작은 재물이다.
○ **질병** : 흉이 나타난다. 가택신의 해코지가 있다.
　→ ● 병증 : 가정을 뜻하는 지상의 백호승신이 발용이 되었으니 귀수로 인해 환자가 생긴다. 삼전이 진간전이니 병이 확대된다.
　● 치료법 : 의약신이 辰未이니 환(丸)이 좋고, 의약신이 寅巳에 임하니 동북간과 동남간에서 의약을 구하면 된다.
○ **도난** : 도둑이 가정에 숨이 있으니 잡기 어렵거나 혹은 먼 곳으로 갔으니 쫓을 수 없다.
　→ 용이 하늘로 비상하는 '등삼천'이니 도둑이 원방으로 신속하게 도망쳤으니 잡을 수 없다.
○ **출행** : 신속하게 가는 것이 이롭고 서방이 좋다.
　→ 삼전이 辰午申이다. 용이 하늘로 오르는 상이니 여행이 신속하다. 말전이 서방을 뜻하는 申이니 서방으로 가는 것이 좋다.
○ **행인(귀가)** : 곧 도착한다. 자동차로 인해 검문소에서 장애가 발생한다.
　→ 용이 하늘로 비상하는 등삼천은 곧 귀가한다. 그러나 동신인 辰이 지반의 寅과 辰에 타고 있는 청룡의 오행인 甲寅목으로부터 극을 당했으니 검문소에서 장애가 생긴다.
○ **쟁송** : 상급기관에 접수하면 즉시 승소한다. 양측 모두 큰 세력을 조성하여 기발한 책략으로 승소하려고 하지만 아랫사람이 죄에 따른 벌을 받는다.
　→ 삼전의 辰午申이 하늘로 비상하는 상이니 고등법원에 접수하면 승소하며, 중심과이니 나중에 대응해야 쟁송에서 이롭다.
○ **전투** : 복병을 몰래 배치하는 것이 좋다. 낮 정단에는 불리하고, 밤

정단에는 대승한다.

→ 낮 정단에서는 삼전이 용이 변해서 뱀이 되는 상이니 불리하고, 밤 정단에서는 유리하다. 중심과이니 나중에 대응하는 전술이 이롭다.

□ 『필법부』: 〈제45법〉 주야귀인이 서로 가하면 양 귀인에게서 구하면 된다.

→ 주야귀인이 亥와 酉가 서로 가하고 있다.

〈제52법〉 辰이 寅을 막으면 임의로 도모해도 된다.

→ 辰이 寅에 가하면 '강색귀호'라고 하여 임의로 도모해도 된다.

〈제92법〉 청룡이 생기에 타면 길한 작용이 늦게 나타난다.

→ 이 과전에서는 청룡이 생기인 寅에 타고 있지 않다.

〈제48법〉 천을귀인이 귀살에 타면 곧 하늘 귀신과 땅 귀신의 해코지가 있다.

→ 밤에 정단하면 천을귀인이 일간의 귀살인 亥에 타고 있다.

□ 『수중금』: 천강인 辰이 일지에 임한 뒤에 발용이 되었고 삼전에는 백호가 있으니 참관이다. 다시 혈지와 양인이 임하니 반드시 사람에게 상해를 입힌 뒤에 도망친다.

→ 중전의 午는 양인이고, 혈지는 인월 丑에서 일어나서 순행 12지이다.

□ 『육임지남』: 戊寅년 3월 丙寅일에 戌을 申에 가했다. 윗사람에게 허락을 요청하면 윗사람이 허락하지 않더라도 승진한다. 그 이유는 관직정단에서 삼전이 등삼천이고, 삼전의 12신이 앞으로 이끌며, 청룡이 상기에 타고, 태세가 행년에 가해서 청룡과 일간을 생기기 때문이다. 나중에 과연 수차례 요청하여 허락받지 못했지만 요직에 신속히 발탁되었다.

丙寅일 제 12 국

공망 : 戌·亥 ○
낮 : 왼쪽 천장, 밤 : 오른쪽 천장

戊	己	庚	
青 辰 白	勾 巳 空	合 午 青	
卯	辰	巳	
庚	辛	丁	戊
合 午 青	朱 未 勾	空 卯 常	青 辰 白
丙 巳	午	寅	卯

庚午巳	辛未午	壬申未	癸酉申
合青	朱勾	蛇合	貴朱
己巳辰 勾空			○戌酉 后蛇
戊辰卯 青白			○亥戌 陰貴
丁卯寅 空常	丙寅丑 白玄	乙丑子 常陰	甲子亥 玄后○

- **과체** : 중심, 진여, 육화(六化), 저어(齟齬) // 승계(升階), 침해, 초전협극, 구왕(개왕), 천라지망, 복덕, 맥월, 조간, 참관.
- **핵심** : 제4과가 발용이 되었고 말전과 일간은 동일한 글자이다. '조원격(朝元格)'이다. 백발백중이다.
  → 조원(朝元)을 '조간(朝干)'이라고도 한다. 지상신이 발용이 되고 말전이 간상신이 되면 조간이다.
- **분석** : ❶ 일지음신[제4과]이 발용이 되있고 말진이 간상으로 되돌아 오니 '조원격(朝元格)'이다. 모든 일에서 시작과 끝이 있고, 일을 시작하면 적중하지 않는 것이 없다.
  ❷ 간상과 지상에 왕신이 타니 가만히 앉아서 꾀해야 얻는다.
  ❸ 제4과가 발용이 되었으니 '맥월(驀越)'이다. 모든 일이 갑자기 발생하고 또한 과거의 일이다.
  ❹ 과에서 용신과 연명이 공망되면 다른 사람이 대신하여 정단한다.
- **정단** : ❶ 이 과전은 일간에게 머리를 조아리는 격으로서 낮 정단에서는 청룡이 초전에 있고 밤 정단에서는 청룡이 말전에 있다. 모든 일은 성사되고 구하지 않더라도 저절로 오며 무심결에 얻는다.

❷ 다만 삼전이 전진하고 귀인이 역행하니, 비록 일이 순조롭고 빠르지만 막히고 늦춰지게 된다. 그러나 공망을 만나면 오히려 재앙을 잠재우고 화를 피할 수 있다.

○ **날씨** : 때때로 가물면서 많이 맑고, 때때로 홍수가 나면서 많은 비가 온다.
  → 낮 정단에서는 초전의 辰에 청룡이 타니 비가 오고, 밤 정단에서는 초전의 辰에 백호가 타니 열풍이 분다. 그러나 나중에는 중전과 말전이 화의 오행인 巳午이니 맑다.

○ **가정** : 가택은 왕성하고 사람은 굳세다. 집을 개조하는 것은 좋지 않다.
  → 일간은 사람이고 일지는 가택이다. 간상이 12운성의 왕신이니 사람이 발달하고, 지상이 12운성의 왕신이니 가택이 번영한다. 이미 사람과 가택이 왕성하니 가택을 수리하지 않아도 된다.

○ **혼인** : 따로 의논해야 한다.
  → 일간은 남자이고 일지는 여자이다. 기궁 巳와 일지 寅이 삼형이고 간상의 午과 지상의 卯가 파이니 나쁜 궁합이다. 따라서 배우자감을 다시 찾아야 한다. 그리고 중심과이니 심사숙고해서 배우자를 선택해야 한다.

○ **임신·출산** : 여아이다. 만약 네 번 임신한 이후의 임신이라면 연이어서 득남한다.
  → 중심과는 여아이다. 초전의 천반이 왕성해지는 여름에 정단하면 아들일 가능성이 있고, 중전과 말전이 승계(升階)이어서 밝음으로 진행되니 가능성이 있다.

○ **고시** : 익숙한 문제를 풀었으니 우수한 답안이며 미래로 나아간다. 다만 좋은 가운데에서 파(破)를 당하니 재심사 당하는 방이 붙는 것

에 대비해야 한다.

→ 간상과 지상이 모두 왕성하고 삼전이 밝음으로 나아가니 미래가 밝다. 다만 간상과 지상이 파(破)이니 장애가 발생한다.

○ **구재** : 저절로 재물이 온다. 그러나 억지로 구하려고 하면 얻지 못한다.

→ 공무원이나 직장인은 수입이 일정하다. 그러나 자영업자가 무리하게 투자해서 돈을 벌려고 하면 의지대로 벌지 못한다. 다만 연명이 未와 申인 사람은 그 상신이 재성인 申과 酉이니 재물을 얻는다.

○ **질병** : 몸이 병으로 인해 시달리지만 몸이 상하지 않는다. 의약을 경솔하게 바꾸지 않아야 한다.

→ ● 병증 : 과전이 천라지망이니 병사가 몸에 붙어있는 상이어서 나쁘지만 과전에 귀살과 묘신이 없으니 몸이 상하지 않는다. 중심과이니 신중하게 치료해야 한다.

● 치료법 : 의약신이 辰未이니 환(丸)이 좋고, 의약신이 卯午에 임하니 정동과 정남에서 의약을 구하면 된다.

○ **도망** : 비록 멀리 갔지만 뒤를 쫓지 않더라도 스스로 돌아온다.

→ 일간과 일지가 삼전을 꿰고 있고 말전이 간상으로 오니 스스로 귀가한다. 즉 일지 寅 ⋯ 지상 卯 ⋯ 초전 辰 ⋯ 중전 巳 ⋯ 말전 午 ⋯ 간상 午이니 스스로 귀가한다.

○ **출행** : 짝을 지어서 가는 것이 좋고 빨리 돌아온다.

→ 사과와 삼전이 이어져 있으니 여행이 순조롭다.

○ **행인(귀가)** : 정단하는 날에 이미 귀가 길에 올랐다.

→ 말전은 목적지이고 일간은 기다리는 사람이다. 말전이 간상이니 곧 귀가한다.

○ **쟁송** : 연루되어 있으니 아직은 결말이 나지 않는다.

→ 일지 寅 ⋯ 지상 卯 ⋯ 초전 辰 ⋯ 중전 巳 ⋯ 말전 午로 이어져 있으니 쟁송이 오래간다.

○ **전투** : 낮 정단에서는 적의 기습공격과 포위를 방지해야 한다. 밤 정단에서는 필승하고 나중에 항복을 받아낸다.

→ 일간은 아군이고 일지는 적군이다. 지상에 정마가 타고 있으니 적의 기습을 방지해야 한다. 낮 정단에서는 흉장인 천공이 타고 있으니 흉하다. 밤 정단에서는 길장인 태상이 타고 있어서 길하니 필승하고 나중에는 항복을 받아낸다.

□ 『필법부』 : 〈제55법〉 천라지망을 만나면 모망사에서 졸렬함이 많다.
 → 매일의 제12국은 그물이 과전을 묶는 상인 천라지망이다.
 〈제78법〉 호왕과 개왕은 앉아서 도모하는 것이 좋다.
 → 병인일 제12국은 간상이 일간의 왕(旺)이고 지상이 일지의 왕이니 개왕이다. 왕은 곧 양인이기도 하니 만약 경거망동하면 장애가 발생하고 몸이 상한다.

□ 『과경』 : 丑이 子에 가하면 태아를 임신하는 뜻이 있는 '복태격(腹胎格)'이다. 子는 일간의 태신이고 丑은 복부이다. 이때 온 사람의 목적은 반드시 처의 임신 때문이다. 그리고 주객·부자·부부 모두가 매우 왕성하지만 도모하고 움직이면 불리하니 가만히 앉아서 때를 기다려야 하고, 만약 이미 상실한 상태라면 구업을 다시 시작하면 매우 좋으며, 만약 멀리 움직여서 밖에서 구하려고 하면 그물이 내 몸과 가택을 칭칭 감으니 오히려 화가 닥친다.
 → 연명이 子이면 임신이 더욱 확실하다.

□ 『정와(訂訛)』 : 연주격은 길과 흉이 중첩되며 진연주는 모든 일이 순조롭다.
 → 삼전이 辰巳午이니 연주격이다. 길사를 정단하면 길이 중첩되고, 흉사를 정단하면 흉이 중첩된다.

정묘일

丁卯日의 길신(구보)과 흉살(팔살)

일덕	亥		형	
일록	午		충	
역마	巳		파	
장생	寅		해	
제왕	午		귀살	亥子
순기	丑		묘신	戌
육의	甲子		패신	卯
귀인	주	亥	공망	戌亥
	야	酉	탈(脫)	辰戌丑未
합(合)			사(死)	酉
태(胎)	子		절(絕)	亥

대육임직지

丁卯일 제 1 국

공망 : 戌·亥 ○
낮 : 왼쪽 천장, 밤 : 오른쪽 천장

丁	甲	庚
勾 卯 空	蛇 子 玄	白 午 合
卯	子	午
辛	辛	丁	丁
常 未 朱	常 未 朱	勾 卯 空	勾 卯 空
丁 未	未	卯	卯

空己巳	勾庚午	常辛未	朱	玄壬申	蛇
巳戊辰	午	未		申癸酉	貴
青辰	青			陰酉	
勾丁卯	空			后戌	后○戌○
卯					
合丙寅	白乙丑	朱甲子	蛇	貴○亥	陰
寅	丑	常子	玄	亥	

□ **과체** : 복음, 삼교, 용전, 기화(奇化) // 육의(중전), 록현탈격(낮), 복덕, 인귀생성, 맥월, 오음, 신임정마, 신장·귀등천문(낮).

□ **핵심** : 丁卯가 세 번이나 겹쳐있고 子수는 중전에 머문다. : 정마가 많이 움직이려고 한다. 움직이면 귀적을 만난다.

□ **분석** : ❶ 정마는 변동의 신이다. 세 개의 丁이 이 과전에 겹쳐 있고 삼전이 형(刑)과 충(沖)을 하니, 움직이면 반드시 사람을 놀라게 하는 일이 발생하며, 귀살이 삼전에 있으니 그 해가 적지 않다.

❷ 중전의 子와 지상의 卯가 서로 형(刑)을 하고, 말전의 午가 중전의 子로부터 극을 당하지만, 삼전의 흉신이 서로에 의해 제복당하니 귀에 들리는 걱정과 우환은 모두 헛소리이다.

❸ 만약 낮에 정단하면 말전의 일록에 백호가 타고 있으니 일록을 지키기 어렵다.

❹ 이 과는 숨어 엎드려서 움직이지 않는 것이 이롭다. 지신(支神)이 발용이 되고 다시 갑술순의 정신이니 반드시 고요한 가운데에서 움직여서 구해야 한다.

□ **정단** : ❶ 삼교는 진퇴양난의 상이다. 또한 용전이니 심신이 의혹스

러워서 전진은 적게 하고 퇴보는 많이 한다.

❷ 정단하는 일에서 고요하면 이롭고, 움직이면 장애가 생긴다. 모든 꾀하는 일은 요원하고, 두 가지 일을 벌이면 성사되기 어렵다. 봄에는 길하고, 겨울에는 평범하며, 여름과 가을은 두렵다.

○ **날씨** : 오랫동안 맑은 날씨가 지속되었다. 밤에 정단하면 적은 비가 온다.

→ 오행의 수는 비를 뜻한다. 중전의 子에 밤에는 수의 천장인 현무 [癸亥]가 타고 있으니 비가 온다. 그러나 말전이 화의 오행 午이니 나중에는 맑다.

○ **가정** : 편안하지 않다. 식구에게 흉한 재앙이 닥친다.

→ 일지 卯가 도화의 기운이고 그 상신인 卯가 다시 도화의 기운이며 삼전의 卯子午가 또다시 도화의 기운이니 삼교이다. 삼교는 가정에 음란사가 발생하고 모든 일에서 장애가 발생하는 격이다. 또한 卯일에 卯가 발용이니 용전이다. 용전은 부부가 다투는 상이니 가정이 편하지 못하다.

○ **혼인** : 양쪽이 무익하고 혼인은 불성한다.

→ 비록 기궁과 그 상신이 삼합하고 간지 교차하여 삼합하지만 과전이 삼교이니 사통이 있고 용전이니 남녀가 다툰다. 따라서 혼인은 불성한다. 다시 초전과 중전이 형을 하니 혼담이 오가는 도중에 다투고 중전과 말전이 충을 하니 혼인이 깨진다.

○ **임신·출산** : 뱃속의 태아가 상하는 것을 예방해야 하며 만산이다.

→ 중전의 子는 태아이다. 말전의 午로부터 충을 당하니 낙태될 우려가 있다. 일간은 태아이고 일지는 임신부이다. 일간과 일지가 삼합하니 만산이다. ● 복음과는 선천성 청각·언어장애자 위험이 있다.

○ **구관** : 낮은 직위에 있는 것이 이롭다. 조급하게 승진하려고 하면 흉

하다.
→ 관성은 관직이고 일록은 관록이다. 관성인 子와 일록인 午가 충을 하여 깨졌으니 승진하기 어려우니 정수(靜守)하는 것이 좋다. 만약 연명이 亥이면 그 상신에 귀인이 타고 지반이 천문이어서 귀등천문이 되니 승진과 발탁에 이롭다.

○ **구재** : 무익하다.
→ 재성은 재물이다. 과전에 재성이 없으니 얻을 수 없다. 다만 연명이 申이나 酉이면 그 상신이 재성인 申과 酉이니 재물을 얻는다.

○ **알현** : 만나려고 노력하지 않더라도 반드시 다른 곳에서 보게 된다.
→ 일간은 나이고 일지는 상대이다. 일간과 일지가 삼합하니 만나는 일이 손쉽다. 만약 공무원을 만나는 일이라면 낮 귀인 亥가 공망되었으니 만나지 못하고, 밤 귀인이 재성 酉에 타고 있으니 만날 수 있다.

○ **질병** : 귀로 듣지 못하고 입으로 말을 하지 못하는 태아를 임신한다. 혹은 말을 하지 못하고 신음하는 것이 오랫동안 지속된다.
→ ● 병증 : 태아의 건강을 물으면 선천성 청각·언어장애자일 가능성이 있다. 복음과는 병으로 인한 고통으로 신음하는 과이다.
● 치료법 : 의약신이 未이니 환(丸)이 좋고, 의약신이 未에 임하니 남서간에서 의약을 구하면 된다.

○ **유실** : 먼 곳에 있지 않고 찾을 수 있다.
→ 복음과는 유실물이나 출행한 사람이 근처에 있다.

○ **출행** : 가는 날짜를 수차례 바꾸니 결국 가지 못하고 설령 가더라도 반드시 놀라는 일이 생긴다.
→ 일간은 나이고 일지는 가정이다. 간지와 그 상신이 삼합하고 다시 간지가 교차삼합하니 가정을 떠나지 못하는 상이다. 만약 가게 되면 초전의 정마가 형을 하니 사고가 발생하고 혹은 귀살이 형살을 꿰차서 일간을 극하니 사고가 발생하고 놀란다.

○ 행인(귀가) : 속히 온다.
  → 말전은 목적지, 중전은 중도, 초전은 도착지이다. 초전에 자동차 류신인 정마가 임하니 곧 도착한다.
○ 쟁송 : 전택으로 인해 발생하며 처벌받는 것을 방지해야 한다.
  → 복음과는 간괘에 해당하고 간괘는 부동산과 연관되어 있는 과이니 부동산으로 인해 쟁송이 발생할 가능성이 있다. 초전과 중전이 삼형이니 형을 받는 것을 방지해야 한다.
○ 전투 : 출병은 이롭지 않다. 수비를 고수하는 것이 좋다.
  → 삼전은 출병의 과정이다. 초전 卯와 중전 子가 삼형이어서 군사가 사상당할 우려가 있으니 수비하는 것이 좋다. 그리고 복음과는 정수(靜守)하는 것이 이롭다.

□ 『필법부』 : 〈제89법〉 자임과 자신에 정마가 타면 행동을 하게 된다.
□ 『관월경』 : 갑자기 악장을 만나면 파산하고 이별한다. 강일에는 형(刑) 가운데에 바름이 있고, 유일에는 가정에 놀람이 있다.
□ 『수중금』 : 발용과 일지는 무덕한데, 형(刑)을 하는 가운데에 해(害)가 있고, 파(破)를 하는 가운데에 합(合)을 하니 흉한 가운데에 길하다. 화와 복이 서로 연결되어서 일어나고 다시 가라앉으니 하나만 고집해서 말할 수 없다.
  → 발용의 卯는 패신이다. 발용의 卯가 중전의 子와는 형을 하고, 중전의 子가 간상의 未와는 해를 한다. 발용의 卯가 말전의 午와는 파를 하고 간상의 未와는 합을 한다.

| 丁卯일 | 제 2 국 |

공망 : 戌·亥 ○
낮 : 왼쪽 천장, 밤 : 오른쪽 천장

乙	甲		○
朱 丑 常	蛇 子 玄	貴 亥 陰	
寅	丑		子
庚	己	丙	乙
白 午 合	空 巳 勾	合 寅 白	朱 丑 常
丁 未	午	卯	寅

戊辰巳 青	己巳午 青	庚午未 勾	辛未申 朱
丁卯辰 勾	空		壬申酉 蛇
丙寅卯 合	白		癸酉戌 貴 ○
乙丑寅 朱	甲子丑 蛇	○亥子 貴	○戌亥 后

□ **과체** : 중심, 퇴여, 연주삼기∥왕록임신, 록현탈격(낮), 복덕, 맥월, 살몰.

□ **핵심** : 일록의 옆에 백호가 있으니 장생인 寅을 생각하면 안 된다. : 좁쌀 한 알을 탐하다가 반년치의 식량을 잃는다.

□ **분석** : 일록인 午에 백호가 타고 있으니 일록을 지킬 수 없다. 그래서 寅木이 일간을 생하는 것을 생각하여 초전으로 들어가니 일간을 탈기하는 곳이어서, 반드시 도적이 기회를 틈타서 일어나니 손실이 적지 않다. 그래서 한 알의 좁쌀을 욕심 부리다가 오히려 반년치의 양식을 잃게 된다.

□ **정단** : 중심이고 퇴여이다. 모든 꾀하는 일에서 막히는 것이 많으니 옛것을 지키는 것이 길하다. 그리고 아랫사람이 윗사람에게 순종하지 않는다. 일은 내부에서 일어나고 여자로 인해 일어난다. 전쟁과 소송에서 나중에 대응하는 쪽이 이긴다. 귀인이 순행하면 길하고 귀인이 역행하면 흉하다. 묘절(墓絶)이 생왕(生旺)으로 전해지면 길하고 생왕이 묘절로 이어지면 흉하다. 초전에서 말전을 극하면 길하고 말전에서 초전을 극하면 흉하다. 말전에 길장이 타는 것을 요하며,

천덕과 월덕 등이 있으면 흉이 길로 변한다.

○ **날씨** : 비가 온다. 낮 정단에서는 비가 오기 어렵다.
  → 오행의 수는 강우를 뜻하고, 토는 비를 몰아낸다. 초전이 토이니 비가 오지 않는다. 중전이 子수이고 밤에는 수의 천장이 타니 비가 오지만 낮 정단에서는 화의 천장이 타니 비가 오지 않는다.
○ **가정** : 가택 근처에 무덤이나 사당이나 강이나 연못이 있다. 외롭고 늙은 연인으로부터 늘 시비가 있다.
  → 일지는 가택이다. 제4과가 丑이니 가택의 근처에 丑이 뜻하는 무덤, 사당, 강, 연못, 밭이 있다.
  ● 밤 정단에서는 지상의 장생 寅에 백호가 타고 있으니 부모님이 편찮으시다.
  ● 기궁과 일지가 삼합하고 간상과 지상이 삼합하니 남편과 아내, 부모와 자식이 화목하다.
○ **혼인** : 불성한다.
  → 그렇지 않다. 일간은 남자이고 일지는 여자, 일간의 음신은 남자 집안이고 일지의 음신은 여자 집안이다. 비록 일지 卯와 간상신 午가 파(破)하지만, 기궁 未과 일지 卯가 삼합하고 간상신 午과 지상신 寅이 삼합하니 혼인이 이뤄지는 상이다. 그리고 일간의 음신인 巳와 일지의 음신인 丑이 삼합하니 양가가 혼인에 합의하는 상이다.
○ **임신·출산** : 가택신이 태신을 형(刑)하니 부실을 방지해야 한다.
  → 중전에 있는 일간의 태신인 子를 간상의 午가 충을 하니 낙태될 위험이 있다.
○ **고시** : 뜻밖의 기이가 있지만 염막귀인이 공망되었으니 실수로 합격되는 것을 방지해야 한다.
  → 초전이 갑자순의 삼기이니 합격하는 상이고, 중전이 육의이니

다시 합격하는 상이다. 비록 삼전이 연주삼기이지만 말전이 공망되었으니 연주삼기가 불성하는 상이다. 다만 공망된 亥가 풀리는 해년(亥年)이나 해월(亥月)이나 해월장(亥月將) 기간에 정단하면 연주삼기를 갖추니 최길하다. 관직자는 간상의 일록에 백호가 타니 흉하다.

○ 구재 : 구재가 순조롭지 않으니 얻더라도 지출된다.

→ 재성은 재물이다. 과전에 재성이 없으니 재물을 얻지 못하고 오히려 지음과 발용에 실탈의 신인 丑이 임하니 손재수가 있다.

○ 알현 : 주야의 두 귀인이 모두 공망되었으니 오더라도 이롭지 않거나 혹은 만남이 있다.

→ 천을귀인은 공무원이나 귀인을 뜻한다. 낮 귀인 亥는 천반이 공망되었고 밤 귀인 酉는 지반이 공망되었으니 귀인을 만나 뜻을 성취하지 못한다.

○ 질병 : 늦게 낫는다. 낮 정단에서는 춥고 열이 나는 증상이 나타나며 흉하다.

→ ● 병증 : 일간은 환자이고 일지는 병이다. 간지와 그 상신이 삼합하는 것은 병이 환자의 몸을 떠나지 않는 상이니 쉽게 낫지 않는다. 그러나 심진이 되여이니 병세가 점차 약해지고 의약신 丑이 발용에 임하니 점차 병이 낫는다. 그리고 중심과이니 심사숙고해서 병을 치료해야 한다.

● 치료법 : 의약신이 丑이니 환(丸)이 좋고, 의약신이 寅에 임하니 동북간에서 의약을 구하면 된다.

○ 유실 : 찾기 어렵다.

→ 재성은 재물이다. 재성이 과전에 임하지 않으니 찾기 어렵다.

○ 출행 : 나쁘다.

→ 삼전이 丑子亥 퇴여이니 오히려 귀가하는 상이다. 만약 출행하면 간상에 양인이 임하니 사고를 당하는 상이다.

○ **행인(귀가)** : 여관에서 묵고 있고 탈이 났다.
  → 말전은 목적지, 중전은 중도, 초전은 근방, 일지는 가택이다. 말전 亥 … 중전 子 … 초전 丑 … 지상 寅으로 이어진다. 공망된 말전의 亥가 풀리는 갑자순을 지나서 출발하여 귀가한다.
○ **쟁송** : 서로에게 불리하니 화해해서 쟁송을 멈추는 것이 좋다.
  → 말전 亥 … 중전 子 … 초전 丑 … 지상 寅으로 이어지니 쟁송이 끝나지 않는 상이다. 마침 간지와 그 상신이 삼합하니 합의하여 쟁송을 멈추는 것이 좋다. 그리고 중심과이니 심사숙고해서 대응하는 것이 좋다.
○ **전투** : 많은 사람을 모아서 전쟁에 임해야 한다. 亥년이나 亥월에는 작은 승전이 있다.
  → 귀살은 적군이다. 과전에 귀살이 지나치게 많으니 아군을 보강해야 한다. 해년이나 해월에는 연주삼기의 亥가 풀리니 길하다.

□ 『**필법부**』 : (제7법) 왕록이 일간에 임하면 망령된 행동을 해서는 안 된다.
  (제48법) 귀살에 천을귀인이 타면 곧 하늘 귀신과 땅 귀신의 해가 있다.
  (제50법) 두 귀인이 공망되면 헛된 기쁨을 기약하게 된다.
□ 『**수중금**』 : 퇴여이고 삼기인 丑子亥이면 입묘괘(入墓卦)이다. 거두어 들여서 간직하는 상이니 관직자가 나아갈 마음이 없다.
□ 『**과경·정와**』 : 발용의 丑은 甲子순의 삼기이다. 丑은 옥당인데 닭이 丑에서 울면 태양의 정화가 갖춰진다. 정단하는 모든 일에서 흉을 만나더라도 길로 변화되니 형살을 꺼리지 않고, 수험생에게는 뜻밖의 기이함이 있으며, 관직자는 발탁되며, 장수는 기이하게 승전한다. 만약 기이한 정기에 손실이 생기면 그 복이 반으로 준다.

丁卯일 제 3국

공망 : 戌·亥
낮 : 왼쪽 천장, 밤 : 오른쪽 천장

○	癸	辛	
貴亥朱	陰酉貴	常未陰	
丑	亥 ○	酉	
己	丁	乙	○
空巳常	勾卯空	朱丑勾	貴亥朱
丁未	巳	卯	丑

丁卯巳 勾空	戊辰午 青白	己巳未 空常	庚午申 白玄
丙寅辰 合青			辛未酉 常陰
乙丑卯 朱勾			壬申戌 玄后 ○
甲子寅 蛇合	○ 乙亥丑 貴朱	○ 戊戌子 后蛇	癸酉亥 陰貴

- □ **과체** : 섭해, 퇴간전, 찰미, 극음(亥酉未) // 교차탈기, 이귀개공, 이귀상가. 멸덕, 복덕, 가귀, 귀인공망, 맥월, 육음, 나거취재, 신장·귀등천문(밤), 고진과수.
- □ **핵심** : 과전이 모두 음이니 모든 일이 침체되고 계속하여 잃고 속는다. 그리고 귀인에게 의지해서는 안 된다.
- □ **분석** : ❶ 극음의 과이니 어두운 상황이 매우 심해져서 타락한다. 간상의 巳화는 일지 卯목을 탈기하고 지상의 丑토는 일간 丁화를 탈기하니 간지가 서로 탈기하고 속이며, 이곳에서 얻으면 저곳에서 잃는다.

  ❷ 낮 귀인 亥는 극을 받고 밤 귀인 酉는 탈기를 당하여서 귀인이 스스로 불안하니 어떻게 나의 일을 도울 수 있겠는가? 또한 양 귀인이 모두 공망되었으니 헛된 기쁨일 뿐이다.

  ❹ 경에서 말하기를 극음인 丑亥酉는 모든 일들이 모두 잘못된다.
- □ **정단** : ❶ 이 과는 모두 음(陰)이다.

  ❷ 섭해로 발용이 되면 두 가지 중에서 하나를 취하는 일이다. 많은

어려움을 겪은 후에 얻게 되는 고진감래의 상이다.

❸ 학식이나 재능을 감추는 것이 나에게 이롭고 요행으로 이익을 구해서는 안 된다. 지금은 이루지 못하지만 결국 근면으로 이루게 된다.

○ 날씨 : 구름이 빽빽하게 끼지만 비는 오지 않고 바람만 분다.
→ 초전의 亥수가 공망되었으니 비가 오지 않고, 중전이 酉금이니 구름이 끼며, 말전이 未이니 바람이 분다.
○ 가정 : 북을 바라보는 방이면 재물이 모이지 않고 귀해지기 어렵다.
→ 제4과의 천반이 亥이니 북쪽을 바라보는 집이다. 초전의 관성 亥가 공망되었으니 관직을 얻기 어렵고, 중전의 재성 酉가 공망되었으니 가정에 재물이 모이지 않는다.
● 간지와 그 상신이 삼합하니 가족이 화목하다. 다만 섭해과이니 가운이 형통하지 못하고, 간지가 교차탈기하니 가정의 내외에 손실이 많다.
○ 혼인 : 장애가 생긴다.
→ 섭해과이니 혼인에 장애가 생긴다. 그리고 간지와 그 상신이 삼합 하니 궁합이 좋지만 일간 丁이 지상 丑으로 탈기되고 일지 卯가 간상 巳로 탈기되니 혼사에서 손실이 크고, 삼전의 초전과 중전이 공망되었으니 혼인이 불성할 우려가 있다.
● 지상의 丑이 갑자순의 삼기이니 상대방은 귀인이다.
○ 임신·출산 : 출산이 늦지만 안전하다.
→ 일간은 태아이고 일지는 임신부이다. 출산이 늦는 이유는 간지와 그 상신이 삼합하고 다시 과전이 섭해이기 때문이다. 간지가 교차탈기하니 체력 손실을 막아야 한다.
○ 구관 : 계책을 쓴 뒤에 뜻대로 된다.

→ 관성은 관직이고 역마는 승진의 신이다. 이미 역마가 일간에 임하고 있으니 공망된 초전의 관성이 풀리는 해년(亥年), 해월(亥月), 해월장(亥月將) 기간에 승진이 가능하다. 더욱이 간지와 그 상신이 삼합하고 간지의 음신과 그 음신이 삼합하니 더욱 길하다.

○ **구재** : 급히 취하면 얻고 늦춰서 구하면 잃는다.
→ 간상이 형제효이고 중전의 재성이 공망되었으니 급히 취해야만 얻을 수 있다. 본명이나 행년이 戌인 사람이 정단하면 그 상신이 재성인 申이니 얻는 재물이 크다.

○ **알현** : 만나서 서로 화기애애하지만 실속은 적다.
→ 일간은 나이고 일지는 타인이며 천을귀인은 귀인이다. 만나서 화기애애한 것은 간지와 그 상신이 삼합하기 때문이고 실속이 없는 것은 간지가 교차탈기하고 주야의 귀인이 공망되었기 때문이다.

○ **질병** : 오래된 병이고 허탈증이다.
→ ● 병증 : 섭해과는 묵은 병이다. 지상의 丑토에서 일간 丁을 탈기하고 간상의 巳화에서 일지 卯를 탈기하는데 다시 과전이 육음이니 허탈증이 더욱 심하며, 섭해과이니 병이 오랫동안 지속된다. 낮 정단에서는 귀인이 공망되었으니 귀수(鬼祟)의 영향이 있다.
● 치료법 : 의약신이 丑未이니 환(丸)이 좋고, 의약신이 卯酉에 임하니 정동과 정서에서 의약을 구하면 된다.

○ **유실** : 도난품은 발견하지만 도둑은 잡기 어렵다.
→ 재성은 재물, 현무는 도둑이다. 중전의 재성이 공망되었으니 내 것이 되지 못하고 현무가 과전이 보이지 않으니 도둑을 잡지 못한다.

○ **출행** : 도로에서 다니기가 어렵다.
→ 섭해과이며 다시 초전과 중전이 공망되었으니 장애가 많다.

○ **행인(귀가)** : 여정이 고되고 돌아오지 못한다.
→ 말전은 출발지, 중전은 경유지, 초전은 도착지이다. 섭해과이며

다시 중전과 초전이 공망되었으니 여정이 고되다.
- 쟁송 : 서로 손실을 입는다. 이러한 근심이 많으니 관청에 고소해야 이치를 얻을 수 있다.
  → 지상의 丑토에서 일간 丁을 탈기하고 간상의 巳화에서 일지 卯를 탈기하니 서로 손실을 입고, 과전이 육음이니 공적인 일에서 불리하며, 과전이 섭해이니 쟁송이 오래간다.
- 전투 : 물을 건너고 삼림을 뚫고 나가니 병사와 말이 지친다.
  → 섭해과에서 천반의 亥가 지반의 본가로 가면서 여섯 번이나 극을 당하니 어려움을 많이 당하고 군사는 지친다.
- 매장 : 묘신이 일간을 극하니 묘지를 쓸 수 없다.
  → 일지음신인 亥가 일간 丁을 극하여서 흉지이니 쓸 수 없다.

- 『필법부』: 〈제50법〉 두 귀인이 모두 공망되면 헛된 기쁨이 된다.
  → 이 과전에서 낮 귀인 亥는 천반이 공망되었고 밤 귀인 酉는 지반이 공망되었다.
  〈제48법〉 귀살에 귀인이 타면 곧 하늘 귀신과 땅 귀신의 해가 있다.
  → 이 과전에서 낮 귀인 亥에서 일간을 극하니 귀수의 해를 입는다.
- 『과경』: 정월 丁卯일에 월장 亥를 丑시에 가하였더니 사과 두 곳의 지반에서 그 천반을 적(賊)한다. 먼저 섭해를 취하되 만약 중신을 취하지 못할 경우에는, 丑이 卯에 가하고 나서 앞으로 나아가니 이 과전에서는 辰에서 乙목 1번을 거쳐서 본가 丑 자리로 돌아간다.
亥가 丑에 가해서 앞으로 가면 辰戌未己戌의 다섯 번을 거쳐서 본가 亥 자리로 돌아간다. 亥의 섭해가 더욱 깊으니 亥가 丑에 가한 것을 취해서 발용이 되고 삼전은 亥酉未이다.
  → 섭해법을 설명하고 있다.

丁卯일 제4국

공망 : 戌·亥 ○
낮 : 왼쪽 천장, 밤 : 오른쪽 천장

	甲		癸		庚	
蛇	子	合	陰	酉	貴	白	午	玄
	卯		子		酉	
	戊		乙		甲		癸
青	辰	白	朱	丑	勾	蛇	子	合	陰	酉	貴
	丁未		辰		卯		子

丙寅巳 青	丁卯午 勾	戊辰未 空	己巳申 常
乙丑辰 朱			庚午酉 白
甲子卯 蛇			辛未戌 常
○亥寅 貴	○戌丑 后	癸酉子 陰	壬申亥 玄

□ 과체 : 요극, 이번, 천망, 삼교 ∥ 육의, 록현탈, 복덕, 교차육해(피차시기), 참관.

□ 핵심 : 일록에 백호와 현무가 타고 있는데 다시 귀살을 만나 고통을 당한다. 중전은 폐구가 되었다. 가정이 걱정된다.

□ 분석 : ❶ 초전에는 등사가 귀살 子에 몸을 감고 있고, 중전에는 재성 酉가 폐구가 되었으며, 말전의 일록 午에는 백호와 현무가 타고 있으니 취할 수 없다.

❷ 다행히 초전의 귀살 子가 말전의 午와 서로 극을 하고, 요극과의 호시이며, 간상의 辰토가 귀살인 子를 제극한다. 그러나 子와 卯가 상형이니 가정이 이롭지 않다.

□ 정단 : ❶ 이 과로 정단하면 내사(內事)에서 기인한 것으로서 외부로부터 모욕을 받는다.

❷ 흉한 기세가 머지않아 곧 저절로 그치고, 근심과 기쁨은 모두 실현되지 않는다. 일은 요원하며 취하기 어렵고, 나중에 거동해야 한다.

❸ 좋은 것은 순의(旬儀)가 발용이고 양 귀인이 순행하니 나쁜 살이

있다 할지라도 해를 입지 않는다. 긴 시간이 지나면 점차 길한 경사가 생기고, 화사한 기운이 집안에 가득 차며, 형상(刑傷)이 풀려서 사라진다.

○ 날씨 : 흐리고 바람이 분다. 비가 오더라도 땅이 젖지 않는다.
→ 오행의 수는 비를 뜻한다. 초전이 비록 子일지라도 낮 정단에서는 화의 오행인 등사가 타고 있으니 적은 비가 오고, 밤 정단에서는 목의 천장인 육합이 타고 있으니 적은 비가 온다. 그리고 중전의 酉는 음습을 뜻할 뿐이고, 말전의 午는 맑음을 뜻할 뿐이다.

○ 가정 : 부모와 자식, 어른과 아이가 화목하지 않으니 가정의 화목에 주의해야 한다.
→ 일간은 부모이고 일지는 자식, 일간은 남편이고 일지는 아내이다. 기궁과 일지가 삼합하고 간상과 지상이 삼합하지만 기궁 未와 지상의 子가 육해이고 일지 卯와 간상의 辰이 육해이니 부자(父子) 및 부처(夫妻)가 화목하지 않다. 그리고 과전이 삼교이니 가정에 음란사가 발생할 우려가 있다.

○ 혼인 : 나쁘다. 혼인하면 손상을 입는다.
→ 일간은 남자이고 일지는 여자이다. 기궁과 일지가 삼합하고 간상과 지상이 삼합하지만, 기궁 未와 지상의 子가 육해이고 일지 卯와 간상의 辰이 육해이니 남녀가 서로 싸운다. 그리고 과전이 삼교이니 상대방은 음란하다.

○ 임신·출산 : 실없이 놀란다.
→ 놀랄만한 일이 아닌데도 불구하고 요극과는 괜히 놀란다.

○ 구관 : 전진은 하지만 식록은 넉넉하지 않다.
→ 관성은 관직이고 일록은 식록이다. 초전의 관성 子가 육의에 해당하니 승진하지만, 말전의 일록 午에 낮 정단에서는 백호가 타고

밤 정단에서는 현무가 타니 식록을 잃는 상이어서 식록이 넉넉하지는 않다. 그리고 요극과이니 승진하더라도 빛 좋은 개살구이다.
○ 구재 : 힘겹게 재물을 얻거나 혹은 귀인의 보이지 않는 도움이 있다.
→ 비록 중전에 재성이 임하지만 폐구가 되었으니 무익한 재물이고, 설령 얻더라도 요극과는 적은 액수이며, 과전이 삼교이니 무익하다.
○ 질병 : 5장 6부에 재앙이 있고 심신이 허약하고 피곤해서 놀라지만 양의를 만나면 빨리 낫는다.
→ ● 병증 : 요극과이니 중병은 아니지만 삼교격이니 병환이 심해진다. 그리고 낮 정단에서 말전의 午에 백호가 타고 있지만 귀살이 아니니 위험하지 않고, 초전의 귀살 子를 말전의 午에서 충을 하여 깨트리고 간상의 辰에서 제압하니 위험하지 않다.
● 치료법 : 의약신이 辰丑이니 환(丸)이 좋고, 의약신이 未辰에 임하니 서남간과 동남간에서 의약을 구하면 된다.
○ 유실 : 찾을 수 있다.
→ 재성은 재물이다. 중전에 재성이 있으니 찾는다.
○ 출행 : 원행은 불리하다. 인월과 묘월을 피해야 한다.
→ 일지는 여행지이고 밀진은 여행의 목직지이다. 긴싱이 辰이니 침관이어서 여행에 길하지만 삼교는 원행에 불길하다. 그리고 삼전에서 원행을 뜻하는 말전에 낮에는 백호가 타고 밤에는 현무가 타니 목적지에서 재물을 도난당할 우려가 있고, 지상 및 초전의 子가 유월에는 사신이고 신월에는 사기가 되어 일간을 극하니 생명이 위험하다.
○ 행인(귀가) : 즉시 돌아온다. 길에서 놀랄 일이 생긴다.
→ 간상이 辰이어서 참관이니 여행에 길하다. 말전은 목적지, 중전은 중도, 초전은 도착지이다. 말전이 록현탈이니 여비를 잃고, 중전이 재성폐구이니 여비가 바닥난다. 그리고 초전의 낮에는 등사가

타서 일간을 극하니 놀랄 일이 생긴다.
○ 쟁송 : 화해하는 것이 좋다. 형벌을 받는 것을 막아야 한다.
→ 간지가 교차육해이지만 간지와 그 상신이 삼합하니 합의가 가능하다. 만약 합의하지 않으면 삼교이니 형을 산다.
○ 전투 : 겨울에 출병하는 것이 이롭다.
→ 일간은 아군이고 일지는 적군이다. 지상의 귀살 子가 일간 丙을 극하니 흉하다. 따라서 일간이 왕성해지는 여름이나 봄에 출병하는 것이 길하다.

□ 『필법부』 : 〈제76법〉 서로 시기하면 서로에게 해가 미친다.
→ 이 과전에서는 간지가 교차육해이다.
□ 『수중금』 : 호시의 제3과가 발용이 되었고 일지의 양신이 스스로 형을 하며 싸운다. 과전의 두 양신이 서로 극을 하니 중(重)하고 유력하니 먼저 움직이면 안 된다.
→ 호시이니 나중에 대응하는 것이 이롭다.
□ 『지규(指竅)』 : 삼교는 집에 간음하는 손님이 숨어 있거나 혹은 도망쳐서 도피한다.
→ 삼교격의 조건은 일지가 子午卯酉이고, 지상이 자오묘유이며, 삼전이 자오묘유이고, 초전에 육합이나 태음이 타는 것이다.
□ 『증문(曾門)』 : 삼교는 덕의 기운이 안에 있고 형의 기운이 밖에 있다. 따라서 집에 있는 것이 이롭고 원행하는 것은 이롭지 않다. 모든 거사에서 기쁨이 있는 사람에게는 오히려 화가 미치고, 흩어진 사람은 재결합한다.
□ 『과경·정와』 : 제3·4과 발용은 먼 곳에서 나에게 쏘는 화살이니 흉세가 점차 작아진다.

| 丁卯일　제 5 국 |

공망 : 戌·亥 ○
낮 : 왼쪽 천장, 밤 : 오른쪽 천장

	辛	丁	○
常 未 陰	勾 卯 空	貴 亥 朱
亥 ○	未	卯
丁	○	○	辛
勾 卯 空	貴 亥 朱	貴 亥 朱	常 未 陰
丁 未	卯	卯	亥 ○

乙丑 朱 巳	丙 合 寅 午	丁 勾 卯 未	戊辰 白 申
甲子 蛇 辰			己巳 空 酉 常
○ 亥 貴 卯 朱			庚午 白 戌 玄 ○
○ 戌 后 寅 蛇	癸 陰 酉 丑 貴	壬 玄 申 子 后	辛 常 未 亥 陰 ○

□ **과체** : 원수, 곡직, 사묘가장생, 불비∥왕래수생, 자묘전생, 덕경(공망), 화미, 전국, 간지구생, 여덕(낮), 복덕, 회환, 고진과수, 맥월, 육음, 살몰.

□ **핵심** : 삼전이 사과로 돌아오니, 모든 일이 울타리에 갇혀 있다. 목국은 멈추게 되고, 낮 정단에서는 보는 것이 옳다.

□ **분석** : ❶ 사과와 삼전이 亥卯未 세 글자를 떠나지 않고 울타리 안으로 되돌아오니 모든 일이 많이 흐트러져서 울타리를 벗어나지 않는다.

❷ 목국에서 일간을 생하니 좋지만, 낮 천장의 모든 토(土)에서 일간을 탈기하니, 득과 실이 서로 절반씩이어서 완전히 좋지는 않다.

❸ 중전의 卯에서 비록 일간을 생하지만 일간의 패신이다.

❹ 亥가 비록 일지를 생하지만 갑자순의 공망되었으니 가정에는 유리하지만 사람에게는 불리하며, 상대에게는 유리하지만 나에게는 불리하다.

□ **정단** : ❶ 이 과에는 하나의 상극하가 발용이 되었고 삼전이 목국이니 '곡직'이다.

❷ 지금 卯가 未에 가했으니 처음에는 곧지만 나중에는 굽는다. 비유하자면 멋진 나무가 봄을 만나면 무성하게 자라지만 아쉽게도 점차 나무의 좀으로 인해 쇠해지는 우환이 생긴다.

❸ 일덕이 넉넉하게 큰 그늘을 만드니, 처음에는 무성하지만 나중에는 쇠해진다. 丁일에 나뭇가지가 마르는 것은 화(火)에서 목(木)을 탈기하기 때문으로, 이는 취한 목국으로 인한 것이다.

❹ 일간을 논하면 과전의 목국은 일간의 부모국이다. 대체로 군자에게는 길하고 소인에게는 흉하다.

→ 군자는 공무원을 뜻하고 소인은 일반인을 뜻한다.

○ **날씨** : 바람은 많이 불지만 비는 적게 온다.
→ 오행의 목은 바람이다. 삼전이 목국이니 바람이 많이 불고, 말전이 수의 오행인 亥이지만 공망되었으니 적은 비가 온다.

○ **가정** : 증축해도 된다.
→ 목재를 뜻하는 목국에서 일간을 생하니 목재를 이용하여 증축이나 개축하면 된다.

○ **혼인** : 서로가 영화롭고 귀하며 본래는 옛 친척이다. 가을과 겨울의 밤 정단은 이롭지 않다.
→ 신부를 뜻하는 일지 卯가 간상으로 와서 일간을 생하고, 다시 간지가 삼합하여 목국을 이뤄서 일간을 생하니 궁합이 좋고 서로에게 유익한 혼인이다. 옛 친척인 이유는 일간의 목국과 일지의 목국이 동일하기 때문이다. 봄과 여름에 정단하면 과전의 곡직과 일간이 모두 왕상하니 더욱 길하다.

○ **임신·출산** : 아들을 낳는다. 밤 정단에서는 안전하지 않다.
→ 목국과 화국은 아들이고 금국과 수국은 딸이다. 이 과전은 목국이니 아들이다. 밤 정단에서는 지상에 흉장이 타니 길하지 않다.

○ **구관** : 귀(貴)가 드러난다. 동쪽 지방으로의 부임이 좋다.
→ ● 관직운 : 亥卯未 목국에서 일간을 생하니 학문이 드러나고 관직이 오른다. 목국이 동쪽을 뜻하니 동쪽으로의 부임이 좋고, 특히 봄 정단은 목국이 왕성하니 가장 이롭다. ● 시험운 : 봄에 정단하면 왕성한 목국에서 일간을 생하니 시험에 가장 이롭다. 태세가 寅이나 卯이면 시험운이 매우 좋고, 만약 해년이나 해월이나 해월장 기간에 정단하면 역시 시험운이 좋다.

○ **구재** : 쉽게 얻는다. 그러나 낮 정단에서는 일간을 탈기하니 불리하다.
→ 일지 卯가 간상으로 와서 일간을 생하고 다시 일간과 일지와 삼전의 목국에서 일간을 생하니 쉽게 재물을 얻는다. 낮에는 구진이 간상에 타고 있으니 부동산을 구입하는 운이 있다.

○ **질병** : 주로 풍증과 간기(肝氣)이다. 신병은 쉽게 낫고 구병은 낫기 어렵다.
→ ● 병증 : 풍증은 풍사(風邪)에 의해서 생긴 병증이고, 간기는 한방에서의 가슴앓이, 구토, 설사 등의 증상이다. 구병이 낫기 어려운 이유는 삼전이 삼합하기 때문인데 과전이 삼합하면 병세가 더욱 확대된다. 과전의 목국에서 토의 오행을 극하니 위장병이 가장 우려된다. 연명이 戌인 사람은 폐와 대장 질환이 우려되고, 연명이 申인 사람은 신장 질환이 우려된다.
● 치료법 : 의약신이 辰丑이니 환(丸)이 좋고, 의약신이 申巳에 임하니 서남간과 동남간에서 의약을 구하면 된다.

○ **유실** : 서남방에 있는 무성한 숲의 목기구 안에 있다.
→ 과전이 목국이니 목기구의 안 혹은 나무아래 혹은 숲속에 있다.

○ **출행** : 동쪽으로 가면 이익이 생긴다.
→ 목국에서 일간을 생하기 때문이다.

○ **귀가** : 즉시 돌아온다. 전해온 소식은 믿을 수 없다.

→ 즉시 돌아오는 이유는 삼전의 글자가 사과로 모두 돌아오기 때문이다. 소식을 뜻하는 주작이 말전에서 공망되었으니 전해온 소식은 빈말이다.

○ **쟁송** : 귀인의 조정으로 풀리니 화가 불성한다.

→ 과전이 삼합하고 있고 다시 일간을 생하기 때문이다. 해년(亥年)이나 해월(亥月)이나 해월장(亥月將) 기간에는 공망된 亥가 풀려서 인성국을 형성하니 가장 이롭다.

○ **전투** : 주에게 이롭고 먼저 공격한 쪽이 승리하는데 휴전하는 상이 보인다.

→ 원수과는 먼저 공격한 군대가 승전한다. 일간은 아군이고 일지는 적군이다. 일간과 일지가 목국을 이루니 휴전하는 상이다.

―――――――――――――――――――

□ 『**필법부**』 : 〈제77법〉 호생(互生)과 구생(俱生)은 모든 일에서 유익하다.

→ 정묘일 제5국은 간상의 卯에서 일간 丁을 생하고 지상의 亥에서 일지 卯를 생하니 구생이다.

〈제48법〉 귀살에 천을귀인이 타면 곧 하늘 귀신과 땅 귀신의 해가 있다.

□ 『**관월경**』 : 배나 자동차를 이용해서 운반하면 되고, 목재를 찾아서 수리와 건축을 하면 된다. 모든 일이 형통한데, 봄 정단에서는 반드시 매우 좋다.

□ 『**지장부**』 : 삼전이 모두 부모이어서 평안을 구하지 않더라도 저절로 몸이 평안하다. 다시 말하기를 생을 봐도 생하지 않으니 생이 없는 것보다 못하다고 하였다.

丁卯일 제6국

공망 : 戌·亥
낮 : 왼쪽 천장, 밤 : 오른쪽 천장

	○	己	甲
后戌蛇	空巳常	蛇子合
卯	戌○	巳
丙	癸	○	己
合寅青	陰酉貴	后戌蛇	空巳常
丁未	寅	卯	戌○

甲子蛇巳	乙合朱丑午	丙勾青寅未	丁卯勾空申戌
○貴亥朱辰			青白辰酉
○后戌蛇卯			空常己巳戌
陰貴酉寅	壬玄申子丑	辛常陰未	庚白玄午亥

□ **과체** : 중심, 지망, 천옥, 전묘(傳墓) // 참관, 주인, 육의, 복덕, 과수, 묘문개격, 재폐구, 교동.

□ **핵심** : 간상에서 일간을 생하니 현재의 상태를 유지하면 은혜가 무궁하다. 만약 움직이면 관재를 당하고 귀살과 묘지로 들어간다. 뱀띠는 특히 나쁘다.

□ **분석** : ❶ 간상의 寅은 丁화의 장생이다. 장생을 지키면 평생 쓰고도 모자라지 않는다. 만약 장생을 지키지 않고 경거망동하면 귀살과 묘신을 만난다.

❷ 정단하는 사람의 본명이 巳이면 巳의 안에 丁(丙으로 본다)이 있고 戌이 곧 묘신인데 다시 子의 극을 만나니 생명을 연장할 수 없다.

❸ 『필법부』에서 말하기를, 청룡이 생기에 타면 길한 기운이 서서히 나타난다고 하였다. 이른바 청룡이 일간을 생하는 12신에 타고 월내의 생기에 해당하면 눈앞에 당장 나타나지는 않지만 서서히 발복한다. 만약 3월의 밤에 정단하면 더욱 확실하다.

→ 3월에는 간상의 寅이 생기이고 밤 정단에서 청룡이 탄다.

□ **정단** : 이 과는 가마와 풀무질로 도장과 끈이 달린 주인(鑄印)을 만들

기 위해 애쓰지만 卯가 삼전에 들지 않아서 주인의 모양이 손상되었으니 쓸 수 없다. 정단하는 사람은 개혁을 생각하든지 혹은 조용히 지키고 있으면 저절로 일(직업)이 생기지만 ,만약 경거망동하면 쇠를 녹여서 주인을 만들지 못하게 된다.

○ 날씨 : 낮 정단에서는 비가 오지만 곧 갠다. 밤 정단에서는 오랫동안 맑은 뒤에 비가 오고 번개도 친다.
  → 낮 정단에서는 말전이 子수이니 비가 오지만 화의 천장인 등사가 타고 있으니 곧 개고, 밤 정단에서는 육합이 타니 번개가 친다.
○ 가정 : 가택이 폐허가 되고 타인에게 빌려주면 짓밟힌다.
  → 일간은 사람이고 일지는 가택이다. 일간의 묘신인 戌이 지상에 임하니 가택이 폐허가 되고, 지상이 묘신이니 가정이 점점 어두워지고 타인으로부터 속임을 당한다. 또한 밤 정단에서는 등사가 묘신 戌에 타서 묘문인 卯에 임하니 사상자가 발생할 우려가 있다. 만약 오월(午月)에 정단하면 지상의 戌이 사기이니 가족이 상(喪)을 당한다.
○ 혼인 : 남녀가 화합한다. 또한 자유연애를 하기 때문에 중매가 오히려 성가시다.
  → 교동격은 자유연애 혼인을 뜻한다. 낮 정단의 사과에서 간상에는 육합이 있고 지상에는 천후가 있지만 지상이 공망되었으니 불성할 우려가 있고, 지상이 묘신인 戌이니 상대방의 속임을 방지해야 한다. 비록 기궁 未와 일지 卯가 삼합하고 간상의 寅과 지상의 戌이 삼합하니 혼인하려는 의지는 있지만 지상이 공망되었으니 혼인은 불성한다.
○ 임신·출산 : 태기가 불안하고 밤 정단에서는 난산이다.
  → 태신인 子가 子의 절신인 巳에 임하고 또한 낮 정단에서는 등사

가 타고 있으니 태아의 건강이 우려된다. 다만 가을과 겨울 정단에서는 태신인 子가 왕상하니 길하다.

○ 구관 : 귀인이 순행하니 얻을 수 있지만 아직은 도달하지 못한다.
  → 주인격이 불성하니 아직은 목적을 얻지 못한다.
○ 구재 : 돈을 매우 어렵게 벌어서 부인에게 준다.
  → 재신이 폐구되었으니 어렵게 버는 것이고 가정궁인 지상의 戌로 탈기되니 부인에게 돈을 준다. 연명이 丑인 사람은 그 상신이 재성인 申이니 쉽게 돈을 번다.
○ 질병 : 미친병이다. 신병은 즉시 낫는다. 구병은 위험하니 부적과 약으로 기도해서 병을 제압해야 한다.
  → ● 병증 : 초전이 공망되면 신병은 낫고 구병은 사망한다. 천을귀인이 귀살에 타고 있어서 귀수(鬼祟)에 의한 해가 우려되니 기도를 해야 한다.
  ● 치료법 : 의약신이 辰丑未이니 환(丸)이 좋고, 의약신이 酉午子에 임하니 정서, 정남, 정북에서 의약을 구하면 된다.
○ 유실 : 종업원이 훔쳐갔으며 집을 떠나지 않았다.
  → 지상에 남자 종업원의 류신이 보이고 있으니 남자 종업원이 훔쳐갔다.
○ 출행 : 근행(近行)은 여러 장소로 옮기는 것이 이롭고, 원행은 멈추는 것이 좋다.
  → 초전은 근행이고 말전은 원행이다. 초전이 묘신인 戌이니 위험하고, 말전이 일간의 귀살이니 원행하여 해를 입는 것을 막아야 한다.
○ 행인(귀가) : 일간의 묘신이 일지에 임하니 즉시 온다.
  → 초전이 사맹이면 매우 늦고, 사중이면 조금 늦으며, 사계이면 즉시 온다.
○ 쟁송 : 잠잠해 졌다가 다시 일어난다.
  → 초전과 중전이 공망되었으니 쟁송이 잠잠하다. 그러나 말전이

귀살이니 쟁송이 다시 발생한다.
- **전투** : 병사를 많이 잃고 이롭지 않다.
    → 지상은 전쟁터이다. 지상이 묘신이니 전멸당하는 상이다.

- 『필법부』: 〈제45법〉 천후와 육합은 혼인정단에서 중매인을 쓰지 않아도 된다.
    → 낮 정단에서 간상에는 육합이 타고 지상에는 천후가 타니 남자가 음란한 교동격이다.
    〈제65법〉 일간의 묘신이 관신(關神)에 해당하면 사람과 가정이 폐관되는 허물이 있다.
    〈제86법〉 내전을 만나면 꾀하는 일에서 장차 재앙이 닥친다.
    → 초전에서 지반의 卯목으로부터 극을 당한 천반 戌이 戌에 타고 있는 천후의 오행을 극하고 있다. 천후의 오행은 壬子이다.
- 『과경』: 봄에는 丑, 여름에는 辰, 가을에는 未, 겨울에는 戌이 관신이다. 만약 일간의 묘신이 관신이 되어서 발용이 되거나 일간에 임하면 집은 폐허가 되고 사람은 쇠퇴해진다. 丁卯일 겨울 정단에서 戌이 卯에 가해서 발용이 되는 것이 이에 해당한다.

丁卯일 제 7 국

공망 : 戌·亥 ○
낮 : 왼쪽 천장, 밤 : 오른쪽 천장

丁	癸	丁
常 卯 空	朱 酉 貴	常 卯 空
酉	卯	酉
乙	辛	癸	丁
陰 丑 勾	勾 未 陰	朱 酉 貴	常 卯 空
丁 未	丑	卯	酉

○貴亥巳朱	甲后子午合	乙陰丑未勾	丙玄寅申青
○蛇戌辰 朱癸酉卯貴			常丁卯酉空 白戊辰戌○白
合壬申寅	后辛未丑勾	陰庚午子青玄	空己巳亥○常

□ **과체** : 반음, 삼교, 이번, 착륜 // 무의, 회환, 용전, 여덕(밤), 재폐구, 복덕, 무음(교차상극), 맥월, 육음, 화귀살등사주작극택격(낮), 탈상봉탈, 두괴상가, 주작폐구(낮), 귀인폐구(밤).

□ **핵심** : 모든 곳에 정마가 있으니 잠시도 멈출 수 없다. 여름의 낮 정단에서는 화재가 발생하고, 밤 정단에서는 귀인을 통해 재물을 얻는다.

□ **분석** : ❶ 과전의 네 卯가 모두 징마이니 많이 움직인다. 하물며 반음에서 충(冲)을 하여 움직임을 재촉하니 어찌 움직임이 많지 않겠는가?

❷ 여름은 화(火)가 왕성한 시기로서 낮 정단에서 酉가 화귀(火鬼)이다. 酉에 주작이 타서 가택을 극하니 가택에 화재가 발생한다. 밤 정단에서는 酉가 천을귀인이 타고 있으니 귀인을 통해 재물을 얻을 수 있다.

❸ 일지상신과 일간상신을 일지와 일간에서 극을 하니 무음이다. 지금 일간이 지상신을 극하고 있으니 '진해리괘(眞解離卦)'이다. 만약 부부의 행년이 이에 해당하면 더욱 더 이러하다.

❹ 일지는 癸酉이다. 재성 위에 둔귀가 있고 다시 재성이 폐구되었다.

□ 정단 : ❶ 이 과전은 무의의 과이며 착륜이다. 과전에 卯·酉가 보이니 화사한 기운이 없다.

❷ 여러 번 차질이 생기지만 군자에게는 정(貞)하면 길하다. 만약 억지로 성사시키면 손실은 많고 이익은 적다.

❸ 이치에 합(合)한 사람은 중요한 임무를 맡아서 먼 곳으로 부임가서 승진하는 기쁨이 있다. 만약 이와 같지 않으면 비록 움직일지라도 무익하니, 의혹이 있을 경우에는 결정하면 안 된다.

❹ 옛일을 되돌리면 이롭고 혹은 가정을 고쳐서 바꾸면 좋은 조짐이 있다.

→ 승진하는 것은 일간의 천지반이 丑과 未이어서 괴(魁)를 형성하기 때문이다.

○ 날씨 : 흐리고 개이기를 반복한다. 많이 가물다.

→ 卯는 우레를 뜻하고 酉는 음습을 뜻한다. 초전이 卯이니 우레가 치고, 중전이 酉이니 흐리며, 말전이 卯이니 우레가 친다.

○ 가정 : 가정이 파손된다. 여름 정단에서는 화재를 조심해야 하고, 부부는 반목하며, 음인(陰人)은 편안하지 않다.

→ 일지는 가택이다. 일지 卯를 그 상신에서 극한다. 지상의 酉가 여름 정단에서의 화귀살이니 화재를 일으킨다. 일간에서 지상신을 극하고 일지에서 간상신을 극하는 무음이니 부부에게 사정(私情)이 있다.

○ 혼인 : 형극되어 있으니 나쁘다.

→ 일간에서 지상신을 극하고 일지에서 간상신을 극하니 나쁜 궁합이고 남녀가 삿된 정을 통하는 상이다. 그리고 반음에는 혼인이 깨

지는 뜻이 있다.
○ 임신·출산 : 유산이나 질병을 조심해야 하며 벙어리가 될 우려가 있다.
→ 일간은 태아이고 일지는 임신부이다. 일간의 상하가 충(冲)하니 유산될 가능성이 있다. 그리고 낮 정단에서는 주작이 폐구되었으니 벙어리가 될 가능성이 있다.
○ 구관 : 크게 이롭다. 낮 정단에서는 시험감독관이 되고, 밤 정단에서는 왕명으로 입대(入對)하여 정사에 관한 의견을 상주(上奏)하는 사람이 된다. 이와 같으니 광영이 서서히 나타난다.
→ 일간에서 丑이 未에 가하여서 괴(魁)가 되니 시험에 합격한다. 다만 반음과이니 장구하게 근무하지는 못한다.
○ 구재 : 재물이 귀인으로부터 나오지만 입을 열기 어렵다.
→ 귀인이 폐구되었기 때문이다. 만약 사업 정단을 하면 재성이 폐구되었으니 돈을 벌지 못한다.
○ 질병 : 질병이 재발했으니 편안하지 않다. 구강질환이거나 혹은 목의 종기로 인해 목이 막혔거나 혹은 가래로 인해 음식을 삼키지 못한다.
→ ● 병증 : 질병이 재발하는 것은 반음과의 특성이다. 그리고 구강질환이 발생한 것은 재성이 폐구되었기 때문이다.
● 치료법 : 의약신이 丑이니 환(丸)이 좋고, 의약신이 未에 임하니 남서간에서 의약을 구하면 된다.
○ 유실 : 먼 곳으로 갔고 찾기 어렵다.
→ 정마가 초전과 말전에 보이니 유실물이 먼 곳에 있다. 그리고 찾기 어려운 것은 재물을 뜻하는 재성이 폐구되었기 때문이다.
○ 출행 : 육로가 이롭고 서방이 유리하다.
→ 일간은 육로이고 일지는 수로이다. 일지가 폐구되었으니 수로가 나쁘다. 서방을 뜻하는 酉 위의 卯에서 일간을 생하니 서방이 좋다.

○ **행인(귀가)** : 도로에 있다. 다른 곳으로 간다.
→ 삼전의 卯와 酉는 도로를 뜻하니 도로에 있다. 다른 곳으로 옮기는 이유는 말전에 정마가 임하기 때문이다.

○ **쟁송** : 문을 닫고 송사를 마무리 짓는다. 각자 권세가 있는 사람에게 의뢰한다.
→ 문을 닫는 이유는 가정을 뜻하는 제3과의 酉가 폐구되었기 때문이다. 기궁과 일지가 삼합하고 간상과 지상이 다시 삼합하니 합의를 하는 것이 좋다. 만약 합의를 하지 않을 경우에는 과전이 육음이고 다시 주작폐구이니 불리하다.

○ **전투** : 서로 손상을 입으니 튼튼하게 지키는 것이 이롭다.
→ 묘일에 정단하여 묘가 발용이면 용전이다. 용전은 용호상박하는 상이니 서로 손상을 입는다. 따라서 문을 닫고 전투를 하지 않는 것이 좋다.

□ 『**필법부**』: 〈제64법〉 부부가 음란하여 각기 사통(私通)한다.
→ 일간인 丁은 지상의 酉를 극하고 일지인 卯는 간상의 丑을 극하니 부부가 음란하다.

□ 『**과경**』: 화귀에 등사나 주작이 타서 가택을 극하면 가택에 화재가 발생한다. 봄에는 午, 여름에는 酉, 가을에는 子, 겨울에는 卯가 화귀이다. 만약 여름에 정단하여 이 과를 얻으면, 제3과에서 酉가 卯에 가하여 낮 천장 주작에서 가정을 극하니 반드시 우물바닥의 진흙을 파서 부엌을 바르면 화재를 예방할 수 있다.

| 갑자순 | 정묘일 | 8국 |

丁卯일 제8국

공망 : 戌·亥
낮 : 왼쪽 천장, 밤 : 오른쪽 천장

己	○	丁
空 巳 常	蛇 戌 蛇	常 卯 空
子	巳	戌 ○
甲	己	壬	乙
后 子 合	空 巳 常	合 申 后	陰 丑 勾
丁 未	子	卯	申

○蛇戌巳	○貴亥午	甲合子未	乙陰丑申 勾
朱癸酉辰 貴			玄丙寅酉 青
壬合申卯 后			丁常卯戌 空 ○
辛勾未寅 陰	庚青午丑 玄	己空巳子 常	戊白辰亥 白

- **과체** : 중심, 주인(불성), 고개승헌∥귀인입옥(밤), 구극(俱剋), 일녀(낮), 교동(밤), 착륜, 형상, 복덕(불성), 불행전, 양사협묘(연명 : 巳), 명암이귀, 육편판(연명 : 卯,낮), 살몰.
- **핵심** : 상대와 내가 모두 흉하다. 공망과 묘신이 중전에 있다. 말전에는 정마가 있고 초전에 역마가 있지만 모든 일에서 종적이 없다.
- **분석** : ❶ 일간 丁이 간상의 子로부터 극을 당하고 일지 卯는 지상의 申으로부터 극을 당하니 양측이 모두 흉하다.

❷ 중전의 戌은 공망과 묘신이다. 이것이 중전에 머무니 사태가 중간에서 덮여지고 감춰져서 밝지 못하다.

❸ 중전과 말전이 묘신이니 길하지 않다. 일간의 묘신이 삼전에 나타나면 일을 즉시 멈춰야 한다.

❹ 초전과 말전이 역마와 정신이어서 바쁘게 다니더라도 위험하기만 하고 편안할 때가 없다. 만약 관직자가 이 과로 정단하면 영화를 누리는 데에 차질이 생긴다.

- **정단** : ❶ 중심과이며 주인이다. 巳는 화로이고 戌은 도장이며 卯는 도장의 끈이다. 戌과 卯가 공망되었으니 도장이 파손되었고 끈이 손

상되었으니 승진되거나 발탁되기 어렵다.

❷ 사람과 가정이 모두 제극당하고 子가 未에 가하니 거동하는 일은 시작과 끝이 없다.

❸ 申이 卯에 가하지만(착륜) 경쟁에서 침해를 당해 손실이 생긴다. 다행히 주인과 고개승헌(헌개)이니 장차 우환이 변해 복이 된다.

○ 날씨 : 우레가 치고 무지개가 뜬다. 적은 비가 온다.
→ 우레가 치는 것은 말전의 卯가 『주역』의 진괘에 해당하기 때문이고, 무지개가 뜨는 것은 초전이 巳이기 때문이다. 그러나 삼전에 수의 오행이 보이지 않으니 비가 오지 않는다.

○ 가정 : 가족에게 작은 손상이 있고 가택은 파괴되며 원행한다.
→ 특히 처가 위험하다. 왜냐하면 처재효인 申에 육합이 타서 분묘 문인 卯에 가임하기 때문이다. 그리고 가택이 파괴되는 것은 가택을 뜻하는 卯가 申으로부터 극을 당해 파손되었기 때문이다. 원행을 하는 이유는 초전에 역마가 보이고 말전에 정마가 보이기 때문이다.

○ 혼인 : 귀한 집안을 선택해서 혼인하는 것은 길하다. 그러나 장가를 드는 일을 비공식적으로 해야 한다.
→ 일간은 남자이고 일지는 여자이다. 지상에 재성이 임하니 부유한 가정이다. 기궁과 일지가 삼합하고 간상과 지상이 삼합하니 혼인이 맺어진다. 다만 지상의 재성 申 위에 귀살인 壬이 임하니 처를 취한 뒤에 화가 닥치는 것을 방지해야 한다. 그리고 중심과이니 성정이 드센 여자이다. 만약 가을과 겨울에 정단하면 초전 지반의 子가 왕성하니 더욱 드센 여자이다.

○ 임신·출산 : 말전 卯에서 태신 子를 형(刑)하고 있으니 유산을 방지해야 한다.
→ 일간은 태아이다. 간상의 子가 말전 卯로부터 형살을 받고 있으

니 유산을 방지해야 한다. 다만 술년(戌年), 술월(戌月), 술월장(戌月將) 기간에는 무방하다. 그리고 일간의 음양이신이 1양2음이니 아들이고, 삼전이 1양2음이니 다시 아들이다.

○ **구관** : 문과 응시를 그만두는 것이 좋다. 응시하면 사망한다. 서명해서 봉인하는 일에는 매우 이롭지만 가정사에는 이롭지 않다.

→ 주인격이 공망되어 불성하니 낙방한다. 몸을 뜻하는 申이 묘문을 뜻하는 卯에 가하니 사망할 수 있다.

○ **구재** : 장차 다른 이에게 투자해야 한다. 구하는 것은 크지만 얻는 것은 작다.

→ 일간은 나이고 일지는 타인이다. 지상에 재성이 임하니 타인을 통해 득재할 수 있다.

○ **질병** : 귀신에 의한 탈이 났다. 낮 정단에는 매우 위험하다.

→ ● 병증 : 천을귀인이 귀살에 타면 귀수의 해를 입는다. 낮 정단에서 귀인승신 亥가 일간을 극하고 있으니 귀수의 해를 입는다. 공망된 戌이 풀리는 술년(戌年)이나 술월(戌月)이나 술월장(戌月將) 기간에 정단하면 주인격이 형성되니 사망할 우려가 있다. 만약 처의 질병을 정단하면 반드시 사망한다. 그 이유는 처재효가 입관(入棺)하기 때문이다.

● 치료법 : 의약신이 丑이니 환(丸)이 좋고, 의약신이 申에 임하니 서남간에서 의약을 구하면 된다.

○ **유실** : 저절로 돌아온다.

→ 재성이 집을 뜻하는 지상에 보이니 집으로 돌아온다.

○ **출행** : 관직자에게는 가장 길하다. 나머지 정단에서는 재앙을 피해야 한다.

→ 관직자에게 좋은 것은 삼전이 주인격이기 때문이다. 그러나 여행객을 뜻하는 일간 丁이 간상의 子로부터 극을 당하니 여행을 떠나면 생명이 위험한데, 만약 신월(申月)과 유월(酉月)에 정단하면 子가

사신과 사기에 해당하니 생명이 더욱 위험하다.
○ 행인(귀가) : 기약할 수 없지만 반드시 돌아온다.
　→ 가정을 뜻하는 지상이 몸[身]을 뜻하는 申이다.
○ 쟁송 : 환란으로 인한 우환을 화해하는 것이 좋다.
　→ 일간은 나이고 일지는 상대이다. 지상신 申에서 간상신 子를 생하고 다시 일지 卯에서 일간 丁을 생하고 또한 간지와 그 상신이 삼합하니 합의가 가능하다.
○ 전투 : 휴전한 뒤에 사신이 왕래하면서 강화(講話)를 맺는 상이다.
　→ 일간은 아군이고 일지는 적군이다. 일간과 일지가 삼합하고 간상과 지상이 삼합하니 휴전에 합의하는 상이다.

□ 『필법부』 : (제63법) 서로가 상하니 양쪽 모두 이를 대비해야 한다.
　→ 일간 丁은 간상의 子로부터 극을 당하고, 일지 卯는 지상의 申으로부터 극을 당하니, 소송 정단을 하면 나와 상대가 모두 패소한다. (제40법) 천후와 육합은 혼인정단에서 중매인을 쓰지 않아도 된다.
　→ 낮 정단에서 간상에는 천후가 타고 지상에는 육합이 타고 있다.
□ 『과경』 : 丁卯일에서 申이 卯에 가하고 낮 정단에서 육합이 타니 육편판격(六片板格)이다. 육합이 申에 타서 卯에 임하면 시신이 입관하는 뜻이다. 申은 몸[身]이고 卯는 관[널]이다. 질병정단에서 나쁜데 그 류신의 뜻을 살펴야 한다. 처의 질병정단이라면 반드시 사망하는데 그 이유는 처재효가 입관(入棺)하기 때문이다.

| 갑자순 | 정묘일 | 9국 |

丁卯일 제 9 국

공망 : 戌·亥 ○
낮 : 왼쪽 천장, 밤 : 오른쪽 천장

○	丁	辛
貴亥陰	常卯空	勾未朱
未	亥 ○	卯

○	丁	辛	○
貴亥陰	常卯空	勾未朱	貴亥陰
丁未	亥 ○	卯	未

癸酉巳 朱貴	○ 蛇戌午	○ 貴亥未 陰	甲子申 后玄
壬申辰 合蛇			乙丑酉 陰常
辛未卯 勾朱			丙寅戌 玄白 ○
庚午寅 青合	己巳丑 空勾	戊辰子 白青	丁卯亥 常空

□ **과체** : 중심, 곡직, 불비, 회환 // 섭해, 양귀수극, 귀승천을(낮), 자취난수, 초전협극(낮), 일덕(공망), 화미, 전국, 복덕, 인귀생성, 조지(朝支), 맥월, 육음, 불행전, 상조전봉(酉年), 살몰.

→ 이 과는 섭해과이다. 다만 하적상이 발용이 되었으니 중심과의 상이 있다. 실제 정단에서는 섭해의 상과 중심의 상을 모두 쓴다.

□ **핵심** : 낮 정단에서는 정마가 일간을 탈기한다. 삼전에서 나를 생할지라 : 길흉이 섞여 있다. 낮 정단에서는 과진이 순환하고 귀인이 노한다.

□ **분석** : ❶ 낮 정단에서는 모든 천장의 오행 토에서 일간 丁의 기운을 뺏고, 삼전의 모든 목에서는 丁화를 생한다. 이와 같이 한번은 생하고 한번은 빼앗으니 좋고 나쁨이 반반이다.

❷ 과전이 亥卯未 세 글자를 떠나지 않고 亥卯未가 사과로 되돌아온다.

❸ 주야의 양 귀인이 모두 지반으로부터 해침[賊]을 당하니 반드시 귀인으로부터 화를 당한다.

❹ 회환격을 설명하되 섭해과가 아니라 중심과로서 흉사를 정단하

면 흉이 되고, 길사를 정단하면 길을 이룬다. 그리고 반주이다.
- 정단 : ❶ 이 과로 정단하면 가택이 어둠과 공허해서 대체로 어둡고 해지는 상으로서 모든 일이 묵혀지고 이루지 못한다.

❷ 중전의 亥는 갑자순의 공망이다. 국가의 중임을 맡을 수 있지만 중전이 썩었으니 중임을 감당하지 못하니 재능이 좋은 사람이 수수방관한다. 만약 이것을 포기하고 다른 곳에서 구하면 순조롭게 이익을 얻는다.

❸ 봄철의 밤 정단은 길하다. 질병정단에서 亥가 비록 일간의 귀살이지만 공망되었으니 두렵지 않다. 그러나 의약신 未가 일지로부터 극을 받으니 의약이 무효하다. 의사가 비록 병을 알지라도 어찌할 도리가 없다.

○ 날씨 : 바람이 분다. 다음 순에는 비가 온다.
→ 삼전이 목국이니 바람이 분다.
○ 가정 : 가택이 사당이나 무덤 가까이에 있고 주변에 나무가 많지만 가난하고 군색하다.
→ 일지는 가택이다. 지상의 未가 묘신이니 집 주변에 사당이나 무덤이 있고, 과전이 목국이니 가택 주변에 나무가 많으며, 공망된 목국에서 일간을 생하지 못하니 가난하다. 그리고 지상에 일지의 묘신이 임하니 가택이 어둡다.
○ 혼인 : 불성한다.
→ 일간은 남자, 일지는 여자이다. 초전은 혼담의 초기, 중전은 중기, 말전은 말기이다. 비록 일간과 일지와 삼전이 삼합하지만 일간이 공망되었고 다시 삼전이 공망되었으니 혼인은 불성한다.
○ 임신·출산 : 딸을 낳는다. 난산이다.
→ 일간은 태궁이다. 일간이 음이고 그 상신이 음이니 딸이다. 그러

나 과전이 양을 뜻하는 목국이고 다시 과전이 모두 음이니 음극양의 이치에 의해 아들일 가능성이 있다. 그리고 일간과 일지와 삼전이 삼합하니 난산이다.

○ **구관**: 당장은 이루기 어렵다.
  → 일간의 음양과 삼전이 공망되었으니 일간을 생하지 못하기 때문이다. 그러나 공망이 풀리는 해년이나 해월이나 해월장 정단에서는 뜻을 이룬다.

○ **구재**: 집밖에서 구하면 얻는 것이 없고 집안에서 구하면 이익이 있다.
  → 일간과 삼전은 외부의 활동이다. 일간과 삼전이 공망되었으니 얻지 못한다. 그러나 지상에는 일지 卯 기준의 재성인 未가 있으니 얻는다.

○ **알현**: 만나지 못한다. 만나더라도 반드시 귀인의 분노를 사게 된다.
  → 낮 정단에서 귀인이 귀살에 타서 일간을 극하니 귀인의 분노를 사고 또한 귀인이 공망되었으니 귀인의 도움을 받지 못한다.

○ **질병**: 허탈증과 안과 질환이다. 좋은 의사를 찾더라도 의사 자신에게 우환이 있어서 오지 못한다.
  → ● 병증: 낮 정단에서는 삼전의 천상 오행 토(土)에서 일간을 달기하니 허탈증이고 귀인승신이 귀살이고 다시 공망되었으니 귀수의 영향을 받고 있다. 그리고 과전이 목으로 구성되어 있지만 공망되었으니 안과 질환이 생기며, 과전이 목국을 이루고 있으니 소화기 질환이 생긴다.
  ● 酉년에 정단하면 亥와 未가 상문과 조객에 해당하니 상(喪)을 당한다.
  ● 치료법: 의약신이 未이니 환(丸)이 좋고, 의약신이 卯에 임하니 정동에서 의약을 구하면 된다.

○ **유실**: 찾기 어렵다. 숲속에 있거나 타인의 상자 안에 있다.

→ 찾기 어려운 것은 삼전이 공망되었기 때문이다. 물건이 숲속에 있거나 상자 안에 있는 것은 과전이 목국이기 때문이다.
○ 출행 : 집을 떠나지 못한다.
→ 삼전이 사과로 되돌아오는 회환격이니 집을 떠나지 못한다.
○ 행인(귀가) : 장기간 출행한 사람도 즉시 오고 근처로 출행한 사람도 돌아온다.
→ 삼전이 사과로 되돌아오는 회환격이기 때문이다.
○ 쟁송 : 낮에 정단하면 전답으로 관재가 있고, 밤에 정단하면 구설수가 있다. 나무로 만든 형틀(가뉴, 枷扭)이 채워지는 재앙을 방지해야 한다.
→ 낮에 정단하면 지상에 구진이 타고 있으니 전답으로 인해 관재가 있고, 밤에 정단하면 지상에 주작이 타고 있으니 구설수가 있다. 그리고 과전이 목국이니 나무로 만든 형틀이 채워지는 것을 방지해야 한다. 참고로 '가뉴(枷扭)'는 죄인의 목에 씌우는 형틀로서 나무로 제작되었다.
○ 전투 : 이로움은 수비를 하는 쪽에 있으니 나중에 움직이는 것이 좋다.
→ 중심과는 나중에 대응해야 유리하다.

□ 『필법부』 : 〈제49법〉 양 귀인이 극을 받으면 귀인에게 아뢰는 일은 어렵다.
→ 낮 귀인 亥수는 지반의 未토로부터 극을 받고, 밤 귀인 酉금은 지반의 巳화로부터 극을 받는다.
〈제68법〉 귀살을 제압하는 자리가 곧 훌륭한 의사이다.
→ 이 과전에서는 지상과 초전의 未가 의약신이지만 공망되었으니 쓸 수 없다.

《제48법》 귀살에 천을귀인이 타면 곧 하늘 귀신과 땅 귀신의 해가 있다.
- 『수중금』: 목의 뿌리가 수인데 丁일이니 나무가 마른다.
- 『정와』: 상에서 하로 전해진 곡직인데 곧 亥가 未에 가한다. 卯가 亥에 가하면 먼저는 굽고[曲] 후에는 곧아서[直], 처음은 어렵지만 나중은 수월하다. 바람이 부니 모든 일에서 부실함이 많다.

丁卯일 제 10국

공망 : 戌·亥 ○
낮 : 왼쪽 천장, 밤 : 오른쪽 천장

癸	甲	丁
朱酉貴	后子玄	常卯空
午	酉	子
○	乙	庚	癸
蛇戌后	陰丑常	青午合	朱酉貴
丁未	戌○	卯	午

壬申巳合	癸酉午	○戌未	○亥申陰
辛未辰勾朱			甲子酉后玄
庚午卯青合			乙丑戌陰常○
己巳寅空勾	戊辰丑白青	丁卯子常空	丙寅亥玄白

- □ **과체** : 중심, 삼교, 육의, 지번∥권섭부정, 묘신부일, 묘공(墓空), 절신가생, 일녀(밤), 인택수탈, 초전협극(낮), 침해, 형통(체생), 복덕(간상), 맥월, 화귀살주작극택격(낮), 고진과수.

- □ **핵심** : 교차해서 간절하게 그리워하고, 번갈아가면서 모두가 나를 추천한다. 나 자신은 혼미하고, 임시직은 그릇된다.

- □ **분석** : ❶ 午와 未가 육합하고 卯와 戌이 육합하니 서로 애틋해한다.
  ❷ 초전에서 중전을 생하고, 중전에서 말전을 생하며, 말전에서 일간을 생해 오니 타인으로부터 추천을 받는다.
  ❸ 묘신인 戌이 일간을 덮고 있으니 나는 어둡다.
  ❹ 왕신 겸 일록이 일지에 임하고 있으니 임시직이다.
  ❺ 정월의 초5일·6일·7일, 2월의 2일·3일·4일·5일, 3월의 초1일·2일·3일, 4월의 초1일에 이 날을 만나면 모두 '지번괘(地煩卦)'가 된다.

- □ **정단** : ❶ 이 과의 삼전이 일간을 체생하니 형통해서 이롭고 대운이 열린다. 그러나 아쉽게도 묘신이 일간을 덮고 있으니 어둡고 밝지 못하다. 사람과 가정이 손실을 당하고 다시 헛되이 낭비한다.
  ❷ 삼교는 사태가 어려워지고, 천지이번(天地二煩)은 가는 곳마다 고

난이 뒤따르니 근신하는 것이 좋다. 중전과 말전에 순의(旬儀)와 지의(支儀)가 임하니 점차 복을 받는다.

※ 지의(支儀) : 子일 午에서 역행 12지, 午일 未에서 순행 12지.

일지 신살	子	丑	寅	卯	辰	巳	午	未	申	酉	戌	亥
지의	午	巳	辰	卯	寅	丑	未	申	酉	戌	亥	子

○ 날씨 : 오랫동안 흐린 뒤에 비가 오고, 번개가 치며 날이 갠다.
  → 초전의 酉는 흐린 날씨를 뜻하고, 중전의 子는 강우를 뜻하며, 말전의 卯는 우레와 번개를 뜻한다.
○ 가정 : 가정에 음란사가 발생하니 어둡고, 또한 도둑에 의한 도난 및 여자에게 재앙이 생기는 것을 방지해야 한다.
  → 일간에 묘신이 임하니 매사 어둡다. 그리고 사중일에 정단하여 사중이 지상신이고 삼전이 모두 사중이면 '삼교'로서 가정의 음란사와 도난을 방지해야 한다. 특히 밤 정단에서는 간상에 천후가 타고 지상에 육합이 타니 부인이 음란하여 도망치는 것을 방지해야 한다. 그리고 여름 낮 정단에서는 일시음신 酉가 일지 卯를 극하니 기택에 화재가 발생하는 것을 방지해야 한다.
○ 혼인 : 쉽게 결합하지만 나쁜 인연이다.
  → 쉽게 결합하는 것은 간지가 교차육합을 하기 때문이다. 그러나 삼교격이며 밤 정단에서는 일녀격이어서 음란사가 발생하니 나쁜 결합이다. 따라서 그로 인해 나는 어려움을 겪게 된다.
○ 임신·출산 : 순산한다. 출산 후에 출혈을 방지해야 한다.
  → 출산 후에 출혈이 있는 것은 낮 정단에서 간상의 자손효에 등사가 타고 있기 때문이다. 등사는 혈광의 신이다. 등사승신이 혈지와 혈기에 해당하면 반드시 낙태된다.

○ **구관** : 천거를 받지만 본인이 기회를 놓친다. 다만 조상으로부터 직무를 이어받는 '습직(襲職)'은 좋다.

　→ ● 일록이 지상으로 가는 '권섭부정'이니 강등을 당하거나 지방이나 해외로 발령을 받는다. 그러나 현대에서는 습직이 금지되어 있으니 불가능하다.

　● 겨울 정단에는 중전의 관운이 왕기가 되니 그나마 관운이 나은 편이다.

○ **구재** : 돈을 벌자마자 바로 지출된다. 주로 무덤을 짓거나 가택을 짓는 일에 지출된다.

　→ 자손효는 지출을 뜻한다. 간상의 戌이 묘신이니 무덤에 관련된 일로 지출되고, 일간음신의 丑이 부동산이니 부동산에 관련된 일로 지출된다. 가을 정단에는 재폐구된 발용의 酉가 왕기이니 그나마 네 계절 중에서 가장 재운이 좋은 편이다.

○ **질병** : 출혈이나 출산에 관련된 증상이다. 모두 허탈증이니 몸을 보해야 한다.

　→ ● 병증 : 일간을 덮고 있는 묘신 戌에 등사가 타고 있으니 출혈한다.

　● 치료법 : 의약신이 辰未이니 환(丸)이 좋고, 의약신이 丑辰에 임하니 동북간과 동남간에서 의약을 구하면 된다.

○ **유실** : 훔친 사람의 신원을 끝까지 밝히려고 하면 안 된다. 밝히려고 하면 다친다.

　→ 물품을 뜻하는 재성 酉의 위에 암귀가 임하니 재물로 인해 암해를 입는 상이다.

○ **출행** : 친한 이로부터 천거를 받을 수 있도록 힘쓰는 것이 이롭다. 다만 재물을 잃는 것을 방지해야 한다.

　→ 초전 酉 → 중전 子 → 말전 卯 → 일간 丁을 차례로 생을 하니 사람들의 추천을 받도록 노력해야 한다. 다만 초전에 재성이 임하

니 사람들에게 재물을 베풀어야 한다.
○ **행인(귀가)** : 축일(丑日)이나 진일(辰日)에 도착한다.
→ 원행은 초전과의 삼합에 해당하는 날 오니 사일(巳日)이나 축일(丑日)에 오고, 근행은 초전과의 육합에 해당하는 날 오니 진일(辰日)에 온다.
※ 『육임직지』 원문에서는 "丑일이나 寅일에 도착한다."고 하였다.
○ **쟁송** : 운이 있는 사람은 타인의 보이지 않는 도움을 받고, 운이 없는 사람은 도류(徒流)의 형을 받는다.
→ 잘못이 없는 사람은 삼전이 차례로 일간을 생하니 사람들의 도움을 받고, 잘못을 저지른 사람은 삼교격이니 형을 받는다. 도형은 곤장형과 징역형을 말하고, 류형은 귀양형을 말한다.
● 쟁송에서는 간지가 교차육합하니 합의를 보는 것이 좋고, 만약 합의를 보지 않을 경우에는 나와 상대 모두 손실을 입는다.
○ **전투** : 외교관이 온다. 그러나 허(虛)는 많고 실(實)은 적으며 처음과 나중이 다르다.
→ 일간과 일지가 모두 그 천반으로 탈기를 당하니 손실만 입는다. 특히 간상에 묘신이 임하니 속임을 당하기 쉽다.

□ 『**필법부**』 : 〈제8법〉 일록이 일지에 임하면, 임시직으로서 정당한 자리가 아니거나 혹은 먼 곳에 직장이 주어진다.
〈제31법〉 삼전이 체생하면 타인의 추천을 받는다.
〈제35법〉 일간과 일지가 탈기를 당하면 도난당한다.
□ 『**과경**』 : 午가 酉에 가하면 죽은 교분이라는 뜻의 '사교(死交)'이고, 酉가 午에 가하면 깨진 교분이라는 뜻의 '파교(破交)'인데 반음과에서는 반목하는 삼교라는 뜻의 '반목교(反目交)'이다. 이 모두는 이뤄지는 상이 되지 않는다. 과전에 태음과 육합이 없으니 삼교가 불성한

다. 만약 연월일시가 모두 사중이면 삼교가 풀리지 않는다는 뜻의 '삼교불해(三交不解)'라고 하여 2개만 해당하더라도 화(禍)가 중하다. 그러나 만약 기세가 왕성하고 길장이 타면 '승헌(乘軒)'이라고 하여 관직정단에서 크게 귀하다.

| 丁卯일 | 제 11 국 |

공망 : 戌·亥
낮 : 왼쪽 천장, 밤 : 오른쪽 천장

癸	○	乙
朱酉貴	貴亥陰	陰丑常
未	酉	亥 ○
癸	○	己	辛
朱酉貴	貴亥陰	空巳勾	勾未朱
丁未	酉	卯	巳

辛勾未巳	壬合申午	癸朱酉未	○蛇戌申
青庚午辰 空己巳卯	合		○貴亥酉 玄甲子戌 陰
白戊辰寅	常丁卯丑	空丙寅子	陰乙丑亥 常
	青	玄	白

- **과체** : 중심, 진간전, 여덕(낮), 용전∥육음, 응음(酉亥丑), 재폐구, 재둔귀, 주작폐구(낮), 아괴성, 강색귀호, 염막귀인(낮), 천을신기, 형상, 삼기(말전), 복덕(제4과), 불행전, 귀인임신, 주야상가, 살몰.

- **핵심** : 주야의 귀인이 모두 모여 있지만 모든 일에서 근거가 없고, 본인의 체력이 약하니 질병으로 인해 근심이 깊다.

- **분석** : ❶ 밤 귀인 酉는 지반으로부터 극을 당하고 낮 귀인 亥는 공망되었다. 비록 밤 귀인 酉가 발용이 되고 삼전에 들었지만 귀인의 도움을 받을 수 없다. 그 이유는 귀인이 지나치게 많으니 나에게 하나의 결실도 돌아오지 않는다.

❷ 일간 丁의 사(死)인 酉가 일간에 임하니 일간이 지나치게 쇠약해서 걱정이 깊다.

❸ 말전에서 초전의 재성을 돕는다.

❹ 귀인이 너무 많으니 오히려 의지할 곳이 없다.

❺ 재성인 酉는 낮 정단에서 주작으로부터 협극을 당하고 중전과 말전은 공망되었다. 이와 같이 파괴된 발용이 공망으로 전해지니 심신에 이롭지 않다. ❻ 또한 낮 정단에서는 '돌목살'이라고 하여, 귀

인이 눈을 부릅뜨고 쳐다보니 오히려 이롭지 않다.
□ 정단 : ❶ 삼전이 극음이니 모든 일에서 어둡다.
❷ 초전의 酉가 폐구가 되었고 다시 협극을 당했으니, 마음이 편치 않고 귀인에게 부탁하면 들어주지 않는다.
❸ 이 과는 '용전'이다. 진퇴를 결정하는 일에서 뒤로 물러나게 되고, 의혹이 이어지며, 불안하다. 다만 덕을 쌓은 사람은 저절로 편안하지만 경거망동하면 반드시 나중에 후회하게 된다.

○ 날씨 : 오랫동안 흐리다.
→ 초전의 酉는 음습을 뜻하고 중전의 亥는 비를 뜻한다. 亥가 공망되었으니 흐리기만 하고 비는 오지 않는다.
○ 가정 : 괜히 손실을 입는다. 홀아비와 과부 그리고 착한 사람이 나오거나 또는 혼을 빼서 속이는 진실하지 못한 사람이 나온다.
→ ● 가계 : 일간은 사람이고 일지는 가정이다. 지상신 巳에서 일지 卯를 탈기하니 가정에 손실이 발생한다. 특히 낮 정단에서는 지상에 천공이 타니, 타인으로 인해 가정에 손실이 발생하거나 속임을 당한다. ● 간음 : 삼전이 응음(凝陰)이니 간음과 도난을 방지해야 한다.
○ 혼인 : 나쁘다.
→ ● 혼인 : 나쁘다. 낮 정단에서 지상에 천공이 타고 있으니 심성이 바르지 못한 사람이고, 밤에는 지상에 구진이 타고 있으니 쟁투를 일삼는 사람이니 나쁘다. ● 성부(成否) : 간지와 그 상신이 모두 삼합하니 혼인이 성사될 가능성이 있다.
○ 임신·출산 : 태아가 움직이니 불안하다. 벙어리 딸을 낳는 것을 방지야 한다.
→ 일간은 태궁이다. 일간이 음이고 그 상신이 음이니 딸이고, 중심

과이니 다시 딸이다. 그리고 초전이 폐구되었으니 선천성 청각·언어 장애자이다.

○ **구관** : 이미 합격한 사람은 임명을 받게 되고, 아직 합격하지 않은 사람은 뜻을 잃게 된다.

→ 주작과 천공은 문서이다. 낮 정단에서 주작이 간상에 보인다. 이미 합격한 사람이 임명을 받는 것은 밤 정단에서 천공이 타고 있는 卯에서 일간을 생하기 때문이다. 그리고 시험에 합격하지 않은 사람이면 주작이 폐구가 되었으니 불합격이다. 낮 정단에서는 염막귀인이 일간에 임하니 관직자는 퇴직할 우려가 있다.

○ **구재** : 의지대로 되지 않고 사인(任人)이 빼앗아 간다.

→ 초전의 재성 酉가 폐구되었으니 구재가 의지대로 되지 않는다. 그리고 밤 정단에서는 귀인이 酉에 임하니 귀인에게 사심이 있다.

○ **알현** : 먼저는 순응하지만 나중에는 어긋나며 주인과 손님의 뜻이 서로 다르다.

→ 낮 귀인과 밤 귀인이 과전에 가득 보이면 귀인을 만나서 목적을 이루지 못한다.

○ **질병** : 주로 울화병이다. 구토하고 목구멍이 막히며 혹은 심장과 폐에 병이 들어 있다. 신병은 치료되고 구병은 위독하다.

→ ● 병증 : 주작이 간상에 타고 있으니 구설로 인한 울화병이고, 초전이 폐구되었으니 구토하고 목이 막힌 병이며, 금이 폐구되었으니 폐병이다. 그리고 낮 정단에서는 귀인이 공망되었으니 귀수의 영향을 받는다. ● 치료법 : 의약신이 未이니 환(丸)이 좋고, 의약신이 巳에 임하니 동남간에서 의약을 구하면 된다.

○ **실탈** : 도망친 사람은 스스로 돌아온다. 물건을 훔쳐간 도적은 부인인데 이를 본 사람은 말을 하지 않는다.

→ 주작이 폐구되었으니 설령 도둑의 신분을 아는 사람이 있을지라도 그는 말을 하지 않는다.

○ 출행 : 귀인을 만나도 무익하다.
  → 천을귀인이 과전에 가득하게 임하면 귀인의 도움을 받지 못한다.
○ 귀가 : 봄과 가을 정단에서는 반드시 오고, 겨울과 여름 정단에서는 오지 않는다.
  → 원행은 초전과의 삼합에 해당하는 날 오니 사일(巳日)이나 축일(丑日)에 오고, 근행은 초전과의 육합에 해당하는 날 오니 진일(辰日)에 온다.
○ 쟁송 : 나중에 움직이는 것이 유리하며 나중에 풀린다.
  → 나중에 움직이는 것이 유리한 이유는 중심과이기 때문이고, 나중에 풀리는 것은 중전과 말전이 공망되었기 때문이다.
○ 전투 : 낮 정단에서는 헛된 속임이 있고, 밤 정단에서는 공(功)이 있다. 처음에는 성하지만 나중에는 부진하다.
  → 낮 정단에서 속임을 당하는 것은 지상에 천공이 타기 때문이다. 처음에 성한 것은 초전이 공망되지 않았고, 나중에 부진한 것은 말전이 공망되었기 때문이다.

□ 『필법부』 : 〈제48법〉 과전이 모두 귀인이면 기댈 곳이 없다.
  〈제45법〉 주야귀인이 서로 가하면 양 귀인에게서 구하면 된다.
  〈제48법〉 귀살에 천을귀인이 타면 곧 천신과 지귀의 해가 있다.
  〈제58법〉 용신에서 일간을 깨면 돌아갈 곳이 없다.
□ 『정와』 : 육음은 흐리고 어두워서 마치 깊은 물을 건너는 것과 같다. 공적인 일에서는 흉하고 사적인 일에서는 이롭고, 병환은 병사가 얽혀서 끊어지지 않는다.
□ 『과경』 : 酉가 일간에 임하면 '아괴성'이다. 다시 말하기를 酉가 일간 丁에 임하면 재성이 폐구를 만들었다고 한다.

丁卯일　제 12 국

공망 : 戌·亥 ○
낮 : 왼쪽 천장, 밤 : 오른쪽 천장

	戊		己		庚
白	辰	青 空	巳	勾 青	午 合
	卯		辰		巳
	壬		癸		戊	己
合	申	蛇 朱	酉	貴 白	辰 青	空 巳 勾
	丁未		申		卯		辰

庚青午合	辛勾未朱	壬合申蛇	癸朱酉貴
空巳己辰	勾午	合未	○蛇戌酉
白辰戊卯	青		○貴亥戌
常丁卯寅	空丙寅丑	玄乙丑子	○后甲子亥

□ **과체** : 견기, 순여, 참관, 용전∥섭해, 승계(昇階), 재폐구, 주작폐구, 침해, 복덕, 천라지망, 백화.

→ **백화** : 백호가 월신살인 사신이나 사기에 해당하면 이 격이다.

□ **핵심** : 밤 정단에서 재운이 쇠한 것은 반드시 동류로 인한 것이다. 환자에게는 요통이 있고, 낮 정단에서는 귀인을 믿어서는 안 된다.

□ **분석** : ❶ 간상의 申은 일간의 재성이다. 밤 정단에서 申에 등사가 타고 있고 다시 삼전이 일간의 동류이니 형제가 분쟁하여 재운이 쇠퇴한다.

❷ 초전의 辰은 허리이다. 卯에 임해서 극을 당하며 辰에 백호가 타고 있다. 백호가 근골을 뜻하니 요통이 있다.

❸ 이 과는 기궁인 未는 午의 앞에 있고 일지인 卯는 辰의 뒤에 있으니, 일간과 일지가 삼전을 협정하는 '협정삼전(夾定三傳)'이다. 모든 일에서 나아가고 물러나는 것이 사람의 뜻대로 되지 않는다.

□ **정단** : ❶ 이 과전은 용전과 참관이다. 앞날에 장애가 생기고, 마음에는 믿기지 않는 곳이 있으며, 뜻한바 대로 나아갈 수 없고 그렇다고 물러날 수도 없다.

❷ 군자가 정단하면 거듭 복을 받고, 순여의 상이니 헛된 것이 아니다. 寅년과 午년의 酉월 酉시 정단에서는 모두 불리하다.
❸ 간지 앞의 12지가 간지 위에 타서 그물이 몸과 가정을 묶고 있는 상이니 어찌 형통하겠는가? 따라서 멈춘 상태에서 분수를 지키는 것이 이롭다. 이는 간지에 왕신 곧 양인이 임하기 때문이다. 만약 경거망동하면 사람을 옥죄는 그물로 변하고 다시 양인에 걸려든다.

○ 날씨 : 밤 정단에서는 비가 오고, 낮 정단에서는 천둥번개가 치며 비가 오지 않는다. 나중에는 오랫동안 맑다.
  → 청룡이 辰巳午未에 타면 용이 승천한다고 하여 비가 온다. 낮 정단 초전에 청룡이 辰에 타고 있으니 비가 오지만 중·말전이 화의 오행 巳午이니 맑다. 그리고 백호가 辰巳午未에 타면 백호가 숲속을 거닌다고 하여 바람이 분다. 밤 정단에서 초전 辰에 백호가 타고 있으니 바람이 불지만 중·말전이 화의 오행 巳午이니 맑다.
○ 가정 : 집은 좁고 사람은 많다. 집의 아래에 시신이 있다.
  → ● 가옥 : 집이 좁은 이유는 일지의 기운이 초전 → 중전 → 말전 → 일간으로 전해져 설기되었기 때문이다. ● 복시 : 낮 정단에서 가택 아래에 시신이 있는 이유는 백호가 사계인 辰에 타고 있기 때문이다. ● 가정운 : 과전이 섭해와 천라지망이어서 나와 가정사가 잘 풀리지 않지만, 삼전이 밝음으로 나아가는 승계이니 가운이 밝다.
○ 혼인 : 길하다. 다만 늦게 결합하는 것이 좋다.
  → ● 혼인 : 간지와 그 상신이 삼합하니 길하다. 그러나 섭해과이니 늦게 성사된다.
○ 임신·출산 : 태아가 아직 덜 자랐다. 그리고 연달아 임신된다.
  → 섭해과에서 사맹상신이 발용이 되면 '견기격'으로서 임신정단을 하면 미숙아라고 하였다. 그러나 이 과전은 지반의 卯가 천반의 辰

을 두 번 하적상해서 발용이 되었으니 견기격은 아니며, 섭해과는 천반의 신이 지반의 본가로 가면서 극을 당한 것이 발용이 되었으니 임신정단을 하면 장애가 많다고 분석한다. 그리고 삼전의 辰巳午가 진여이니 연달아 임신한다.

○ **구관** : 먼저는 어렵고 나중은 쉽다.

→ 먼저 어려운 것은 초전이 협극 및 상하가 육해이기 때문이다. 나중이 쉬운 것은 말전에 일록이 있기 때문이다.

○ **구재** : 재물을 얻는다. 그러나 처를 얻으면 재앙이 발생한다.

→ 간양과 간음의 천반에 처재효 申酉가 있고 그 위의 둔반에 귀살 壬癸가 임하니 처첩을 얻거나 재물을 얻은 뒤에 관재가 발생한다. 특히 제2과의 癸酉는 폐구된 재성이니 취득할 수 없다. 만약 사업을 할 경우 섭해이고 다시 간지가 천라지망이니 난관이 있고, 제2과의 재물은 폐구되었으니 취할 수 없는 재물이다.

○ **질병** : 요통이다. 처음에는 위중하고 나중에는 가벼워진다. 부적을 그리고 약을 쓰며 기도를 올리는 것이 매우 좋다.

→ ● 병증 : 辰은 허리이다. 辰이 卯에 임해서 극을 당하고 백호가 타고 있으니 요통이다. 백호가 오로지 근골을 뜻하니 요통에 의한 병이 있다. 그리고 만약 자월(子月)이나 축월(丑月)에 정단히면 백호 승신 辰이 사신과 사기이니 목숨이 위험하다. ● 치료법 : 의약신이 辰이니 환(丸)이 좋고, 의약신이 卯에 임하니 정동에서 의약을 구하면 된다. 그리고 낮 정단에서 천을귀인이 귀살이어서 귀수의 영향을 받았으니 부적을 그리고 약을 쓰며 기도를 올려야 한다.

○ **유실** : 집 주변에 있다. 어느 곳으로도 가지 않았다.

→ 섭해과는 지일과에서 분파된 과이다. 지일과와 섭해과는 사람과 물건이 집 주변에 있다.

○ **포획** : 낮 정단에서는 도둑이 멀리 도망쳤으니 잡을 수 없다. 만약 바로 쫒으면 사람에게 상해를 입히고 도망친다.

➔ 辰이 과전에 임하면 참관이다. 참관격은 도망에 이로운 격이니 도둑이 잘 도망친다. 사람에게 상해를 입히는 것은 辰의 천지반이 육해이기 때문이다.

○ 출행 : 옛것을 새롭게 도모하는 것이 정녕 좋다. 그리고 외출을 해서 누군가에게 부탁하면 얻는 것이 있다.

➔ 출행을 새롭게 해야 하는 것은 견기격이기 때문이다. 외출해서 얻는 것이 있는 것은 밤 정단에서 천을귀인이 재성이기 때문이다. 만약 공무원이나 존장에게 재물을 구하면 얻을 수 있다.

○ 귀가 : 돌아오지 않았다.

➔ 진여는 아직도 여행하는 상이다.

○ 쟁송 : 합의보는 것이 좋다.

➔ 간지와 그 상신이 삼합하니 합의하는 것이 좋다. 만약 합의를 하지 않으면 간지가 삼합하니 쟁송이 오래간다.

○ 전투 : 외적이 화해를 구하는 상이다.

➔ 일간은 아군, 일지는 외적이다. 간지가 삼합하니 휴전한다.

□ 『필법부』 : 〈제55법〉 천라지망을 만나면 모망사에 졸렬해진다.

➔ 매일의 제12국은 천라지망이다. 일간 未의 상신이 申이고 일지 卯의 상신이 辰이다. 이는 마치 촘촘한 그물이 사람과 가택을 옭아매는 상이다.

□ 『조담결(照膽訣)』 : 卯·未가 임한 방위가 은둔과 도망에 좋은 방위이다. 만약 청룡, 태음, 천후, 육합이 과전에 임하면 숨는 일에서 좋다.

➔ 참관격은 은둔과 도망에 이로운 격이다. 특히 과전에 청룡, 태음, 천후, 육합이 타면 은둔과 도망에 더욱 이롭다. 이 과전에서는 卯의 지반이 寅이고 未의 지반이 午이니 寅방이나 午방이 길방이다.

□ 『과경』 : 丑이 子에 가하면 복태격이다. 여기서의 丑은 배이다.

무진일

戊辰日의 길신(구보)과 흉살(팔살)

일덕	巳		형	
일록	巳		충	
역마	寅		파	
장생	寅		해	
제왕	午		귀살	寅卯
순기	丑		묘신	戌
육의	甲子		패신	卯
귀인	주	丑	공방	戌亥
	야	未	탈(脫)	申酉
합(合)			사(死)	酉
태(胎)	子		절(絶)	亥

| 갑자순 | 무진일 | 1국 |

戊辰일 제 1 국

공망 : 戌·亥 ○
낮 : 왼쪽 천장, 밤 : 오른쪽 천장

己	壬	丙
勾巳朱	白申后	蛇寅靑
巳	申	寅

己	己	戊	戊
勾巳朱	勾巳朱	合辰合	合辰合
戌巳	巳	辰	辰

己勾巳	庚朱午	辛蛇未	壬空未 貴	癸白申 后
戊合辰辰 合				癸常酉 酉 陰
丁朱卯卯 勾				○玄戌戌 玄 ○
丙蛇寅寅 靑	乙貴丑丑 空	甲后子子 白		陰亥亥 常 ○

□ **과체** : 복음, 천라, 참관, 일녀, 원태∥왕록임신, 간지동류, 말조초혜, 양면도격, 체극, 간지동류.

※ **일녀격** : 천후와 육합이 일간이나 지상 혹은 초전과 말전에 나란히 임하지 않으니 불성한다.

□ **핵심** : 낮 정단에서 백호는 장생에 타고 있고, 밤 정단에서 청룡은 귀살에 타고 있다. 권세를 뜻하는 칼자루가 말전에 있으니 패(敗)하기도 하고 성(成)하기도 한다.

→ 중전의 申이 일간의 장생인 것은 수토동궁이 적용되었다. 수토동궁은 오행의 수(水)와 토(土)는 동일한 궁이니 동일한 오행을 적용한다는 설이다.

□ **분석** : ❶ 흉장인 백호가 낮 정단에서 장생에 임하니 불행 중 다행이고, 길장인 청룡이 밤 정단에서 일간의 귀살에 타고 있으니 다행 중 불행이다.

❷ 말전의 寅이 초전의 巳를 생하고, 巳가 일간 戊를 생한다. 만약 중전의 申이 말전의 寅을 극하면 말전의 寅도 일간 戊를 극한다. 따라서 성과 패로 나누어지니 위험하지 않다.

❸ 초전의 巳화가 중전의 申금을 극하고, 중전의 申금이 말전의 寅목을 극하며, 말전의 寅이 일간 戊토를 극하니 삼전이 계속하여 극을 한다. 말전의 寅목이 초전의 巳화를 생하고, 초전의 巳화가 일간 戊토를 생하니, 말전이 초전을 도와 일간을 생한다. 따라서 고진감래에 비유된다.

□ **정단** : ❶ 이 과에서는 차례로 형(刑)을 하고 차례로 극(剋)을 하는 자 임격이니 은혜가 없다.

❷ 처음에는 타인이 나를 극하니 나를 해치는 사람이 반드시 있고, 이구동성으로 들끓어서 나를 헐뜯는 상황에 이르고, 일반인은 그의 소행이 흉악하여 호통을 맞게 된다. 국가의 공무원이 이 과전을 얻으면, 가급적 빨리 단속해서 화를 방지하면 오히려 승진하는 경사가 있다.

○ **날씨** : 구름이 많이 끼지만 비는 오지 않는다. 바람이 불고 오히려 갠다.
  → 초전의 구진이 구름을 뜻하니 구름이 끼고, 말전의 寅이 바람을 뜻하니 바람이 불고 비는 오지 않는다.
○ **가정** : 편안하다. 가택신이 일간을 탈기했으니 부유하지 않다.
  → ● 가상 : 일지와 그 상신에서 기궁과 그 상신을 탈기하고 지상에 형제효가 많으니 가난해지는 가상이다.
  ● 직업 : 간상에 일록이 임하니 식록이 있다.
○ **혼인** : 여자가 남자를 구한다. 성사가 늦어진다.
  → ● 성부(成否) : 일지는 상대이다. 간상의 巳에서 지상의 辰을 생하니 내가 상대에게 구애한다. 삼전의 삼형이 서로 다투는 상이니 혼인이 늦어지거나 불성한다.
  ● 성정 : 주야 모두 지상에 육합이 타고 있으니 사교적인 사람이다.

○ **임신·출산** : 딸을 낳는다. 태아는 안전하고 순산하지만 7월 정단에서
  는 키우지 못할 수도 있다.
  → 여아인 것은 삼전이 1음2양이기 때문이다. 그리고 신월(申月) 정
  단에서는 태신 子가 월신살 사기에 해당하니 신월에 임신된 태아는
  사망할 우려가 있다.
○ **구관** : 시험에 응시하여 장원으로 합격하고 합격문서를 받는다.
  → 복음과이고 삼전에 삼형을 갖췄으니 합격한다. 또한 초전의 巳는
  관록을 뜻하는 일록이니 길하고, 중전의 申은 천성(天城)이니 길하
  며, 말전의 寅은 역마이고 천리(天吏)이니 합격한다. 만약 관직자가
  정단하면 승진하거나 발탁되니 최길하다.
○ **구재** : 낮 정단에서는 전토(田土)를 얻고, 밤 정단에서는 구설수로 손
  상당한다.
  → 낮 정단에서는 간상에 구진이 타서 일간을 생하니 부동산을 얻
  고, 밤 정단에서는 간상에 주작이 타서 일간을 생하니 문서를 얻는
  다. 만약 사업을 한다면 과전의 천반에 처재효가 임하지 않으니 돈
  을 벌기 어렵다. 다만 연명이 亥나 子인 사람은 사업해서 돈을 번다.
○ **알현** : 집에 있다. 손님과 주인이 만난다.
  → 복음과는 상내가 집에 있으니 민닌다.
○ **질병** : 낮 정단에서 태기(胎氣)는 길하다. 나머지의 병은 위험한데 특
  히 존장에게 매우 이롭지 않다.
  → ● 병증 : 나머지의 병이 위험한 것은 삼전이 삼형이기 때문이고
  존장에게 매우 흉한 것은 말전에 있는 장생 寅에 흉장인 등사가 타
  기 때문이다.
  ● 치료법 : 의약신이 申이니 침이나 수술이 좋고, 의약신이 申에 임
  하니 서남간에서 의약을 구하면 된다.
○ **유실** : 본가를 떠나서는 되찾을 수 없다.
  → 복음과의 유실 정단은 유실물이 집안에 있거나 집 근처에 있다.

○ **출행** : 몹시도 더디게 출발한다.
  → 복음과이기 때문이다.
○ **귀가** : 바로 온다. 집에 희경사가 있다.
  → 바로 오는 것은 복음과이기 때문이다. 그리고 지상의 자손효에 육합이 타고 있으니 육합이 뜻하는 혼인이나 자녀를 얻는 기쁨이 있다.
○ **쟁송** : 승패가 나지 않는다.
  → 간지가 동일한 오행이니 승패가 쉽게 나지 않는다.
○ **전투** : 전장에서 마주한 상황에서 신중한 쪽이 패전하지 않는다.
  → 복음과는 신중해야 승전한다.

□ 『**필법부**』 : 〈제32법〉 삼전에서 차례로 나를 극하면 대중이 나를 기만한다.
  → 초전 巳 → 중전 申 → 말전 寅 → 일간 戊를 차례로 극하니 여러 사람이 나를 속이고 해를 끼친다.
  〈제75법〉 손님과 주인이 다투니 형벌을 받는다.
  → 삼전이 삼형이니 주객이 다투는 상이다. 행동을 하게 된다.
  → 복음과에는 자임과 자신이 있다. 비록 복음과가 정수(靜守)의 상이지만 복음과에 삼마 곧 역마, 정마, 천마가 임하면 움직일 수 있다. 다만 발용이 왕상해야 움직이는 것이 길하다.
□ 『**과경**』 : 복음과의 여섯 戊일은 흉하다. 3전이 차례로 일간을 극을 해오고 화기(和氣)가 전무할 경우에는 삼기인 甲戊庚이 있더라도 모든 일은 불가하다.

戊辰일 제 2 국

공망 : 戌·亥 ○
낮 : 왼쪽 천장, 밤 : 오른쪽 천장

丁	丙	乙	
朱卯勾	蛇寅青	貴丑空	
辰	卯	寅	
戊	丁	丁	丙
合辰合	朱卯勾	朱卯勾	蛇寅青
戊巳	辰	辰	卯

戊辰巳 合	己巳午 勾	庚午未 朱	辛未申 貴
丁卯辰 朱 丙寅卯 蛇 乙丑寅 貴	甲子丑 后	癸亥子 陰	壬申酉 白 癸酉戌 常 戌亥 玄

□ **과체** : 비용, 퇴여, 불비, 천강 ∥ 원수, 불비, 연방, 간지동류, 삼기, 참관, 피차시기, 살몰.

→ 원전에서 '비용(比用)'이라고 표기하였다. 그러나 한 곳의 천반에서 그 지반을 극하니 원수과이다.

□ **핵심** : 일간의 귀살이 일간의 묘신에 임했으니 가정을 구해야 한다. 겨울의 낮 정단에서는 화재가 난다. 질병과 소송이 끊이지를 않는다.

□ **분석** : ❶ 일지인 辰은 일간 戊토의 묘신이고, 일간의 귀살인 지상의 卯는 일지에 임했다. 이와 같이 묘신과 귀살이 중첩되었으니 질병정단에서 흉하다.

❷ 지상의 卯와 간상의 辰이 서로 해(害)의 관계이니 여러 가지 일에서 공허해진다.

❸ 卯가 가정의 기운이니 언행을 조심해야 한다. 또한 낮에는 지상에 타고 있는 주작이 가정을 극하고 있고, 겨울 정단에서는 卯가 화귀이니 가정에 화재가 발생한다.

❹ 묘신이 일간을 덮고 있으니 우환이 없다면 병이 난다.

❺ 귀살이 제3과와 4과에 임하면 가정에 관송이 발생하는 것을 면하기 어렵다.

□ 정단 : ❶ 이 과는 계속하여 이어지는 뜻을 지닌 '연여'이다. 역으로 전해지며 음과(陽課, 일지)에서 갖추지를 못한 '불비'이니, 일이 꼬이고 의혹스러워져서 모망사를 이루기 어렵다.

❷ 묘신이 일간에 임하고 귀살이 일지에 임하면, 사람은 혼미해지고 가택은 편안하지 않다. 만약 심신을 살피고 경거망동하지 않으면 재앙이 저절로 사라지고 복이 온다.

❸ 己丑년의 진월(辰月)이나, 신월(申月)이나, 자월(子月)에 질병정단을 하면 상(喪)을 당한다.

❹ 卯가 辰에 가하고 여기에 주작이 타면 대개의 경우 구설이나 문서사가 발생한다.

→ 주작귀살이 지상에 타서 일지를 극하면 집에 화재가 발생하니 화재를 예방하거나 화재보험을 들어야 한다.

○ 날씨 : 낮 정단에서는 비가 오지 않고, 밤 정단에서는 비가 온다.
→ 초전이 卯이니 우래와 번개가 치고, 중전이 寅이니 바람이 불며, 말전이 丑이니 비를 부른다. 다만 중전에 밤 정단에서 청룡이 타니 한때 비가 온다.

○ 가정 : 가정을 정성껏 지키고 화재를 예방해야 한다.
→ ● 화재 : 겨울정단에서 지상의 卯가 화재를 뜻하는 화귀살이다. 겨울 낮 정단에서는 화재를 예방해야 한다. ● 화목 : 일간은 가장이고 일지는 식구이다. 간지상의 辰과 卯가 육해이니 화목하지 않다. ● 음란사 : 사과가 불비이니 가정의 음란을 방지해야 한다. ● 이사 : 가정을 뜻하는 지상에 정마가 타고 있으니 이사수가 있다.

○ 혼인 : 불성한다.

➡ ● 성부(成否) : 간지상의 卯와 辰이 육해이니 남녀가 서로에게 상해를 입히는 상이다. ● 성품 : 사과가 불비이니 음란을 방비해야 한다.
○ 임신·출산 : 육손이와 언청이 병을 앓는 아기 출산을 방지해야 한다.
➡ 사과가 불비이니 아기의 생육이 불완전하니 미숙아가 출생할 우려가 있다.
○ 구관 : 구관에서 귀인이 보이니 깨진 뒤에 성사된다.
➡ 사과에서는 관성이 국을 이루고 있고, 삼전에서는 관성이 있으며 특히 낮 정단에서는 말전에 천을귀인이 타고 있다. 겨울 정단에서는 관성이 상기가 되고 봄 정단에서는 왕기가 되니 더욱 좋으며, 말전 丑이 삼기이고 다시 삼전이 천상삼기이니 구관에 이롭다.
○ 구재 : 일이 뒤집혀서 재물을 얻지 못한다.
➡ 재물을 뜻하는 재성이 과전에는 없다. 연명이 丑인 사람은 丑의 위에 재성이 있으니 구재가 가능하다. 특히 일간과 동일 오행인 일지 辰이 간상으로 와서 재물을 다투는 상이니 구재에 불리하고, 말전이 형제효이니 더욱 불리하다. ● 사업을 할 경우 경쟁자는 많고 재성은 없으니 나중에 폐업할 가능성이 높다.
○ 질병 : 전염병으로 시달리게 된다. 그리고 두통과 발열이 있다.
➡ ● 병증 : 전염병을 뜻하는 것은 월건 신살인 천귀가 귀살에 해당되어 일간을 극할 때이다. 진월(辰月)과 신월(申月)과 자월(子月)에는 지상의 卯가 천귀이니 가정에 전염병이 유행할 우려가 있다. ● 치료법 : 의약신이 申이니 침이나 수술이 좋고, 의약신이 酉에 임하니 정서에서 의약을 구하면 된다.
○ 유실 : 재물을 찾기 어렵다. 도망간 사람을 신속히 찾아야 한다.
➡ 재성이 과전에 보이지 않으니 찾기 어렵지만 연명이 丑인 사람은 찾는다. 지상의 정마가 초전에 있으니 서두르면 잡을 수 있다.
○ 출행 : 움직일 수 없다. 움직이면 장애가 생기고 불리하다.

→ 삼전의 퇴연여는 오히려 귀가하는 상이다. 출행에 장애가 생기는 이유는 천라지망인 辰이 출행인을 뜻하는 일간에 임하고 다시 천괴인 戌이 천문 亥에 임하기 때문이다.

○ 귀가 : 아직 오지 않는다. 본명이 寅과 卯이면 바로 도착한다.

→ 본명은 사람을 뜻한다. 본명 寅과 卯가 제3·4과에 임하면 바로 온다. 그리고 출행한 사람의 행년이 寅과 卯이어도 바로 도착한다.

○ 쟁송 : 소송을 건 쪽이 유리하다. 교도소에 수감되는 형벌이며 질병에 시달린다.

→ 원수과는 소송을 먼저 건 쪽이 유리하며, 특히 초전의 천반이 득령하면 이것이 더욱 확실하다. 지상의 卯에서 일간 戌와 간상신 辰을 극하니 상대가 승소한다.

○ 전투 : 장군의 본명과 행년이 辰과 卯이면 가장 나쁘다. 적군이 반드시 오지만 전투는 하지 않는다.

→ 일간은 아군이고 일지는 적군이다. 지상의 卯에서 일간 戌를 극하니 두려운 적이다. 다시 삼전이 卯와 寅으로 이어지나 더욱 흉하다.

□ 『필법부』 : 〈제42법〉 삼전 내에서 삼기를 만나면 존숭해진다.

〈제76법〉 서로 시기하여 화가 각자에게 미친다.

→ 간지의 상신이 육해이니 혼인에서는 남녀가 다투고, 동업에서는 나와 상대가 다투며, 매매에서는 나와 상대가 다툰다.

〈제70법〉 귀살이 제3과와 제4과에 임하면 관사와 병환이 끊어지지 않고 계속 이어진다.

□ 『금구삼재부(金口三才賦)』 : 목(木)이 토(土)의 지반에 들어가니 교도소에서 종기에 의한 병재가 생긴다. 주작에는 문서와 구설의 뜻이 있고, 육합에는 혼인하는 경사의 뜻이 있다.

戊辰일 제 3 국

공망:戌·亥
낮:왼쪽 천장, 밤:오른쪽 천장

乙	○	癸
貴丑空	陰亥常	常酉陰
卯	丑	亥 ○

丁	乙	丙	甲
朱卯勾	貴丑空	蛇寅靑	后子白
戊巳	卯	辰	寅

丁卯巳	勾合	戊辰午	合勾	己巳未	朱	庚午申	蛇
蛇丙寅辰	青					空辛未酉	貴
貴乙丑卯	空					白壬申戌	后
后甲子寅	白	陰亥丑 ○	常	玄戌子 ○	玄	常癸酉亥	陰 ○

□ **과체** : 중심, 퇴간전, 극음, 용덕∥교차상극, 교차육해, 재공, 삼기(초전), 여덕, 복덕(공망), 무음, 간지동류, 구극.

□ **핵심** : 일간과 일지가 모두 극을 받고, 정마와 역마가 일간과 일지에 와 있다. 밤 정단에서 삼전이 모두 공함이 되었으니 조용히 있는 것과 움직이는 것[動靜] 모두 무익하다.

□ **분석** : ❶ 정마를 타고 있는 卯가 일간을 극하고 역마를 타고 있는 寅이 가정을 극하니, 사람과 집이 모두 상한다. 만약 움직이면 어찌 이익이 있겠는가?

❷ 밤 정단에서 초전에는 천공이 타고 있고, 중전은 순 중의 공망이며, 말전이 공망에 앉아 있으니, 삼전이 모두 공함이 되었다. 따라서 조급해하면 실수가 생기고 가만히 있더라도 얻는 것이 없다. 조용히 상황을 지키면 비록 얻는 것은 없지만 경거망동해서 재앙을 초래하는 것 보다는 낫다.

□ **정단** : ❶ 이 과전은 중심과이다.

❷ 간전이니 움직이면 장애가 생기고 지체된다.

❸ 초전에 천공이 타고 있으니 좋아 보인다. 음침하고 하늘 가득 흐

린 날씨에 별안간 바람을 불어 구름과 안개를 걷어내고 푸른 하늘을 보게 되는 것에 비유할 수 있다.

○ 날씨 : 짙게 흐린 날씨지만 바람이 불어서 갠다.
　→ 초전의 丑이 비를 주관하는 신이지만 밤 정단에서 천공이 탔으니 맑고, 중전이 비를 뜻하는 亥이지만 공망되었으니 비가 오지 않으며, 말전의 酉가 흐린 날씨를 뜻하니 비가 오지 않는다.
○ 가정 : 가정에 막힘이 있고 정마가 타니 분주하다.
　→ ● 우환 : 일간은 사람이고 일지는 집이다. 지상의 寅에서 일간과 일지를 극하니 사람과 집에 우환이 닥친다. ● 간상에 낮 정단에서는 주작이 타니 탄핵이나 구설수가 생기는 것을 방지해야 하고, 밤 정단에서는 구진이 타니 싸움이나 관재가 생기는 것을 방지해야 한다. ● 지상의 寅에 낮 정단에서는 등사가 타니 경공사가 생기고, 밤 정단에서는 청룡이 타니 가계난이 닥친다. 만약 술월(戌月)의 낮에 정단하면 가정에 병고가 닥친다.
○ 혼인 : 밤 정단은 길하다.
　→ ● 길흉 : 낮 정단에서는 지상에 흉장인 등사가 타고 있으니 흉하고, 밤 정단에서는 지상에 청룡이 타고 있으니 길하다. ● 성부 : 일간은 남자이고 일지는 여자이다. 그리고 극(尅)에는 살상의 뜻이 있고 해(害)에는 상해의 뜻이 있다. 일간과 일지가 교차상극하고 다시 교차육해하니 주야 정단 모두 혼인이 성사되기 어렵다. ※『육임직지』 원문에서는 "여자가 남자보다 나이가 많다."고 하였다.
○ 임신·출산 : 부실한 딸을 낳는다.
　→ 중심과는 딸이다. 임신정단에서 삼전은 태아가 발육되는 과정이다. 삼전에 공망이 많으니 건강하지 못한 태아가 된다.
○ 구관 : 아직은 이루지 못한다.

➜ 중심과는 관직정단에서 이롭지 않다. 그리고 간지가 교차상극하고 교차육해하니 길하지 않고 삼전이 다시 극음이며 간전이며 공망되었으니 뜻을 이루지 못한다. ● 더군다나 관성을 생하는 재성이 공망되었으니 더욱 흉하다.

○ **구재** : 얻는 것이 없다.
➜ 재성은 재물이다. 재성이 모두 공망되었으니 얻기 어렵다.

○ **질병** : 비·위가 상해서 온 병이지만 무방하다. 다만 오래된 병은 위험하다.
➜ ● 병증 : 귀살은 병의 원인이다. 귀살인 寅·卯에서 토의 오행인 일간을 극하니 비·위가 상했다. ● 치료법 : 의약신이 申이니 침이나 수술이 좋고, 의약신이 戌에 임하니 서북간에서 의약을 구하면 된다.

○ **교역** : 들쭉날쭉하지만 참아야 한다.
➜ 교역에서 일간은 나이고 일지는 상대이다. 간지가 교차상극하고 교차육해하니 교역이 잘 되지 않는다.

○ **출행** : 동쪽이 길하다.
➜ 일간은 여행객이고 일지는 여행지이다. 지상신이 寅이니 동쪽이 길하다고 하였다. 초전은 근방이고 말전은 원방이다. 공망된 말전의 酉에 비해 초전의 丑이 길하니 근방이 좋다.

○ **귀가** : 돌아온다.
➜ 초전이 사계인 丑이니 곧 돌아온다.

○ **쟁송** : 부동산으로 인한 구설이 있고, 문서로 인해 미혹되어 어지럽힘을 당하게 된다.
➜ 초전은 상담하는 용건이다. 초전이 丑이니 부동산에 관련된 일이다. 구설이 생기고 문서에 인해 어려움을 겪는 것은 낮 정단 간상에 주작이 귀살에 타서 일간을 극하기 때문이다.

○ **전투** : 낮 정단은 길하고, 밤 정단은 흉하다.

→ 일간은 아군이고 일지는 적군이다. 지상의 귀살 寅에서 일간을 극하니 흉하다. 지상의 寅에 낮에는 흉장인 등사가 타니 더욱 흉하고, 밤에는 길장인 청룡이 타니 흉이 감소한다.

○ **묘지** : 삼전이 국(局)을 형성하고 다시 삼기이다. 정마와 귀인이 발동하니 소나무와 가래나무를 많이 심어야 한다.

→ 삼전에서 巳가 빠져 있으니 종혁격을 형성하지 못한다. 그리고 초전의 丑은 甲子순 및 甲戌순의 삼기이다.

□ 『**필법부**』 : 〈제63법〉 서로가 모두 상하니 양쪽 모두 화를 방지해야 한다.

→ 일간 戊는 간상의 卯로부터 극을 당하고 일지 辰은 지상의 寅으로부터 극을 당하니, 쟁송정단에서 나와 상대 모두 피해가 생긴다. 〈제58법〉 용신이 깨지니 심신이 돌아갈 곳이 없다.

〈제64법〉 부부가 음란하여 각기 사통하는 일이 생긴다.

→ 간지가 교차상극하면 부부가 음란하여 각기 사통을 벌인다.

□ 『**과경**』・『**정와**』 : 귀살이 득지(得地)하여 묘지인 제3과에 임하면 동일한 오행을 끌어들여서 친구를 불러야 한다. 이러한 것을 '귀호(鬼呼)'라고 한다.

□ 『**고감**』 : 戊申년 6월이고 酉시 未월장에 가정정단을 했다. 간지는 戊辰토이고 간음의 丑이 또다시 토인데 이것이 묘문인 卯에 가했으니 동쪽 가장자리에 있는 문이 흙으로 막혔다. 간상이 卯이고 지상이 寅이다. 寅・卯가 6월에 묘신에 드니 죽은 나무가 된다. 벽의 바깥에 2개의 관이 있다. 말전의 酉가 亥에 가했으니 패지(敗地)이다. 여기에 태음이 타고 있으니 노부인이 술병으로 사망했다. 丑亥酉가 극음이지만 삼전이 공망되었으니 극음이 풀리지만 가운은 흩어진다. 이상의 것은 모두 증험이 있었다.

| 갑자순 | 무진일 | 4국 |

戊辰일 제 4 국

공망 : 戌·亥
낮 : 왼쪽 천장, 밤 : 오른쪽 천장

丙	○	壬
蛇寅青	陰亥常	白申后
巳	寅	亥 ○

丙	○	乙	○
蛇寅青	陰亥常	貴丑空	玄戌玄
戌巳	寅	辰	丑

蛇丙寅巳	青	朱丁卯午	勾	合戊辰未	勾	己巳申	朱
貴乙丑辰		空				庚午酉	蛇青
后甲子卯		白				辛未戌	貴空 ○
○陰亥寅	常	玄戌丑	玄	癸酉子 常	陰	壬申亥	后白 ○

□ **과체** : 원수, 기화(奇化), 원태, 지결(地結) ∥ 원태(병태), 명암이귀, 간지동류, 재공, 침해, 복덕(공망), 불행전.

□ **핵심** : 지금의 상황을 지키면 해를 입고, 움직이면 공허해진다. 낮 정단에는 백호의 화를 떨쳐내고, 밤 정단에서는 청룡이 손상을 입힌다.

□ **분석** : ❶ 간상의 寅목에서 일간을 극하니 가만히 머물면 안 된다. 이것을 포기하고 중전으로 기니 亥가 공허한 곳으로 들어가니 안거할 수 없다.

❷ 낮 정단에는 말전의 申에 백호가 타서 초전의 귀살 寅을 극하지만 말전이 공망되었으니 화를 떨쳐버릴 수 없다.

❸ 밤 정단에서는 청룡이 寅을 도와 일간을 해치고 다시 일간의 재물을 빼앗는다. 길과 흉, 화와 복이 동시에 일어나고 가라앉으니 어찌 하나만을 논할 수 있겠는가?

□ **정단** : ❶ 이 과에서는 기운을 누르고 막아서 통하지 않으니 꾀하는 일을 완수할 수 없다. 안으로는 재앙과 번뇌가 있고, 밖으로는 침범을 당할 우려가 있다.

❷ 다행히 원수과의 원태이며 다시 삼전에 이러한 것을 푸는 기운이 있으니, 처음에는 걱정이 되지만 나중에는 기쁨이 있다.
❸ 봄의 밤 정단에서는 양기가 열리고 통하는 기운이 있다. 그러나 申·亥의 연·월에는 이롭지 않다.

○ **날씨** : 낮 정단에서는 처음에는 맑고 나중에는 비가 온다. 밤 정단에서는 비가 많이 온다.
　→ 낮 정단에서는 화의 천장이 초전에 있으니 처음에는 비가 오지 않고, 말전에는 비를 생성하는 申이 임하며 다시 그 위에 壬수가 있으니 나중에 비가 온다. 밤 정단에서는 청룡이 초전에 있으니 처음에는 비가 오고, 말전에는 비를 생성하는 申이 임하고 다시 그 위에 壬수가 있으니 나중에 비가 온다.
○ **가정** : 형제가 많다. 집 양쪽에 작은 길이 있다. 동쪽 길은 폐쇄해야 한다.
　→ ● 식구 : 일지는 가정이다. 가정에 형제효가 많으니 형제가 많고 과전의 재성이 공망되었으니 수입이 적다.
　　● 화목 : 일간은 가장이고 일지는 식구이다. 간상의 寅에서 지상의 丑을 극하니 식구가 화목하지 않다.
○ **혼인** : 뜻이 맞아 합치고 처와 재물을 얻는다.
　→ ● 성부(成否) : 불성한다. 일간은 남자이고 일지는 여자이다. 간상의 寅에서 지상의 丑을 극하고, 다시 여자를 뜻하는 말전의 申에서 남자를 뜻하는 초전의 寅을 극하니 혼인하기 어렵고, 처를 뜻하는 중전의 亥가 공망되었으니 처를 얻기 어렵다. 처와 재물을 얻는다는 것은 원문의 오류이다.
○ **임신·출산** : 낮 정단에서는 곧 출산하고, 밤 정단에서는 딸을 낳지만 키우지 못한다.

→ 삼전이 1음2양이면 딸이다. 그러나 제1과의 천지반이 모두 양이니 아들이고, 원수과이니 아들이다. 따라서 아들일 가능성이 높다. 그리고 과전이 병태이니 출산한 아기는 건강하게 성장하지 못한다.

○ 구관 : 관직을 얻고 국록이 오른다. 고시 응시자는 합격한다.

→ ● 관직운 : 관직을 뜻하는 관성 寅이 초전에 있으니 관직을 얻는 상이지만 관성을 생하는 재성이 공망되었으니 관록이 오르지 않는다. 다만 공망된 亥가 메워지는 해년(亥年)이나 해월(亥月)이나 해월장(亥月將) 기간에 정단하면 공망이 메워지니 관직을 얻고 관록이 높아진다.

● 시험운 : 밤 정단에서는 관성 寅에 청룡이 타니 시험에 합격한다.

○ 구재 : 밤 정단에서는 큰 이익이 있다.

→ 그렇지 않다. 돈을 뜻하는 처재효 亥가 중전에서 공망되었으니 적은 이익조차 없다. 만약 해년(亥年)이나 해월(亥月)이나 해월장(亥月將) 기간에 정단하면 공망된 亥가 풀리니 큰 이익이 있다. 밤 정단에서는 청룡이 관귀효 寅에 타서 일간을 극하니 오히려 재정난이 있다.

○ 질병 : 낮 정단에서는 처음에는 흉하지만 나중에는 낫는다. 밤 정단에서는 처음에는 나을 것 같지만 나중에는 오히려 심해진다.

→ ● 병세 : 삼전은 질병이 진행되는 과정이다. 초전이 실하고 중전과 말전이 공망되었으니 낮 정단과 밤 정단 모두 초흉후길하다.

● 치료법 : 의약신이 酉이니 침이나 수술이 좋고, 의약신이 子에 임하니 정북에서 의약을 구하면 된다.

○ 실탈 : 노비가 훔쳐서 권문세가의 집으로 달아났다.

→ 예전의 노비는 남종업원과 여종업원을 뜻한다. 제4과 천반의 戌이 남종업원을 뜻하니 이가 범인이다.

○ 출행 : 상관(上官)의 부임은 길하고, 나머지 관직자에게는 이익이 없다.

→ 간상의 관성 寅이 관직자를 뜻하니 부임에 길하다. 그러나 나머지의 관직자는 재성이 공망되었으니 승진하기 어렵다.
○ 귀가 : 연모의 아쉬움이 있으니 귀가하려고 하지 않는다.
→ 여행지를 뜻하는 말전에 밤 정단에서 여인을 뜻하는 천후가 타고 있고 또한 둔반에는 처재효가 임하니 귀가하려고 하지 않는다.
○ 쟁송 : 먼저 건 사람이 승소한다. 즉 원고가 승소한다.
→ 일간은 원고이고 일지는 피고이다. 간상의 寅에서 지상의 丑을 극하니 원고가 승소하고, 또한 원수과이니 원고가 승소한다.
○ 전투 : 밤 정단에는 길하다. 보화와 책을 얻는다.
→ 재물을 뜻하는 재성이 중전에 있으니 금은보화를 얻는다. 다만 공망된 재성 亥가 메워져야 한다.
○ 묘지 : 도굴꾼에 의해 움푹 파헤쳐졌다.
→ 묘지정단에서 제4과는 시신이 묻히는 혈(穴)이다. 제4과가 공망되었으니 산소가 파헤쳐졌다.

□ 『필법부』 : 〈제63법〉 서로 상하니 양 쪽 모두 방비해야 한다.
〈제31법〉 삼전이 차례로 일간을 생하면 타인의 추천을 받는다.
〈제94법〉 희신과 구신이 공망되면 묘한 기틀이 된다.
〈제92법〉 3월 정단에서 청룡이 생기에 타면 길한 작용이 서서히 나타난다.
□ 『육임심경』 : 삼전이 모두 사맹이면 원태이다. 오행이 생하는 곳이니 어린이를 뜻한다. 정단하는 모든 일에서 새로운 뜻이 있거나, 임신이나 배우자를 맺는 일로 온다.
□ 『괘낭부』 : 원수과는 존귀한 신이다. 행하면 우러러보는 영수가 된다. 다시 말하기를 원태는 사맹이니 어린이이다. 다시 말하기를 寅이 巳에 가하면 아궁이를 고친다.

| 갑자순 | 무진일 | 5국 |

戊辰일 제 5 국

공망 : 戌·亥 ○
낮 : 왼쪽 천장, 밤 : 오른쪽 천장

甲	壬		戊
蛇 子 青	青 申 蛇		玄 辰 玄
辰	子		申
乙	癸	甲	壬
貴 丑 空	勾 酉 朱	蛇 子 青	青 申 蛇
戊巳	丑	辰	子

乙貴丑巳	丙空寅午	丁白陰卯未	戊玄辰申 己陰巳酉
甲蛇子辰	青		庚常午戌
○朱亥卯	勾		白
○合戌寅	癸合勾酉丑朱	壬青申子蛇	辛空未亥 貴

□ **과체** : 중심, 윤하, 순화(旬化) ∥ 화미, 전국, 육의, 삼전재효태왕, 복덕, 간지동류, 간지상신삼합, 나거취재, 신장·살몰·귀등천문(밤).

□ **핵심** : 상하가 화목하다. 삼전의 재물이 매우 왕성하니 여름과 토왕절에 얻을 수 있지만 가을과 겨울에는 얻기 어렵다.

□ **분석** : ❶ 과전이 巳酉丑과 申子辰이고 일간과 일지가 상하로 삼합한다. 申子辰이 삼전에 있고 간상의 丑이 육합을 하니 상하가 화목하다.

❷ 봄과 여름에는 수가 휴수(休囚)하니 만약 여름에 정단하면 오히려 얻을 수 있고, 수가 왕성한 가을과 겨울에는 삼전의 재물이 지나치게 왕성하니 오히려 재물이 훼손된다.

❸ 戊일의 辰에 현무가 타면 혼을 가두어들인다는 뜻의 '수혼신(收魂神)'이다. 11월에는 더욱 나쁘다. 그 이유는 辰이 사기이기 때문이다.

❹ 대길인 丑에 귀인이 타서 일간에 임하면 신과 성현이 와서 돕는다.

□ **정단** : ❶ 윤하격이니 가는 곳마다 재성이고, 다시 청룡이 삼전에 들

어와 있으니 마음먹은 대로 재물의 뜻을 이룬다.

❷ 과전이 삼합과 육합을 하고 있다. 《경전》에서 말하기를, 서로 삼합하면 기쁨이 넘쳐서 나쁨이 있더라도 나쁘지 않다. 하물며 삼전이 모두 일간의 재성이니 장애가 전혀 없다.

❸ 간상이 육합하고 있으니 안에 있는 모든 사람의 도움을 받아 뜻을 이룬다. 그러나 질병이나 풀려야 할 우환에는 나쁘다. 가을과 겨울에는 특히 불리하다.

○ 날씨 : 큰 비가 와서 발을 적신다. 오랫동안 흐리고 개이지 않는다.
　→ 오행의 수는 비를 뜻한다. 삼전이 수국이니 큰 비가 온다.
○ 가정 : 평안하다. 개천과 수로를 잘 소통시켜야 한다.
　→ ● 일간은 가장이고 일지는 가정이다. 간상의 丑과 지상의 子가 상합하니 가정이 화목하여 평안하고, 지상의 子가 일간의 재성이니 가정이 넉넉하다.
　● 과전이 수국을 형성하였으니 수해가 발생할 우려가 있다.
○ 혼인 : 화합한다. 여자는 지나치게 여리고 연약하다.
　→ ● 성부(成否) : 과전이 삼합하고 간지상신이 다시 육합하니 혼인이 이뤄진다.
　● 간상의 丑이 형제효이니 신부감을 타인에게 잃을 가능성이 있으니 서둘러서 신부를 취해야 한다.
　● 성정 : 수국을 이루어서 음의 기운이 지나치게 강하니 연약한 여성이지만 일지가 재국을 만드니 부유한 집안이다. 그리고 낮 정단에서는 지상의 子에 등사가 타니 상대의 성정이 나쁜 편이고, 밤 정단에서는 지상의 子에 청룡이 타니 상대의 성정이 좋은 편이다.
○ 임신·출산 : 딸을 낳는다. 만산이다.
　→ 중심과이고 삼전이 수국이니 딸이다. 일간은 태아이고 일지는

임신부이다. 간지의 상신인 丑과 子가 육합하고 과전이 삼합하니 만산이다.

- **구관**: 수험생과 관직자에게 이롭다. 그러나 문서에 관련된 일에는 불리하다.
  - → ● 관직운: 재국에서 관성을 생하니 관직자에게 이롭다. 또한 간상에는 갑자순의 삼기인 丑이 임하고 발용에는 육의인 甲子가 임하니 더욱 길하다. 만약 가을이나 겨울에 정단하면 삼전의 수국이 왕성해지니 구관에 더욱 이로운데, 연명이 午 혹은 未인 사람이 정단하면 그 상신이 관성인 寅과 卯이니 더욱 좋다.
  - ● 시험운: 합격한다.
- **구재**: 봄과 여름에는 크게 이롭고, 겨울과 가을에는 불리하다.
  - → 가을과 겨울에는 수국이 지나치게 왕성해지니 이롭지 않다. 반면 일간이 왕성해지는 여름과 토왕절에는 이롭다.
  - ● 일간의 음양이신인 巳酉丑에서 일간을 탈기하는 것은 투자를 뜻하고, 삼전의 申子辰은 투자한 뒤에 버는 돈이다. 여름이나 토왕절에 사업하면 큰돈을 번다.
- **질병**: 존장에게 불리하다. 화병(火病)과 상체의 병은 빨리 낫고 신장에 관련된 병은 오랫동안 끌고 낫기 어렵다.
  - → 병증: 부모에게 불리한 것은 재국에서 부모를 뜻하는 인성을 극하기 때문이다. 신장은 수의 장부이다. 과전에 수국이 지나치게 왕성하니 신장병이 잘 낫지 않는다. 그리고 일간의 상하와 일지의 상하 그리고 삼전이 삼합하니 질병이 오래 가고 잘 낫지 않는다.
  - ● 치료법: 의약신이 申酉이니 침이나 수술이 좋고, 의약신이 子에 임하니 정북에서 의약을 구하면 된다.
- **유실**: 서쪽에 있다. 도둑은 움집이나 굴속에 사는 사람이다.
  - → 현무의 음신이 子이니 자방(子方)에 숨어있다. 그리고 현무의 음신이 子이고 삼전이 윤하이니 강가나 호숫가에 숨어있다.

○ 출행 : 배를 타는 것이 이롭다. 육로행은 나쁘다.
  → 일지는 수로행이고 일간은 육로행이다. 지상이 재물을 뜻하는 재성이니 수로행이 좋고, 일간의 음양이신이 일간을 탈기하니 육로행은 나쁘다.
○ 귀가 : 곧 귀가한다.
  → 말전은 목적지, 중전은 중도, 초전은 집 근처, 일지는 집이다. 말전에서 중전을 생하고, 중전에서 초전을 생하며, 초전이 지상으로 연결되었으니 곧 귀가한다.
○ 쟁송 : 화해하는 것이 좋다. 신분이 낮은 사람과 얽히지 않을 수 없다.
  → 매일의 제5국과 제9국은 삼합을 한다. 따라서 원고와 피고는 화해가 잘 되는 편이다. 만약 합의를 하지 않을 경우 소송이 오래간다.
○ 전투 : 낮 정단은 흉하고, 밤 정단은 길하다.
  → 주야 모두 일간의 둔반에 암귀가 임하니 흉하다. 특히 밤 정단에서는 여섯 흉장이 나오지 못하고, 귀인이 천문에 오르며, 4개의 살이 사라지니 출병이 길하고, 낮 정단에서는 4개의 살이 사라지기만 하니 조금 좋은 편이다.

□ 『필법부』 : 〈제83법〉 삼합과 육합을 하면 만사 기쁘다.
  〈제95법〉 육효가 괘로 나타나면 극을 방지해야 된다.
□ 『심인부(心印賦)』 : 삼합이 서로 가해서 일상에 임하고 간지의 상하가 동일하면 희경사와 혼인사를 겸하게 된다. 가장 좋은 것은 소식을 기다리는 정단이다.

| 戊辰일 | 제 6 국 |

공망 : 戌·亥 ○
낮 : 왼쪽 천장, 밤 : 오른쪽 천장

甲	辛		丙
蛇 子 青	空 未 貴		后 寅 白
巳	子		未

甲	辛	○	庚
蛇 子 青	空 未 貴	朱 亥 勾	白 午 后
戊	巳	子	辰	亥 ○

□ **과체** : 섭해, 철하, 사절, 도액 // 육의, 간지동류, 재둔귀, 재공(지상), 마재호귀, 교치상극(무음), 태수극절, 자가사(子加巳).

□ **핵심** : 밤 귀인은 비틀거리고, 밤 호랑이는 역마를 탄다. 정월 정단에는 부인이 아이를 배고, 7월 정단에는 태아가 손상당한다.

□ **분석** : ❶ 밤 귀인 未는 子에 임하고, 子는 기궁인 巳에 올라 입전(入傳)하여 귀인과 육해가 되니 소송에서 반드시 바르지 못한 판결을 받는다.

❷ 말전의 역마에 백호귀살이 타고 있으니 질병과 소송이 신속히 닥친다.

❸ 간상 및 초전의 子는 일간 戊토의 태신이며 재성이다. 정월(正月)에 정단하면 생기에 해당하니 처가 임신하고, 신월(申月)에 정단하면 사기에 해당하니 유산한다.

❹ 이 과는 섭해과이다. 子와 午가 모두 하극상을 하고 있고, 일간과는 비화되며, 또한 각각 본가 지반 위에 이르면서 모두 4번 극을 당한다. 子가 巳에 가하고 午가 亥에 가하니 모두 사맹이다. 그리고 비견이니 동일하고 극을 받는 숫자도 같으며 사맹에 가한 것도 다시

같다. 따라서 강일에는 간상의 子가 발용이 된다. 비결에서 말하기를, 이른바 복등(複等)은 유일에는 일지를 쓰고 강일에는 일간을 쓴다고 하였다.

□ 정단 : ❶ 이 과는 '철하(綴瑕)' 또는 '복등(複等)'이라고 한다. 길과 흉, 우환과 기쁨 모두 공허하다. 오로지 구사(舊事)를 결절하는 일에는 좋지만 새롭게 도모하는 일에는 나쁘다. 어리석은 듯이 행동하면서 지내고 겸손하면 재앙이 사라지고 복이 온다.

❷ 일간의 子가 발용이 되었다. 둔반에 귀살인 甲이 투출하였으니 반드시 나에게 질병과 소송이 닥친다. 초전이 하적(下賊)을 당한다. 초전이 지반으로 내려와서 천반으로부터 극을 당하니, 전후에서 핍박을 당하여 진퇴양난이다.

※ 하적(下賊) : 제1과에서 발용이 되었다. 일간인 戊로부터 극을 당했으니 하적이다.

○ 날씨 : 낮 정단에는 바람이 불고, 밤 정단에서는 비가 온다.
→ 초전이 子이니 비가 오고, 중전이 未이니 바람이 불며, 말전이 寅이니 바람이 분다. 비록 초전이 강우를 뜻하는 子이지만 낮 정단에서는 등사가 타니 적은 비가 오고, 밤 정단에서는 청룡이 타니 많은 비가 온다.

○ 가정 : 가정에 헛된 지출이 있다. 사당에 의해 재앙이 닥치고 가정에 몸싸움이 연속된다.
→ ● 가계 : 지상의 재성이 공망되었으니 가정에 지출이 많다. ● 사당 : 밤 귀인인 未가 지반과 육해이니 사당에 의해 재앙이 닥친다. ● 화목 : 일간 戊가 지상의 亥를 극하고 일지 辰이 간상의 子를 극하는 '교차상극'이니 부부가 음란하다. ● 부인 : 부인을 뜻하는 가정궁의 재성인 亥가 공망되었으니 부인이 도망치거나 부인의 사망을 방

지해야 한다.
- ○ 혼인 : 마음에 들지 않는다.
  - → ● 성부(成否) : 일지는 상대이다. 지상의 재성이 공망되고 다시 그 음신이 공망되었으니 불성의 상이다. 그리고 일간과 일지가 교차상극하니 궁합이 나쁘고, 삼전이 체극하니 연애나 혼담이 순조롭지 못한데 다시 섭해과이니 더욱 흉하다.
  - ● 성품 : 지상에 주야에 흉장인 주작과 구진이 타니 더욱 흉하다.
- ○ 임신·출산 : 손상을 방지해야 한다.
  - → 초전에서 태신인 子가 절지인 巳에 임하였고 삼전이 체극하니 낙태를 방지해야 한다.
  - ● 만약 인월(寅月)에 정단하면 초전의 子가 처를 뜻하는 처재효·태신·생기이니 부인이 태아를 임신하는 기쁨이 있고, 신월(申月)에 정단하면 子가 사기이니 유산한다.
  - ● 출산을 정단하면 섭해의 철하이니 기한을 넘겨서 출산한다.
- ○ 구관 : 재물에 흠이 있다. 재물을 쓰면 얻을 수 있다.
  - → 초전의 재성 子에서 말전의 관성 寅을 생하고 다시 간상이 육의이니 승진에 유리하다. 다만 섭해이니 어려움을 겪은 뒤에 이뤄진다.
- ○ 구재 : 재물을 얻는다.
  - → 초전의 子가 재성이니 재물을 얻는다. 만약 가을과 겨울에 정단하면 子가 왕성하니 좀 더 큰 재물을 얻는다.
  - ● 만약 공무원이 뇌물을 받을 경우, 재성 위에 암귀가 있으니 뇌물을 받으면 관재가 발생한다.
- ○ 질병 : 음식으로 인해 병이 났고 조짐이 흉하다.
  - → ● 병증 : 재성은 음식이다. 초전의 재성 위에 귀살이 임하니 음식이나 여자로 인해 병이 났고, 子가 巳에 가하면 죽을 '死'가 되니 사망할 우려가 있다. 더군다나 말전이 귀살 寅이니 더욱 흉하다.

● 치료법 : 의약신이 申酉이니 침이나 수술이 좋고, 의약신이 丑寅에 임하니 동북간에서 의약을 구하면 된다.
○ 포획 : 서두르지 않으면 나쁘다.
　→ 도둑을 뜻하는 현무가 과전에 보이지 않으면 잡기 어렵다.
○ 출행 : 밤 정단은 길하다.
　→ 밤 정단에서는 여행객을 뜻하는 일간 위에 길장인 청룡이 타니 여행이 길하다. 그러나 낮 정단에서는 등사가 타니 경공사가 발생하니 흉하다.
○ 귀가 : 돼지띠와 쥐띠는 즉시 온다.
　→ 초전은 집근처이고 제3과는 가정이다. 이 두 곳에 돼지띠를 뜻하는 亥와 쥐띠를 뜻하는 子가 있으니 가출인이 두 띠라면 즉시 온다.
○ 쟁송 : 매우 빠르다. 죄를 지은 뒤에 반드시 먼 곳으로 가게 된다.
　→ 섭해과는 어렵고 험악한 상이니 먼 곳으로 가게 된다. 일간이 지상을 극하고 다시 일지가 간상을 극하는 '교차상극'이고 일간과 일지가 동일한 오행이니 쉽게 판결나지 않는다.
　● 밤 정단에서는 중전의 귀인승신 未가 초전 및 간상의 子와 육해이니 그릇된 판결을 받는 것을 방지해야 한다.
　● 하적상으로 발용이 되었고 유도액이니, 손아래의 사람이 유리하고 또한 나중에 대응하는 사람이 유리하다.
○ 전투 : 어려움을 많이 겪는다.
　→ 섭해과는 어렵고 험악한 상이다.

□ 『필법부』 : 〈제64법〉 부부가 음란하여 각기 사통하는 일이 있다.
□ 『심인부』 : 子가 와서 극양인 巳에 가한다. 그리고 戊와 癸가 길하게 합을 하여 창성하지만 만약 등사와 백호를 만나면 복과 길상한 기운

이 사라진다.
- 『관월경』: 홀연히 섭해가 일어나니 먼저 쟁송을 걸어서는 안 된다. 상담 온 사람의 가정은 화와 복이 동시에 발생한다.

戊辰일 제 7 국

공망 : 戌·亥 ○
낮 : 왼쪽 천장, 밤 : 오른쪽 천장

○	己	○	
朱 亥 勾	常 巳 陰	朱 亥 勾	
巳	亥 ○	巳	
○	己	○	戊
朱 亥 勾	常 巳 陰	合 戌 合	玄 辰 玄
戌 巳	亥 ○	辰	戌 ○

○ 朱 亥 勾 子 巳 午	甲 丑 青 貴 未	乙 空	丙 寅 后 申 白
○ 合 戌 合 辰			陰 卯 常 酉
勾 癸 朱 酉 卯			玄 戊 玄 辰 戌 己 ○
青 壬 蛇 申 寅	辛 空 未 貴 丑	庚 白 午 后 子	常 己 陰 巳 亥 ○

- □ **과체** : 반음, 원태(절태), 견기, 참관∥사과개공, 삼전개공, 재공(초전), 간지동류, 오음.
- □ **핵심** : 과전이 모두 공망되었으니 행하고 멈추는 것 모두 종적이 없다. 내가 타인에게 가서 절신에 앉는다. 구병은 흉하다.
- □ **분석** : ❶ 간지상의 戌과 亥가 갑자순의 공망되어 었다. 일간음신의 巳가 다시 공망되었고 일지음신의 辰이 다시 공망되었다. 이와 같으니 과전에서 공망되지 않은 곳이 한 군데도 없다. 반음과가 왕래하면서 공망되니, 행하고 멈추는 것 모두가 자취가 없다.

  ❷ 일록인 巳와 재성인 亥가 모두 절지에 임하니 구병을 정단하면 극흉하다. 未월과 丑월에 장상(長上)의 질병을 정단하면 더욱 불길하다.

- □ **정단** : 이 과전은 무의의 격으로서 과전의 모든 곳이 공망되었으니 '고진과수'이다. 공망은 10간의 작용이 12지에 미치지 못하는 것으로서 오행이 탈기되고 공허해진다. 따라서 길한 기운이 갇히고 꺼져서 사라진다. 주요 일에서는 두 곳에서 지체되고, 원근 모두에서 얽매이게 되며, 오가는 일은 모두 무상해지고, 의혹이 사라지지 않는

다. 구사(舊事)를 되돌아보고 화를 피해서 깊이 도망치는 것이 이롭다. 반음은 우레가 거듭치는 '중뢰진'에 해당하는 과이고, 고진과수의 과이며, '택화혁'에 해당하는 과로서, 군자가 두려워하면서 수신하고 옛것을 고쳐서 새로운 것을 도모하는 것이 중요하다.

○ 날씨 : 갑자기 흐렸다가 갑자기 갠다. 비가 이곳으로부터 먼 곳에서 온다.
→ 초전이 亥이니 비가 오며, 중전이 巳이니 맑고, 말전이 다시 亥이니 비가 온다.

○ 가정 : 가장에게 불리하다.
→ ● 가상(家相) : 일간은 가장이고 일지는 가정이다. 일간과 일지가 모두 공망되었으니 공허한 가상이다. 간상의 재성이 공망되었으니 가장이 재물을 잃고, 지상의 戌이 공망되었으니 가정의 남자종업원이 도망친다.

○ 혼인 : 불성한다. 만약 하인이면서 한쪽이 홀아비이고 한쪽이 과부이면 합한다.
→ ● 성부(成否) : 일간은 나이고 일지는 상대이다. 일간과 일지가 모두 공망되었으니 혼인은 불성한다. 본문에서는 간지의 상신이 모두 공망되었으니 홀아비나 과부이면 혼인이 가능하다고 하였지만 현대에서는 혼인이 쉽지 않다.

○ 임신·출산 : 태아가 요동하니 유산되는 것을 방지해야 한다. 만약 출산한 뒤에 질병정단을 하면 오히려 좋다.
→ 일간은 태아이고 일지는 임신부이다. 일간이 공망되었으니 임신정단은 흉하다. 그러나 일지가 공망되었으니 출산정단을 하면 출산부의 배가 홀쭉한 상이니 길하다.

○ 구관 : 반복해서 시도하지만 무익이 우려된다.

→ ● 시험운 : 삼전이 반복해서 공망되었으니 나쁘다. 다만 본명이나 행년이 丑이나 未이면 丑과 未가 만나서 괴(魁)가 되니 고시에 합격한다. 또한 연명이 亥인 사람은 일덕 巳가 천문을 뜻하는 亥에 임하니 고시에 합격한다.

○ 구재 : 가까운 곳에는 재물이 있고, 먼 곳에는 재물이 없다.
→ 삼전은 진행을 뜻한다. 삼전이 공망되었으니 차라리 가만히 있는 것이 좋다. 만약 해년(亥年)이나 해월(亥月)이나 해월장(亥月將) 기간의 겨울에 정단하면 공망된 재성이 풀리고 다시 왕기가 되니 노력하면 재물을 얻는다.

○ 알현 : 번번이 가서 만나지 못한다.
→ 일간은 나이고 일지는 상대이다. 지상이 공망되었으니 상대가 부재한 상이고 따라서 방문한 목적을 성취하지 못한다. 또한 삼전이 계속하여 공망되었으니 번번이 실패한다.

○ 질병 : 얼빠진 허탈증이고 갑자기 생긴 병이다. 제사를 지내면 길하다. 구병(久病)이나 윗사람의 병은 흉하다.
→ ● 병증 : 일간이 공망되었으니 얼이 빠진 허탈증이다. 반음과이니 병이 재발하고 과전이 모두 공망되었으니 구병 환자는 생명이 위험하다. 그리고 부모효인 巳가 공망되었으니 부모의 질병을 정단하면 사망이 우려된다.
● 치료법 : 의약신이 申酉이니 침이나 수술이 좋고, 의약신이 寅卯에 임하니 정동과 동북간에서 의약을 구하면 된다.

○ 유실 : 자취가 없다. 다시 잃는 것을 방지해야 한다.
→ 과전이 모두 공망되었으니 자취가 없고, 재성이 두 번이나 공망되었으니 거듭 잃는다.

○ 출행 : 고향을 떠나 유랑하는 상이다.
→ 사과는 물론이고 삼전이 모두 공망되었으니 발붙일 곳이 없다. 따라서 유랑하는 상이다.

○ 귀가 : 귀가하지 않는다.
  → 말전, 중전, 초전이 공망되었고, 일지가 공망되었으니 돌아올 집이 없는 상이다. 따라서 귀가하지 않는다.
○ 쟁송 : 여러 번 소송을 걸지만 불성한다.
  → 삼전이 계속하여 공망되었으니 기소한 소송은 번번이 불성한다.
  ● 일간과 일지가 모두 공망되었으니 나와 상대 모두 패소하는 상이다.
○ 전투 : 비어 있는 적의 군영만 점령하고 병사는 궁핍하다. 병사를 쉬게 하는 것이 장졸 모두에게 길하다.
  → 일간은 아군이고 일지는 적군이다. 일지가 공망되었으니 적의 군영이 비어 있다. 그리고 과전의 재성이 공망되었으니 군량미가 없다. 따라서 궁핍하다.

□ 『필법부』: 〈제90법〉 오고 가면서 모두 공망되었으니 어찌 움직이는 것이 좋겠는가?
□ 『수중금』: 원태이다. 네 사람이 일을 공모하지만 결국 재앙이 닥친다. 그리고 반음의 사맹은 '절원대'이다.
□ 『육임지남』: 甲戌년 2월 戌월장 辰시에 과거를 정단한다. 덕입천문이고, 주야의 양 귀인이 괴강[辰戌]에 가하며, 공망된 생을 충극(沖克)하니, 반드시 높은 성적으로 합격한다. 나중에 합격한 것이 증명되었다.
  → 戊일의 일덕은 巳이고 천문은 亥이다. 일덕 巳가 亥에 임하니 시험에 합격한다. 만약 연명이 亥이면 더욱 확실하다.

戊辰일 제 8 국

공망 : 戌·亥○
낮 : 왼쪽 천장, 밤 : 오른쪽 천장

丙	辛	甲
后 寅 白	空 未 貴	蛇 子 青
酉	寅	未

○	丁	癸	丙
合 戌 合	陰 卯 常	勾 酉 朱	后 寅 白
戊 巳	戌○	辰	酉

合 戌巳	朱 亥午	勾 蛇 子未	貴 乙丑申	空
勾 癸酉辰	朱		丙寅酉	白 後
青 壬申卯	蛇		丁卯戌○	常 陰
空 辛未寅	貴 庚午丑 白	后 己巳子 常	陰 戊辰亥 玄	玄

- □ **과체** : 중심, 참관, 천라, 비혼 // 주작폐구(밤), 구진폐구(낮), 간지동류, 육의(말전), 복덕, 가귀(家鬼), 나거취재, 묘신부일, 묘공(묘공), 삼전내전(밤), 살몰.

- □ **핵심** : 귀살이 밤에 숨어 있으니 밤 정단은 나쁘다. 삼전에 굴(窟)이 파여 있다. 이로움과 해로움이 함께 있다.

- □ **분석** : ❶ 일간의 귀살인 寅에 밤 정단에서 백호가 타서 발용이 되었다. 고개를 숙여서 아래를 보니 원수인 酉이고 고개를 들어서 위를 보니 묘지인 未이다. 따라서 가만히 있으면 화가 미치지 않는다.
❷ 관직자의 밤 정단에서는 귀인이 寅의 지반에 임하여 극을 받아 관성이 무력하니 나쁘다.
❸ 삼전이 연이어서 극을 하니 재성이다. 그리고 삼전이 모두 하적을 당하여 굴을 파니 이(利)와 해(害)가 함께 있고, 화(禍)와 복(福)이 함께 일어나며 가라앉는다.
❹ 초전의 寅에서 계속해서 극을 하여 재성을 만들고 초전이 일간을 극하니 귀살이다. 이것이 바로 양면의 칼이다.

- □ **정단** : ❶ 이 과에서는 삼전이 억제를 받으니 화사한 기운이 전혀 없

❷ 또한 일간의 묘신인 戌이 일간에 임하고, 지상의 酉는 일지 辰토를 설기한다. 이와 같은 기운이 간상과 지상에 임하니 사람과 집이 모두 황량하며, 지출은 많고 수입은 적다.
❸ 일간의 귀살 寅이 발용이 되어서 중전에서 묘신에 드니, 수험생과 관직자에게는 나쁘고 일반 사람에게는 좋다.
❹ 子와 未, 卯와 辰, 酉와 戌이 과전에서 모두 육해이니 권세를 믿고 서로 다툰다. 혹은 어린 사람이 어른을 능멸하거나 혹은 도깨비가 사람을 다치게 한다.

○ 날씨 : 육합은 우사(雨師)이다. 우사가 간상에 임하니 반드시 비가 많이 온다.
 → 일간은 하늘이고 일상은 하늘의 기상이다. 간상에 우사가 타니 비가 온다고 말했지만 지금은 공망되었으니 비가 오지 않는다. 다만 갑술순에는 공망을 벗어나니 비가 온다.
○ 가정 : 가택의 벽이 파손되어 있으니 도둑이 침입하는 것을 방지해야 한다.
 → ● 도난 : 삼전이 연이어서 극을 하고 특히 밤 정단에서는 삼전이 모두 협극을 당한다. 이는 굴(窟)을 파고 도둑이 침입하는 상이니 도둑을 막아야 한다.
 ● 가상 : 간상에 묘신 戌이 임하니 사람이 하는 일이 암매하고, 지상의 酉에서 일간 戊를 탈기하니 가정에 손재수가 생긴다.
○ 혼인 : 낮 정단에서는 혼인하고, 밤 정단에서는 불길하다.
 → ● 성부(成否) : 간상에 성혼의 천장인 육합이 주야에 모두 타고 있지만 공망되어 었고, 다시 간지상의 戌과 酉가 육해이니 주야 모두 혼인하기 어렵다. 삼전이 체극하니 연애와 혼담은 물론이고 혼

인이 순조롭지 못하다.
- 성품 : 일지는 상대이다. 지상에 흉장이 타니 상대의 성정이 나쁘다.

○ 임신·출산 : 태신인 子가 未로부터 해를 당하니 음식으로 인해 몸이 상하는 것을 방지해야 한다.
→ 태아가 음식으로 인해 몸이 상하는 것은 말전의 태신 子가 중전 및 지반의 未로부터 극(剋)과 해(害)를 당하기 때문이다.

○ 구관 : 관성이 나타나지 않았다.
→ 관성 寅이 비록 초전에 임하지만 지반의 酉로부터 극을 당하여서 손상되었으니 흉하다. 그리고 묘신이 일간에 임하니 승진·발탁과 시험 합격을 기대하기 어렵다.

○ 구재 : 재물로 인해 화가 미치는 것을 방지해야 한다.
→ 말전에 있는 재성에서 초전에 있는 귀살을 생하여서 일간을 극하기 때문이다.

○ 질병 : 풍질에 의한 간(肝) 질환이다. 재발을 방지해야 한다.
→ ● 병증 : 병을 뜻하는 것은 귀살과 백호이다. 특히 밤 정단에서는 초전의 귀살에 백호가 목(木) 오행인 寅에 타서 일간을 극하니 풍에 의한 병이다. 참고로 목은 풍(風), 화는 서습(暑濕), 토는 습(濕), 금은 조(燥), 수는 한(寒)이다. ● 치료법 : 의약신이 酉이니 침이나 수술이 좋고, 의약신이 辰에 임하니 동남간에서 의약을 구하면 된다.

○ 유실 : 유실물을 되찾기 어렵고, 사람도 잡기 어렵다.
→ 재성은 재물이다. 말전에 있는 재성인 子가 지반의 未로부터 극을 당하여서 파손되었으니 되찾기 어렵다.

○ 출행 : 원행하여 사람을 만난다. 주객이 뒤바뀌고, 도로에서 해를 당하는 것을 방지해야 한다.
→ 낮에는 싸움으로 기력이 손실되고, 밤에는 여권이나 비자 등 문

서로 인해 어려움을 당한다.

○ **귀가** : 5일 안에 온다.

→ 원행은 초전과 삼합되는 날 오고, 근행은 초전과 육합되는 날 온다. 따라서 원행이면 오일(午日)이나 술일(戌日)에 오고 근행이면 해일(亥日)에 온다.

○ **쟁송** : 재물이나 주색으로 인해 발생하고 양쪽 모두에게 손실이 생긴다.

→ 말전의 재성에서 초전의 귀살을 생하여서 일간을 극해 오니 재물로 인해 쟁송이 발생한다. 간지의 상신 戌과 酉가 육해이니 합의하기 어렵고, 일간에 묘신이 임하니 내가 패소할 우려가 있다.

○ **전투** : 군영에서 이따금씩 놀랄 일이 생기고, 적군이 밤에 강탈해 가는 것을 방지해야 한다.

→ 일간은 아군이고 일지는 적군이다. 간지의 상신이 육해이니 아군과 적군이 서로 해를 입히는 상이고, 지상에서 일간을 탈설하니 적군이 강탈한다.

□ 『**필법부**』 : 〈제76법〉 서로 시기하여 화가 모두에게 미친다.

→ 간상의 戌과 지상의 酉가 서로 육해이다.

□ 『**조담비결**』 : 삼형과 육해가 삼전과 사과에 함께 있다. 등사와 백호는 질병을 주관하고 주작은 관재를 주관한다.

□ 『**심인부**』 : 寅이 酉의 위에 가하여서 발용이 되었다. 중전과 말전에는 未와 子가 머문다. 묘신으로 전해지니 하나의 실수이다. 먼 곳으로부터 출행인이나 문서가 온다.

□ 『**수중금**』 : 비혼과 상혼이 있고, 천을귀인이 역행하며, 백호가 삼전에 들지만 생기가 보이지 않으니, 대흉한 과이다.

戊辰일 제 9 국

공망 : 戌·亥 ○
낮 : 왼쪽 천장, 밤 : 오른쪽 천장

	甲	戊	壬
	蛇 子 青	玄 辰 玄	青 申 蛇
	申	子	辰
癸	乙	壬	甲
勾 酉 朱	貴 丑 空	青 申 蛇	蛇 子 青
戌 巳	酉	辰	申

□ **과체** : 탄사, 윤하, 참관, 여덕 ∥ 요극, 간지동류, 구진폐구, 주작폐구, 교차육합, 전국, 화미, 육의, 삼전재효태왕, 복덕, 맥월, 오양, 아괴성, 간지구탈, 신장·살몰(밤).

□ **핵심** : 서로 뜻을 합치지만 서로에게 손실이 생긴다. 과거의 재물은 하늘이 도와야 취득할 수 있다.

□ **분석** : ❶ 일지 辰과 간상의 酉가 합을 하고, 기궁 巳와 지상의 申이 합을 한다. 일간을 합을 해서 교차육합이 되었지만, 戊는 酉에게 손실당하고 辰은 申에게 손실을 당하니 서로 손실을 입는다. 따라서 처음에는 서로 합치지만 결국 반드시 서로 손실을 입는다.

❷ 재물이 사과에 임한 뒤에 발용이 되었으니 과거의 재물이다. 말전이 와서 子를 도우니 다시 얻을 수 있다.

❸ 戊일의 辰에 주야에 현무가 나란히 타고 있으니 질병정단을 하면 대흉하다.

❹ 말전이 초전의 재성을 도우니 혼인정단은 매우 좋다.

□ **정단** : ❶ 이 과는 탄사로서 먼 곳을 쏘았으나 무력하다. 명리(名利)는 헛된 명리이고, 놀람은 헛된 놀람이다.

❷ 윤하와 전국으로서 일간과 삼전이 교차육합하니 오랫동안 화순한 상으로서 모든 정단에서 반드시 완수한다.

❸ 귀인이 문호[卯·酉]에 서 있으니 군자는 승진하고 소인은 직위를 박탈당한다. 여름 세 달에는 귀인이 순행하니 대길하고, 가을과 겨울에는 불리하다.

○ 날씨 : 비가 온다.
  → 오행의 수는 강우를 뜻한다. 삼전이 수국이니 많은 비가 온다.
○ 가정 : 화목하게 산다. 밤 정단에서는 구설과 화재를 방지해야 한다.
  → ● 화목 : 일간은 나이고 일지는 가족이다. 간지가 교차육합하니 가족이 화목하다.
  ● 가장 : 밤 정단에서는 간상에 주작이 타니 구설이 생기고, 낮 정단에서는 간상에 구진이 타니 쟁투가 생긴다.
○ 혼인 : 서로 사모하지만 성사되기 어렵다.
  → ● 궁합 : 일간은 나이고 일지는 상대이다. 기궁 巳와 지상신 申이 육합하고 일지 辰과 간상신 酉가 육합하니 좋은 궁합이다.
  ● 성부(成否) : 간지가 교차탈기하니 서로에게 손실이 많다. 따라서 혼인이 불성할 우려가 있다.
○ 임신·출산 : 여아이고 난산이다.
  → 곡직격과 염상격은 아들이고 종혁격과 윤하격은 딸이다. 삼전이 윤하의 수국이니 여아이다. 일간의 상하, 일지의 상하, 삼전이 삼합하는 것은 모자(母子)가 떨어지지 않는 상이니 난산이다.
○ 구관 : 귀인의 추천을 받아서 발탁된다.
  → 낮과 밤 정단 모두 귀인이 酉와 卯에 임하는 여덕이니 공무원은 승진한다. 또한 삼전의 수국에서 관성을 생하니 승진과 발탁에 이롭다. 특히 연명이 戌과 亥이면 그 상신이 관성인 寅과 卯이니 반드

시 길하다.
- ○ 구재 : 중간에 장애가 생기지만 결국 소득이 생긴다.
  - ➔ 현무가 형제효에 타니 중간에 장애가 생기고, 말전의 둔반에 재성이 임하니 나중에 소득이 생긴다고 하였다. 이 과전에서는 일지와 삼전의 재성이 극왕하니 일간이 왕성해지는 여름과 토왕절 정단에서는 대길하고, 나머지 계절의 정단에서는 대흉하다. 만약 사업을 할 경우, 여름에 사업을 시작하되 남방으로 가서 사업하는 것이 좋다.
- ○ 질병 : 낫기 어렵다. 수신에게 기도해야 한다.
  - ➔ ● 병증 : 과전이 합을 하니 낫기 어렵고, 과전이 수국이니 수신에게 기도해야 한다. 일간의 음양이신이 일간을 탈기하니 원기가 소진되어 있고, 수국에서 오행의 화를 극하니 심장이 약화되어 있다.
  - ● 치료법 : 의약신이 申이니 침이나 수술이 좋고, 의약신이 辰에 임하니 동남간에서 의약을 구하면 된다.
- ○ 알현 : 낮 정단에서는 만나지 못하고, 밤 정단에서는 만난다.
  - ➔ 일간과 일지가 서로 합을 하니 만나고, 서로 탈기하니 만나서 무익하다.
- ○ 유실 : 집안사람이 밖의 도둑과 짜고 물이 많은 곳에 숨겼다.
  - ➔ 현무는 도둑이고 일지는 가정이다. 중전의 현무가 지상신과 삼합하니 집안사람과 짠 것이고, 삼전이 수국이니 물가에 은닉한 것이다.
- ○ 출행 : 배를 타고 가는 것이 좋고 물건을 잃는 것을 방지해야 한다.
  - ➔ 일간은 육로행이고 일지는 수로행이다. 일간의 상하가 탈기국이니 육로행을 하면 손재수가 생기고, 일지의 상하가 재국이니 수로행을 하면 재물이 생긴다. 그리고 간지가 교차탈기하니 여행 중 물건을 잃는 것을 방지해야 한다.

○ 귀가 : 반드시 온다.
  → 과전이 화미이니 반드시 온다.
○ 쟁송 : 많은 사람과 얽혀있다. 윗사람은 구애되지 않지만 아랫사람이나 하천한 사람은 지은 죄에 대한 벌을 받는다.
  → 과전이 삼합하니 많은 사람과 얽혀있다. 그리고 간지가 교차육합하니 양측의 합의가 가능하다. 만약 합의를 보지 않을 경우에는 쟁송이 장기화되고 재산상 손실이 크다. 주야 정단 모두 일간에서 구진폐구와 주작폐구가 되었으니 내가 불리하다.
○ 전투 : 낮 정단에서는 편하지 않고, 밤 정단에서는 대승한다.
  → 일간은 아군이고 일지는 적군이다. 간지가 교차육합하니 휴전이 가능하다. 만약 휴전하지 않을 경우에는 과전이 합국이니 전쟁이 장기화되고, 간지가 교차탈기 당하니 전쟁 중 피해가 크다.

□ 『필법부』 : 〈제21법〉 교차상합하면 왕래에 이롭다.
  〈제83법〉 삼합과 육합을 하면 만사 기쁘다.
□ 『육임지남』 : 己丑년 11월에 월장은 寅이고 점시는 戌이다. 병사(兵事) 정단에서 유도인 申에 등사가 디서 일지에 임했으니 병사가 있다. 子가 북방을 뜻하니 북쪽에서 온다. 간상의 묘성 곧 酉는 일간의 패기이다. 그리고 용이 뱀으로 변하니 병사가 반드시 물러난다. 교차상합하고 다시 말전이 초전을 생하니 성안의 사람들이 귀순한다.

戊辰日　제 10 국

공망 : 戌·亥
낮 : 왼쪽 천장, 밤 : 오른쪽 천장

	○	丙	己	
朱 亥 勾		后 寅 白	常 巳 陰	
	申	亥 ○	寅	
	壬	○	辛	○
青 申 蛇	朱 亥 勾	空 未 貴	合 戌 合	
	戌 巳	申	辰	未

壬青申巳	癸蛇酉午	○勾戌未	○合亥申
辛空未辰			甲蛇子酉
白午卯 后庚			乙貴丑戌 空
常巳寅 陰己	玄辰丑	陰卯子 丁常	后寅亥 白丙 ○

□ **과체** : 요극, 탄사, 원태, 고진과수 // 절신가생, 간지동류, 원태(생태), 마재호귀(馬載虎鬼) 재공, 형통, 인귀생성.

□ **핵심** : 재물과 역마와 벼슬은 모두 나와 인연이 없다. 활을 들고 화살 쏘는 것을 잊었으니 앉아서 기다리는 것이 좋다.

□ **분석** : ❶ 亥는 일간의 재물이고 寅은 일지의 역마이면서 관귀효이다. 재물과 역마와 관귀효가 모두 공함이 되었으니 나와는 인연이 없다.
❷ 삼전에서 차례로 일간을 생해오지만 움직여서 탈기가 되니 오히려 손실이 뒤따른다. 따라서 일간의 생(生)을 지키면서 자족하는 것이 좋고 움직이면 이익이 없다.

□ **정단** : ❶ 이 과전은 탄사격이다. 공망된 곳이 일간으로부터 요극을 받아 발용이 되었으니 모든 일이 무력하다. 다시 삼전이 공망되었으니 탄알을 잃고 화살촉을 잃은 상이니 모든 일이 성사되지 않는다.
❷ 더군다나 원태이니 모든 일에서 어둡다. 군자가 공정을 유지하면 형통하고, 승려와 도인과 구류인이 정단하면 길하며, 소인은 요행이 있을 것 같지만 결국 환상이 되고 만다.
❸ 삼전이 체생하고 초·중전이 공망되었으니 여러 사람들이 말로만

추천하고 실제로는 추천하지 않는다.

→ 구류는 유가(儒家), 도가(道家), 음양가(陰陽家), 법가(法家), 명가(名家), 묵가(墨家), 종횡가, 잡가(雜歌), 농가(農歌)를 가리킨다. 여기에서는 정신세계를 추구하는 승려, 수도인, 역술인으로 분석해야 한다.

○ 날씨 : 사납게 내리던 비가 그치고 무지개가 뜬다.
→ 오행의 수는 강우, 寅은 바람, 巳는 무지개를 뜻한다. 초전의 亥가 공망되었으니 비가 그치고 비가 오지 않는다.
○ 가정 : 동북쪽에 흙무더기가 있다. 구설 및 관청으로부터의 시비를 예방해야 한다.
→ ● 가상 : 오행의 토는 흙이다. 일지의 음양이신이 가색이니 가택의 우측에 흙무더기가 있다. 일지의 음신이 공망되었으니 흙무더기의 일부가 무너져 있다.
● 재물 : 일지의 음양에 형제효가 많으니 가정에 형제가 많고, 이 형제효는 곧 겁재이니 재물이 넉넉하지 않다.
○ 혼인 : 나쁘다.
→ ● 성부(成否) : 요극과이고 삼전이 공망되었으니 불성의 상이다. 특히 여자를 뜻하는 재성이 공망되었으니 혼인은 불성한다. 다만 겨울의 해월(亥月)에 정단하면 처재효 亥가 왕기이고, 다시 공망된 재성이 풀리며, 삼전에서 일간을 생해오니 혼인이 이뤄진다.
● 궁합 : 지상의 未에서 간상의 申을 생해오니 궁합이 좋은 편이다.
○ 임신·출산 : 딸은 안전하지만 아들은 잃는다.
→ 삼전의 사맹은 태아를 뜻한다. 임신정단을 하면 초전과 중전이 공망되었으니 낙태되고, 출산정단을 하면 출산한 상이니 길하다.
○ 구관 : 만약 젊은이이라면 늦게 얻는다.

→ 초전은 관로의 초기, 중전은 중기, 말전은 말기이다. 초전과 중전이 공망되었고 말전이 관록을 뜻하는 일록이니 늦게 얻는다.

○ **구재** : 분수에 맞게 자족해야 한다. 밖에서 구하려고 하지만 얻지 못한다.

→ 재물을 얻고는 싶지만 초전의 재성이 공망되어 얻지 못하니 자족해야 한다. 다만 해년(亥年), 해월(亥月), 해월장(亥月將) 기간에 정단하면 공망된 재성인 亥가 풀리니 재물을 얻는다.

○ **알현** : 애를 쓰도 결과가 없다.

→ 낮 귀인과 밤 귀인이 戌과 辰에 임하면 '귀인이 수감되었다'고 하여 귀인의 도움을 받지 못한다. 이 과전에서는 낮 귀인은 戌에 임하고 밤 귀인은 辰에 임한다.

○ **질병** : 혈분(血分)이 상한 것이다.

→ ● 병증 : 오행의 수는 피이다. 亥가 공망되었으니 피가 상한 병이다.

● 치료법 : 의약신이 申이니 침이나 수술이 좋고, 의약신이 巳에 임하니 동남간에서 의약을 구하면 된다.

○ **도난** : 만약 노비가 훔치지 않았다면 승려가 기거하는 사찰이나 도인이 기거하는 도관에 있다.

→ 일지는 가정이고 戌은 노비나 승려이다. 일지의 음신에 戌이 임하니 도둑이나 승려가 가정에 침입하여 훔쳐갔다.

○ **출행** : 만약 문서나 존장의 일로 가는 것이 아니라면 멀리 가지 못하고 돌아온다.

→ 주작은 문서이고 장생은 존장이다. 낮 정단에서 초전의 주작과 중전의 장생 寅이 공망되었지만 꼭 가야할 일이니 출행한다.

○ **귀가** : 노비는 즉시 온다. 나머지는 아직 오지 않는다.

→ 노비 귀가 정단에서 일지음신이 戌이니 노비가 곧 온다.

○ **쟁송** : 해가 되지 않는다. 합의해야 한다.

→ 중전에 임하고 있는 일귀 寅이 일간 戊를 극하지 않으니 쟁송으로 인한 해가 되지 않는다. 일간은 나이고 일지는 상대이다. 간상의 申과 지상의 未가 생하는 관계이니 합의가 가능하다. 만약 해년이나 해월이나 해월장 기간에 정단하면 공망된 亥가 풀려서 귀살 寅이 역마에 타서 일간을 극하니 해가 빨리 닥친다.

○ 전투 : 허장성세를 부리다가 사라진다.

→ 요극과는 호랑이의 위세를 빌린 여우의 상이니 두렵지 않다.

□ 『필법부』 : 〈제31법〉 삼전이 차례로 일간을 생해오면 타인으로부터 추천을 받는다.

→ 초전의 亥수에서 중전의 寅목을 생하고, 중전에서 말전의 巳화를 생하며, 말전에서 일간 戊토를 차례로 생한다. 다만 초전과 중전이 공망되었으니 이러한 뜻은 사라진다.

〈제96법〉 순(旬) 안의 공망은 류신을 따라 유추해야 한다.

→ 이 과전에서는 처재효인 亥가 공망되었으니 만약 재물이나 처를 정단하면 이들을 잃는다.

□ 『수중금』 : 제2과가 발용이 되었고 일상의 두 과는 서로 다툰다. 내사(內事)와 상관이 없으니 두각을 나타내지 못한다. 申이 巳에 가하면 생태인데 좋지 않은 과(課)일지라도 생생하다.

→ 일상의 두 과는 제1과와 제2과를 가리킨다. 일상의 申과 亥가 육해이니 서로 다투는 상이다.

□ 『주후경(肘後經)』 : 과에서 왕성한 맹(孟)을 만나면 온 이유가 있다. 홀연히 상기(相氣)가 맹신에 임하면 새로운 일이 사납게 닥치는 것을 방비해야 한다.

戊辰일 제 11 국

공망 : 戌·亥
낮 : 왼쪽 천장, 밤 : 오른쪽 천장

- □ **과체** : 중심, 진간전, 일녀, 섭삼연 // 육의, 간지동류, 복덕, 맥월, 오양, 불행전, 나거취재, 간지상신상합, 염귀임간(낮), 신장·살몰·귀등천문, 강색귀호.
- □ **핵심** : 초전이 말전의 재성을 생하지만 두 가지 일 모두 어긋난다. 子에는 둔반의 귀살과 백호귀살이 있고 초전의 백호승신은 불에 탄다.
- □ **분석** : ❶ 초전에서 일간의 장생인 申이 午에 임하니 申금이 午화로부터 극을 당해 불에 탄다.

  ❷ 말전의 子는 일간의 재성이다. 이곳 둔반의 甲에 밤에 백호가 타니 甲이 악한 귀살로 변한다. 따라서 두 가지의 일이 모두 어긋나고 무익하다.

  ❸ 중전의 하괴[戌]에 현무가 타서 간상의 귀살 未와 서로 형을 하니 밤 정단에서는 귀인을 좋아하지 않는다.
- □ **정단** : ❶ 이 과는 중심과이고 일녀격이니 음란하여 밝지 못하다.

  ❷ 밤 정단에서는 불리하다. 그러나 낮 정단에서는 귀등천문이고 신장살몰이며 강색귀호이어서 귀신이 감히 장난치지 못하니 난을 피

하는 일에서 유리하다.

❸ 초전에서 申이 午에 가하면 화로가 되지만 밤 정단에서는 천후가 타니 화로가 되지 못하고 손실이 생긴다.

※ 일녀격 : 간상과 지상에 천후와 육합이 나란히 타거나 혹은 초전에 천후가 타고 중전이나 말전에 육합이 타면 일녀격이다. 이 과전에서는 이와 같지 않으니 일녀격으로 볼 수 없다.

○ 날씨 : 크게 우레도 치고 비도 온다.
→ 초전의 申은 비를 생하는 오행이고 낮 정단에서 午에 타고 있는 백호는 우레를 뜻한다. 따라서 처음에는 우레가 치고 비가 온다. 말전이 비록 수의 오행인 子이지만 공망되었고 지반으로부터 극을 당하니 나중에는 비가 그친다.

○ 가정 : 낮 정단에서는 횡재한다. 밤 정단에서는 화재를 예방해야 한다.
→ ● 횡재 : 일지는 가정이다. 낮 정단에서는 청룡이 지상의 午에 타서 일간과 일지를 생하니 횡재한다.
● 우환 : 밤에는 지상에 등사기 午에 타니 회재와 경공사를 예방해야 한다.
● 사기 : 낮 정단에서는 간상의 형제효 未에 천공이 타고 있으니, 가장은 동류로부터의 허망한 피해를 방지해야 한다.

○ 혼인 : 좋은 가운데에 추한 것이 있으니 혼인하지 않는 것이 좋다.
→ ● 성부 : 일간은 남자이고 일지는 여자이다. 간지상의 未午가 육합하니 혼인하는 상이다.
● 성품 : 낮에는 간상에 흉장인 천공이 타니 남자의 성품이 나쁘고, 밤에는 지상에 흉장인 등사가 타니 여자의 성품이 나쁘다.

○ 임신·출산 : 딸을 낳는다. 헛된 놀람이 있다.

→ 이 과전은 아들일 가능성이 높다. 그 이유는 일간의 음양이신이 1양2음이고, 태신인 子가 중남의 상이기 때문이다. 본문에서 딸이라고 한 것은 중심과이기 때문이다.

○ **구관** : 밤 정단에서는 서울로 가서 임금을 만나는 일에서 이롭고 반드시 특별한 예우를 받는다.

→ 천을귀인에는 공무원과 임금의 뜻이 있다. 밤 정단에서는 간상에 천을귀인이 임하니 임금을 만나는 일에서 유리하다. 그러나 낮 정단에서는 염막귀인이 일간에 임하니 퇴직하는 상이니 흉하다.

○ **구재** : 얻는다. 그러나 잃는 것을 방비해야 한다.

→ 재성은 재물이다. 말전에 재성인 子가 있지만 공망되었으니 얻은 뒤에 잃는다. 만약 사업을 할 경우, 재성이 공망되었고 다시 일간과 일지가 동일한 오행인 토이며, 다시 간상에 형제효 未가 임하니 사업을 하면 폐업하게 된다.

○ **질병** : 급병은 매우 위험해 보이지만 곧 낫는다. 그러나 구병은 낫기 어렵다.

→ ● 병증 : 낮 정단에서 백호가 초전에 타고 있지만 지반으로부터 극을 당했으니 병의 위세가 누그러지며 또한 중전과 말전이 공망되었으니 점차 병이 사라진다.

● 치료법 : 의약신이 申이니 침이나 수술이 좋고, 의약신이 午에 임하니 정동에서 의약을 구하면 된다.

○ **출행** : 목적한 일이 없이 출행하면 반드시 일을 그르친다. 그러나 어려움이 있어서 나가면 반드시 우환을 면한다.

→ 말전의 子는 일간의 재성인데 둔반의 甲에 백호가 타니 甲이 흉악한 귀살로 변했다. 그러나 낮 정단에서는 여섯 흉장이 숨고, 네 살이 사망하며, 귀인이 천문에 오르니 출행이 안전하다.

○ **귀가** : 낮 정단에서 백호가 申에 타니 먼 곳에서 소식이 즉시 온다.

→ 申은 전송(傳送)이다. 이 곳에 경신(庚申)의 천장인 백호가 타고

있으니 소식이 온다.
○ **쟁송** : 경공이 크면 클수록 복도 많다.
→ 낮 정단에서 초전에 백호가 타고 있지만 중전과 말전이 공망되었으니 쟁송이나 관재가 사라진다.
○ **출병** : 흉한 가운데에서 길하게 바뀌지만 허위와 속임을 각별히 예방해야 한다.
→ 일간은 아군이고 일지는 적군이다. 지상의 午화에서 일간을 생하니 아군이 유리하다. 그리고 낮 정단에서는 간상에 천공이 타니 속는 상이다. 그리고 중심과이니 전쟁에서 나중에 대응하는 쪽이 승전한다.

□ 『**필법부**』 : 〈제52법〉 천강인 辰이 귀신의 문을 막으면 임의로 도모해도 된다.
〈제69법〉 백호가 둔간귀살에 타면 재앙이 얕지 않다. 설령 공망되더라도 재앙을 구할 수 없다.
→ 이 과전에서는 말전의 子에 백호가 타고 있고 그 위의 둔반의 甲목에서 일간을 극하고 있다.
□ **소언화의 임상예제** : 묘년(卯年)에 출생하였고 월건은 未, 점시는 巳, 월장은 未이다. 삼전이 섭삼연이면 평생의 여정이 괴롭다. 간지상의 午와 未가 상합하니 출신이 매우 좋다. 세 번 관직으로 나아가고, 부모상을 당하며, 자손효가 午화의 위에 있으니 훗날 아우를 자식으로 삼는다. 그 이유는 초전의 자손효 申이 양인의 귀살에 임하니 아들을 얻기 어렵기 때문이다. 그리고 말전의 처재효 子가 공망에 앉아 있고 초전에서 자손효가 극을 받으며 천후가 거친 12신에 타니 처가 출산하면서 죽는다. 본명인 卯와 간지가 모두 동방에 속하니 지금 서북쪽으로 가서 돌아오지 못하고 타향에서 죽는다.

戊辰일 제 12 국

공망 : 戌·亥 ○
낮 : 왼쪽 천장, 밤 : 오른쪽 천장

	丙	庚	庚
	蛇寅青	青午蛇	青午蛇
	丑	巳	巳
	庚	辛	己	庚
	青午蛇	空未貴	勾巳朱	青午蛇
	戌巳	午	辰	巳

庚午巳青	辛未午蛇	壬申未空	癸酉申貴
己巳辰勾	朱	白	常 陰
			○戌酉 玄
			玄
戊辰卯合	合		○亥戌 常
			陰
丁卯寅朱	丙寅丑勾	乙丑子蛇	甲子亥后
	青	貴 空	白 ○

- □ **과체** : 별책, 불비, 진퇴∥간지동류, 권섭부정, 구생, 호생, 역허.
- □ **핵심** : 귀살이 발용이 되어 양인으로 변하니 이익을 포기하고 손실을 감수해야 한다. 온갖 수모를 감수하고 인내하면서 살아야 한다.
- □ **분석** : ❶ 움직이면 귀살과 양인을 만나니 왕성한 생을 지켜야 한다. 만약 일지로 가면 오히려 손실을 입는다. 이는 생(生)의 이로움을 버리고 탈기를 따르는 것이니, 높은 이에게 굴복하고 낮은 이에게 머물러야 한다.

  ❷ 일간이 중전과 말전의 생을 받지만 결국 형통하지 못하다.

- □ **정단** : ❶ 별책과이며 무음과이다.

  ❷ 양일에 간합상신을 취해서 발용이 되었고, 사과가 불비(不備)이며, 제극이 전혀 없다. 따라서 모든 일을 변경하여 움직이면 재앙이 발생한다.

  ❸ 연명이 申이나 子인 사람은 특히 불리하다.

  ❹ 만약 천장과 12신이 상생하면 공명정대하니 꾀하는 모든 일이 길하고 남의 도움을 받는다.

  ❺ 만약 계신[辰戌丑未]이 일간을 생하면 세상에 명예가 드러난다.

○ **날씨** : 낮 정단에서는 먼저 맑고 나중에 비가 온다. 밤 정단에서는 먼저 비가 오고 나중에 맑다.
→ 낮 정단에서는 초전에 화의 천장인 등사가 타니 먼저 맑고, 말전에 비를 뜻하는 청룡이 타니 나중에 비가 온다. 밤 정단에서는 초전에 청룡이 타니 먼저 비가 오고, 말전에 등사가 타고 있으니 나중에는 맑다.

○ **가정** : 이사할 조짐이 있다.
→ ● 이사 : 역마는 이동을 뜻한다. 초전의 寅이 역마이니 이사운이 있다.
● 가택 : 사과가 불비이니 가택이 온전하지 못하다.
● 음란사 : 별책과이고 사과가 불비이니 부부에게 음란사가 발생한다.

○ **혼인** : 나쁘다.
→ ● 길흉 : 별책과는 다른 사람을 배우자로 취하는 상이다. 따라서 혼인이 나쁘다.

○ **임신·출산** : 딸이다.
→ 이 과전은 아들일 가능성이 높다. 그 이유의 첫째는 일간이 양이며 간상이 양이기 때문이고, 둘째는 삼전이 모두 양이기 때문이며, 셋째는 태신 子가 아들을 뜻하기 때문이다.

○ **구관** : 낮 정단에서는 천한 것이 차츰 귀한 것으로 변한다. 밤 정단에서는 그 반대이다.
→ ● 관직운 : 낮 정단에서 천한 것이 귀한 것으로 변하는 것은 초전에 등사가 타고 중·말전에 청룡이 타기 때문이다. 밤 정단에서는 그 반대인 이유는 초전에 청룡이 타고 중·말전에 등사가 타기 때문이다. 그리고 일록이 일지에 임하니 임시직이거나 혹은 좌천되거나

혹은 지방이나 해외로 발령이 난다.
○ 구재 : 얻는다.
→ 낮 정단에서만 얻는다. 그 이유는 중·말전에 재물을 뜻하는 청룡이 부모효에 타서 일간을 생하기 때문이다. 만약 사업을 할 경우 낮 정단에서는 돈을 번다. 만약 연명이 亥이라면 그 상신이 재성인 子이니 사업해서 주야 모두 돈을 번다.
○ 질병 : 쉽게 낫는다.
→ ● 병세 : 초전이 비록 귀살이지만 중·말전에서 일간을 생하니 쉽게 낫는다. ● 치료법 : 의약신이 申酉이니 침이나 수술이 좋고, 의약신이 未申에 임하니 서남간에서 의약을 구하면 된다.
○ 실탈 : 찾으면 얻지만 완전하지는 않다.
→ 청룡은 재물이다. 낮 정단에서 중·말전에 타고 있는 청룡승신 午에서 일간 戊를 생하니 잃었던 물건을 얻는다.
○ 출행 : 1월, 5월, 9월, 10월에는 출행하면 안 된다.
→ 월건 신살의 하나인 대살(大殺)은 사고를 주관한다. 午가 대살이 되는 월건은 1월, 5월, 9월이다. 등사가 타고 있는 간상의 午와 중전과 말전의 午가 자형이니 1월, 5월, 9월에 출행하면 사고가 발생할 우려가 있다.
○ 귀가 : 온다.
→ 중·말전이 간상으로 이어져 있으니 온다.
○ 쟁송 : 화해하면 길하다.
→ 일간은 나이고 일지는 상대이다. 일간 戊와 일지 辰이 동일한 오행이고 간상의 巳와 지상의 午가 다시 동일한 오행이니 합의가 가능하다. 만약 합의가 되면 간상의 午에서 일지를 생하니 상대가 유익하고 지상의 巳에서 일간을 생하니 나도 유익하다.
○ 전투 : 낮 정단에서는 처음에는 걱정이 되고 의혹이 생기지만 나중에 대승하고 보물과 책을 얻는다. 밤 정단에서는 처음에는 승리하지만

나중에는 놀라서 길흉이 반씩이니 신중해야 한다.

→ 낮 정단에서는 초전에 등사가 타니 처음에는 나쁘고, 말전에 청룡이 타니 나중에는 좋다. 밤 정단에서는 초전에 청룡이 타니 처음에는 좋고, 말전에 등사가 타니 나중에는 나쁘다.

□ 『필법부』 : 〈제8법〉 일록이 일지에 임하면, 임시직으로서 정당한 자리가 아니거나 혹은 먼 곳에 직장이 주어진다.

〈제77법〉 호생을 하고 구생을 하면 모든 일에서 이익이 있다.

→ 호생은 지상에서 일간을 생하고 간상에서 일지를 생하는 것이다. 구생은 간상에서 일간을 생하고 지상에서 일지를 생하는 것이다.

〈제55법〉 천라지망을 만나면 모망사가 보잘 것이 없게 된다.

〈제84법〉 합 속에 살을 범하면 꿀 속에 비상이 있는 것이다.

□ 『과경·정와』 : 불비는 꾀하는 일이 바르게 되는 데에 흠이 있고, 모든 일에서 타인에게 의지해서 지름길로 가야 한다.

□ 『육임지남』 : 丁丑년 7월 월장이 午이고 점시는 巳이다. 어느 대사마가 언제 파면 낭할지를 물었다. 남변하기를 전란시에는 전쟁터로 나아가서 장군이 되고 평화시에는 재상이 되는 관직을 맡게 된다. 이것은 역마와 등사가 행년에 임한 뒤에 발용이 되고, 중·말전과 월장에 청룡이 타서 일진을 생하며, 다시 뱀이 용으로 변하고, 태세에 귀인이 타서 본명에 임하니 이 모두는 '입상출장(入相出將)'의 상이다. 그리고 천강인 辰이 卯에 가하니 조용한 가운데에 움직이는 기미가 있다. 과전에 천리인 寅과 역마 및 천마인 午가 모두 보인다. 간상과 지상에 양인인 午와 구진이 임하니 전장으로 반드시 출사한다. 戊寅년과 己卯년에 이러한 일이 연이어 있었다.

대육임직지

기사일

己巳日의 길신(구보)과 흉살(팔살)

일덕	寅	형	
일록	午	충	
역마	亥	파	
장생	寅	해	
제왕	午	귀살	寅卯
순기	丑	묘신	戌
육의	甲子	패신	卯
귀인	수	子	공망	戌亥
	야	申	탈(脫)	申酉
합(合)		사(死)	酉
태(胎)	子	절(絶)	亥

대육임직지

기사일 제 1 국

공망 : 戌·亥 ○
낮 : 왼쪽 천장, 밤 : 오른쪽 천장

己	壬	丙
青 巳 合	常 申 貴	朱 寅 空
巳	申	寅
辛	辛	己	己
白 未 蛇	白 未 蛇	青 巳 合	青 巳 合
己 未	未	巳	巳

己巳 巳 青	庚午 午 合 空	辛未 未 朱 白	壬申 申 蛇 常 貴
勾 戊辰 辰 勾			玄 癸酉 酉 后
合 丁卯 卯 青			陰 ○戌 戌 陰 ○
朱 丙寅 寅 空	蛇 乙丑 丑 白	貴 甲子 子 常	后 ○亥 亥 玄 ○

□ **과체** : 복음, 자임, 원태 // 앙구(삼전체극), 간지공일록, 인귀생성, 복덕, 오음, 말조초혜, 주객형상.

□ **핵심** : 삼전이 일덕 寅과 인성 巳와 장생 寅이니 군자에게는 이롭고 형통하다. 그러나 삼전이 연이어서 극을 하니 寅이 화근이 된다.

□ **분석** : ❶ 초전의 巳가 일간의 장생이고 말전의 寅이 일덕이면서 관귀효이니 어찌 관직자의 앞날이 형통하지 않고 이롭지 않겠는가?
❷ 다만 초전의 巳가 중전의 申을 극하고 중전이 말전의 寅을 극하며 말전이 일간 己를 극하니 寅이 화근이 된다. 일반인은 반드시 타인으로부터 능욕당하는 우환이 생기고, 평소에 과오와 죄악을 저지르면 나를 공격하는 사람이 생긴다. 현재 공직에 몸담고 있는 사람이면 반드시 탄핵 당하는 것을 방비해야 하고 모든 일에서 삼가고 조심하는 것이 좋다.
❹ 기사일의 복음은 일간과 일지가 일록을 공협하니 식록사 정단에 좋다.
❺ 그러나 두 구진이 묘신을 끼니 본명과 행년이 辰인 사람은 이롭지 않다. ⑥ 말전의 寅이 초전의 巳를 도와서 일간을 생하니 반드시

타인이 몰래 나를 돕는다. 그러나 밤 정단에서는 寅에 천공이 타니 우스개가 될 우려가 있고 진실이 적다.
- 정단 : 원태격은 마치 영아가 엎드려 있는 것과 같아서 지체되고 불통한 상이다. 가만히 있는 것이 좋고 움직이면 나쁘다. 윗사람에게는 유리하고 아랫사람에게는 불리하다. 군자가 수양하면서 때를 기다리면 모든 일이 순조롭다.

○ 날씨 : 아침에는 비가 오고 저녁에는 갠다.
  → 청룡은 비의 류신이고 주작은 맑음의 류신이다. 낮 정단에서는 초전에 청룡이 타니 아침에 비가 오고, 말전에 주작이 타니 저녁에는 갠다.
○ 가정 : 집에 낯선 사람을 들이면 식구에게 이익이 생긴다. 만약 시령으로 생왕하면 사람이 흥하고 발전하는 상이다.
  → ● 가세 : 일지는 가정이다. 지상의 巳에서 일간 己를 생하니 가세(家勢)가 일어난다. 만약 여름에 정단하면 간상의 未가 상기가 되고 지상의 巳가 왕기가 되니 사람과 가정이 모두 발전한다.
  ● 가정운 : 삼전은 가운이다. 삼전이 삼형이니 크고 작은 사고가 발생하는 가상이다. 특히 거주 말기에는 귀살에 낮 정단에서는 주작이 타니 구설수나 탄핵이 발생하고, 밤 정단에서는 천공이 타니 사기를 당한다.
○ 구관 : 분수를 지키면 앞날이 원대하다.
  → ● 관직운 : 복음과이고 삼전에서 일간을 체극하니 분수를 지켜야 한다. 삼전에 삼형을 모두 갖췄고 또한 초전에는 인성, 중전에는 천성, 말전에는 천리와 장생·일덕귀인·역마를 갖췄으니 관운이 발달한다. 또한 일간과 일지가 일록을 공협하니 관직자는 관직을 얻고, 구직자는 취직한다.

○ 구재 : 밖으로 나가면 무익하지만 집에서 경영하면 유익하다.

→ 지상에 청룡이나 육합이 부모효에 타서 일간을 생하고 있으니 집에서 경영하면 이롭다. 그러나 밖으로 나가면 삼전이 삼형이니 사고를 당한다.

○ 혼인 : 남자는 억세고 여자는 유순하다. 아내는 남편에게 유익되게 하고 자식에게 좋다.

→ ● 성정 : 일간은 남자이고 일지는 여자이다. 간상에 흉장이 타고 있으니 남자의 성정은 사납고, 지상에는 길신인 부모효에 길장이 타고 있으니 여자의 성정은 유순하다.

● 길흉 : 지상에서 일간을 생하니 남편과 자식에게 도움이 되는 여자이다. 그러나 만약 혼인을 할 경우 삼전이 삼형이니 부부가 불화하여 고된 인생이 된다.

○ 임신·출산 : 아들이고 무사히 순산한다.

→ 아들인 이유는 태신이 아들을 뜻하는 子이고 다시 원태격이기 때문이다. 그러나 일간으로 보면 제1과의 천지반이 모두 음이니 딸이고 또한 삼전이 1음2양이니 딸이다.

● 삼전이 삼형이므로 수술로 낳을 가능성이 있다.

○ 질병 : 도의 징부인 비장이 극을 받으니 조절해서 치료를 받아야 하고 천의인 酉가 득력(得力)하니 무사하다.

→ ● 병증 : 귀살은 병의 원인이다. 말전 寅에서 일간 己토를 극하고 있으니 비·위에 탈이 났고, 일간(기궁)의 전3지인 酉가 지반 酉에 임하여서 득력했으니 무사하다.

● 치료법 : 의약신이 申酉이니 침이나 수술이 좋고, 의약신이 申에 임하니 서남간에서 의약을 구하면 된다.

○ 출행 : 역마가 공망되었으니 장애가 생긴다.

→ 여행정단에서 역마는 여객수단이다. 역마인 亥가 공망되었으니 교통사고가 발생한다.

○ 귀가 : 재외에서 이익을 얻었지만 아직 집으로 돌아오지 않는다.
   → 재외에서 이익이 있는 것은 초전의 부모효에 청룡과 육합이 타기 때문이고, 아직 귀가하지 않는 것은 삼전이 삼형이어서 장애가 있기 때문이다.
○ 유실 : 집안에 감췄다.
   → 일지는 가정이고 청룡은 재물이다. 지상에 청룡이 타고 있으니 유실물이 집안에 있다.
○ 도망 : 아직 관할 구역 내에 있다.
   → 복음과는 도둑이 관할 구역을 벗어나지 않는 상이다.
○ 출병 : 삼전이 체극하니 지역을 견고하게 지키는 것이 좋다.
   → 초전 巳에서 중전 申을 극하고, 중전에서 말전 寅을 극하며, 말전에서 일간 己를 극하는 것은 적이 계속하여 아군을 공격하는 상이니 견고하게 수비해야 한다. 또한 복음과이니 수비하는 전술이 좋다.

□ 『필법부』 : 삼전이 체극하면 여러 사람으로부터 기만을 당한다.
□ 『괄낭부』 : 육해가 태상을 공협한 경우에 행동하면 웃어른이 놀란다. 일덕에 주작이 타면 모망사에서 공무원이 손해를 보지 않는다.
   → 육해는 해를 입는 것이고 태상은 부모이다. 낮 정단에서 중전의 申에 타고 있는 태상이 초전의 巳와 육해가 되니 웃어른에게 해가 닥친다. 그리고 말전의 寅은 일간의 장생이고 낮 정단에서 주작이 타고 있다.

| 갑자순 | 기사일 | 2국 |

己巳일 제 2국

공망: 戌·亥 ○
낮: 왼쪽 천장, 밤: 오른쪽 천장

丁	丙	乙
合 卯 青	朱 寅 空	蛇 丑 白
辰	卯	寅

庚	己	戊	丁
空 午 朱	青 巳 合	勾 辰 勾	合 卯 青
己 未	午	巳	辰

戊辰巳 勾勾	己巳午 青青	庚午未 合空	辛未申 白蛇
丁卯辰 合青			壬申酉 常貴
丙寅卯 朱空			癸酉戌 ○玄后
乙丑寅 蛇白	甲子丑 貴常	○亥子 后玄	○戌亥 陰陰

- □ **과체**: 원수, 연여, 참관, 삼기, 불비∥왕록임신, 침해(피차시기), 가귀, 맥월, 살몰.
- □ **핵심**: 왕록이 일간에 임했으니 움직이면 형(刑)을 당한다. : 삼전의 둔반이 천상삼기이니 군자가 정단하면 좋다.
- □ **분석**: ❶ 간상의 午가 일록이니 현재의 직장이나 사업을 지키면 생계가 유지된다. 그러나 만약 현재의 직장을 버리고 별도로 취해 다른 곳으로 가면 지상의 辰이 자형이고 다시 묘신이니 나쁘다. 만약 삼전으로 가면 초·중전에서는 일간을 극하고 말전에서는 주야에 등사와 백호가 타고 있으니 모두 좋은 곳이 아니니 움직이면 나쁘다. ❷ 삼전의 둔반이 乙丙丁 삼기이니 군자가 정단하면 고위직에 오르고 일반인이 정단하면 화를 면한다.
- □ **정단**: 과명이 원수이니 정단하는 일이 매우 순조롭다. 아랫사람이 정단하면 웃어른을 섬기는 상이다. 모든 일은 가정에서 발생하고, 소송에서는 나중에 대응하는 것이 이롭다. 모든 일에서 옛것을 지키는 것이 좋고 경거망동하면 안 된다. 처음에는 반드시 어려움이 있지만 나중에는 얻는다.

→ 소송에서 원수과는 먼저 움직이는 쪽이 이롭다. 나중에 대응하는 쪽이 이로운 것은 중심과의 상이다.

_____

○ 날씨 : 용이 뱀으로 변했으니 맑은 날씨가 많고 비 오는 날씨는 적다.
→ 청룡은 비의 류신이다. 밤 정단에서 초전에 청룡이 임하니 처음에는 비가 오지만 말전이 백호이니 나중에는 바람이 분다. 대체로 초전이 卯이니 번개와 우레가 치고, 중전이 寅이니 바람이 불며, 말전이 丑이니 비가 온다.
○ 가정 : 아내에게 형(刑)이 많고 관재가 갑자기 일어난다.
→ ● 우환 : 일간은 가장이고 일지는 가족이다. 지상신이 자형인 辰이니 가정에 우환이 있고, 일지음신이 귀살이고 여기에 정마가 타니 우환이 갑자기 발생한다.
● 화목 : 일지의 음양이신이 육해인 辰과 卯이니 가족이 화목하지 않다.
○ 시험 : 태세가 사계[辰戌丑未]인 봄에 정단하면 시험에서 좋은 소식이 있다.
→ 진술축미년의 봄에 치르는 시험에서 합격하는 것은 간상의 午에 주작이 타서 태세와 일간을 생하며 다시 삼전이 천상삼기를 온전하게 갖췄기 때문이다.
○ 구관 : 대단히 혁혁하다. 승진한다.
→ ● 관직운 : 승진한다. 첫째, 삼전의 둔반에 천상삼기를 갖췄다. 둘째, 왕록이 일간에 임한다. 셋째, 밤에는 주작승신이 일간을 생한다.
● 구직 : 구직을 원할 경우 취직한다. 그 이유는 첫째, 초전과 중전에 관성이 있고, 둘째, 간상의 주작승신 午화에서 일간을 생하기 때문이다. 직장인은 왕록이 일간에 임하니 함부로 직장을 옮기거나

사업을 하면 안 된다.
○ 구재 : 처음에는 매우 길하지만 나중에는 손실을 방지해야 한다.
→ 초전은 처음이고 말전은 나중이다. 밤 정단에서 초전에는 청룡이 타고 말전에는 백호가 타니 처음은 좋지만 나중은 나쁘다. 그러나 이 과전의 삼전은 귀살인 卯寅과 형제효인 丑이니 시종일관 나쁘다.
○ 혼인 : 부부가 화합하지만 남녀의 성정이 모두 나쁘다. 辰午가 자형이니 많이 상한다.
→ ● 성부(成否) : 간상의 午에서 지상의 辰을 생하니 남녀가 화합한다.
● 성정 : 간상과 지상에 흉장이 타니 성품이 나쁘다. 그리고 간지상의 辰과 午가 자형이니 남녀의 고집이 강하다.
○ 임신·출산 : 태신이 양이니 아들을 임신하지만 난산이다.
→ 여기에서의 태신은 간상에 있는 午이다. 午가 태신인 것은 일간을 수로 보았기 때문이다.
○ 질병 : 관귀효가 두 곳에 있으니 병증이 한 가지로 나타나지 않는다. 간상의 午가 살을 변화시켜서 일간을 생하니 무해한다.
→ ● 병증 : 관귀효가 병인이다. 관귀효가 조전과 숭전에 있으니 병증도 2개이다. 그러나 간상의 午화에서 귀살을 순화시켜서 일간을 생해 오니 큰 병은 아니다. 그러나 밤 정단에서는 말전의 둔반에 백호가 귀살에 타고 있으니 대단히 흉하다.
● 치료법 : 의약신이 申이니 침이나 수술이 좋고, 의약신이 酉에 임하니 정서에서 의약을 구하면 된다.
○ 출행 : 지상신이 묘신인 辰이니 몸을 움직일 수 없다.
→ 지상신 辰을 묘신으로 본 것은 일간을 수로 보았기 때문이다.
○ 귀가 : 즉시 온다.
→ 지상신이 동신(動神)인 辰이기 때문이다.

○ 관재 : 인시와 묘시 정단에는 천망사장이니 흉을 벗어나기 힘들다. 공무원에게 부탁하면 흉이 제거되고 마침내 무사하다.
→ 점시와 초전이 귀살이면 '천망사장'이라고 하여 흉을 벗어날 수 없지만 삼전의 둔반이 삼기이니 흉을 구할 수 있다.
○ 출병 : 지상신이 일상신의 기운을 탈기하니 적군의 속임수를 방비해야 한다.
→ 일간은 아군이고 일지는 적군이다. 간상의 午를 지상의 辰에서 탈기하고 있으니 적군에게 피해를 입게 된다.

─────────────────

□ 『필법부』: ⟨제42법⟩ 삼전에서 삼기를 만나면 존숭해진다.
⟨제7법⟩ 왕신과 록신이 일간에 임하면 다른 곳으로 직장을 옮기면 안 된다.
→ 간상의 午는 일간의 일록이면서 동시에 왕신이다.
⟨제69법⟩ 백호가 둔귀에 타면 재앙이 적지 않다.
→ 밤 정단에서 백호가 말전의 둔반 乙에 타고서 일간 己를 극하고 있다.
⟨제38법⟩ 폐구격은 두 가지로 나눠서 추리한다.
⟨제11법⟩ 과전에 자손효가 있을 경우에는 비록 귀살이 무리를 짓더라도 전혀 두렵지 않다.
→ 이 과전에서는 자손효인 申酉가 임하지 않는다. 다만 연명이 酉와 戌인 사람은 그 상신이 자손효인 申과 酉이다.
⟨49-3법⟩ 진주작격은 辰戌丑未년에 정단하여 주작이 午에 타고 있고 봄 정단에서 반드시 합격한다. 그 이유는 문서를 뜻하는 주작이 일간에 임하여서 일간을 생하고 다시 태세를 생하기 때문이다.

己巳일 제3국

공망 : 戌·亥 ○
낮 : 왼쪽 천장, 밤 : 오른쪽 천장

乙	○		癸
蛇 丑 白	后 亥 玄	玄 酉 后	
卯	丑		亥 ○
己	丁	丁	乙
青 巳 合	合 卯 青	合 卯 青	蛇 丑 白
己 未	巳	巳	卯

丁 青 合 卯 巳	戊 勾 辰 午	己 勾 青 巳 未	庚 空 朱 午 申
朱 丙 空 寅 辰			白 辛 蛇 未 酉
蛇 乙 白 丑 卯			常 壬 貴 申 戌
貴 甲 常 子 寅	后 ○ 玄 亥 丑	陰 戌 陰 子	玄 癸 后 酉 亥 ○

□ **과체** : 중심, 퇴간전, 극음, 불비(무음) // 재공(財空), 삼기, 구생, 왕래수생(자재격), 용전, 육음, 맥월.

□ **핵심** : 타인이 나에게 와서 나를 돕는다. 만약 사업을 시작하면 초전에 있는 등사와 백호에 귀살이 숨어 나에게 해를 끼치니, 사업이 깨지고 돈이 없어진다.

□ **분석** : ❶ 일지인 巳가 간상으로 와서 일간인 己를 생하니 '자재(自在)'이다. 구하고 꾀하면 타인이 와서 나에게 도움을 준다. 따라서 하는 일마다 모두 잘 되니 이것을 지키면 된다. 만약 이것을 포기하고 경거망동하면 초전의 乙丑에 등사와 백호가 타고, 중전의 재성과 역마는 공망이며, 말전은 일간의 패신이어서, 삼전을 둘러보아도 의지할 곳이 하나도 없다. 따라서 무리하게 움직이면 어찌 깨지고 패망하지 않겠는가?

❷ 삼전이 丑亥酉이니 극음이고 또한 '도발사(倒拔蛇)'이다. 정단하는 일은 불길하고 매우 어두운데, 특히 질병과 소송 정단에서 흉하다. 만약 또다시 상문과 조객을 만나면 죽음을 면하기 어렵다.

※ **도발사(倒拔蛇)** : 퇴간전이 도발사이다. 매일의 제2국은 도발사이

다.
□ 정단 : ❶ 중심과이며 용전이다. 아래에서 위를 주제넘게 굴고 비천한 사람이 존귀한 사람을 범하니 모든 일이 불순하다. 모든 일에 소인에게서 일어난 일로서 제멋대로 하면 불리하고 심사숙고하면 화를 면할 수 있다.
　❷ 과명이 '불비(不備)'이니 경영이 불완전하고, 말전이 파쇄(破碎)이니 모든 일이 불완전하다.
　→ 사맹일에는 酉, 사중일에는 巳, 사계일에는 丑이 파쇄이다. 말전의 酉는 일간의 패신이면서 巳일의 파쇄에 해당한다. 파쇄는 파손시키는 작용을 한다.

――――――――――――――――――――

○ 날씨 : 과전이 음이니 반드시 흐리고 비가 온다. 특히 현무가 임하니 오랫동안 비가 온다.
　→ 음은 흐리고 비 오는 날씨를 가리키고, 양은 맑은 날씨를 가리킨다. 과전이 육음이니 비가 오는 상이지만 중전의 亥와 말전의 酉가 공망되었으니 나중에는 비가 그친다.
○ 가정 : 집에 낯선 사람이 온다. 사람은 많고 집은 좁다. 등사와 백호가 관성에 타니 출입을 삼가야 한다.
　→ ● 손님 : 일간은 나이고 일지는 타인이다. 일지가 간상으로 왔으니 타인이 온다. ● 가상 : 좋다. 일지가 간상으로 와서 일간을 생하니 사람은 많고 집은 좁은 좋은 가상이다. ● 왕래 : 초전의 丑에 등사와 백호가 타고 다시 중전과 말전이 흉하니 출입을 삼가야 한다. ● 음란사 : 과전이 육음이고 다시 사과가 불비이니 가정에 음란사가 발생하는 것을 방지해야 한다.
○ 구관 : 낮 정단은 좋고, 밤 정단은 나쁘다.
　→ ● 관직운·시험 : 초전의 丑은 갑자순의 삼기이다. 삼기격은 시험

에 합격하고 관직자는 승진한다. 특히 낮 정단에서는 간상의 청룡 승신 巳에서 일간 己를 생하니 더욱 길하다.
○ **구재** : 청룡이 일간을 생하니 나중에 쉽게 얻는다.
　→ 청룡은 재물을 뜻한다. 청룡승신 巳에서 일간 己를 생하니 쉽게 재물을 얻는다. 다만 중전의 재성 亥가 공망되었으니 새로운 일을 시작하면 안 된다.
○ **혼인** : 일상에 청룡이 타고 있으니 훌륭한 사윗감이다. 그러나 지상이 사(死)이니 여자는 단명하다.
　→ ● 남녀의 길흉 : 일간은 남자이고 일지는 여자이다. 간상에 길장이 타니 훌륭한 남자이고, 지상에 길장이 타니 훌륭한 여자이다. 다만 여자는 지상의 卯가 일간 기준의 사(死)이니 수명이 짧다. ● 성품 : 사과가 불비이니 남녀가 음란하다. 이로 인해 나중에 관재가 발생할 우려가 있다.
○ **임신·출산** : 임신되기 어렵다. 출산할 때에 반드시 놀란다.
　→ 사과가 불비이니 임신정단을 하면 임신되기 어렵고, 출산정단을 하면 미숙아가 될 우려가 있다.
○ **질병** : 丑이 卯에 가해서 발용이 되었으니 여자에게 복통이 있다.
　→ ● 병증 : 丑은 배이다. 丑이 지반의 卯목으로부터 극을 당했으니 복통이 있다. 그리고 극음격(丑亥酉)은 질병에서 흉하고, 다시 밤에는 초전에서 백호가 둔귀에 타고 있으니 더욱 흉하며, 삼전이 음으로 이어져 있으니 더욱 흉하다. ● 치료법 : 의약신이 申이니 침이나 수술이 좋고, 의약신이 戌에 임하니 서북간에서 의약을 구하면 된다.
○ **관재** : 처음에는 흉하고 나중에는 길하다.
　→ 삼전의 丑亥酉는 극음격으로서 질병과 관재정단에서 흉하다. 그리고 지상의 卯목에서 일간을 극하지만 간상의 巳에서 살인상생을 하고 다시 중전과 말전이 공망되었으니 나중에는 길하다.

○ 출행 : 육로는 순탄하다. 배를 타면 놀란다.
   ➔ 일간은 육로이고 일지는 수로이다. 간상의 巳에서 일간을 생하니 육로가 안전하고, 지상의 卯에서 일간을 극하니 수로행은 불안하다.
○ 귀가 : 아직은 돌아오지 않았다.
   ➔ 말전은 출발시기, 중전은 도중, 초전은 도착시기이다. 말전과 중전이 공망되었으니 아직 출발하지 않았다.
○ 도난 : 급히 서두르지만 잡기 어렵다.
   ➔ 도둑은 귀살과 현무이다. 현무가 낮 정단에서는 말전에서 공망되었고, 밤 정단에서는 중전에서 공망되었으니 잡기 어렵다.
○ 행군 : 적군에게는 유리하고 아군에게는 불리하다.
   ➔ 적군을 뜻하는 지상에서 아군을 뜻하는 일간을 극하니 불리하다.

□ 『필법부』: (제69법) 백호가 둔귀에 타면 재앙이 심하다.
   ➔ 백호가 초전의 둔간 乙에 타서 일간 己를 극하고 있다.
□ 『과경』: 6월의 낮에 정단하여 청룡이 巳에 타서 일간을 생하고 다시 월내의 생기이니, 지금은 뛰어나지 않지만 나중에는 서서히 발복하고, 청룡이 생기에 타면 길한 기운이 천천히 일어난다.
   ➔ 생기는 월건기준의 신살이다. 인명에 관련된 임신 및 출산정단과 질병정단에서 가장 많이 활용된다. 이 외에도 구재정단에서는 청룡이 생기에 타면 살아 있는 재물이 된다.

※ 사기, 생기

월건 신살	寅	卯	辰	巳	午	未	申	酉	戌	亥	子	丑
사기 (死氣)	午	未	申	酉	戌	亥	子	丑	寅	卯	辰	巳
생기 (生氣)	子	丑	寅	卯	辰	巳	午	未	申	酉	戌	亥

| 갑자순 | 기사일 | 4국 |

기사일 제4국

공망 : 戌·亥
낮 : 왼쪽 천장, 밤 : 오른쪽 천장

丙	○	壬
朱寅空	后亥合	常申貴
巳	寅	亥 ○
戊	乙	丙	○
勾辰常	蛇丑青	朱寅空	后亥合
己未	辰	巳	寅

丙寅巳 朱空	丁卯午 合白	戊辰未 勾常	己巳申 青玄
乙丑辰 蛇青			庚午酉 空陰
甲子卯 貴勾			辛未戌 白后
○亥寅 后合	○戌丑 陰朱	癸酉子 玄蛇	壬申亥 常貴 ○

- **과체** : 호시, 원태(병태), 참관, 여덕(낮) // 재공(財空), 일덕, 문덕(낮), 가귀, 형상, 침해, 나거취재, 불행전, 삼전개공(밤), 신장·귀등천문(밤).
- **핵심** : 밤에는 삼전이 모두 공망되었으니 만사 허망하다. : 호시를 무시하면 안 된다. 화살촉이 있으니 작용을 한다.
- **분석** : ❶ 중전과 말전이 모두 공망되었고, 밤 정단에서는 초전에 다시 전공이 타니 만 가지 일이 모두 허망하다.

　❷ 지상의 寅은 쑥대로 만든 화살이고 말전의 申금은 화살촉이다. 화살에 화살촉이 있으니 성공하고 뜻을 이룬다. 따라서 어찌 호시라고 무시할 수 있겠는가?

- **정단** : ❶ 높은 언덕의 토가 묘신이 되어 일간을 덮고 있으니 마치 장애물이 사람의 앞을 가로막고 있는 것과 같다. 만약 이 묘신을 깨지 않으면 앞으로 나갈 수 없다. 삼전에 있는 목이 묘신을 극하니 모든 일이 풀린다.

　❷ 지금 초전이 寅목이지만 중·말전이 모두 공망되었으니 모든 일은 결국 무익하고 이루는 것이 없다.

○ **날씨** : 천공이 발용이 되었고 주작이 비상하니 만리에 구름 한 점 없다.
→ 寅은 바람, 亥는 비, 申은 수원(水源)이다. 초전의 寅에 낮 정단에서는 주작이 타니 비가 오지 않고, 밤 정단에서는 천공이 타니 날이 맑다. 중전 亥와 말전 申이 비를 뜻하지만 공망되었으니 비가 오지 않는다.

○ **가정** : 간상에 묘신이 탔으니 혼미하다. 지상에 관성이 타니 소송에 연루될 일인데, 낮에는 구설수를 당하고 밤에는 속임수를 당한다.
→ ● 사람 : 일간은 사람이다. 어둠과 혼동의 뜻이 있는 묘신이 간상에 임하니 사람이 하는 일이 어둡다.
● 가정 : 일지는 가정이다. 지상의 귀살 寅에 낮에는 주작이 타고 있으니 가정에 구설수가 생기고, 밤에는 천공이 타니 가정에서 사기를 당한다.

○ **시험** : 합격한다.
→ 초전이 일덕 겸 관귀효이고 여기에 주작이 타니 문덕이다. 문덕은 시험에 합격하여 공무원이 된다.

○ **구관** : 미래가 밝지 못하다.
→ ● 관직운 : 삼전은 관로이다. 초전은 현재, 중전과 말전은 미래이다. 초전이 관성이니 현재는 좋지만 중·말전이 공망되었으니 관로가 어둡다.

○ **구재** : 재성이 공망되었으니 뜻대로 되지 않는다.
→ 재성은 재물이다. 중전의 재성 亥가 공망되었으니 구재가 나쁘다.

○ **혼인** : 재성과 관성이 서로 만나니 성사된다. 다만 백년해로는 하지 못한다.
→ ● 성부(成否) : 재성은 아내이고 관성은 남편이다. 관성인 寅이 지상과 초전에 임하니 남편이 있고 일지음신과 중전에 재성인 亥가

임하니 아내가 있다. 다만 재성이 공망되었으니 혼인 후에 상처한다. ● 궁합 : 일간은 나이고 일지는 상대이다. 지상의 寅에서 일간 己와 간상의 辰을 극하니 상대가 나에게 해를 끼치며 궁합 또한 나쁘다.

○ **임신·출산** : 태아가 튼튼하지 못하고, 출산한 뒤에 키우지 못한다.
→ 원태격은 태아를 뜻한다. 원태격이 공망되었으니 태아가 튼튼하지 못하고 사망할 우려가 있다.

○ **질병** : 병증이 사람을 극하니 혼미하고 치료하기 어렵다.
→ ● 병증 : 일간은 환자이고 일지는 병증이다. 지상에서 일간을 극하여 오니 낫기 어려운 병이다. 또한 말전에 있는 의약신 申이 공망되었으니 치료할 수 있는 의사나 약이 없다.
● 치료법 : 의약신이 酉이니 침이나 수술이 좋고, 의약신이 子에 임하니 정북에서 의약을 구하면 된다.

○ **출행** : 역마가 공함이니 반드시 장애가 있다.
→ 여행정단에서 역마는 여객수단이다. 중전에 있는 역마가 공망되었으니 사고가 난다.

○ **귀가** : 차를 탈 수 없으니 오지 못한다.
→ 행인징단에서 역마는 여객수단이다. 중전에 있는 역마가 공망되었으니 사고가 난다.

○ **알현** : 천을귀인이 이미 공망되었으니 만날 수 없다.
→ 천을귀인은 귀인이다. 밤 정단에서 말전의 밤 귀인이 공망되었으니 만날 수 없다. 낮 귀인은 사문인 卯에 가하니 만날 수 있다.

○ **관재** : 처음에는 흉하지만 나중에는 의혹이 해소된다.
→ 낮에는 초전의 귀살 寅에 주작이 타서 일간을 극하여 오고 있지만 寅이 일덕이니 의혹이 해소된다. 또한 중·말전이 공망되었으니 관재가 해소된다.

○ **출사** : 초전이 일덕이고 다시 참관이니 처음에는 반드시 힘쓰지만 중

전과 말전이 모두 공망되었으니 반드시 위태해진다.

→ 초전은 출병의 초기, 중전은 중기, 말전은 말기이다. 초전이 일덕이니 길하지만 중·말전이 공망되었으니 결과가 없다.

○ **승패** : 처음에는 좋고 나중에는 나쁘다. 소송에서는 피고가 승소하고 원고가 패소한다.

→ 처음이 좋은 것은 초전이 길신인 일덕이기 때문이고, 나중이 나쁜 것은 중·말전이 공망되었기 때문이다. 그리고 피고가 승소하는 것은 지상의 寅에서 일간 己를 극하기 때문이다.

□ 『**필법부**』 : 〈제38법〉 폐구격은 두 가지로 추리해야 한다.

→ 이 과전은 폐구에 해당하지 않는다.

〈제82법〉 삼전이 이어지지 못하면 초전으로만 정단해야 한다.

→ 중전은 천반이 공망이고, 말전은 지반이 공망이다.

□ 『**육임지남**』 : 3월의 丑시 戌월장에 언제 비가 올지를 정단했다. 巳·午일에 광풍이 일어난 뒤에 순을 벗어난 甲일에 적은 비가 내리고 乙일에는 많은 비가 내린다. 두강인 辰이 未에 가하고, 공조인 겁살 寅이 일간을 극하니 광풍이 일어난다. 그리고 귀인이 천문인 亥에 오르는 '귀등천문'이고, 청룡이 하늘로 날아오르니 이 모두는 비를 뿌리는 상이다. 그리고 중·말전의 亥·申이 공망되었으니 공망을 벗어나서 비가 온다고 말한 것이다. 甲일에 작은 비가 오는 것은 휴기에 타서 공망되었기 때문이고, 乙일에 큰 비가 오는 것은 子卯가 서로 형(刑)이기 때문이다.

己巳일   제 5 국

공망 : 戌·亥 ○
낮 : 왼쪽 천장, 밤 : 오른쪽 천장

丁	○	辛
合 卯 白	后 亥 合	白 未 后
未	卯	亥 ○

丁	○	乙	癸
合 卯 白	后 亥 合	蛇 丑 青	玄 酉 蛇
己 未	卯	巳	丑

乙丑巳甲子辰	丙寅午	丁卯未	戊辰申己巳酉
蛇 青 貴 勾	朱 空	合 白	勾 玄 青
○亥卯 后 合			庚午戌 空 陰
○戌寅 陰 朱	癸酉丑 玄 蛇	壬申子 常 貴	辛未亥 白 后

- □ **과체** : 원수, 곡직, 일녀, 천망∥재공, 명암이귀, 불행전, 최관부, 육음, 옥택관광, 호귀임간, 살몰.
- □ **핵심** : 귀살에 육합과 백호가 타고 있으니 적과의 대오를 갖춘 상이다. 공직자와 고시생은 좋지만 일반인은 고통을 당한다.
- □ **분석** : ❶ 비록 발용의 백호귀살이 삼전에서 삼합을 이루고 있지만 중·말전이 공망되었으니 오합지졸이다. 그리고 초전에 육합이 타니 어찌 노둑과 같은 무리가 아니겠는가? 결국 모든 도둑은 공허해져서 오래 가지 못하고 스스로 굴복한다.

  ❷ 관직자가 정단하여 간상에 백호귀살이 타면 공무원을 재촉하는 신표라는 뜻의 '최관부(催官符)'가 되어 길하고, 일반인은 병이나 소송을 면하지 못한다.

- □ **정단** : ❶ 원수과이니 모든 일이 순조롭다.

  ❷ 주야에 타고 있는 천장은 나중에 합하고 서로 임한다.

  ❸ 卯는 사문(私門)이고 亥는 음매(陰昧)의 신이다. 모든 정단에서 반드시 예로써 행해야 간교한 살기를 면할 수 있다.

○ **날씨** : 卯에 백호가 타면 산림을 빠져나가는 바람이니 반드시 바람이 분다. 천강이 양을 가리키고 썩은 목이 화를 생하니 반드시 비가 오지 않는다.
→ 우레와 번개의 류신은 卯이고 바람의 류신은 백호이다. 밤 정단에서 卯에 백호가 타니 우레와 번개가 치고 바람이 분다. 날씨 정단에서 辰은 '대각성(大角星)'이다. 천강[辰]이 양의 12지에 임하면 맑고 음의 12지에 임하면 비가 온다. 이 과전에서는 辰이 양의 12지인 申에 임하니 맑다.

○ **가정** : 일지가 금국을 이뤄서 일간의 목국을 극하니 집은 넓고 사람은 쇠퇴하며 어른과 아이는 편안하지 않다.
→ ● 가상 : 일간은 사람이고 일지는 집이다. 삼전의 목국에서 일간을 극하니 사람이 쇠해지고, 일지를 생하니 집이 지나치게 넓어서 식구에게 우환이 닥치는 가상이다.
● 화목 : 일간은 남편이고 일지는 아내이다. 간상의 卯에서 지상의 丑을 극하니 가족이 화목하지 않다.

○ **구관** : 卯에 호귀가 타고 다시 정신이 타니 승진이 매우 빠르다.
→ ● 관직운 : 관성에 백호가 타는 것을 '최관사자'라고 하여 부임이나 승진이 매우 빠르며, 특히 겨울과 봄에 정단하면 더욱 좋은데 그것은 호귀가 왕상해지기 때문이다. 다만 관직자의 미래를 정단하면 미래가 어두운데 그것은 관성국이 공망되었기 때문이다.

○ **관재** : 간상의 호귀가 발용이 되었으니 관재가 빨리 발생한다.
→ 일간에 호귀 곧 백호귀살이 임한다는 것은 나에게 재앙이 발생하는 상이고, 이것이 발용이 되었으니 관재가 현실화된다는 뜻이다. 그러나 중·말전이 공망되었으니 관재가 확대되지 않고 사라진다.

○ **질병** : 위장병이 빨리 발생한다.

- → ● 병증 : 호귀가 병인이다. 호귀가 卯목에 타고 있으니 소화기 질환이 빨리 발생한다. 그러나 중·말전이 공망되었으니 질병이 확대되지 않고 사라진다.
    - ● 치료법 : 의약신이 申이니 침이나 수술이 좋고, 의약신이 子에 임하니 정북에서 의약을 구하면 된다.
- ○ 구재 : 재성인 亥가 공망되었고 재성이 다시 귀살로 변한 목국에서 재성을 탈기한다. 따라서 아주 작은 돈도 잃게 된다.
    - → 재성은 재물 곧 돈이다. 중전의 재성이 공망되었고 다시 목국에서 이를 탈기하고 있으니 사업은 불리하다.
- ○ 혼인 : 육합과 천후가 타니 가장 나쁘다. 서로 불결하다.
    - → ● 성정 : 나쁘다. 삼전에서 앞에 육합이 임하고 뒤에 천후가 임하면 교동격은 남자가 사정(私情)을 갖고, 남자가 여자에게 구애하는 상이니 나쁘다.
- ○ 임신·출산 : 위는 강하고 아래가 약하니 아들이다. 삼전이 일간을 극하니 아들은 키우기 어렵다.
    - → 천반은 양이며 아들이고 지반은 음이며 딸이다. 천반이 지반을 극하여 발용이 되었으니 아들이다. 그러나 삼전의 귀살국에서 일간을 극하니 아들을 키우기 어렵다.
- ○ 질병 : 비·위가 상한 것은 밖의 귀신이 해를 끼쳤기 때문이다. 다행히 중·말전이 공망되었으니 서둘러서 치료하면 완치된다.
    - → 귀살인 목국에서 토를 극하니 토의 장부인 비·위가 상했다. 목국이 불성하니 병이 확대되지 않고 낫는다.
- ○ 출행 : 정신이 발용이지만 역마가 공망이니 마음은 급하지만 행동은 늦다.
    - → 일간은 여행객이다. 간상의 정마가 발용이 되었지만 중·말전이 공망되었으니 여행에 장애가 생긴다. 특히 자동차를 뜻하는 역마인 亥가 공망되었으니 여행에서 장애가 발생한다.

○ **귀가** : 갑자순을 벗어난 뒤에는 공망된 역마가 메워지니 스스로 곧 돌아온다.
　→ 巳일의 역마는 亥이다. 亥가 공망되었지만 다음 순에는 공망이 메워지니 차를 타고 온다.
○ **출사** : 아군이 적군에게 승전하고 다시 적군이 아군에게 승전한다. 거듭하여 아군의 국경으로 오니 결국 비밀스럽게 휴전한다.
　→ 일간은 아군이고 일지는 적군이다. 간상의 卯에서 지상의 丑을 극하니 아군이 승전한다. 그러나 삼전의 목국에서 일지를 생하고 일간을 극하니 적군이 이긴다. 과전이 삼합하여 국을 이루니 휴전한다.

□ 『**필법부**』 : 〈제30법〉 지나치게 넓은 집은 사람을 쇠하게 한다.
　→ 삼전의 목국에서 일지인 巳를 생하니 집이 지나치게 넓어서 흉하다. 따라서 이사하는 것이 좋다.
〈제91법〉 백호가 일간에 임하면 귀살의 흉이 매우 빨리 나타난다.
　→ 밤 정단에서 간상의 귀살에 백호가 타고 있다. 시험과 관직정단에서는 매우 길하고, 질병과 관재정단에서는 매우 나쁘다.
〈제40법〉 천후와 육합은 혼인정단에서 중매인을 쓰지 않아도 된다.
　→ 낮 정단에서는 초전에 육합이 타고 중전에 천후가 탄다. 밤 정단에서는 중전에 육합이 타고 말전에 천후가 탄다.
〈제82법〉 삼전이 나아가지 못하는 불행전은 초전을 살펴야 한다.
□ 『**필진(筆塵)**』 : 월나라 왕이 12월 巳시에 맹회국에 대해 정단했다. 당시 12월 초에 월장이 丑궁에 있고 목국인 관귀효에 주야 모두에 백호가 타니 '최관사자'이다. 따라서 권왕(勸王)이 말을 타고 달려 신속하게 돌아온다. 조금 지나 午시가 되어 도착했다. 이 과는 무록의 과이다.

己巳일 제 6 국

공망 : 戌·亥 ○
낮 : 왼쪽 천장, 밤 : 오른쪽 천장

癸	戊		○
合 酉 蛇	常 辰 常	蛇 亥 合
寅	酉		辰
丙	癸	甲	辛
陰 寅 空	合 酉 蛇	貴 子 勾	青 未 后
己 未	寅	巳	子

甲子巳 貴	乙丑午 勾	丙寅未 后	丁卯申 陰	空	玄	白
○ 蛇 亥 辰 合			常 戌 酉 常
○ 朱 戌 卯 朱			白 己巳戌 玄
合 癸 酉 寅 蛇	勾 壬 申 丑 貴	青 辛 未 子 后	空 庚 午 亥 陰 ○

□ **과체** : 섭해, 무록, 복앙∥재공, 일덕, 복덕, 절사, 태신임절신, 구극, 교차육해.

□ **핵심** : 절사격이니 상하가 화목하지 못하다. 초전은 패신이고 초전과 지상신은 파이며, 중전은 묘신이다. 재물이 비었지만 나중에는 재물을 얻는다.

□ **분석** : ❶ 간상의 寅과 일지 巳, 지상의 子와 기궁 未가 교차육해이다.
❷ 토의 패신은 酉이고 酉는 子와 파(破)이다.
❸ 일간과 일지가 어긋나고, 파쇄가 발용이 되었으며, 중전의 辰은 토의 묘이고, 말전의 亥는 공허한 재물이다.
❹ 과상이 좋지 못하고 전체적으로 흉하니 하나도 쓸 만한 것이 없다.
❺ 이 과는 일명 '무록'이다. 낮은 곳에 머무는 아랫사람 중에서 반드시 받아들이기 어려운 사람이 있다. 『과경』에서 말하기를 4개의 상극하는 빨리 돌아온다. 행인정단을 하면 寅일에 온다. 출산정단도 이와 같이 면 된다.

□ **정단** : ❶ 과의 이름이 견기이다.

❷ 2개의 비(比)하지 않고, 사맹이 있지만 사맹을 쓰지 않는 것은, 사맹이지만 말을 하지 못하는 상이기 때문이다. 동(動)하면 반드시 정(靜)하게 되고 성(盛)하면 반드시 쇠(衰)하게 된다. 연명에서 구신을 만나면 복이 된다.
→ 사과에서 제1과상신 寅과 제3과상신 子가 일간 己와 비(比)하지 않는다. 제2과와 제4과는 일간과 비하지만 이중에서 극을 많이 받는 제2과가 발용이 되었다.

○ 날씨 : 子가 사궁(巳宮)에 가하니 수가 위에 있다. 그리고 필성(畢星, 酉)이 발용이 되었으며, 청룡이 올라가고 주작이 내려오니 반드시 비가 많이 온다.
→ 子는 강우이고 巳는 맑은 날씨이다. 일지에서 子가 巳에 가하니 비가 온다. 酉는 비를 생하는 오행이다. 酉가 초전이 되었으니 비를 생하고 다시 일지에서 子가 위에 임하니 비가 온다.
○ 가정 : 낮에는 귀인이 나의 집으로 와서 거주하지만 오래 있지는 않는다. 밤에는 파쇄와 패신이니 난이 심해서 쟁송을 면하지 못한다.
→ ● 사람 : 일간은 사람이다. 일간이 간상으로부터 극을 받으니 사람에게 우환이 닥친다. 낮에는 태음이 타니 음인으로부터 해를 입고, 밤에는 천공이 타니 사기로 해를 입는다.
● 가정 : 일지는 가정이다. 낮에는 지상에 천을귀인이 타니 귀인이 나의 집에 와서 가정에 해를 입힌다. 밤에는 지상에 구진이 타니 가정에 관재가 발생한다.
○ 구관 : 좌천되고 감봉될 우려가 있다.
→ ● 관직운 : 절사격은 관록을 잃는 상이다. 또한 일록인 午가 공망된 지반에 앉아 있으니 더욱 흉하다.
○ 사업 : 개혁하는 것이 좋다.

→ 섭해과의 견기격은 개혁의 상이다. 만약 지체하면 사업이 어려워진다.

○ **혼인** : 여자는 귀하지만 재성이 공망되었으니 남자의 명예가 훼손되고, 혼인이 성사되더라도 해로하지 못할 우려가 있다.

→ ● 귀천 : 일지는 여자이다. 지상의 낮에 귀인이 타니 귀한 신부감이다.

● 백년해로 : 말전의 재성이 공망되었으니 백년해로를 하지 못한다.

● 섭해과 : 혼인을 진행하는 과정에서 장애가 뒤따른다.

○ **임신·출산** : 태신이 귀인이어서 아들은 비범하고 청수하다. 하지만 무록이니 아들은 장수하기 어렵다.

→ 일간의 태신은 지상에 있는 子이다. 이곳에 귀인이 타고 있으니 귀아이지만 사과의 사상에서 사하를 극하니 단명하다. 만약 신월에 정단하면 子가 사기이니 더욱 흉하다.

○ **질병** : 패기가 발용이니 병사가 반드시 몸속으로 침투하였다. 다행히 간상에 일덕이 임하니 머지않아서 저절로 낫는다.

→ ● 병증 : 발용의 酉를 패신으로 본 것은 일간을 수로 보았기 때문이다. 일덕 寅이 일간에 임하니 흉화위길하다. 그리고 섭해과이니 오래된 병이고, 일록이 공망된 지반에 임하고 다시 절사격이니 음식을 먹지 못하고 사망할 우려가 있다.

● 치료법 : 의약신이 酉이니 침이나 수술이 좋고, 의약신이 寅에 임하니 동북간에서 의약을 구하면 된다.

○ **출행** : 수로와 육로 모두 무사하다. 하지만 子수가 寅목을 생하고 역마가 공망되었으니 길을 나섰다가 나중에 멈추는 상이다. 갑자순을 벗어난 뒤에 공망된 역마가 메워지면 비로소 가게 된다.

→ 일간은 육로이고 일지는 수로이다. 간상의 寅은 일덕이고 지상의 子는 일간의 재성이니 육로와 수로행 모두 순탄하다. 역마는 여객수

단이다. 역마인 亥가 공망되었으니 지금은 갈 수 없지만 갑술순에는 亥가 풀리니 여행을 가게 된다.
○ **귀가** : 중도에 있거나 혹은 갑자순이 지난 후에 돌아온다.
  → 중도에 있는 것은 동신(動神)인 辰이 중전에 있기 때문이고, 순이 지나서 오는 것은 공망된 역마가 메워지기 때문이다.
○ **출병** : 낮 정단은 길하고 밤 정단은 흉하다.
  → 일간은 장수이고 일지는 군영이다. 낮 정단에서는 지상에 길장인 귀인이 타니 길하고, 밤 정단에서는 흉장인 구진이 타니 흉하다.
○ **유실** : 근방에 있다.
  → 섭해과는 집안이나 근방에 있다.
○ **도망(가출인)** : 근방에 있다.
  → 섭해과는 근방에 있다.
○ **구직** : 직장을 구한다.
  → 간상이 일덕과 관성이니 직장을 구한다.

□ 『**필법부**』 : 〈제63법〉 서로 상하니 양쪽 모두 방비해야 한다.
  〈제76법〉 서로 시기하여 화가 모두에게 미친다.
  〈제19법〉 태신 겸 재성이 생기이면 처가 임신하고, 태신 겸 재성이 사기이면 태아가 죽는다.
□ 『**육임지남**』 : 丁丑년 정월 己巳일 己巳시 子월장이다. 회시(會試) 정단을 한다. 戊戌년에 태어난 사람은 반드시 합격하지만 나머지는 모두 불합격된다. 초전과 말전에서 본명인 戌을 보이지 않게 팔짱끼고, 낮 천을귀인이 월장 子에 타서 행년 巳에 임하고, 주작승신 戌이 다시 염막귀인인 申을 생하니 甲으로 합격하는 것을 의심하지 않아도 된다. 과연 그러하였다.

己巳일 제 7 국

공망 : 戌·亥 ○
낮 : 왼쪽 천장, 밤 : 오른쪽 천장

己	○	己
白 巳 玄	蛇 亥 合	白 巳 玄
亥 ○	巳	亥 ○
乙	辛 ○	己
后 丑 青	青 未 后	蛇 亥 合 白 巳 玄
己 未	丑	巳	亥 ○

蛇 亥 合 巳 ○	甲 子 午 貴 勾	乙 丑 未 后 青	丙 寅 申 陰 空
朱 戌 辰 朱 ○			玄 卯 酉 白 丁
合 酉 卯 蛇 癸			常 辰 戌 常 戊
勾 申 寅 貴 壬	辛 未 丑 青 后	庚 午 子 空 陰	白 巳 亥 玄 己 ○

□ **과체** : 반음, 무의, 원태(절태), 중심, 고진과수 // 간지공귀인(낮), 맥월, 축미상가(두괴상가), 초전협극, 재공, 회환, 육음, 나거취재.
→ 이 과전이 비록 반음과이지만 제4과의 하적상이 발용이 되었으니 중심과의 상이 있다.

□ **핵심** : 일간을 생하는 곳에 백호가 타니 자주 재물과 돈을 잃는다. 꾀하는 것이 성사되지 않는 것은 삼전이 모두 공망되었기 때문이다.

□ **분석** : ❶ 초전의 巳는 己의 부모로서 일간을 생한다. 주야에 현무와 백호가 타고 있으니 수차례 손실을 입는 우환이 발생한다.
❷ 삼전은 일을 하는 체(體)이지만 모두 공망되었으니, 모든 꾀하는 일은 헛일이 된다. 만약 말과 행동이 일치되지 않으면 공연히 왕래하여 공염불만 할 뿐이다.

□ **정단** : ❶ 무의의 과이고 삼전이 원태이다. 따라서 시작과 결과가 다르고, 원근의 모든 일이 의혹스러우며, 주야의 천장이 현무와 백호이니 반드시 놀랄 일이 생긴다.
❷ 모든 일은 가정에서 일어나고, 모든 화는 안에서 일어나며, 처와 집이 공망되었으니 머물 곳이 없다.

❸ 만약 未월이나 申월에 정단하면 등명인 亥가 사신과 사기에 해당하니 가정 내에 목을 매달아 자살하는 사람이 생기며 반드시 가업을 망치고 거듭 신음하게 된다.

※ 사신, 사기

월건 신살	寅	卯	辰	巳	午	未	申	酉	戌	亥	子	丑
사신 (死神)	巳	午	未	申	酉	戌	亥	子	丑	寅	卯	辰
사기 (死氣)	午	未	申	酉	戌	亥	子	丑	寅	卯	辰	巳

○ 날씨 : 천문[亥]과 지호[巳]가 상통하니 반드시 짙은 구름이 낀다. 수와 화가 모두 공망되었으니 맑지도 않고 비도 오지 않는다.
　→ 천문은 亥이고 지호는 巳이다. 일지와 삼전에 亥와 巳가 반복되어 있지만 공망되었으니 비가 오지 않는다.
○ 가정 : 가택에 공허한 것이 많고 실익은 적다. 반드시 못 쓰게 된 화로나 뒷간이 있다.
　→ ● 가상 : 가택이 공허한 것은 일지가 공망되었기 때문이다. 그리고 화로는 巳이고 화장실은 亥이다. 이 둘이 공망되었으니 못 쓰는 화로와 화장실이 있다.
　● 처·재물 : 지상의 처재효가 공망되었으니 처와 재물이 없는 상이고, 특히 미월(未月)과 신월(申月)에 정단하면 사신과 사기에 해당되니 처가 사망한다.
○ 구관 : 안정적이지 않으며 임기를 채우지 못한다.
　→ ● 관직운 : 반음과의 천반에 있는 모든 길신이 충지에 앉아 있으니 안정적이지 않고 또한 임기를 채우지 못한다.
　● 시험 : 일간에서 丑과 未가 서로 가하니 시험에 합격한다.
　● 취직 : 일간에서 丑과 未가 서로 가하니 취직시험에 합격한다.

○ **알현** : 낮에는 만나고 밤에는 헛수고 한다.
　→ 낮 귀인은 일간의 재성이고, 밤 귀인은 일간을 탈기한다.
○ **구재** : 재성이 공망되었으니 득한 뒤에 반드시 잃게 된다.
　→ 재성은 돈이다. 중전에 있는 재성이 공망되었으니 얻지 못하거나 설령 얻더라도 잃게 된다.
○ **혼인** : 주야의 청룡이 일간의 음양에 임하니 좋은 사윗감이다. 하지만 처재효가 공망되었으니 불길한 여자이다.
　→ ● 남자의 길흉 : 일간은 남자이고 일지는 여자이다. 낮에는 일간 음신에 청룡이 타고 밤에는 일간양신에 청룡이 타고 있으니 귀한 남자이다.
　● 성부(成否) : 일간의 재성은 신부감이다. 지상과 중전의 재성이 공망되었으니 혼인이 불성하고 설령 혼인하더라도 나중에 상처한다.
○ **임신·출산** : 만삭의 임신부는 순산하고 출산이 먼 임신부는 반드시 유산한다.
　→ 반음과의 천지반은 상충한다. 따라서 만삭의 임신부는 바로 출산하지만 출산이 먼 임신부는 유산한다.
○ **질병** : 병은 비었고 사람은 실하다. 머지않아서 저절로 낫는다.
　→ ● 병증 : 일간은 환자이고 일지는 질병이다. 제1·2과는 실하고 제3·4과는 공망되었으니 저절로 낫는다. 삼전이 모두 공망되었으니 병은 저절로 사라진다.
　● 치료법 : 의약신이 申酉이니 침이나 수술이 좋고, 의약신이 寅卯에 임하니 동북간이나 정동방에서 의약을 구하면 된다.
○ **출행** : 육로는 평탄하며 매우 길하고 수로는 매우 흉하다.
　→ 일간은 육로이고 일지는 수로이다. 일지가 공망되었으니 수로는 위험하다.
○ **귀가** : 집과 자동차가 없다. 괜히 고향생각만 할뿐이다.
　→ 집이 없는 것은 일지가 공망되었기 때문이고, 자동차가 없는 것

은 역마가 공망되었기 때문이다.
- ○ 유실 : 이미 훔쳐갔으니 찾기 어렵다.
    → 반음과의 천반과 지반의 거리는 10개의 과 중에서 가장 멀다. 따라서 유실물이 먼 곳에 있는 상이 되고 따라서 되찾기 어렵다.
- ○ 도난 : 현무가 일지의 음신에 가하니 반드시 가족이 도둑이다. 또한 현무가 공망에 앉으면 '현무가 도망친다'고 하여 잡기 어렵다.
    → 제3과와 제4과는 가정이다. 일지음신에 현무가 있으니 가정의 식구가 도둑이다. 그런데 현무가 공망되었으니 잡기 어렵다.
- ○ 출병 : 아군은 실하고 적은 허하다. 아군은 유리하고 적군은 불리하다. 적군은 허장성세를 부린다.
    → 일간은 아군이고 일지는 적군이다. 일간이 실이고 일지가 공망되었으니 아군이 승전한다. 쟁송에서도 또한 나는 유리하고 상대는 불리하다.

- □ 『필법부』: 〈제90법〉 왕래가 모두 공망되었으니 움직일 수 없다.
    → 삼전이 모두 공망되었으니 움직일 수 없다.
    〈제94법〉 희신과 구신이 공망되면 묘하게 된다. 무릇 공망되면 좋은 것은 극(剋)과 도(盜)와 묘신(墓神)과 일간을 요극하는 신인데, 이들은 모두 공망되면 좋다.
- □ 『과경』: 己巳일의 반음은 간지상신인 亥와 丑이 子를 인종하고 간지의 음신 巳와 未에서는 천반의 일록 午를 인종한다. 만약 승진 정단을 하면 관록이 올라서 흡족해하고, 특히 연명이 子와 午인 사람이 정단하면 더욱 더 유리하다.

己巳일 제 8 국

공망 : 戌亥 ○
낮 : 왼쪽 천장, 밤 : 오른쪽 천장

己	○	丁
白 巳 玄	朱 戌 朱	玄 卯 白
子	巳	戌 ○
甲	己	○ 丁
貴 子 勾	白 巳 玄 朱 戌 朱	玄 卯 白
己 未	子	巳 戌 ○

○ 朱 戌 巳	○ 蛇 亥 午	甲 合 貴 子 未	乙 勾 后 丑 申 青
合 癸 酉 辰 蛇			陰 丙 寅 酉 空
勾 壬 申 卯 貴			玄 丁 卯 戌 白 ○
青 辛 未 寅	后 庚 午 空 陰 丑	白 己 巳 子 玄	戌 常 辰 亥 常

- □ **과체** : 지일, 주인(불성), 참관, 승헌, 여덕 ∥ 회환, 전묘입묘, 불행전, 말조초혜, 최관사자, 부귀육의, 살몰.
- □ **핵심** : 모든 일이 끝없이 순환한다. 귀살이 부모효를 생하고, 주인과 승헌은 일반인에게 두렵다.
- □ **분석** : ❶ 사과가 삼전을 떠나지 않는다. 삼전이 사과에 와 있다. 따라서 순환하는 것이 끝이 없다. 모든 일이 반드시 말려들고, 근심과 의혹이 풀리기 어렵다.
  ❷ 말전의 卯가 초전의 巳를 도우니 귀살이 일간을 돕는다.
  ❸ 주인과 승헌은 관직자는 승진하지만 일반은 매우 두렵다.
- □ **정단** : ❶ 주작이 귀인을 극하면 귀인에게 간청하는 일은 좋지 못하다. 그 이유는 부탁받은 일을 귀인이 달갑지 않게 여기기 때문이다.
  ❷ 모든 일에서 먼 것을 버리고 가까운 것을 취해야 한다. 타인과의 관계에서 사이가 벌어졌다가 다시 뜻이 서로 맞게 되지만 반드시 늦게 성사된다.
  ❸ 시험을 물으면 밤에는 합격한다.
  ❹ 간상의 子는 일간의 태신과 재성이니 정월에 정단하면 처가 반드

시 임신하고, 신월(申月)과 유월(酉月)에 정단하면 반드시 유산한다.
→ 지일과는 먼 것을 버리고 가까운 것을 취하는 상이다.

○ **날씨** : 맑은 날씨를 원하는 정단을 하면 맑고, 비가 내리기를 원하는 정단을 하면 비가 온다. 겨울에 정단하면 눈이 온다.
→ 음일의 지일과에 음이 발용이니 비가 온다. 그리고 초전이 巳이니 무지개가 뜨고, 중전이 戌이니 구름이 끼며, 말전이 卯이니 우레와 번개가 친다.
○ **가정** : 지상에 묘신이 임하니 반드시 가정이 어둡다. 戌이 공망되었고 戌이 형제효이니 형제에게 우환이 생긴다.
→ ● 가상 : 일지는 가정이다. 지상에 묘신인 戌이 임하니 가정이 암매하고, 형제효인 戌이 묘신과 공망이니 형제에게 우환이 발생하는 가상이다. 또한 지상에 겁재가 임하니 가정에 재물이 적은 가상이다.
● 가장 : 간상이 육의인 甲子이고 낮에는 귀인이 타니 공무원이거나 직장인이며 수입이 많다.
○ **구관** : 태양(월장)과 일록과 역마를 얻으면 반드시 영예가 있다.
→ ● 관직운 : 간상의 육의에 귀인 혹은 염막귀인이 타고 있으니 승진한다. 다만 삼전의 주인격이 불성하니 관로가 밝지는 않지만, 만약 태세나 월장이나 월건이 戌이라면 戌이 풀리니 승진한다.
● 부임 : 백호귀살은 '최관사자'이다. 호귀가 말전에서 공망되었으니 부임이 빠르지 않지만, 태세·월장·월건이 戌이면 부임이 빠르다.
● 관로 : 초전의 巳가 중전과 말전에서 巳의 묘신인 戌로 드니 관직자의 관로가 어둡다.
● 고시·선거 : 밤에 정단하면 간상에 염막귀인이 육의에 타고 있으니 고시와 선거에서 합격한다.

○ **구재** : 귀인이 子에 타서 간상에 임하니 귀인의 재물을 얻는다.
→ 낮에는 귀인이 뜻하는 공무원이나 은인에게서 재물을 구하면 되고, 밤에는 구진이 뜻하는 경찰, 군인, 법조인 등에게서 재물을 구하면 된다.

○ **혼인** : 여자는 매우 귀하다. 남자는 고위직 공무원이 되어 영화를 누린다.
→ ● 귀천 : 일간은 남자이고 일지는 여자이다. 간상에 귀인 혹은 염막귀인이 육의에 타고 있으니 남자는 고위직 공무원이다. 지상에 하괴[戌]가 있으니 여자가 귀(貴)를 누리는 상이지만 공망되었으니 그렇지 않다. 다만 戌이 태세·월장·월건이면 가능하다.
● 혼인 상대자는 지일과이니 가까운 사람이다.
● 성정 : 지상의 戌에 흉장인 주작이 타고 있으니 성정이 나쁜 사람이고, 戌에서 간상의 子를 극하니 나에게 해를 끼치는 사람이다.

○ **임신·출산** : 임신한다. 巳는 쌍녀이고 딸은 길상하다.
→ 임신하는 이유는 간상의 子가 처재효이고 또한 태신이기 때문이다. 만약 戌월에 정단하면 임신되어 건강하게 생육하고 申월에 정단하면 임신된 뒤에 태아가 상한다. 그리고 巳에는 쌍의 뜻이 있다.

○ **질병** : 백호귀살이 일간을 극하니 병이 심하지만 연명상에서 구하면 생명이 연장된다.
→ ● 병증 : 백호귀살은 밤에만 해당한다. 말전의 귀살 卯에 백호가 타서 일간을 극하고 있지만 이미 공망되었으니 호귀의 흉이 없고, 만약 연명이 卯 혹은 辰이면 그 상신에서 호귀를 제압하니 흉이 해소된다. 다만 회환격이니 질병이 오래간다.
● 치료법 : 의약신이 申酉이니 침이나 수술이 좋고, 의약신이 卯辰에 임하니 정동과 동남간에서 의약을 구하면 된다.

○ **출행** : 육로는 평탄하고 수로는 운행하기 어렵다.
→ 일간은 육로이고 일지는 수로이다. 수로가 나쁜 것은 일지가 묘

신이고 공망되었기 때문이다.
- ○ 귀가 : 이미 승헌이니 우환이 없다.
  - → 귀가 정단에서는 말전은 출발시기, 중전은 중도, 초전은 도착시기이다. 말전이 공망되었으니 출발하지 못했고, 중전이 공망되었으니 또한 불길하다.
- ○ 도난 : 7월과 9월 정단에서는 모든 도둑이 잡힌다.
  - → 도둑이 잡히는 시기는 현무가 제극을 받는 일월이다. 밤 정단에서는 현무가 巳에 타고 있으니 巳를 극하는 亥일이나 亥월 혹은 子일이나 子월에 잡힌다. 낮 정단에서는 현무가 卯에 타고 있으니 卯를 극하는 申일이나 申월 혹은 酉일이나 酉월에 잡힌다.
- ○ 출군 : 전쟁하면 반드시 승전한다.
  - → 일지가 공망되었으니 아군이 승전한다.
- ○ 쟁송 : 관재가 해소된다.
  - → 주인격은 관재정단에서 흉하다. 그러나 주인격이 불성이고 중·말전이 공망되었으니 관재가 해소되며, 또한 묘신이 공망되었으니 흉이 해소된다. 그리고 말전의 호귀 또한 공망되었으니 다행이다.

- □ 『필법부』 : (제3법) 염막귀인은 높은 성적으로 합격한다.
  (제81법) 삼전에서 묘신이 묘신에 들면 증오와 사랑으로 나눠진다.
- □ 『과경』 : 己巳일에 巳가 子에 가해서 발용이 되었으니 주인승헌이다. 戌에는 辛금이 있고 巳에는 丙화가 있으니 丙과 辛이 상합하여 금이 화를 만나서 도장이 되었다. 말전의 卯는 수레바퀴이니 수레를 타는 상이다. 그리고 나를 생하는 글자가 묘신으로 전해져서 묘신에 드니, 생계나 윗사람에 관한 일에서 이롭지 않다.

己巳일 제 9국

공망 : 戌·亥 ○
낮 : 왼쪽 천장, 밤 : 오른쪽 천장

癸	乙	己
合 酉 蛇	后 丑 青	白 巳 玄
巳	酉	丑

○	丁	癸	乙
蛇 亥 合	玄 卯 白	合 酉 蛇	后 丑 青
己 未	亥 ○	巳	酉

癸合酉巳	○蛇朱戌午	○朱蛇亥未	甲貴子申 勾
勾貴壬申辰			后青乙丑酉
青后辛未卯			陰空丙寅戌○
空庚午寅	陰白己巳丑	白玄戊辰子	玄常常丁卯亥

□ **과체** : 섭해, 종혁, 일녀∥초전협극, 재공, 음일(교동), 환혼채, 합중범살.

□ **핵심** : 삼전이 금국을 이뤄서 공망된 亥를 생하니 환혼채(還魂債)이다. 낮 귀인이 밤 귀인에 가하고 밤 귀인은 교도소에 수감되었다.

□ **분석** : ❶ 일간이 지상의 酉금으로 탈기를 당하고, 지상의 금국이 삼전으로 나아가서 간상의 亥수를 생한다. 원래 酉금이 일간을 탈기하지만 나는 亥수를 껴안고서 亥가 오히려 酉를 딜기하니, 손실이 없고 오히려 이익이 있다. 亥는 공망된 재성이니 나에게 이익이 없다. 지금 亥는 酉금의 생을 받아서 실속이 있는 재물이 되었으니 전생의 빚을 받는다는 뜻의 '환혼채'이다.

❷ 낮 귀인 子가 밤 귀인 申에 임하니 반드시 귀인이 귀인의 집으로 가고, 귀인을 만나는 일에서 반드시 양 귀인에게 도착한다. 다만 밤 귀인이 교도소에 수감되어 있으니 매우 괴이한 일이 발생한다.

□ **정단** : ❶ 견기격이며 종혁이다. 모든 일에서 새롭게 변신해야 하고, 처음에는 어렵고 나중에는 쉽다.

❷ 자손효가 나타나니 반드시 관직이 걱정된다.

❸ 처재효가 다시 나타나면 관직자에게는 매우 유리하지만 질병과 소송에서는 이롭지 않다.
→ 제3과의 지반 巳가 그 천반 酉를 극한 기운이 발용이 되었으니 견기이다.

○ **날씨** : 육음이 계속 이어지니 먼저 바람이 불고 나중에 비가 온다.
→ 금은 수를 생하는 오행이다. 삼전이 금국이니 나중에 비가 온다.
○ **가정** : 재운이 매우 약하다. 식구가 늘지만 성공하는 사람도 있고 실패하는 사람도 있다. 먼저는 곤란하고 나중은 넉넉하다.
→ ● 재운 : 재운이 약한 것은 간상에 있는 재성이 공망되었기 때문이다. 연명이 申인 사람은 그 상신이 재성인 子이니 성공한다. 갑자순을 벗어나면 공망된 亥가 메워지니 나중에 넉넉해진다. 만약 태세나 월장이나 월건이 亥인 기간에 정단하면 재성이 공망되지 않으니 재운이 더욱 좋다.
● 음란사 : 낮 정단에서는 초전이 육합이고 중전이 천후이어서 교동격이니 음란사를 방지해야 한다.
○ **구관** : 관성을 제극하는 상관살이 강하니 나쁘다.
→ ● 관직운 : 관성은 관직이다. 일지와 삼전이 관성을 제극하는 금국이니 관직에 나쁘고, 또한 간상의 재성이 공망되어 관성을 생하지 못하니 다시 관운이 나쁘다. 다만 연명이 申인 사람은 연명상신 子에서 자손효의 기운을 설기하여 관성을 생하니 좋다.
○ **구재** : 득과 실이 비슷하다.
→ 득(得)이 되는 것은 자손효에서 처재효를 생하기 때문이고, 실(失)이 되는 것은 자손효 국을 형성하여 일간을 크게 설기하기 때문이다.
● 대차(貸借) : 혹은 연명이 申인 사람은 삼전의 탈기국에서 재성을

생하니 돌려받고, 혹은 해년이나 해월이나 해월장 기간에 정단하면 삼전의 탈기국에서 재성을 생하니 돌려받는다.

○ **혼인** : 일녀와 종혁[酉丑巳]은 혼인에 불길하다.
　→ ● 성정 : 이 과전은 초전에 육합이 있고 중전에 천후가 있으니 '교동격'이다. 교동격은 음란을 저지른다.
　　● 길흉 : 종혁격은 배우자를 교체하는 상이니 흉하다.

○ **임신·출산** : 연명이 申인 여자는 임신한다.
　→ 연명이 申인 여자는 연명상신이 子이고 이 子가 처재효이면서 태신이니 임신한다. 만약 인월(寅月)에 정단하면 子가 생기이니 반드시 임신한다.

○ **질병** : 허약하고 힘이 없는 증상이다. 좋은 의사에게 의뢰하면 병이 더 진행되지 않지만 질환이 몸에서 벗어나기 어렵다.
　→ ● 병증 : 매일의 제5국과 제9국은 일간·일지·삼전이 삼합하니 질환이 몸에서 떠나지 않는 상이니 장기간 병을 치유해야 한다. 그리고 이 과전은 탈기국이 강하니 원기가 많이 훼손되어 있다.
　　● 치료법 : 의약신이 酉이니 침이나 수술이 좋고, 의약신이 巳에 임하니 동남방에서 의약을 구하면 된다.

○ **출행** : 재물을 낭비하고 다시 역마가 없으니 움직일 수 없다.
　→ 재성은 재물이다. 재성이 공망되었고 일간의 음양과 삼전이 탈기국이니 재물을 낭비한다. 비록 간상에 일지의 역마인 해가 임하지만 공망되었으니 움직일 수 없다.

○ **알현** : 낮 귀인은 다른 곳으로 갔고 밤 귀인은 교도소로 갔으니 모두 만나기 어렵다.
　→ 낮 귀인이 다른 곳으로 간 것은 과전에 없기 때문이고, 밤 귀인이 교도소로 간 것은 교도소를 뜻하는 辰에 임하기 때문이다.

○ **귀가** : 천강이 사중에 가했으니 즉시 오지는 못한다.
　→ 천강은 辰이고 辰은 동신(動神)이다. 이 과전에서는 천강이 사중

인 子에 가했으니 즉시 오지는 못한다.

○ **출사** : 적군에게 유리하고 아군에게 불리하다. 군수품이 부족해서 적에게서 취해야 한다.

→ 일간은 아군이고 일지는 적군이다. 일간이 공망되었으니 아군이 불리하고, 재성이 공망되었으니 군수품이 부족하다.

□ 『**필법부**』 : (제40법) 천후와 육합은 혼인정단에서 중매인을 쓰지 않아도 된다.

(제81법) 삼전에서 묘신으로 전해지고 묘신에 들면 증오와 사랑으로 나눠진다.

→ 초전의 酉가 중·말전에서 酉의 묘신인 丑으로 들어가니 나쁘다. 그러나 질병과 관재정단에서는 초전의 흉한 기운이 사라지니 좋다.

(제84법) 합 속에 살을 범하는 것은 꿀 속에 비상이 있는 것이다.

→ 초전의 酉와 지상의 酉가 자형이고 말전의 巳는 간상의 亥와 충을 하니, 합을 하는 가운데에서 살을 범한다.

□ 『**육임심경**』 : 네 곳에 처재효가 나타나면 관직정단에서는 승진하고 소송 정단에서는 죄에 상응하는 벌을 받게 되며, 질병정단에서는 낫기 어렵다.

→ 처재효는 길신이면서 흉살이다. 구재정단에서는 처재효가 재물을 뜻하니 길신이고, 또한 관직정단에서도 처재효가 관성을 생하니 길신이다. 그러나 관재와 질병정단에서는 처재효가 귀살을 왕성하게 하니 흉살이다.

□ 『**과경**』 : 己巳일에 子가 申에 가한 것은 곧 태신이 장생에 앉은 격으로서 임신정단에서는 최길하고, 출산정단에서는 최흉하다. 그 이유는 태아가 어머니의 배를 떠나기를 싫어하기 때문이다.

己巳일 제 10 국

공망 : 戌·亥 ○
낮 : 왼쪽 천장, 밤 : 오른쪽 천장

壬	○	丙
勾申貴	蛇亥玄	陰寅空
巳	申	亥 ○
○	乙	壬	○
朱戌陰	后丑白	勾申貴	蛇亥玄
己未	戌 ○	巳	申

勾	壬申巳	貴	癸酉午	合	○ 后	朱 戌未 陰	蛇 ○ 亥申 玄
青	辛未辰	蛇				貴 甲子酉 常
空	庚午卯	朱				后 乙丑戌 白 ○
白	己巳寅	合	戊辰丑 常	勾	丁卯子 玄	青 陰 丙寅亥 空

- □ **과체** : 중심, 원태(생태), 참관, 여덕(낮) // 재공, 묘신부일, 호입상차(호입상여), 절신가생, 불행전, 교차탈기, 복덕.
- □ **핵심** : 장생과 재물과 덕신이 있지만 모두 무력하다. : 낮 귀인과 밤 귀인을 살펴보니 귀인에게 차질이 생겼다.
- □ **분석** : ❶ 근토의 장생인 申이 巳에 가한 뒤에 형을 받았지만 巳가 금의 장생이니 생을 연연해하여 버리고 갈 수 없다. 중전의 재성 亥는 공망되어 었고 말전의 일녁 寅은 공망에 앉으니 세 가지가 무력하다.

❷ 낮 귀인 子가 酉에 가하니 낮 귀인이 밤 시간에 임했고, 밤 귀인 申이 巳에 가하니 밤 귀인이 낮 시간에 임했다. 만약 귀인에게 고하는 정단이면 일이 하나로 돌아가지 않고 양쪽으로 탈기된다. 만약 귀인이 순행하면 귀인에게 부탁하는 일에서 장애가 생기지 않고 진전되고, 만약 귀인이 역행하면 귀인에게 부탁하는 일을 귀인이 허락하지 않으니 후퇴해야 한다. 귀인이 일간의 앞에 있을 경우에는 일을 조급하게 추진하면 안 된다. 재촉하면 반드시 귀인의 노여움을 산다. 귀인이 일간의 뒤에 있으면 일을 재촉해야 한다. 재촉하지

않으면 상대는 반드시 느리고 무력해진다.
□ 정단 : ❶ 중심과이니 충효를 우선해야 하고, 원태의 삼전은 생을 받는 것이 우선이다. 군자가 순리대로 하면 상하지 않고, 소인은 반드시 도리에 어긋난다.
❷ 일지와 일간이 서로 탈기하고 초전이 다시 일간을 탈기하니 허위와 사기로 속이는 일이 끝이 없다.
❸ 정단하는 사람이 이 과전을 얻으면 반드시 매 걸음마다 조심하고 또 조심해야 우환을 벗어날 수 있다.

○ 날씨 : 수모는 형극을 당하고 천강은 음을 향하니 많은 비가 쏟아진다.
→ 수모(水母)는 申을 가리키고 천강은 辰을 가리킨다. 초전의 申에서 중전의 亥를 생하니 많은 비가 내리는 상이다. 그러나 중전과 말전의 亥가 공망되었으니 적은 비가 온다.
○ 가정 : 매우 편안하지 못하다. 자식에게 불리하다.
→ ● 자식 : 지상에 있는 자손효 申이 지반으로부터 형극을 받으니 자식에게 불리하다. 만약 중병일 경우 몸[申, 身]이 상여[巳]에 드는 상이니 사망한다. ● 가권 : 중심과이니 가장의 권위가 약하고, 묘신인 戌이 간상에 임하니 사람이 하는 모든 일이 어둡다. ● 재운 : 일간과 일지가 교차탈기하니 가정의 내외에 손실이 많고, 일지음신의 亥가 공망되었으니 가정에 재물이 부족하다.
○ 구관 : 관성이 공망되었다. 공망이 메워지면 희망이 있다.
→ ● 관직운 : 관성은 관직이다. 말전에 있는 관성 寅이 공망된 지반에 앉아 있으니 흉하다. 다만 태세·월건·월장이 亥이면 관직에 이롭다. ● 승진을 정단하면, 초전이 자손효이고 묘신이 일간에 임하며 다시 공망되었으니 승진하지 못한다. 더군다나 재성이 공망되었

으니 이러한 뜻이 더욱 강해진다.
○ **구재** : 헛된 지출이 많으니 재물을 얻더라도 결국 잃게 된다.

→ 초전의 자손효 申은 지출을 뜻하고, 중전의 재성 亥는 돈을 뜻하며, 말전의 관성 寅은 돈을 잃는 것을 뜻한다. ● 사업 : 초전이 자손효이고 중전이 재성이니 투자해서 돈을 벌 것 같지만 재성이 공망되었으니 돈을 벌지 못한다. ● 대차 : 타인에게 돈을 빌려주면 재성이 공망되었으니 돌려받지 못한다.

○ **혼인** : 일지와 일간이 교차탈기를 하니 서로 손실이 생긴다.

→ ● 궁합 : 지상의 申금이 일간을 탈기하고, 간상의 戌토가 일지를 탈기하니, 남녀에게 손실이 많다. ● 묘신이 일간에 임하여서 어려운 상황에 놓여 있으므로 혼인할 형편이 아니다. ● 성정 : 밤 정단에서 지상에 귀인이 타니 상대는 품격이 있는 사람이다. ● 성부(成否) : 초전은 연애나 혼담의 초기이고, 중전은 중기, 말전은 말기이다. 중전과 말전이 공망되었으니 혼인은 불성한다.

○ **임신·출산** : 낮 정단에서는 아들을 임신하고 귀아를 순산한다.

→ 낮 정단에서는 태신인 子가 감괘에 해당하니 아들이고 子에 천을귀인이 타니 공무원이 된다.

○ **관송** : 무방하다.

→ 발용에 구진이 타고 있지만 귀살이 아니니 흉하지 않고 중·말전이 공망되었으니 관재가 풀린다. ● 관귀효는 관재를 뜻하고, 관귀효의 절신이 관재가 끝나는 시기이다. 따라서 寅의 절신인 신월(申月)이나 신년(申年)에 소송이 끝난다.

○ **질병** : 공망된 묘신이 일간에 임하니 노소 모두 불길하다.

→ ● 병증 : 질병정단에서 일간이 공망된 경우, 구병을 정단하면 환자가 사망한다. 또한 원태격이 공망되면 역시 불길하다. ● 치료법 : 의약신이 申酉이니 침이나 수술이 좋고, 의약신이 巳에 임하니 서남간에서 의약을 구하면 된다.

○ 출행 : 수로로 가는 것이 이롭다.
→ 일간은 육로행이고 일지는 수로행이다. 간상에는 묘신이 임하고 다시 공망되었으니 불길하다.
○ 귀가 : 천강이 사계에 임하니 갑술순에 스스로 온다.
→ 辰이 사계인 丑에 임하니 즉시 도착한다.
○ 도망(가출) : 물가로 가서 소식을 물으면 된다.
→ 자손의 가출이라면 자손효 申이 亥로 이어지기 때문이다.
○ 출사 : 군영과 보루를 견고하게 지어야 한다.
→ 일지는 군영이다. 일지의 음신이 공망되었으니 견고하게 지어야 한다.

□ 『필법부』 : 〈제46법〉 귀인에게 차질이 생기면 일은 가지런하지 못하게 된다.
→ 낮 귀인인 子는 밤의 지반인 酉에 임하고 밤 귀인인 申은 낮의 지반인 巳에 임하니 귀인에게 차질이 생겼다. 따라서 귀인에게 부탁하는 일은 뜻을 이루지 못한다.
〈제16법〉 공망 위에 공망이 타면 모든 일을 이룰 수 없다.
□ 『과경』 : 己巳일에서 申이 巳에 가한 뒤에 발용이 되어 중전의 亥수를 생하고, 중전의 亥수는 다시 말전의 寅목을 생하며, 寅목이 오히려 일간 己토를 극한다. 은혜를 원수로 갚는 상이니 '은다원심격(恩多怨深格)'이다.
→ 만약 사업에 투자하면 재앙이 닥치고, 만약 돈을 빌려주면 받지 못할 뿐만 아니라 오히려 화를 초래한다.

己巳일 제 11 국

공망 : 戌·亥 ○
낮 : 왼쪽 천장, 밤 : 오른쪽 천장

	○	乙	丁
蛇亥玄	后丑白	玄卯青	
酉	亥 ○	丑	
癸	○	辛	癸
合酉后	蛇亥玄	青未蛇	合酉后
己未	酉	巳	未

辛青未 蛇巳	壬勾申 蛇午	癸合酉 貴未	○朱戌 陰申
庚空午 朱辰			○蛇亥 玄酉
己白巳 合卯			甲貴子 常戌
戊常辰 勾寅	丁玄卯 青丑	丙陰寅 空子	乙后丑 白亥

- **과체** : 요극(탄사), 진간전(불성), 불비, 과수, 진퇴∥재공, 삼기(불성), 왕래수생, 피난도생, 복덕, 근단원소, 명몽격(亥丑卯), 육음, 탈상봉탈(밤), 양귀수극, 살몰, 강색귀호.
- **핵심** : 총탄 없는 방아쇠를 당겼으니 승진과 합격을 희망할 수 없다. 뜻을 접고 살길을 찾아야 한다. 밤에는 丑토를 살펴야 한다.
- **분석** : ❶ 일간에서 亥를 요극하였지만 공망을 만났으니 쏜 총에 탄환이 없어서 구재에서 소득이 없고 오히려 지줄만 생긴다.

❷ 낮 귀인 子는 戌에 임해서 입옥되었고, 밤 귀인 申은 午에 임해서 극을 당했다. 따라서 귀인은 자신도 보살필 겨를이 없으니 부탁을 한들 무슨 이익이 되겠는가?

❸ 일간이 酉에게 탈기를 당했으니 기궁이 巳에게로 가서 巳로부터 생을 구하니, 자신을 버리고 타인을 따르는 상이고, 내려가서 생을 구하는 뜻의 '강지구생(降志求生)'이고, 또한 난을 피해서 도망가서 사는 '피난도생(逃生避難)'이다. 밤 정단에서 丑을 살펴보니 丑에 둔 반의 귀살 乙이 숨어 있고, 밤에는 백호가 타니 백호의 흉을 막지 않으면 안 된다.

□ 정단 : ❶ 탄사격은 열매를 맺지 못하는 일이 많고, 화와 복은 모두 가벼우며, 의지가 굳건하지 못하고 마음에 의심이 있어서 전진이 적고 후퇴가 많은 상이다.
❷ 처재효가 공망되었고, 밤 정단에서는 현무가 발용이 되었으니 손실이 생긴다.
❸ 또한 간상의 酉는 己土의 패신이며 일지의 파쇄이다. 낮 정단에서는 육합이 타니 집에는 반드시 망친 자식이 있는데 이것은 酉가 己土의 자손이기 때문이다. 밤 정단에서는 천후가 타니 반드시 어린 첩에게 망친다.

──────────────────────

○ 날씨 : 과전이 육음이다. 낮 정단에서는 酉에 육합이 타니 흐리고 구름이 끼는 상이다.
→ 육음인 丑卯巳未酉亥와 酉는 흐린 날씨를 뜻한다. 비록 초전이 수의 오행인 亥이지만 공망되었으니 비가 오지 않는다.
○ 가정 : 일지와 일간 모두에 파쇄와 패신이 타고, 재성은 공망되었으며, 귀살은 실하다. 따라서 관재와 손실을 면하기 어렵다.
→ ● 자식 : 간상의 자손효 酉에는 일간 기준의 패신과 일지 기준의 파쇄가 타고 있으니 자식 중 망친 자식이 있다. ● 재운 : 재성은 공망되었으니 재운이 약하고, 관성은 공망되지 않았으니 좋다.
○ 구관 : 염막귀인이 나타나지 않았고 간상이 파패이니 구하더라도 무익하다.
→ ● 관직운 : 귀인과 염막귀인은 공무원을 뜻한다. 두 귀인이 과전에 보이지 않으니 관직에 흉하고, 간상에 패신과 파쇄가 임하니 흉하다.
○ 관재 : 해소된다. 쟁송에서는 재산 손실이 막대하고 손 위와 상대가 유리하다.

➜ 관재가 해소되는 것은 말전에 있는 귀살을 간상에서 제극하기 때문이고, 재산 손실은 재성이 공망되고 다시 사과의 사상에서 그 하신을 모두 탈진시키기 때문이다. 쟁송에서 손 위와 상대가 유리한 것은 간상에 패신과 파쇄가 있고 또한 탄사격이기 때문이다.

○ 알현 : 부재중이다.
➜ 탄사격은 만날 수 없다. 만약 공무원을 만나려고 할 경우, 낮 정단에서는 낮 귀인 子가 戌에 임하고, 밤 정단에서는 밤 귀인 申이 午에 임하니, 만나더라도 도움을 받지 못한다.

○ 구재 : 손실을 방지해야 한다.
➜ 초전에 있는 재성이 공망되었으니 손실을 방지해야 한다. 다만 연명이 戌인 사람은 그 상신에 재성 子가 있으니 가능하다. 그러나 재공과 근단원소이니 개업하면 실패한다.

○ 혼인 : 신부가 정단하면 점차 유리하고, 신랑이 정단하면 불길하다. 그리고 음일사가 발생한다.
➜ ● 성부(成否) : 신랑이 정단하면 재성이 공망되었으니 신부를 잃고, 신부가 정단하면 관성이 실하니 길하다.
● 성정 : 사과가 불비이니 음란하다.

○ 임신·출산 : 임신은 만삭이고 자식을 키우더라고 불효지이다.
➜ 불효자가 되는 것은 간상이 패신이고 파쇄이기 때문이다.

○ 질병 : 좋은 의사는 있지만 손실이 끝이 없다. 그리고 밤 정단에서는 병세가 심하다.
➜ ● 병증 : 자손효는 곧 의약신이다. 자손효 酉가 패신과 파쇄이니 쓰지 못하고, 또한 근단원소이니 재산 손실이 막대하다. 밤 정단에서 병세가 심한 것은 백호가 둔귀에 타서 일간을 극하기 때문이다.
● 치료법 : 의약신이 酉이니 침이나 수술이 좋고, 의약신이 未에 임하니 서남간에서 의약을 구하면 된다.

○ 출행 : 육로는 손상을 당하고, 수로는 유실을 방지해야 한다.

→ 일간은 육로행이고 일지는 수로행이다. 간상에 패신과 파쇄가 있으니 육로로 가면 손상을 당하고 지상에는 겁재가 있으니 수로로 가면 유실을 당한다.
- **귀가** : 천강이 사맹에 가하니 아직 출발하지 않았다.
  → 이 과전에서는 辰이 寅에 가하니 아직 출발하지 않았다.
- **도난** : 밤에는 현무가 발용이 되었고 일상이 酉금이며 다시 공망되었으니, 돈을 훔쳐서 멀리 도망쳤고 잡을 수 없다.
  → 현무는 도둑이다. 현무가 공망되면 도둑의 종적이 없는 상이니 잡을 수 없다.
- **출사** : 적군은 허세일 뿐이다. 헛된 놀람을 방지해야 한다.
  → 적군은 현무이다. 밤 정단에서는 현무가 초전에 임하지만 공망되었으니 없는 것과 마찬가지이다.
- **알현** : 무익하다.
  → 낮 귀인인 子가 戌에 임하니 수감되었고, 밤 귀인인 申은 지반의 午화로부터 제극을 당했으니, 주야 모두 귀인의 도움을 받지 못한다.

□ 『필법부』 : 〈제49법〉 양 귀인이 극을 받으면 귀인에게 아뢰는 일에서 뜻을 얻기 어렵다.
  〈제69법〉 백호가 둔간귀살에 타면 재앙이 얕지 않다.
  〈제9법〉 옛 터전을 버리고 난을 피해 도망가서 산다.
  〈제36법〉 일간과 일지가 모두 패신이면 형세가 기울고 무너진다.
□ 『옥성가』 : 어떤 일을 정단할 때에 지일과는 반드시 가까운 것과 가까운 곳에서 찾아야 하고, 요극은 먼 곳에서 찾아야 한다고 한다.

己巳일   제 12 국

공망 : 戌·亥 ○
낮 : 왼쪽 천장, 밤 : 오른쪽 천장

壬	壬	庚
常 申 貴	常 申 貴	空 午 朱
未	未	巳

壬	癸	庚	辛
常 申 貴	玄 酉 后	空 午 朱	白 未 蛇
己未	申	巳	午

庚空午巳朱	辛白未午 蛇	壬常申未 貴	癸玄酉申 后
己青巳辰合			○陰戌酉陰
戊勾辰卯勾			○后亥戌玄
丁合卯寅青	丙朱寅丑空	乙蛇丑子白	甲貴子亥常○

- □ **과체** : 묘성, 용덕, 천라지망, 호시, 동사엄목 // 권섭부정, 교차육합, 조지격, 염막귀인임신, 신장·귀등천문(낮).
- □ **핵심** : 일지의 음신에 백호가 탔고 과명이 묘성이다. : 과전에 다섯 마리의 호랑이가 줄을 서서 노려보고 있다.
- □ **분석** : ❶ 일지의 음신인 未에 백호가 타고 있으니 호랑이가 한 마리이고, 과명이 호시이니 두 마리이며, 삼전에 백호의 본가인 申이 2개 보이고 나머지 하나는 산상에 보이니 모두 합쳐서 다섯 마리의 호랑이이다. 하나의 과에 백호 다섯 마리가 웅크리고 있으면 그 흉악이 극점에 달한다. 낮 정단에서는 매우 흉하고, 밤 정단에서는 未에 등사가 타니 흉하지만 죽지는 않는다.
- □ **정단** : ❶ 과명이 동사엄목이니 움직이지 않고 변하지 않으며 엎드려서 숨어 지내는 상이다.
  ❷ 일지와 일간의 음신이 다시 천라지망이니 우환을 만나면 피하지 못하고 재난을 만나면 도망치지 못한다. 그러나 유일하게 구관 정단과 관록 정단에는 유리한데, 그 이유는 삼전에 주야의 두 귀인과 하나의 일록이 보이고 다시 낮 귀인이 천문에 오르기 때문이다.

○ 날씨 : 하늘의 기상이 움직이지도 않고 변하지도 않는다.
　➔ 묘성과의 동사엄목은 겨울 뱀이 땅속에서 동면을 하는 상이니 날씨가 변하지 않는다.
○ 가정 : 관직자에게는 특별한 기쁨이 있고, 일반인에게는 매우 큰 화가 있다.
　➔ 묘성과에는 권위와 살상의 뜻이 병존한다.
　● 관운 : 관직자에게 가장 길하다.
　● 일반인 : 일반인에게는 병재와 관재를 입는다.
○ 구관 : 반드시 관록을 얻지만 정상적으로 주어진 관록이 아니다. 그 이유는 권섭부정이기 때문이다.
　➔ ● 관직운 : 일록이 지상으로 가는 것이 권섭부정이다. 권섭부정은 비정규직이다. 그리고 낮에는 천을귀인이 천문인 亥에 오르니 더욱 길하다. ● 시험운·선거 : 합격한다. 귀인이 천문에 오르니 시험에 합격한다. 만약 辰戌丑未년의 밤에 정단하면 주작승신 午에서 태세와 일간을 생하니 반드시 합격한다.
○ 구재 : 둔반의 壬이 둔재이니 살길을 만났다. 암재는 반드시 풍요롭다.
　➔ 재물에는 천반에 있는 명재와 둔반에 있는 암재가 있다. 둔재는 창고에 쌓아 두는 재물이다.
○ 혼인 : 午가 일록이니 혼수가 많다. 그리고 혼인한다.
　➔ ● 혼수 : 일록은 재물이다. 일록이 지상으로 오니 혼수가 넉넉하다.
　● 성부(成否) : 교차육합에는 서로 합치는 뜻이 있다. 기궁 未와 지상의 午가 육합하고, 일지 巳와 간상의 申이 육합하니 혼사가 성립된다.

● 내조 : 지상의 午에서 일간을 생하니 상대가 나를 돕는다.
● 성정 : 지상에 낮 정단에서는 흉장인 천공이 타니 상대의 성정이 나쁘고, 밤 정단에서는 흉장인 주작이 타니 역시 상대의 성정이 나쁘다.
○ 임신·출산 : 여아이고 길상하다.
→ 『육임수언』에서 묘성과의 양일에는 딸을 낳고 음일에는 아들을 낳는다고 하였다. 그리고 제1·2과가 1양2음이니 아들이고 태신이 子이니 역시 남아이다.
○ 질병 : 호시(虎視)가 백호를 만나니 심상치 않다. 귀살이 보이지는 않지만 백호가 탈기하는 것을 감당하기 어렵다.
→ ● 병증 : 묘성과는 병재와 관재에서 가장 흉한 과이다. 더욱이 묘성과의 과전에서 다섯 호랑이를 만났으니 더욱 흉하며, 다시 申금에서 일간을 탈기하니 체력 손실이 많다.
● 치료법 : 의약신이 申酉이니 침이나 수술이 좋고, 의약신이 未申에 임하니 서남간에서 의약을 구하면 된다.
○ 출행 : 수로가 매우 좋지만 가지 못할 우려가 있다.
→ 일지는 수로행이다. 묘성과이니 출행에서 사고가 우려되고 낮 정단에서는 지상의 午에 천공이 타니 속임과 공허를 방지해야 한다.
○ 귀가 : 천강이 卯에 가하니 갈 길이 매우 멀다. 그러나 곧 스스로 돌아온다.
→ 천강인 辰이 卯에 가하니 귀가하는 중이다.
○ 알현 : 종적을 찾을 수 없다.
→ 묘성과는 가출과 여행에서 사고를 당하는 과이니 귀인을 만나는 일은 흉하다.
○ 도난 : 현무가 천라지망 안에 있으니 매우 쉽게 잡는다.
→ 매일의 제12국은 천라지망이다. 천라지망은 곧 그물이니 도둑이 그물에 잡힌 상이다. 일간의 기궁인 未 위가 未의 다음 글자인 申이

고, 제2과 지반인 申 위가 申의 다음 글자인 酉이고, 제3과 지반인 巳 위가 巳의 다음 글자인 午이고, 제4과 지반인 午 위가 午의 다음 글자인 未인 것은, 마치 촘촘한 그물에 물고기나 새가 걸려서 빠져나가지 못하는 상이니 '천라지망(天羅地網)'이다.

○ 출사 : 午화가 申금을 제압하니 아군은 유리하고 적군은 불리하다.
　→ 초전은 적군이고 말전은 아군이다. 말전의 午화가 초전의 申금을 제압하니 아군은 유리하고 적군은 불리하다.

□ 『필법부』 : 〈제8법〉 일록이 일지에 임하면, 임시직으로서 정당한 자리가 아니거나 혹은 먼 곳에 직장이 주어진다.
　→ 己의 일록은 午이고, 일지는 낮은 곳이다. 일록인 午가 지상에 임하니 임시직이거나 혹은 하위직이거나 혹은 좌천되거나 혹은 지방이나 해외로 파견된다.
　〈제55법〉 천라지망을 만나면 모망사가 많이 졸렬해진다.
　→ 매일의 제12국은 천라지망이다. 천라지망은 일종의 그물이다. 간상과 지상에 그물이 드리워져 있는 상이니 나와 가정에 장애가 있다.

□ 『과경』 : 여섯 己일에서 申이 未에 가한 곳에 낮 정단에서 태상이 타서 일간에 임하니 반드시 혼인을 정단하는 일이다. 그 이유는 태상과 일간의 장생이 함께하기 때문이다.
　→ 수토동궁을 적용하면 일간 己의 장생은 申이다.

□ 『고감(古鑑)』 : 월장 亥를 점시 戌에 가하고 도망 정단을 한다. 己의 일덕이 寅에 있고 寅이 丑에 임하니 현인은 동북쪽에 있다. 巳와 申이 삼형이고 申이 未에 임하니 소인은 서남쪽에 있다. 申은 7이고 未는 8이다. 7과 8을 곱셈하면 56리(1리=0.392km, 21km)이고, 申의 둔간 壬은 6이고 未의 둔간 辛은 7이다. 덧셈하면 13이니 계산하면 69

리(27km)이다.

※ 선천수

선천수 10간	9	8	7	6	5	9	8	7	6	5	4
10간 12지	甲	乙	丙	丁	戊	子	丑	寅	卯	辰	巳
10간 12지	己	庚	辛	壬	癸	午	未	申	酉	戌	亥

대육임직지

경오일

庚午日의 길신(구보)과 흉살(팔살)			
일덕	申	형	
일록	申	충	
역마	申	파	
장생	巳	해	
제왕	酉	귀살	巳午
순기	丑	묘신	丑
육의	甲子	패신	午
귀인	주	丑	공망	戌亥
	야	未	탈(脫)	亥子
합(合)		사(死)	子
태(胎)	卯	절(絶)	寅

대육임직지

庚午일 제 1 국

공망 : 戌·亥
낮 : 왼쪽 천장, 밤 : 오른쪽 천장

壬		丙		己	
白申后		蛇寅青		勾巳朱	
申		寅		巳	
壬		壬		庚	庚
白申后		白申后		青午蛇	青午蛇
庚申		申		午	午

勾巳朱	朱午蛇	空未貴	白申后
戊合辰辰			癸常酉陰酉
丁朱卯勾卯			○玄戌戌玄
丙蛇寅青寅	乙貴丑空丑	甲后子白子	○陰亥常亥○

□ **과체** : 복음, 원태, 자임∥신임정마, 덕경, 록현탈, 간지공귀인(밤), 금일정신, 육양, 나거취재.

□ **핵심** : 낮에는 간상의 일덕에 백호가 타고 있으니 중전의 재물을 취하면 안 된다. 사회나 자선 단체에 헌납하는 것이 낫고 장사나 매매는 이롭지 않다.

□ **분석** : ❶ 申이 일덕과 일록이지만 낮 정단에서는 申에 백호가 타니 이를 지키지 못한다. 중전의 재성 寅에 등사가 타고 있으니 이 재물을 취할 수 없고, 하물며 寅의 위에는 귀살이 숨어 있다. 말전의 巳화에서 다시 일간을 극하니 지키더라도 무익하며, 움직이면 반드시 크게 상한다. 따라서 위험하고 액이 있는 일덕과 일록을 조용히 지키는 것만 못하니, 본가로 돌아가서 의지하면서 사는 것이 낫다.
❷ 庚午일의 복음은 일간과 일지가 밤 귀인을 협공한다. 연명이 未인 사람은 귀인에게 일을 부탁하면 성취하고 또한 일록을 공협하니 좋다.

□ **정단** : 자임이고 원태가 발용이 되었다. 왕상하면 길하고 휴수하면 흉하다. 나를 지키면서 호기를 기다리는 것이 이롭고 경거망동하면

안 된다. 만약 부득이할 경우에는 움직여서 반드시 공(功)이 있다.

○ 날씨 : 맑은 날씨를 기대하면 맑지 않고, 비를 기대하면 비가 오지 않는다.
　➔ 초전의 申은 수원(水源), 중전의 寅은 바람, 말전의 巳는 무지개이다. 밤 정단에서는 초전 申에 천후가 타니 비가 오지만 중전과 말전이 寅과 巳이니 비가 그친다. 그리고 낮 정단에서는 초전에 백호가 타니 바람이 불고 중전과 말전에 수의 오행이 없으니 비가 오지 않는다.
○ 가정 : 여유를 가지고 가정을 지켜야 한다. 만약 함부로 나서면 반드시 화와 우환이 생긴다.
　➔ ● 이동 : 삼전은 미래이다. 삼전이 삼형이니 움직이면 형상(喪)을 당한다. 이 가정은 지상의 午화에서 일간 庚을 극하고 있으니 낮에는 가계난이 있고 밤에는 병재나 사고가 있다.
　● 사상(死喪) : 만약 인월(寅月)의 밤에 정단하면 지상의 午가 대살과 효복과 사기이니, 가정에 발생한 환자의 생명이 위험하다.
○ 구관 : 낮 정단은 무관직이 유리하다. 혹은 무관직을 맡는다.
　➔ ● 관직운 : 삼전의 寅巳申 삼형이 총칼을 뜻하니 무관직이다. 만약 연명이 卯이면 그 상신이 丁卯이니 승진이나 부임이 매우 빠르다. ● 시험운 : 삼전의 삼형이 권력을 뜻하니 시험에 합격한다. 특히 연명이 未이면 일간과 일지에서 연명상의 未를 인종하니 더욱 확실하다.
○ 관재 : 형벌을 방지해야 한다. 양측이 화해하면 길하다.
　➔ 이 복음과의 삼전은 삼형이다. 삼형에는 형벌의 뜻이 있으니 관제를 당하면 형벌을 받는다. 쟁송에서는 화해를 하면 이러한 형벌을 면하게 된다. 특히 초전의 申에는 백호가 역마를 타고 있으니 관

재가 빨리 닥친다.
○ **알현** : 귀인을 만나서 도움을 얻는다.
→ 일간과 일지의 사이에 귀인이 공협되어 있는 '간지공귀인'은 귀인을 만나서 도움을 얻는다. 특히 연명이 未인 사람은 연명상신 未를 인종하니 뜻을 성취한다.
○ **구재** : 천천히 구해진다. 큰 욕심을 부리면 안 된다.
→ 재성인 寅이 중전에 있으니 천천히 구해야 하고, 삼전이 삼형이니 욕심을 부리면 관재나 사고를 당한다.
● 사업 : 일록이 일간에 임하니 직업을 버리고 사업을 하면 위험해진다. 만약 사업을 할 경우, 간상의 申이 일간의 형제효이니 재물을 겁탈당할 우려가 있다.
○ **혼인** : 밤 정단에서는 성미가 급해서 형상을 당할 우려가 있다.
→ ● 길흉 : 일간은 나이고 일지는 상대방이다. 지상에서 일간을 극하니 상대방으로 인해 난을 당한다.
● 궁합 : 혼인하면 삼전이 삼형이니 평생 불화한다. 또한 지상의 午에서 일간 庚과 간상의 申을 극하니 나쁘다.
● 성정 : 밤 정단에서는 지상에 흉장인 등사가 타니 상대방의 성정이 나쁘다.
○ **임신·출산** : 쌍둥이를 낳고 딸이다.
→ 과전이 육양이니 딸이고, 삼전이 삼형이니 수술을 해서 낳는다.
○ **질병** : 폐병이 있고 巳·午일에는 병세가 악화되는 것을 방지해야 한다.
→ ● 병증 : 복음과는 삼전에서 삼형을 만드니 생명이 위험하다. 특히 巳·午일에는 귀살 巳가 강해지니 병이 악화된다. 계절로는 巳午가 왕성해지는 봄이나 여름에 특히 위험하다.
● 치료법 : 의약신이 子이니 탕약이 좋고, 의약신이 子에 임하니 정북에서 의약을 구하면 된다.

○ 출행 : 역마가 있으니 이미 움직였다. 육로행은 매우 이롭다.
→ 일간은 육로행이고 일지는 수로행이다. 인오술일의 역마 申이 간상에 임하고 다시 발용이 되었으니 육로행이 이롭다.

○ 귀가 : 가까이에 있는 사람은 즉각 온다.
→ 말전은 출발지, 중전은 도중, 발용은 가택의 근지이다. 역마가 발용과 간상으로 오니 즉각 오게 된다.

○ 유실 : 집안의 옛 땅에서 다시 찾는다.
→ 복음과의 가출과 유실물은 집안이나 집 근처에 있다.

○ 도난 : 아직 도난을 당한 지역 안에 있다.
→ 복음과의 도난은 근지에 있다.

○ 출병 : 낮 정단에는 승전하지 못하고 밤 정단에는 차츰 길하다.
→ 구진은 아군이고 현무는 적군이다. 낮에는 구진승신 巳에서 현무승신 戌을 생하니 승전하지 못하고, 밤에는 구진승신 卯에서 현무승신 戌을 극하니 승전한다.

□ 『필법부』 : (제7법) 왕록이 일간에 임하면 망령된 행동을 하면 안 된다.
→ 간상의 申은 직업을 뜻하는 일록이다. 일록이 나를 뜻하는 일간에 임하니 직업이나 직장을 지키는 것이 좋다.

〈제89법〉 자임과 자신에 정마가 타면 행동을 하게 된다. 庚午일 복음과의 밤 정단에서 子에 백호가 타서 지상의 午를 충을 하니 사수충댁(獅獸沖宅) 곧 사자가 집을 충을 하거나 혹은 도로상에 있는 사자에서 집을 충을 하니 반드시 가운이 쇠해진다. 그러나 만약 맞은편 이웃이 공망되면 두려워하지 않아도 된다. 丑이 丑에 가한 것은 이른바 양 귀인이 공협하는 것이다.

庚午일 제 2 국

공망 : 戌·亥 ○
낮 : 왼쪽 천장, 밤 : 오른쪽 천장

	庚		己		戊	
青 午 蛇		勾 巳 朱		合 辰 合		
	未		午		巳	
	辛		庚		己		戊
空 未 貴		青 午 蛇		勾 巳 朱		合 辰 合
	庚 申		未		午		巳

戊 合 辰 巳	己 勾 巳 午	庚 青 午 未	辛 蛇 未 申 貴
丁 朱 卯 辰			壬 白 申 酉 后
丙 蛇 寅 卯 青			癸 常 酉 戌 陰 ○
乙 貴 丑 寅 空	甲 后 子 丑 白	○ 陰 亥 子 常	○ 玄 戌 亥 玄 ○

□ **과체** : 요극(호시), 퇴여∥회환, 인종지신, 교차육합, 지상생재, 살물.
□ **핵심** : 서로 합하고 교섭하지만 호시이니 좋을지 의문이 든다. : 등사와 주작이 만나서 다섯 화가 일간을 불태워버린다.
□ **분석** : ❶ 午와 未, 申과 巳가 교차상합을 한다. 그러나 未와 午의 합은 후회하게 되고 申과 巳의 합은 의심하게 된다. 이와 같이 비록 교차로 서로 합을 하지만 부족한 것이 많다.
❷ 午화가 庚금을 상하게 하는 힘이 약하고, 삼전이 귀살로 들어가니 삼전이 모두 화이다. 또한 밤 정단에서는 등사와 주작을 만나, 다섯 화에서 일제히 일간을 사격하니 庚금이 그 화력을 피할 수 없다. 그러나 쑥대를 꺾어서 화살을 만들었으니 힘이 약해서 살상하기는 어렵다.
❸ 귀살의 지역으로 들어갔지만 전체가 화국이니 미약한 금만 반짝인다. 관직자가 정단하면 관성이 왕성하여 간상의 未토가 살기를 변화시켜서 일간을 생하니 관직과 문장이 훌륭하다. 낮 정단에서는 염막귀인이 일간에 임하니 시험에서 반드시 뛰어난다.
□ **정단** : 호시격에 역연여이니 처음에는 비록 흉하지만 시간이 지나면

흉이 약해진다. 이 격은 우환과 기쁨이 모두 실제하지 않는다. 화는 밖에서 발생하고, 전쟁에서는 주(主)가 이롭다.

→ 주(主)는 나중에 대응하는 쪽이다. 그리고 호시격은 중심과의 상으로서 나중에 대응해야 이롭다. 전쟁 및 쟁송에서 주로 활용된다.

○ 날씨 : 과전이 모두 화토이다. 오랫동안 내리던 비가 오늘 갠다.
　　→ 오행의 화는 맑은 날씨를 뜻한다. 초전의 午와 중전의 巳가 화의 오행이니 맑다.
○ 가정 : 가정에 장생이 임하니 사람과 집이 모두 흥해져서 왕성해진다. 다만 밤 정단에서는 화재를 예방해야 한다.
　　→ ● 장생에는 일간을 생하는 뜻이 있다. 가정을 뜻하는 지상에 일간의 장생인 巳가 임하니 생계가 무난하다.
　　● 우환 : 밤에는 지상에 주작이 巳에 타서 일간을 극하니 구설수를 방지해야 하고, 낮에는 지상에 구진이 巳에 타서 일간을 극하니 관재를 방지해야 한다.
　　● 화목 : 지상의 巳화에서 간상의 未토를 생하니 화목하지만 지상에서 일간을 극하니 나에게 해를 입히기도 한다.
　　● 가장 : 일간은 가장이다. 낮 정단에서는 간상의 未에 천공이 타고 있으니 사기를 방지해야 하고, 밤 정단에서는 未에 귀인이 타고 있으니 귀인의 도움을 받는다.
　　● 집수리 : 초전의 午와 말전의 辰에서 지상의 巳를 인종하니 가택을 수리하거나 이사하는 일에서 좋다.
○ 구관 : 매우 이롭다. 후퇴가 곧 전진이다.
　　→ ● 관직운 : 관성이 지상·초전·중전에 임하고 득지(得地)를 했으니 관성이 매우 좋다. 다만 낮 정단에서는 염막귀인이 간상에 임하니 퇴직할 우려가 있다.

○ 관재 : 관재가 발생한다.

→ 낮에는 구진이 지상의 巳에 타서 일간을 극하고, 밤에는 주작이 巳에 타서 일간을 극하니 관재나 구설수가 생긴다. 그러나 말전 辰에서 살인상생을 하여 일간을 생하니 나중에는 관재가 해소된다.

● 쟁송 : 일간과 일지가 교차육합하니 합의를 보는 것이 좋다.

↑ 시험 : 합격한다.

→ 관성인 午가 발달되어 있고 낮에 정단하면 간상의 염막귀인이 일간을 생하니 합격한다.

○ 구재 : 동업을 하여 생업을 꾸려나가면 재물 이익이 있다.

→ 일간은 나이고 일지는 동업자이다. 기궁과 지상신이 합을 하고 일지와 간상신이 합을 하니 동업자와 뜻이 맞는다. 특히 연명이 卯와 辰인 사람은 그 상신이 재성인 寅·卯이니 성공하여 돈을 번다.

○ 혼인 : 성사된다. 여자가 남자에 비해 이익이 있다.

→ ● 성부(成否) : 일간은 나이고 일지는 상대방이다. 기궁과 지상신이 합을 하고 일지와 간상신이 합을 하니 혼인이 성사된다.
● 내조 : 지상의 巳에서 간상의 未를 생하니 상대방이 나에게 내조한다. ● 궁합 : 교차육합하고 지상의 巳에서 간상의 未를 생하니 궁합이 좋다. ● 성정 : 지상에 낮 정단에서는 구진이 타고 밤 정단에서는 주작이 타니 상대방의 성정이 악하다.

○ 임신·출산 : 딸이다. 임신은 안전하고, 출산은 순산한다.

→ 일간의 음양이신이 1음2양이니 딸이고, 삼전이 1음2양이니 다시 딸이다. 일간은 태아이고 일지는 임신부이다. 간지가 교차육합을 하니 예정일을 넘겨서 출산한다.

○ 질병 : 병세가 매우 위급하고 혈증을 방비해야 한다. 비장의 기운을 기르고 신장을 보하면 신묘하게 낫는다.

→ ● 병증 : 병세가 위급한 것은 과전에 귀살이 많기 때문이고 혈증은 지상이 巳이기 때문이다. 귀살이 강하니 이를 약화시키는 오행의

장부인 비장 토의 기운을 기르고 또한 귀살을 제극하는 수 오행의 장부인 신장의 기운을 길러서 강화시키면 된다.

● 치료법 : 의약신이 子이니 탕약이 좋고, 의약신이 丑에 임하니 동북간에서 의약을 구하면 된다.

○ 출행 : 장애가 생길 우려가 있고 몸을 움직일 수 없다.

➜ 일지는 여행지이다. 지상의 귀살에서 일간을 극상하니 사지이다. 여행의 경유를 뜻하는 삼전 또한 귀살로 이어져 있으니 흉하다.

○ 귀가 : 아직 오지 않는다.

➜ 동신인 辰이 말전에 있으니 아직 오지 않는다.

○ 유실 : 집안의 동남쪽에 있다.

➜ 재성인 寅卯가 卯辰에 임하니 유실물이 동남방에 있다.

○ 도난 : 도둑은 서북의 누각 연못 옆에 있다.

➜ 도둑을 뜻하는 현무가 戌에 타고 있으니 戌이 뜻하는 서북방에 도둑이 있다.

○ 출병 : 승전이 가능하다. 낮 정단에서는 길하다.

➜ 일간은 아군이고 일지는 적군이다. 지상의 巳에서 일간을 극하니 불리하다. 그러나 지상의 巳에서 간상의 未를 생하고, 未에서 다시 일간을 생하니, 나중에는 승전이 가능하다.

□ 『필법부』: 〈제3법〉 염막귀인은 높은 성적으로 합격한다. 만약 정단하는 사람의 행년과 본명 위에 염막귀인이 임하거나 일간 위에 임하면 시험에서 반드시 높은 성적으로 합격한다.

□ 『옥성가』: 수에 화의 천장이 타면 모두 두렵고 구진과 주작이 동시에 삼전에 들면 쟁송이 발생한다.

□ 『지장부』: 삼전이 일간을 극하면 귀살로 인해 힘들어진다.

庚午일 제 3 국

공망: 戌·亥
낮: 왼쪽 천장, 밤: 오른쪽 천장

庚	戊	○
青午蛇	合辰合	蛇寅青
申	午	辰

庚	戊	戊	丙
青午蛇	合辰合	合辰合	蛇寅青
庚	申	午	午	辰

丁卯巳 朱勾	戊辰午 勾合	己巳未 合朱	庚午申 朱青蛇
丙寅辰 蛇青			辛未酉 空貴
乙丑卯 貴空			壬申戌 白后
甲子寅 后白	癸亥丑 白陰常 ○	壬戌子 陰玄 ○	癸酉亥 玄常陰

- **과제**: 섭해, 퇴간전, 고조, 회환 // 상문난수, 불비(무음), 육양, 여덕, 인귀생성, 말조초혜.

- **핵심**: 고조격이어서 다행이지만 상문난수이니 아랫사람이 윗사람을 기만한다. 한이 되는 것은 寅이 초전의 午를 몰래 돕는다는 점이다.

- **분석**: ❶ 발용의 午에서 사이를 띄어 물러나면서 寅에 이르는 고조이다. 격명이 이러하니 다행이라고 할 수 있다.

  ❷ 일시의 午가 일간에 임하여 庚을 극하는 '상문난수'로서 이 午는 일간을 우롱하는 신이다. 일간을 포기하고 중전의 생으로 가면 辰이 협극을 당하니 가면 안 된다. 다시 나아가서 말전의 재성을 취하지만 寅목 위에 귀살이 숨어 있고 여기에 낮에는 등사가 타고서 몰래 초전의 午화를 도와 오히려 庚을 상하게 하니 더욱 한스럽다.

  ❸ 庚이 이동하여 戊로 피난해서 생을 받으니 이것이 '피난도생'이다. 간상은 午이고 지상은 辰이다. 일간과 일지, 초전과 중전이 지반의 밤 귀인 未를 인종하니 귀인에게 부탁해서 일을 성사시키는 일에서 좋다.

  ❹ '조형장덕격(助刑戕德格)'은 육처에 있는 신이 일지와 자형이고

다시 일간의 귀살이며 또한 삼전과 연결해서 귀살이 되어 庚의 덕을 손상시키는 것이다.

□ **정단** : ❶ 견기이고 다시 고조이다. 고조는 공을 세운 뒤에 물러나는 상이다. 고조를 읊조린 시에서 '고조는 가족을 맞아 옛집으로 돌아가고, 구재와 모망을 시도하면 매이게 된다.'고 하였다. 庚일에 고조가 보이면 나쁘다.

❷ 귀살이 와서 병(病)에 앉는다.

○ **날씨** : 청룡이 발용이 되면 비가 온다.

→ 청룡은 비를 부르는 천장이다. 낮 정단에서 초전에 청룡이 타고 있으니 비가 온다. 그러나 중전과 말전의 토와 목의 오행으로 이어지니 비가 그친다. 밤 정단에서 초전에 화의 천장인 등사가 타니 비가 오지 않지만 말전에 청룡이 타니 나중에는 비가 온다.

○ **가정** : 자식이 부모에게 불효를 저지른다.

→ ● 가례 : 일간은 부모이고 일지는 자식이다. 일지가 간상으로 와서 일간을 극하니 자식이 부모에게 불효를 저지른다. 낮 정단에서는 午에 청룡이 타니 경제적으로 힘들게 하고, 밤 정단에서는 午에 등사가 타니 해괴한 짓을 하여 불효를 저지른다. ● 금슬 : 일간은 나이고 일지는 배우자이다. 일지가 간상으로 와서 일간을 극하니 배우자가 나를 괴롭힌다. ● 음란사 : 사과가 불비이니 가정에 음란사가 발생한다. ● 기도 : 주야 모두 여덕격이니 기도하거나 혹은 부적을 쓰거나 혹은 마음을 수양해야 한다.

○ **구관** : 퇴임한다.

→ ● 관운 : 삼전의 午辰寅이 고조격이니 퇴임해서 고향으로 돌아가는 상이니 나쁘다. ● 승진·발탁 : 연명이 未인 사람은 그 상신인 巳를 간지상 및 초·중전의 午와 辰에서 인종하니 승진·발탁된다.

○ **구재** : 재물이 손에 들어온 뒤에 후환을 방비해야 한다.
   → 재성은 재물이다. 말전의 재성 寅 위에 귀살 丙이 임하고 다시 말전의 재성 寅에서 초전의 귀살 午를 생하니, 재물이나 처로 인해 우환이 발생하는 것을 방지해야 한다.
○ **혼인** : 불길하다. 시어른에게 불효한다.
   → ● 길흉 : 일간은 나이고 일지는 상대방이다. 일지가 간상으로 와서 일간을 극하니 나에게 해를 입히는 사람이다. 만약 여성이 구점자이면 관성인 午가 간상으로 오니 남자에게 시집가는 상이니 좋다. ● 궁합 : 구점자가 여성이면 대체로 궁합이 좋고, 남성이면 대체로 나쁘다. ● 성정 : 구점자가 여성이면 낮 정단에서는 길장인 청룡이 午에 타서 간상으로 오니 좋다. 그러나 밤 정단에서는 흉장인 등사가 午에 타니 악한 남성이다.
○ **임신·출산** : 태신이 장생에 임하니 난산의 우려가 있다.
   → 일간의 태신인 卯가 卯의 장생인 亥에 임하지 않으니 난산의 우려가 없다. 오히려 임신부인 일지 午가 태아인 간상으로 오니 출산이 빠르다.
○ **질병** : 비장이 극을 받으니 즉시 낫지는 않는다.
   → ● 병증 : 폐·대장에 병이 난다. 병인은 귀살과 백호인데 간상의 귀살이 午화이니 폐·대장에 병이 난다. ● 치료법 : 의약신이 子이니 탕약이 좋고, 의약신이 寅에 임하니 동북간에서 의약을 구하면 된다.
○ **쟁송** : 소송을 부추기는 사람이 있다. 판사로부터 책망당할 것을 방비해야 한다.
   → 말전의 재성 寅에서 간상과 발용의 귀살을 생하니 부추긴 사람이 있다. 그러나 귀살을 부모효에서 설기하여 일간을 생하니 쟁송으로 인한 흉이 해소된다. 연명이 未인 사람의 밤 정단에서는 주작이 巳에 타서 일간을 극하니 판사로부터 불리한 판결을 받는다.

○ 출행 : 역마가 공망되니 여정을 떠나지 못한다.
  → 역마는 자동차이다. 역마인 申이 공망에 앉았으니 떠나지 못한다.
○ 귀가 : 아직은 돌아오지 않는다.
  → 말전은 목적지, 중전은 중도, 초전은 집 근처이다. 동신이 辰이 중전에 있으니 아직 오지 않는다.
○ 유실 : 타인이 가져갔다.
  → 타인을 뜻하는 일지가 간상으로 와서 일간을 극하니 타인이 가져갔다.
○ 도난 : 도둑은 정동에 있고 잡기 어렵다.
  → 도둑이 도망친 방위는 현무의 음신이다. 현무의 음신이 申이니 申이 뜻하는 서남에 있다.
○ 출병 : 밤 정단에서는 장성이 현무를 극하니 완승할 수 있다.
  → 구진은 아군이고, 현무는 적군이며, 장성은 구진이다. 밤에는 구진승신 卯목에서 공망된 현무승신 戌토를 제압하니 아군이 완승한다.

───────────────

□ 『필법부』: 〈제24법〉 내가 타인에게 일을 구해야 한다. 이른바 초전이 간상에서 일어나고 말전이 지상으로 돌아오는 것이다.
□ 『과경』: 말전의 寅이 초전의 午화를 생하여서 庚금을 극하는데 이 寅이 소송을 부추기는 사람이다. 이 사람은 공무원, 말단 공무원, 도사, 혹은 수염이 있는 사람이거나 혹은 호랑이띠이거나 혹은 木 글자가 들어간 사람인데 천장을 보고 좀더 자세하게 말할 수 있다.

공망 : 戌·亥 ○
낮 : 왼쪽 천장, 밤 : 오른쪽 천장

己	丙		○
勾巳朱	蛇寅青	陰亥常	
申	巳		寅
己	丙	丁	甲
勾巳朱	蛇寅青	朱卯勾	后子白
庚申	巳	午	卯

丙蛇寅巳	丁朱卯午	戊合辰未	己勾巳申	朱
貴乙丑辰	空		青庚午酉	蛇
后甲子卯	白		空辛未戌	貴
陰亥寅 常	○玄戌丑	癸陰酉子 常玄	白壬申亥	后 ○

- □ **과체** : 원수, 원태(병태) // 명암작귀, 금일정신, 인택이화.
- □ **핵심** : 낮에는 일간을 생하고 밤에는 일간을 극한다. 소송은 흉하고 관직 : 길하다. 말전의 亥는 좋기도 하고 나쁘기도 하다. 귀인이 나를 돕지 않는다.
- □ **분석** : ❶ 庚의 위에 巳가 임한다. 낮에는 토의 천장인 구진이 타니 일간을 생하고, 밤에는 화의 천장인 주작이 타서 일간을 극한다. 이와 같이 천장의 생과 극에 의해 길흉이 갈린다.

  ❷ 일반인의 소송 정단에서는 관성이 흥하면 흉하고, 수험생의 관직 정단에서는 관성을 이루면 길하다.

  ❸ 말전은 亥이다. 亥에서 초전의 巳를 극하니 재앙을 없애고 화를 면한다. 하지만 亥가 寅을 생해서 巳를 도우니 성사 여부는 모두 亥에 달려 있다. 소위 이루는 것도 소하에게 달려 있고 패하는 것도 소하에게 달려 있으니, 모두 하나의 亥에 달려 있다.

  ❹ 양 귀인이 수감되었으니 귀인에게 부탁하면 노한다. 그러니 귀인에게 어찌 가엾게 여기는 마음이 있겠는가?

- □ **정단** : 원수과는 이치를 순리에 따라야 이롭다. 원태격은 일을 새롭

게 시작해야 하니, 만사가 어찌 모두 순조롭겠는가? 반드시 옛것을 버리고 새로 시작하는 상이다.

○ 날씨 : 주작과 구진이 발용이 되었지만 청룡이 묘신에 드니 비가 오지 않는다.
　→ 청룡의 오행은 寅이다. 밤 정단에서 청룡이 寅에 타면 사당에 들어갔다고 하여 비가 오지 않는다.
○ 가정 : 여자에게 임신의 기쁨이 있다. 화재를 방지해야 한다.
　→ ● 임신 : 지상의 卯는 처이며 태신이니 신혼부부 가정에서는 임신하는 기쁨이 있다. 만약 사월(巳月)에 정단하면 태신 겸 재성이 생기이니 건강하게 자란다.
　● 가장 : 낮 정단에서 간상의 巳에 구진이 타서 일간을 극하니 가장에게 관재가 생기고, 밤 정단에서 간상의 巳에 주작이 타서 일간을 극하니 가장에게 구설수가 생긴다.
　● 가정 : 일지는 가정이다. 지상에 낮 정단에서는 정신에 주작이 타서 일간을 극하니 가정에 구설수가 생기고, 밤 정단에서는 구진이 타서 일간을 극하니 가정에 관재가 생긴다.
○ 혼인 : 간상은 관귀이고 지상은 재성이다. 삼전의 재성에서 관성을 생하니 여자가 남자의 집에 이익을 준다. 시집을 오면 바로 임신한다.
　→ ● 내조 : 재성에서 관성을 생하는 것은 여자가 남자에게 내조한다. 그리고 지상의 卯가 처이며 일간의 태신이니 혼인하면 바로 임신된다. 만약 오월(午月)에 정단하면 아기가 임신되어 건강하게 자란다. ● 관재 : 지상의 처를 취하면 그 위의 둔귀인 丁으로부터 극을 받으니 관재가 발생할 수 있으니 이것을 방지해야 한다.
○ 임신·출산 : 아들이고 안전하다. 그러나 임신부에게 병이 있으니 출

산 시 약간의 어려움이 있다.

→ 원수과는 아들이고, 삼전이 1양2음이나 아들이며, 태신이 卯이니 다시 아들이다. 일간은 태아이고 일지는 임신부이다. 임신부에게 병이 있는 것은 지상의 둔반에 귀살이 있기 때문이다.

○ **질병** : 간병이다. 초기의 병은 쉽게 치료되고, 오래된 병은 완치되기 어렵다.

→ ● 병증 : 병인은 백호와 귀살이다. 과전에는 귀살만 있다. 귀살인 巳가 재성인 寅의 생을 받아서 강하지만 말전이 공망되었으니 병세가 약해진다. 그러나 삼전이 병태격이니 신병은 낫고 구병은 낫기 어렵다.

● 치료법 : 의약신인 亥가 공망되었으니 낫기 어려운 병이다. 다만 연명이 卯인 사람은 그 상신이 의약신인 子이니 낫는다. 의약신이 子이니 탕약이 좋고, 의약신이 卯에 임하니 정동에서 의약을 구하면 된다.

○ **출행** : 수로와 육로가 모두 평안하지만 질병이 발생할 우려가 있다. 장애를 예방해야 한다.

→ 일간은 육로이고 일지는 수로이다. 간상의 巳가 일간 庚의 장생이니 육로행이 길하고, 지상의 卯가 일지 午의 부모효이니 수로행 또한 길하다. 그러나 삼전이 병태격이니 질병이 발생할 우려가 있고, 간상과 초전의 천반에 귀살이 임하고 다시 지상과 중전의 둔반에 귀살이 임하니 장애를 예방해야 한다.

○ **귀가** : 역마가 락공이니 바로 도착하지는 못한다.

→ 역마는 자동차이다. 역마 申이 공망에 앉아 있으니 이동에 장애가 있다.

○ **모망** : 가운데에 있는 사람이 중개하면서 이익을 취한다.

→ 중전은 중개인이다. 중전에 재성이 있으니 중개인이 이익을 취한다.

- 구관 : 재성은 재물이고 관성은 관직이다. 중전의 재성 寅에서 초전의 관성 巳를 생하니 승진을 물으면 승진하며, 봄이나 여름에 정단하면 관성이 왕성하니 승진이 확실하다.
○ 유실 : 유실물을 파탄 내려는 사람이 있다.
  → 재성은 유실물이고 육해에는 '상(傷)'의 뜻이 있다. 말전의 亥와 중전의 寅이 육해이니 유실물을 파탄 내려는 사람이 있다.
○ 도난 : 도둑은 동남쪽 귀인의 집에 숨어 있다.
  → 현무는 도둑이고, 도둑이 숨어 있는 곳은 현무의 음신이다. 현무의 음신이 未이니 未가 뜻하는 남서방에 숨어 있다.
○ 출병 : 아군이 적군을 이긴다. 오래 끌면 전장에서 서신이 빈번하게 왕래한다.
  → 구진은 아군이고 현무는 적군이다. 낮에는 구진이 실하고 현무가 공망되었으니 아군이 이기고, 밤에는 구진승신 卯에서 현무승신 戌을 제압하니 아군이 이긴다.

□ 『필법부』: 〈제23법〉 金일에서 정마를 만나면 흉화가 일어난다. 만약 관직자가 정단하면 부임이 매우 빠르다.
□ 『과경』: 일간에서는 巳가 庚에 가하고 일지에서는 卯가 午에 가하며 이곳에 정신이 탄다. 따라서 사람과 가택이 화를 입는다. 이것은 일상에서 일간을 극하고 지상에 정신이 타서 다시 일간을 극하기 때문이다. 일간의 재성인 卯의 위에 정신(丁神)이 임하고 있다. 정단하는 사람은 반드시 처로 인해 화가 닥치거나 혹은 재물로 인해 화가 닥친다. 卯는 일간의 태신이면서 재성이다. 만약 10월에 정단하면 사기가 卯에 있으니 『필법부』에서 이른바 태신 겸 재성이 사기에 해당하면 태아가 손상되는 것으로 추리한다고 하였다.
  ※ 사기, 생기는 298쪽 참조

| 갑자순 | 경오일 | 5국 |

庚午일 제 5 국

공망 : 戌·亥
낮 : 왼쪽 천장, 밤 : 오른쪽 천장

○	庚	丙
合 戌 合	白 午 白	后 寅 白
寅	戌 ○	午

戊	甲	丙	○
玄 辰 玄	蛇 子 青	后 寅 白	合 戌 合
庚 申	辰	午	寅

乙丑 貴	空	丙寅 后	丁卯 陰	常	戊辰 玄	玄
甲子辰 蛇	青				己巳 常 申 酉	陰
○ 朱 亥 卯	勾				庚午戌 白 辛未 亥 ○	后
合 戌 寅	合	癸酉 勾 丑 朱	壬申 青 子 蛇	空	辛未 亥 ○	貴

□ **과체** : 지일, 염상, 참관 ∥ 전국, 육의, 복덕, 구생, 육양, 참관, 명암이귀, 중귀수창, 음일(교동), 신장·살몰·귀등천문(밤), 고진과수.

→ 제2과와 제4과가 하적상이고 천반의 子와 戌이 모두 양의 12지이니 섭해과이다.

□ **핵심** : 누군가가 나에게 와서 나를 도울지라도 너무 믿거나 의지하면 절대로 안 된다. 그리고 밤 정단은 매우 어둡다.

□ **분석** : ❶ 주아에 辰을 타고 온 현무가 간상으로 와서 일간을 생히지만 헛된 도둑일 뿐이니 훔칠 수 없다.

❷ 戌·午가 화국을 이루지만 공함이 되었으니 나를 극하지 못한다. 따라서 상대는 헛소리를 칠뿐이고 실제로는 해를 끼치지 못한다.
※ 일간 庚(申)은 子로 탈기되고 일지 午는 戌로 탈기된다.

❸ 寅이 비록 재신이지만 귀살의 방위에 앉아 있으니 감히 취할 수 없다.

❹ 이와 같으니 길과 흉은 모두 받아들일 수 없다. 밤 정단은 좀 더 어둡다. 하지만 주야 모두 불길하니, 어찌 밤 정단만 흉하다고 말하겠는가?

❺ 간상의 辰토가 庚금을 생하고 지상의 寅목이 午화를 생하지만 앉아서 때를 기다리는 것이 이롭다. 일간과 일지가 움직이면 탈기에 앉으니 기쁨 속에 걱정이 생긴다.
❻ 戌에는 육합이 타서 寅에 임하니 음사로 인해 노비(종업원)가 도망치니 밝지 못하다.
❼ 戌이 맹상신이니 섭해과로 보지 않는다.
※ 섭해과의 견기(見機)로 보라는 뜻이다.

□ 정단 : 염상의 과이고 참관이기도 하다. 구사가 새로 바뀌는 상이다. 삼전이 모두 귀살이니 오히려 두렵지 않다. 귀신이 몰래 도우니 전화위복이 된다.

○ 날씨 : 염상국의 戌이 寅으로 전해지니 맑은 날씨이다.
  → 화는 맑은 날씨를 뜻한다. 만약 화가 왕성한 시기에 정단하면 한발이 된다.
○ 가정 : 가택에 암매의 신이 많으니 집에 음란사가 생긴다.
  → ● 우환 : 일간은 사람이고 일지는 가택이다. 지상의 寅이 재성이고 그 위의 둔반이 귀살인 丙이니 재물을 취한 뒤에 가정에 우환이 발생할 수 있으니 이것을 방지해야 한다. ● 가정 : 낮 정단에서는 지상의 천반 寅이 재성이고 여기에 천후가 타고 있으니 처를 맞이하는 기쁨이 있고, 밤 정단에서는 재성에 백호가 타고 있으니 처의 건강이 좋지 않으니 건강검진을 해야 한다. ● 가상 : 일지 午에서 일간 庚을 극하고 지상의 寅에서 간상의 辰을 다시 극하며, 일지음신의 천지반에서 일간음신의 천지반을 극하니 더욱 나쁜 가상이다. 따라서 이사해야 한다.
○ 구관 : 묘신에서 장생으로 이어지니 관성이 매우 왕성하다.
  → ● 관운 : 초전의 戌은 염상의 묘신이고 말전의 寅은 장생이니 관

성국이 이루어져서 관성이 왕성하지만 두 곳이 공망되었으니 불성의 상이다. 다만 태세·월장·월건이 戌인 시기에 정단하면 관운이 매우 좋다. 만약 밤에 정단하면 천을귀인이 천문에 오르니 관운이 더욱 좋다.

O **관재** : 사라진다.
→ 삼전의 귀살국이 공망되었으니 관재가 사라진다. ● 쟁송 : 일간은 나이고 일지는 상대이다. 일지 午가 일간을 극하고 지상의 寅이 간상의 辰을 극하니 상대가 승소한다. 그리고 일간과 일지와 삼전이 각각 삼합하니 합의가 가능하지만 만약 합의하지 않을 경우에는 이러한 이유와 섭해과이니 과전이 쟁송이 오래간다.

O **구재** : 지상에 임한 재성을 백호가 지키고 있으니 수중에 넣기 어렵다.
→ 밤에는 백호가 재성 寅에 타고 있으니 위험한 재물이다. 다만 낮에는 길하다.

O **혼인** : 과전이 온통 음란한 상이다. 성사되지 않는 것이 좋다.
→ ● 성부(成否) : 낮 정단에서 삼전에 육합과 천후가 타니 남자가 음란하다. 혼인한 뒤에 가정에 음란이 발생할 수 있으니 혼인하지 않는 것이 좋다. ● 성정 : 지상의 재성에 백호가 타니 상대에게 병이 있고 성정이 드센 사람이다.

O **임신·출산** : 음사로 인한 첩의 임신이다. 병든 태아가 우려된다.
→ 과전이 음일격이니 사통(私通)에 의한 임신이다. ● 태아 남녀 : 과전이 화 오행의 염상이니 아들이다. ● 출산 : 일간, 일지, 삼전이 각각 삼합하니 출산이 지연된다.

O **질병** : 낮 정단에서는 폐병이 있으니 삿된 화기를 끄고 폐를 맑게 해야 한다. 조급해하면 절대로 낫기 어렵다.
→ ● 병증 : 병인은 귀살과 백호이다. 염상국에서 일간 庚금을 극하니 폐병이다. 삼전이 삼합을 이루고 있으니 장기간 치료해야 한다.

- **치료법** : 의약신이 子이니 탕약이 좋고, 의약신이 辰에 임하니 동남간에서 의약을 구하면 된다.
○ **출행** : 육로가 좋지만 도둑을 조심해야 한다.
  → 일간은 육로이고 일지는 수로이다. 간상 辰토에서 일간 庚금을 생하니 육로가 좋다 다만 辰에 현무가 타고 있으니 도난을 방지해야 한다.
○ **유실** : 이미 타인이 가져갔다.
  → 戌은 종업원과 승려를 뜻한다. 戌이 일지음신 및 초전에 임하니 이들이 훔쳐갔다.
○ **도난** : 북쪽의 도로 옆에 있다. 혹은 절이나 도관에 있다.
  → 도둑은 현무의 음신에 해당하는 방위에 있다. 따라서 도둑은 현무의 음신 子가 뜻하는 북방의 도로에 있다.
○ **출군** : 적군이 서쪽에서 동쪽으로 돌아오며 그 기세가 매우 왕성하다.
  → 일간은 아군이고 현무는 적군이다. 주야 모두 일간에 현무가 임하니 적군이 아군에 침입한 상이다.
○ **종업원** : 남자 종업원은 퇴직한다.
  → 戌이 공망되었으니 퇴직하거나 혹은 도망친다.
○ **은둔** : 은둔에 매우 좋다.
  → 참관이니 은둔에 이롭다.

□ 『**필법부**』 : 〈제11법〉 비록 귀살이 무리를 짓더라도 자손효가 임하면 귀살이 전혀 두렵지 않다.
  〈제40법〉 천후와 육합은 혼인정단에서 중매인을 쓰지 않아도 된다.
□ 『**과경**』 : 삼전에서 비록 일간을 극하지만 귀살에서 간상의 辰토를 생하여서 庚금을 생한다. 이와 같이 삼전의 귀살이 일간을 생한다.

庚午일 제 6 국

공망 : 戌·亥 ○
낮 : 왼쪽 천장, 밤 : 오른쪽 천장

	○	己	甲
	合戌合	常巳陰	蛇子青
	卯	戌 ○	巳
	丁	○	乙	壬
	陰卯常	合戌合	貴丑空	青申蛇
	庚	卯	午	丑

蛇子青巳	貴丑空午	后寅白未	陰卯常申
朱○亥辰			玄戌辰酉玄
合○戌卯合			常己巳戌陰
勾癸酉寅朱	青壬申丑蛇	空辛未子貴	白庚午亥后○

□ **과체** : 지일(비용), 용전, 관작 // 교차생(호생), 금일정신, 육의(말전), 자가사(子加巳), 부귀(낮), 복덕(말전), 고진과수, 인귀생성.

→ 卯·酉일에 卯·酉가 발용이 되지 않았으니 용전격이 아니다. 또한 연·월·일·시의 역마가 발용이 되지 않았으니 관작격이 아니다.

□ **핵심** : 장생이 비록 있지만 전혀 의지할 수가 없다. 丑은 일간의 묘신이고 卯는 일지의 패신이다.

□ **분석** : ❶ 중전의 巳가 일간의 장생이지만 낙공이 되었고, 다시 초전의 戌에 의해 묘지에 앉았으며, 말전의 子에서 중전의 巳를 극하니 의지할 수가 없음이 확실하다.

❷ 일간의 묘신인 丑이 일지에 임하고 일지의 패신인 卯가 일간에 임하니 좋은 뜻이 전혀 없다.

❸ 사과삼전은 모두 무익하다. 하물며 초·중전이 모두 공함이어서 길과 흉이 불성인데, 부모의 질병을 정단하면 특히 불리하다.

❹ 간상의 卯가 일지 午를 생하고 지상의 丑이 일간 庚을 생한다. 비록 생왕의 뜻은 있지만 오히려 쇠패해가는 상이다. 그 이유는 卯가

午의 패신이고 丑이 庚의 묘신이 되어 생하는 뜻이 없기 때문이다. ❺ 간상이 일지를 생하고 지상이 일간을 생하니 서로 생하는 뜻이 있다. ⑥ 여섯 庚일에서 卯가 申에 가하고 태신이 일간에 임했으니 출산점단을 하면 당일에 출산한다. 그 이유는 태신이 극절(克絕)에 임하기 때문이다.

□ **정단** : 비용과는 매사 어긋날 수 있으니 당연히 기미를 살펴야 하며 다시 용전이다. 군자가 덕을 닦으면 길하고, 소인이 덕을 위배하면 흉하다. 모든 일에서 공허하니 깊이 믿어서는 안 된다.

○ **날씨** : 흐리기만 하고 비가 오지 않는다.
→ 토는 비를 몰아내는 작용을 하고, 화는 맑은 날씨를 뜻하며, 수는 강우를 뜻한다. 초전과 중전이 戌토와 巳화이니 비가 오지 않는다. 그러나 말전의 子가 수이고 밤 정단에서 비의 천장인 청룡이 타니 비가 온다.

○ **가정** : 겉에서 보기에는 좋아 보이지만 속으로는 실속이 없고 망쳐진다. 매사에서 꽃은 화려하게 피지만 열매는 맺지 못한다.
→ ● 가정운 : 일지는 가정이다. 지상에 일간의 묘신 丑이 임하니 가운이 막힌다. 다만 동지~대한에는 丑이 월장이고 묘월에는 생기이니 오히려 가정에 행운이 있고 생기가 넘친다. ● 화목 : 일지 午에서 일간 庚을 극하고 간상의 卯에서 지상의 丑을 극하니 화목하지 않다. 비록 간상의 卯에서 일지 午를 생하지만 午의 패신이고, 지상의 丑에서 일간 庚을 생하지만 일간의 묘신이다.

○ **구관** : 뜻대로 되지 않는다. 밤에는 같은 성씨를 쓰는 사람에 의해 발탁된다.
→ ● 관운 : 뜻대로 되지 않는 것은 중전에 있는 관성 巳가 공망되었기 때문이다. 그리고 발탁을 받는 것은 간상의 둔반에 관성이 있

기 때문인데 목성인(木姓人)이 나를 도와준다.
○ **구재** : 매우 적다. 많지 않다.
→ 간상에는 재성인 卯가 있고 말전에는 둔재인 甲이 있다. 간상의 재성 위에는 귀살이 숨어 있으니 이 재물로 인한 화를 방지해야 한다.
○ **혼인** : 속으로는 혼인하고 싶지만 형상과 손실을 방지해야 한다.
→ ● 길흉 : 일간은 나이고 일지는 상대이다. 지상에서 일간을 생하고 간상에서 일지를 생하니 혼인을 하고 싶다. 그러나 간상신은 일지의 패신이고 지상신은 일간의 묘신이니 나쁜 인연이다. ● 지일과이니 지인에 의해 인연을 구하는 것이 좋다. ● 궁합 : 일지에서 일간을 극하고 간상에서 지상을 극하니 나쁜 궁합이고 또한 지상신이 일간의 묘신이고 간상신이 일지의 패신이니 나쁜 궁합이다.
○ **임신·출산** : 아들이다. 출산정단을 하면 즉시 낳는다.
→ 일간의 태신이 卯이니 아들이다. 즉시 출산하는 것은 태신 卯가 절신 甲에 임하기 때문이다. ● 일간의 음양이신이 1음2양이니 딸이고, 삼전이 1음2양이니 딸이며, 지반이 천반을 극하여 발용이 되었으니 딸이다. ● 지일과이니 집에서 가까운 곳에 있는 산부인과에서 출신하는 것이 좋다.
○ **질병** : 병이 깊지만 치료하면 뿌리를 뽑을 수 있다.
→ 초전과 중전이 공함이니 병이 사라지고 또한 말전에 의약신 子가 임하니 치료된다. 만약 치료하지 않고 방치할 경우에는 子가 巳에 가하고 지상에 묘신 丑이 임하니 사망한다. ● 낮 정단에서는 천을귀인이 일간의 묘신인 丑에 타고 있으니 귀수(鬼祟)가 있다. 따라서 법사의 도움을 받아서 병을 치료해야 한다. 귀수가 있는 경우는 다음과 같다. 첫째, 천을귀인이 귀살에 타는 경우. 둘째, 천을귀인이 묘신에 타는 경우. 셋째, 천을귀인이 탈기신에 타서 일간을 설기하는 경우. 넷째, 천을귀인이 공망되는 경우이다. ● 부모의 질병을 정

단하면 장생 巳가 공망되었으니 사망한다. ● 치료법 : 의약신이 子이니 탕약이 좋고, 의약신이 巳에 임하니 동남간에서 의약을 구하면 된다.

○ 출행 : 아직 출발할 수 없다.
  ➜ 초전은 여행의 초기, 중전은 중기, 말전은 말기이다. 초전이 공망되었으니 아직 출발할 수 없다. 공망이 메워지는 다음 순에는 출행할 수 있다.

○ 귀가 : 스스로 돌아온다.
  ➜ 만약 부모를 기다릴 경우에는 가정을 뜻하는 지상에 부모효가 임하니 스스로 돌아온다.

○ 출병 : 아군이 승전한다.
  ➜ 일간은 아군이고 일지는 적군이다. 간상신은 길신이고 지상신은 흉신이며, 간상신 卯에서 지상신 丑을 제극한다. 그리고 하적상이 발용이니 수비하는 군이 승전한다.

○ 동업 : 좋아 보이지만 나쁘다.
  ➜ 교차생[호생]을 하지만 간상신은 일지의 패신이고 지상신은 일간의 묘신이니 나쁘다.

□ 『필법부』: 〈제23법〉 금일 곧 庚辛일에 정마를 만나면 흉한 화가 발생한다.
  ➜ 일간의 둔반에 귀살 丁이 임하고 있다. 만약 간상의 卯를 취하려고 하면 귀살의 해를 입는다.
  〈제19법〉 태신 겸 재신이 월신살 생기이면 처가 임신한다.

□ 『조담비결』: 戌이 卯의 위에 가하면 고향과 합한 상으로서 성인이 와서 복이 만발하게 해준다.

庚午일 제 7 국

공망 : 戌·亥 ○
낮 : 왼쪽 천장, 밤 : 오른쪽 천장

丙	壬	丙
后寅白	青申蛇	后寅白
申	寅	申
丙	壬	甲	庚
后寅白	青申蛇	蛇子青	白午后
庚申	寅	午	子

○朱亥巳	勾	蛇子午	甲貴午	乙空未	丑未	后	丙寅申	白
合戌辰	○合					陰	丁卯酉	常
勾癸酉卯	朱					玄	戊辰戌	玄○
青壬午寅	蛇	空辛未丑	貴	白庚午子	后	常	己巳亥	陰○

□ **과체** : 반음, 섭해, 원태(절태) // 회환, 간지공귀인, 화귀살등사주작극택격(가을, 낮).

□ **핵심** : 재물이 절지에 앉아 있고 또한 호랑이 일곱 마리가 진을 치고 있으니 절대로 재물을 취하려고 하면 안 된다. 가을 정단에서는 화재가 발생한다.

□ **분석** : ❶ 재성 寅이 申에 임했고, 巳는 절지에 들어갔으며, 다시 일곱 마리의 호랑이가 진을 치고 있으니 취할 수 없는 재물이나.
❷ 가을 정단에서 화귀(火鬼)는 子이고 낮 정단에서는 등사가 타서 가택을 극하니 화재가 발생한다. 따라서 우물 속의 진흙을 파서 아궁이에 발라서 화액을 쫓아야 한다.
❸ 일간과 일지에서 밤 귀인을 인종하니 귀인에게 부탁하는 일은 유리하며, 또한 주야의 양 귀인이 서로 가하니 양 귀인에게 부탁하면 나중에 반드시 성사된다. 그리고 귀인이 다른 귀인에게 갔으니 양 귀인과 교섭하거나 혹은 귀인을 만나려고 하는 일은 만나지 못한다. 만약 귀인이 자택에 있을 경우에는 이 귀인이 다른 귀인을 만나고 있다. 대개의 경우 귀인이 한 명만 있는 것이 아니다.

❹ 庚일에 정단하여 사람의 본명이 申이면 마치 사람이 귀신의 문으로 들어가는 상이니 질병정단에서 반드시 사망한다.
❺ 재성의 둔반에 귀살이 임하니 반드시 재물로 인해 화가 미친다. 음식으로 인해 몸이 상하거나 혹은 처로 인해 소송이 생긴다. 따라서 정단하는 사람은 반드시 근신해야 한다.

□ 정단 : 의지할 곳이 없는 '무의'의 격이고 또한 '원태'이다. 대체로 대인관계에서 드러나지 않은 불순이 반복되다가 나중에 성사된다. 길신과 길장이 있더라도 모든 일이 어렵다.

○ 날씨 : 낮 정단에서는 비가 오고, 밤 정단에서는 바람이 분다.
→ 寅은 바람을 주관하는 신이고, 申은 비를 주관하는 신이다. 그리고 청룡은 비를 부르는 신이고, 등사는 비를 말리는 신이다. 중전의 申에 낮 정단에서는 청룡이 타니 비가 오고, 밤 정단에서는 등사가 타니 비가 오지 않는다.
○ 가정 : 변경되는 일이 있다. 상(喪) 당하는 것을 방지해야 한다.
→ ● 반음과 : 반음과에는 역마의 뜻이 있으니 모든 일이 변경된다. ● 가정 : 낮 정단에서 지상의 子에 등사가 타서 일지 午를 극하니 상(喪), 질병, 사고를 방지해야 한다. 신월(申月)에 정단하면 子가 사기에 해당하니 생명이 위험하다. ● 화재 : 가을에 정단하면 子가 화귀살이니 화재가 발생한다. ● 화목 : 과전의 천지반이 상충하니 오히려 불화하고 이별하는 상이다.
○ 구관 : 승진된다.
→ ● 관직운 : 초전에 재성 寅의 위에 관성 丙이 임하니 승진한다. 그러나 관록을 뜻하는 일록이 절지에 앉아 있으니 관직자의 미래가 밝지 않다.
○ 구재 : 취할 수 없다.

→ 간상과 초·말전에 재성이 임하지만 그 둔반에 귀살이 임하니 재물을 취한 후에 화를 당하니 취할 수 없는 재물이다. 만약 법률에 저촉되지 않고 또한 산업재해가 발생하지 않는 직업이라면 무방하다.

○ 혼인 : 밤 정단에서는 아름다운 여자이다. 낮 정단에서는 불길하다.
→ ● 미모 : 일간은 남자이고 일지는 여자이다. 밤에는 지상에 길장인 청룡이 타고 있으니 미인이고, 낮에는 흉장인 등사가 타고 있으니 추녀이다. ● 성부(成否) : 육임의 천반은 양이며 남자, 지반은 음이며 여자이다. 반음과의 천반과 지반이 상충하니 반음과로 혼인을 정단하면 혼인이 깨지거나 혹은 혼인을 하더라도 혼인 후에 이혼할 가능성이 높다. 반음과의 연애 정단에서는 절연하는 상, 혼인정단에서는 파혼하는 상, 가정정단에서는 이혼하는 상이다.

○ 임신·출산 : 낳아도 키우지 못한다.
→ 임신정단을 하면 낙태된다. 출산정단을 하면 순산하지만 태신이 절신에 앉아 있으니 사망할 우려가 있다.

○ 질병 : 한 가지 증세의 병이 아니고, 의약도 한 가지만 있는 것이 아니다. 낮 정단에서는 백호승신 午화에서 일간 庚금을 극하니 폐병이다.
→ ● 병증 : 반음과는 두 가지 이상의 병세가 나타나고 또한 낫고 재발하기를 반복한다. 그리고 귀살 午가 화의 오행이니 폐·대장에 병이 난다. ● 본명이 申인 환자는 申의 아래가 귀호(鬼戶)인 寅이니 사망한다. ● 치료법 : 의약신이 子이니 탕약이 좋고, 의약신이 午에 임하니 정남에서 의약을 구하면 된다.

○ 출행 : 장애가 발생할 우려가 있고 중도에 되돌아온다.
→ 역마는 여객수단이다. 반음과에서는 역마가 절신에 앉아 있으니 사고가 날 위험성이 있다.

○ 귀가 : 아직 오지 않는다.

→ 복음과는 곧 오고, 반음과는 아직 오지 않는다.
○ 유실 : 원래의 옛 장소에 있다.
→ 재성은 재물이다. 초전의 재성이 말전에 다시 나타났으니 원래의 옛 장소에 있다.
○ 도난 : 잡지 못한다.
→ 반음과는 천지반의 간격이 넓으니 이미 먼 곳으로 도망쳤다.
○ 출사 : 살기가 지나치게 강하니 전쟁을 멈추고 휴전해야 한다.
→ 반음과는 천반과 지반이 계속하여 충을 하기 때문에 피아간에 피해가 심하니 휴전하는 것이 좋다.

□ 『필법부』 : 〈제69법〉 백호가 둔간귀살에 타면 재앙이 얕지 않다. 설령 공망되어 더라도 재앙을 구할 수 없다.
→ 이 과전에서는 일간과 초전에서 백호가 천반의 寅에 타고 그 위의 둔반에 일간의 귀살인 丙이 임하고 있다.
〈제75법〉 : 손님과 주인이 다투니 형벌을 받는다.
→ 초전 寅과 중전 申이 삼형이다.
□ 『과경』 : 庚일의 반음과와 복음과는 모두 지반의 순수상신에 현무가 타니 폐구격이다.
→ 경오일 제7국에서의 순수는 子이다. 그러나 지반의 순수 子 위에 午가 임하지만 이 午에 현무가 타고 있지 않다.
□ 『옥성가』 : 반음과로 정단할 경우에는 모든 일을 멈춰야 한다. 반복하여 두 가지의 일이 겹쳐서 발생하기 때문이다. 일반인이 정단하면 몸이 요동치고, 움직이지 않으면 원망하는 마음이 생긴다.

| 갑자순 | 경오일 | 8국 |

공망 : 戌·亥 ○
낮 : 왼쪽 천장, 밤 : 오른쪽 천장

庚午일 제 8국

戊	癸	丙
玄 辰 玄	勾 酉 朱	后 寅 白
亥 ○	辰	酉

乙	庚	○	戊
貴 丑 空	白 午 后	朱 亥 勾	玄 辰 玄
庚 申	丑	午	亥 ○

		甲	乙
合 戌 巳	合 朱 亥 午	蛇 子 未	貴 丑 申 空
勾 癸 酉 辰			后 丙 寅 酉 白
青 壬 申 卯 蛇			陰 丁 卯 戌 ○ 常
空 辛 未 寅 貴	白 庚 午 丑 后	常 己 巳 子 陰	玄 戊 辰 亥 ○ 玄

- □ **과체** : 비용(지일), 용묘(用墓), 주작폐구(밤) // 맥월, 묘신부일, 교차탈기, 복덕(의약신·공망), 살몰, 고진과수.
- □ **핵심** : 삼전에 있는 부모효와 제왕과 처재효에 밤에는 현무·주작·백호가 있다. 말전에 있는 재성은 나쁘니 취득할 수 없다.
- □ **분석** : ❶ 초전의 辰토는 일간을 생하고, 중전의 酉금은 일간의 왕신이며, 말전의 寅목은 일간의 처재효이다. 삼전에 생과 왕과 재성이 있다. 이와 같이 생·왕·재가 삼전에 모두 있지만, 자세하게 간상의 묘신 丑을 살펴보면 이들을 포기하는 것이 좋다.

  ❷ 초전으로 가면 辰이 락공이 되었으니 이것에 의지할 수 없고, 다시 중전을 취하면 양인과 올가미를 만나니 가까이 할 수 없으며, 말전으로 가면 재성 위의 둔반에 귀살 丙이 있고 다시 흉장이 타니 쇠하고 패하는 것이 극에 이른다.

- □ **정단** : '맥월격'은 모든 일이 갑자기 발생하고 우환은 안에서 일어난다. 정단하는 일은 갑작스러운 것이고 타인과의 정은 반드시 멀어진다. '답각공망'은 전진은 유리하고 퇴축은 나쁘다. 모든 정단에서 공연히 놀라는 것으로서 그 놀람은 실제하는 것이 아니다.

○ **날씨** : 천강인 辰이 亥에 가하고, 수운이 위에 있으며, 기(箕)와 필(畢)이 서로 만나니 큰 비바람이 몰아친다.
　→ 辰이 음의 12지에 임하면 비가 온다. 그리고 28수에서의 기(箕)는 寅을 가리키며 바람을 부른다. 그리고 필(畢)은 酉를 가리키며 음습을 부른다. 따라서 비바람이 몰아친다.

○ **가정** : 백호가 午에 타서 일간의 음신이 되니 '최관사자'이다. 관직자는 편안하고, 일반인은 병과 소송을 방비해야 한다.
　→ 백호가 관귀효에 타면 최관사자이다. ● 관직운 : 관직자의 부임을 재촉하는 뜻이 있으니 빨리 발령을 받는다. ● 일반인 : 일반인에게는 병이나 사고 또는 구설수가 빨리 닥친다. ● 손재수 : 간지가 교차탈기를 하니 가정에 손재수가 있다.

○ **구관** : 일록은 패지에 앉아 있고 관성은 육해에 앉아 있다. 묘신부일은 관직정단에서 불길하다.
　→ ● 관직운 : 일록은 관록이고 관성은 관직이다. 일록 申은 卯목에 앉아 있고 관성 巳·午는 子수와 육해에 앉아 있다. 그리고 일간의 묘신 丑이 일간에 앉아 있으니 어둡고, 특히 밤 정단에서는 염막귀인이 일간에 임하니 퇴직하는 상이다. 그러나 말전의 둔반에 관성이 임하니 관직자의 나중에는 관로가 길하다. ● 발령 : 낮에는 일간음신(제2과)이 '최관사자'이니 발령을 빨리 받는다. ● 시험운 : 밤 정단에서는 염막귀인이 임하니 합격한다. 밤에 정단하여 낮 귀인이 일간에 임하니 합격한다. 만약 동지~대한에 정단하면 丑이 월장이 되니 합격이 확실하다.

○ **구재** : 재기(財氣)는 있지만 재물을 취하면 화를 초래한다.
　→ 말전에 재성 寅이 임하지만 그 위에 귀살이 있으니 법에 저촉되지 않는 재물을 취해야 한다. 그리고 간지가 교차탈기이니 동업을

하면 서로 손실을 입는다.
○ 혼인 : 寅에 천후가 타고 다시 일간의 처재효이다. 일간을 충과 극하니 불길하다.
→ ● 성부(成否) : 불성한다. 일간과 관성은 남자이고, 일지와 재성은 여자이다. 일지에서 일간을 극하고 간상에서 지상을 극하니 혼인이 불성한데, 다시 일간 庚에서 재성 寅을 충·극하니 여자가 혼인을 거부하고, 또한 지상이 공망되었으니 혼인은 불성한다. ● 길흉 : 간상에는 묘신이 임하니 앞날이 어두운 남자이며, 간지가 교차 탈기 하니 남녀에게 손실이 많다.
○ 임신·출산 : 위는 강하고 아래는 약하다. 태신이 양에 속하니 임신하면 반드시 아들을 낳는다.
→ 초전의 천반은 양이니 아들의 상이고, 지반은 음이니 딸의 상이다. 초전의 천반에서 그 지반을 극을 하고 있으니 아들의 상이다. 또한 태신 卯는 장남의 상이다.
○ 질병 : 지상의 귀살 亥가 가정을 극하니 가정에 환자가 많다.
→ ● 병증 : 일지는 가정이다. 지상의 亥가 일지의 귀살이고 여기에 낮에는 주작이 타서 일지를 극하니 구설수로 인해 병이 생기고, 밤에는 구진이 타서 일지를 극하니 관재로 인해 병이 생기는 상이다. 그러나 亥가 공망되었으니 무방하다. ● 치료법 : 의약신이 子이니 탕약이 좋고, 의약신이 未에 임하니 서남간에서 의약을 구하면 된다.
○ 출행 : 육로에 묘신이 있지만 귀인이 타니 갈 수 있다. 수로는 공함이 되었으니 반드시 지출이 많다.
→ 일간은 육로이고 일지는 수로이다. 간상신이 일묘이니 육로행은 어둡다. 그리고 지상신이 일간을 탈기하고 다시 공망되었으니 수로행을 하면 지출이 매우 많다.
○ 귀가 : 천강인 辰이 사맹인 亥에 가하니 목적지에서 아직 출발하지

않았다.
→ 천강인 辰은 동신이다. 사계에 가하면 이미 출발했고, 사중에 가하면 중도에 있으며, 사맹에 가하면 아직 출발하지 않았다.

○ 유실 : 현무(도둑)가 가택에 있으니 도난이 발생했고, 되찾기 어렵다.
→ 일지 제3·4과는 가정이다. 일지음신에 현무가 타고 있으니 도난을 당한 것이고, 현무가 공망되었으니 되찾지 못한다.

○ 출사 : 적군에게 유리하고 아군에게 불리하다
→ 밤에는 현무승신 辰토에서 구진승신 亥수를 극하니 적군이 승전한다.

□ 『필법부』 : 〈제35법〉 일간과 일지가 탈기를 당하면 도난을 당한다.
〈제18법〉 답각공망은 나아감이 옳다.
〈제32법〉 삼전에서 차례로 나를 극하면 대중이 나를 기만한다.
〈제59법〉 묘신이 일간을 덮으면 사람이 혼미해진다. 원통한 일을 당하면 소송에서 진실을 밝혀서 뜻을 밝히기 어렵다.
〈제69법〉 백호가 둔간귀살에 타면 재앙이 얕지 않다. 이른바 백호가 순 내의 천간에 가임하고 일간의 귀살이 되는 것이다. 설령 공망되어 더라도 재앙을 구할 수 없다.

□ 『과경』 : 庚午일에서 丑이 申에 가하고 간상의 丑에서 일지를 설기하며 지상의 亥에서 일간을 탈기하니 서로 손실을 입는다. 동쪽 손으로 재물이 와서 서쪽 손으로 재물이 나간다.

| 갑자순 | 경오일 | 9국 |

庚午일 제 9 국

공망 : 戌·亥 ○
낮 : 왼쪽 천장, 밤 : 오른쪽 천장

戊	壬	甲
玄 辰 玄	青 申 蛇	蛇 子 青
子	辰	申

甲	戊	○	丙
蛇 子 青	玄 辰 玄	合 戌 合	后 寅 白
庚 申	子	午	戌

癸酉巳 勾朱	○戌午 合合	○未 朱	甲子申 亥 蛇青
壬申辰辛未卯 青蛇空貴			乙丑酉 貴空
			丙寅戌 后白
庚午寅 白后	己巳丑 常陰	戊辰子 玄玄	丁卯亥 陰常○

- **과체** : 섭해, 윤하, 폐구, 여덕, 참관 ∥ 육의(말전), 육양, 관격, 간지수탈, 살몰.
- **핵심** : 일간은 탈기당하고 일지는 극을 당하니 유실 정단이다. 사람은 병이 나고 가정은 점차 기운다.
- **분석** : ❶ 申子辰 수국이 일간 庚금을 탈기하여 일지 午화를 극한다. 따라서 사람을 정단하면 병이 많이 나고, 가택을 정단하면 가세가 기운다.

❷ 탈기는 질병에만 국한되는 것이 아니라 또한 재물 유실을 뜻하기도 하니 유실 정단이 틀림없다고 한 것이다.

❸ 만약 탈기 위에 탈기를 만나면 만사가 허황되니 그 피해를 상상할 수 없다.

→ 밤 정단에서는 간상의 子에서 일간 庚을 탈기하고 청룡승신 갑인 목에서 子수를 탈기한다.

- **정단** : ❶ '견기격'은 매사 심사숙고해야 한다. 좋은 기회가 생기면 바로 행동해야 하며, 가장 나쁜 것은 행동을 지체하는 것이다. 만약 칼을 들고 자르지 않으면 반드시 자신이 다친다.

❷ 일지와 일간의 상신이 스스로를 탈기하고 속이니, 마치 귀를 막고 고양이의 방울을 훔치는 쥐의 상으로서 만약 기회를 잡지 않으면 나중에 반드시 자신이 손해를 본다.
❸ 다시 발용을 자세히 살펴보니 일간의 음신이 발용이 되었다. 일을 정단하면 반드시 밖에서 일어난 일로서 우환은 바깥에서 발생하며 모든 일에서 무익하고 손실만 생긴다.

○ 날씨 : 청룡이 물을 박차고 승천하며 다시 윤하를 겸했으니 큰 비가 오는 것이 틀림없다.
　➔ 청룡은 비를 뜻하고, 수국은 큰비를 뜻한다. 삼전이 수국이고 특히 중전의 申에 청룡이 타니 큰 비가 온다.
○ 가정 : 내외에 손실이 많다.
　➔ ● 손재수 : 일간 庚은 간상의 子에 의해 탈기되고 일지 午는 지상의 戌에 의해 탈기되니, 가정 내외에 손재수가 생긴다. 다시 삼전의 수국에서 일간을 탈기하니 손재수가 심하다. ● 가상 : 가정을 뜻하는 일지의 음양이신이 모두 공망되었으니 상부·상처를 하고 재산이 텅 비는 가상이다. 따라서 이사해야 한다.
○ 구관 : 자손효가 나타났으니 관직정단에서 길하지 않다.
　➔ ● 관직운 : 자손효는 관성을 상하게 한다. 이 과전에서 자손효가 국을 형성하니 구관 정단에서 매우 흉하다.
○ 구재 : 손실이 매우 심하다. 얻을 수 없다.
　➔ 일간과 삼전이 탈기국을 형성하고 있으니 손실이 막대하고, 재물을 뜻하는 재성이 다시 공망되었으니 하나의 재물도 얻지 못한다.
○ 혼인 : 밤 정단에서는 청룡이 일간에 타니 좋은 사윗감이다. 戌이 午의 위에 가하니 아름답지 못한 여자이다.

→ ● 귀천 : 일간은 남자이고 일지는 여자이다. 일상에 밤에는 청룡이 타니 훌륭한 남자이고, 지상에 괴강살이 임하니 폭력적인 여자이다. ● 궁합 : 일지 午에서 일간 庚을 극하고, 지상 戌에서 간상 子를 극하니 궁합이 나쁘고 또한 남자에게 해를 끼치는 사람이다.

○ 임신·출산 : 임신하면 반드시 아들을 낳는다. 낮 정단에서는 어머니가 상하고, 밤 정단에서는 태아가 상한다.

→ 일간의 천지반이 모두 양이니 남아이고, 태신이 卯이니 다시 남아이다. 일간은 태아이고 일지는 어머니이다. 지상의 戌에서 간상의 子를 극하니 태아가 상한다. 또한 낮 정단에서는 천후승신 寅에서 육합승신 戌을 극상하니 태아가 상한다. ● 초전이 폐구 되었으니 선천성 청각·언어장애자가 될 가능성이 있다.

○ 질병 : 반드시 허약증이거나 혹은 가슴이 울렁거리는 마음의 병이다.

→ ● 병증 : 일간과 삼전에서 탈기국이니 허약증이고, 수국에서 오행의 화를 극하니 심장질환이다. ● 초전이 폐구이니 구강과 식도질환이 우려된다. ● 일지는 질병이다. 일지의 음양이신이 공망되었으니 병이 쉽게 낫는다. ● 치료법 : 의약신이 子이니 탕약이 좋고, 의약신이 申에 임하니 서남간에서 의약을 구하면 된다.

○ 출행 : 중선에서 청룡이 역마에 탔고 庚申이 동궁이니 마치 천리마를 탄 것과도 같다.

→ 청룡은 '만리를 나는 날개'이다. 낮 정단에서는 청룡이 중전에 있는 역마 申에 타고 있으니 출행이 순조롭다.

○ 귀가 : 천강이 사중에 가하니 이미 중도에 있다.

→ 천강이 사중인 子에 가하니 오는 중이다.

○ 유실 : 도둑이 재물을 훔쳐갔다.

→ 현무가 탈기국인 수국(辰申子)에 타서 일간을 설기하니 도둑이 재물을 훔쳐갔다.

○ 도난 : 현무가 辰에 타고 있다. 따라서 도적은 반드시 눈이 크고, 눈

썹이 짙으며, 수염이 긴 흉한 모습이다. 도신이 申에 타면 반드시 서남쪽에 있다. 가깝게는 성문 쪽에 있고 멀게는 면이나 촌 혹은 야외의 삼거리나 우체국의 마구간 사이에 있다.

→ 현무가 폐구 되었으니 잡기 어렵다.

○ 출사 : 일간은 아군이고 일지는 적군이다. 일상은 申子辰 수국이고 지상은 寅午戌 화국이다. 수가 화를 제압하니 마치 물이 마른 풀과 썩은 나무를 꺾는 것과 같다.

→ 일간 및 삼전의 수국에서 일지를 극하니 아군이 승전한다.

───────────────────────

□ 『필법부』 : (제15법) 위에서 탈기하고 다시 탈기를 만나면 헛된 속임을 방지해야 한다. 이른바 일간에서 그 상신을 생하고 그 상신에서 다시 천장을 생하는 것이 '탈상탈'이다.

(제5법) 육양수가 갖춰지면 공적으로 써야 한다. 이른바 일지와 일간의 사과와 삼전이 모두 육양의 자리에 머물면 이 격이다. 공적인 일에는 이롭고, 사적인 일에는 불리하다.

□ 『과경』 : 庚午일에서 子가 申에 가하고 과전이 모두 양이다. 모든 정단에서 공무에는 이롭고, 사적인 일에는 이롭지 않다.

□ 『지장부』 : 辰申子는 싸움을 뜻하는 상이다. 음양으로 기상을 알 수 있다.

庚午일 제 10 국

공망 : 戌·亥 ○
낮 : 왼쪽 천장, 밤 : 오른쪽 천장

癸	甲	丁
勾 酉 朱	蛇 子 靑	陰 卯 常
午	酉	子
○	丙	癸	甲
朱 亥 勾	后 寅 白	勾 酉 朱	蛇 子 靑
庚 申	亥 ○	午	酉

壬申巳 靑	癸酉午 勾	○戌未 合	○亥申 勾
辛未辰 空	貴	朱	甲子酉 蛇 靑
庚午卯 白	后	合	乙丑戌 貴 空
己巳寅 常	戊辰丑 陰 玄	丁卯子 陰 常	丙寅亥 后 白 ○

- □ **과체** : 중심, 고개, 삼교, 복앙, 이번 // 금일정신, 절신가생, 초전협극, 육의(중전), 주작폐구, 구진폐구.
- □ **핵심** : 재물 속에 흉살 丁이 숨어 있다. 서로 무례하게 싸우니 반드시 흉사가 생긴다. 귀인에게 의지하면 안 된다.
- □ **분석** : ❶ 일간의 재성 卯 속에 丁화가 숨어서 일간 庚금을 몰래 극한다. 그리고 중전과 말전의 子와 卯는 무례한 형으로서 이들이 서로 가했으니 흉사가 반드시 일어난다.

  ❷ 낮 귀인 丑이 戌에 가하고 밤 귀인 未가 辰에 가하니, 두 귀인이 모두 교도소에 갇혔다. 또한 낮 귀인이 밤 시간에 임하고 밤 귀인이 낮 시간에 임하여서 귀인에게 차질이 생겼으니 귀인에게 도움을 요청하면 귀인이 나를 도와줄 수 없다. 따라서 정단하는 사람은 귀인을 믿지 말아야 하며, 함부로 행동하면 우환을 면하기 어렵다.

- □ **정단** : ❶ 천라지망이 발용이 되었으니 포획에 좋다.

  ❷ 양인과 구진·주작이 나란히 酉에 디고 있으니 아랫사람으로 인한 재앙을 방지해야 한다. 만약 재물을 보고 이를 취하면 반드시 손상(喪)을 당한다.

❸ 처와 첩이 서로 다퉈서 집안에 일어난 화가 가정이 파괴되어야 그친다. 이것은 과전이 모두 충(冲)을 하고 계속하여 서로 파(破)하기 때문이다.

○ 날씨 : 필숙(畢宿)이 발용이 되었고, 천강이 丑에 임하며, 청룡과 등사가 삼전에 드니 반드시 큰비가 온다.
 → 필숙은 酉로서 수를 생하는 오행이다. 酉가 초전에 임하니 비가 온다. 그리고 천강은 辰이며 대각성이다. 대각성이 음의 12지에 임하면 비가 오고 양의 12지에 임하면 맑다. 지금 대각성이 음의 12지인 丑에 임하니 비가 온다. 그리고 비의 신인 청룡과 우레의 신인 등사가 중전에 임하니 많은 비가 온다.
○ 가정 : 집안이 파패 되었으니 오래 거주하면 안 된다.
 → ● 이사 : 이 과전은 삼교격에 해당한다. 일지가 패신인 午이고 지상이 다시 패신인 酉이며 삼전이 다시 패신인 酉子卯이다. 삼교격은 남자는 형을 당하고 여자는 음란사를 일으킨다. 따라서 이사해야 한다. ● 우환 : 주야 모두 지상에 구진과 주작이 타서 폐구가 되었으니 쟁송으로 인해 억울한 일을 당하는 것을 방지해야 한다. ● 고시운 : 밤 정단에서는 주작이 지상에서 폐구되었으니 시험운이 나쁘다.
○ 구관 : 관성이 나타나지 않았고, 귀인은 교도소에 갇혔으며, 귀인에게 차질이 생겼으니 관직정단에서 길하지 않다.
 → ● 관직운 : 관성은 관직이고 천을귀인은 공무원이다. 관성이 과전에 없고, 천을귀인이 辰과 戌에 임하여서 교도소에 갇혔으며, 다시 낮 귀인은 밤의 12지에 임하였고 밤 귀인은 낮의 12지에 임하니 승진에 이롭지 않다. ● 시험운 : 주작이 폐구되고 과전이 '삼교'이니 공무원 임용고시와 관직자의 승진시험에서 불리하다.

○ **구재** : 재성은 나타났지만 재성이 귀살로 변했으니 취할 수 없다.
→ 재성은 재물이다. 말전의 재성 卯 위에 귀살이 숨어 있으니 이 재물을 취하면 화를 당한다. 또한 삼교격은 구재에서 이익이 없다.

○ **혼인** : 간상이 공망되었으니 남자의 집은 불길하다. 또한 지상이 파(破)가 되었으니 여자의 집 또한 길하지 않다.
→ ● 길흉 : 일간은 남자이고 일지는 여자이다. 간상신이 공망되었으니 남자가 공허하고, 지상에는 패신이 임하고 다시 폐구되었으니 나쁘다. 그리고 일지가 패신이고, 다시 그 상신이 패신이며, 일지가 발용이 되어 삼교가 되었으니 혼인하면 안 된다.

○ **임신·출산** : 태신이 卯이니 아리따운 여아를 낳는다. 子와 午가 서로 상충하니 임신이 불안하다.
→ 태신 卯는 진괘에 속하니 장남의 상이니 아들이다.

○ **질병** : 폐결핵 증세로서 말전 丁의 극을 피하기 어렵다. 12운성으로 亥가 庚의 병지이니 몸에서 병이 빠져나가기 어려울 우려가 있다.
→ ● 병증 : 병인은 귀살과 백호이다. 말전의 귀살 丁화에서 금을 극하니 금의 장부인 폐·대장이 병이 난다. ● 치료법 : 의약신이 子이니 탕약이 좋고, 의약신이 酉에 임하니 정서에서 의약을 구하면 된다.

○ **출행** : 말전에 정신이 타면 반드시 떠나지만 좋은 여행지가 없다.
→ 일지는 여행지이다. 일지의 상하가 모두 패신이고 삼전이 다시 패신이니 흉한 여행지이다.

○ **귀가** : 천강이 사계에 가하고 말전에 정신이 타니 출행인은 곧 귀가한다.
→ 천강은 곧 동신(動神)이고 정신은 곧 자동차이다. 천강이 사계인 丑에 가하고 말전에 정신이 임하니 집으로 출발했다.

○ **유실** : 현무가 보이지 않으니 도둑이 훔쳐간 것이 아니다. 술집에서 유실하지 않았으면 아이들 때문에 유실한 것이다.

→ 일지는 장소이다. 지상신 酉는 술집이고 그 음신 子는 어린이이다.

○ **출사** : 간상에는 탈기신이 타고, 지상에는 패(敗)가 타며, 말전에는 정신이 타니 신중하게 지켜야 한다.

→ 일간은 아군이고 일지는 군영이다. 간상신 亥에서 일간 庚을 탈기하니 손실을 입고, 지상신 酉가 패신이니 군영이 패망할 수 있으며, 삼전이 다시 패신이며 특히 말전에 일간의 귀살 丁이 숨어 있으니 적의 기습에 대비해야 한다.

□ 『**필법부**』 : 〈제25법〉 금일(金日)에 정마를 만나면 흉화가 일어난다. 만약 관직자가 정단하면 부임이 매우 빠르다.
〈제46법〉 귀인에게 차질이 생기면 일이 가지런하게 되지 못한다.
〈제75법〉 손님과 주인이 다투니 형벌을 받는다. 일지와 일간에 형이 타는 종류에는 세 가지가 있다. 모든 정단에서 서로 형을 하는 뜻을 면하지 못한다. 교섭사는 반드시 각각에게 다른 마음이 있다.
〈제27법〉 삼전의 재신이 귀살로 변하면 재물을 구하면 안 된다. 반드시 재물을 취득한 뒤에 화가 미친다. 처와 귀살이 교섭하여 손실시키는 것을 방지해야 된다.

□ 『**신응경**』 : 庚午일에서 亥가 일간에 가하고, 말전에 卯가 보이며, 그 위에 창신(廠神, 귀살)이 있으니 처로 인하여 흉사가 생기고 재물로 인해 화가 일어난다.

| 갑자순 | 경오일 | 11국 |

庚午일   제 11 국

공망 : 戌·亥
낮 : 왼쪽 천장, 밤 : 오른쪽 천장

	壬	○	甲
白申后	玄戌玄	后子白
午	申	戌 ○
○	甲	壬	○
玄戌玄	后子白	白申后	玄戌玄
庚申	戌 ○	午	申

| 辛未
空 貴 巳
青 午 辰
勾 巳 卯
合 辰 寅 | 壬申
白 午
蛇
朱
丁
合 朱 卯
丑 | 癸酉
常 陰 未
丙
勾 蛇 寅
子 | ○
玄 戌
申
○
陰 亥
酉 常
甲子
后 戌
○ 白
乙丑
貴 亥 空 |

□ **과체** : 섭해(찰미), 진간전, 자취난수, 참관, 백화, 무음(불비), 섭삼연, 비혼∥일덕(초전), 복덕(말전), 육의(말전), 록현탈격(낮), 권섭부정, 회환, 신장·살몰·귀등천문(낮), 강색귀호, 육양, 불행전.

□ **핵심** : 중전과 말전이 모두 공망되었다. 화를 자초한다. : 모든 일이 얽히고 꼬였으니 환자는 쾌차하기 어렵다.

□ **분석** : ❶ 중전의 戌토는 귀살의 묘신이고 말전의 子수는 일간의 탈기신이다. 귀살과 묘신이 이미 공망되었으니 庚에게는 우환이 되지 않는다.

❷ 일간이 스스로 지상으로 가니 午화로부터 녹는 화를 자초한다.

❸ 일간(기궁)이 일지로 전해지고, 일지가 초전으로 전해지며, 초전이 중전으로 전해져서 다시 일지와 일간의 음신으로 전해지니, 사과가 삼전을 벗어나지 않고 삼전은 사과를 벗어나지 않는다. 이와 같이 얽매인 것이 꼬불꼬불 돌고 도니 병자 스스로 병을 벗어나지 못하고 근심이 풀리지 않는다.

□ **정단** : ❶ 난수격은 오륜을 벗어난 과로서 우환이 해소되지 않는다.

❷ 길사는 쉽게 성사되지만 원한과 소송은 풀리지 않지만 만약 길

신을 만나면 난을 피할 수 있다. ❷ 이 과는 부적을 쓰고 약을 조제하는 데에 유리하다. 그 이유는 귀등천문이고 신장살몰이며 강색귀호여서, 귀신이 숨고 사라지기 때문이다.

○ 날씨 : 과전이 모두 양이고 천강이 寅에 임하니 반드시 매우 맑다.
→ 음은 흐린 날씨를 가리키고 양은 맑은 날씨를 가리킨다. 과전이 육양이니 맑다. 또한 대각성이 양의 12지인 寅에 임하니 맑다.
○ 가정 : 일록이 가택에 임하고 일덕이 함께 있으니 집이 좋고 재물이 풍족한 상이다.
→ ● 가상 : 일록은 재물이다. 지상에 일록이 있으니 재산이 있고 덕이 있는 가정이다. 그러나 이 집으로 이사해서 들어가면 일지로부터 극을 당하여서 집에서 재앙이 발생하는 가상이다. ● 가례 : 일간은 부모 혹은 남편이고 일지는 자녀 혹은 아내이다. 기궁 申이 지상으로 가서 일지 午로부터 극을 당했으니, 부모가 자식에게 불효를 당하고 남자는 여자에게 불손을 당한다. ● 음란사 : 사과가 불비(不備)이니 가정에 음란사가 발생한다.
○ 구관 : 일록이 지상에 임하는 권섭부정이다.
→ ● 관직운 : 일간은 나이고 일지는 타인 혹은 청년이다. 庚일의 일록인 申이 지상으로 갔으니 관록을 타인에게 뺏기는 상이니 퇴직하거나 혹은 지방으로 파견 가서 굴욕을 당한다. ● 승진·발탁 : 승진·발탁을 물을 경우 일간 申과 일지 午가 밤 귀인 未를 인종하니 승진·발탁된다. ● 시험 : 일록이 하적상을 당했고, 권섭부정이며, 일간이 공망되었으니 시험운이 나쁘다.
○ 구재 : 재신이 나타나지 않았으니 소득이 없다.
→ 재신은 재물이다. 재신이 과전에 임하지 않으니 소득이 없다. 다만 연명이 子와 丑인 사람은 그 상신이 재신인 寅과 卯이니 재물을

얻는다. 다만 연명이 丑인 사람은 재성인 卯에 정신이 임하니 재물을 취하면 화가 닥친다.
○ **혼인** : 남자는 좋지 않고 여자는 좋다.
　➜ ● 성정 : 일간은 남자이고 일지는 여자이다. 간상에 괴강이 임하니 포악한 남자이다. 지상이 일록과 일덕이니 여자는 재산이 있고 성정이 좋다. ● 길흉 : 만약 혼인하여 데릴사위로 가면 난수격이니 여자에게 능욕을 당한다.
○ **임신·출산** : 임신하면 반드시 아들을 낳고 산모도 안전하고 좋다.
　➜ 일간의 천지반이 양이니 아들이다.
○ **질병** : 병은 자신이 자초한 것이고 덕을 베풀면 풀 수 있다.
　➜ ● 병증 : 일간은 사람이고 일지는 병이다. 기궁이 지상으로 가서 극상을 당했으니 병을 자초한 것이다. 그리고 삼전이 사과를 벗어나지 못하니 병에서 벗어나기 어렵지만 중·말전이 공망되었으니 병이 점차 낫는다. ● 치료법 : 의약신이 子이니 탕약이 좋고, 의약신이 戌에 임하니 서북간에서 의약을 구하면 된다.
○ **출행** : 역마가 간지에 타지만 원행할 수 없다.
　➜ 오일(午日)의 역마는 申이다. 기궁 申이 지상으로 가서 지반의 午로부터 극을 당하니 낮 정단이면 여행가서 병을 얻고 밤 정단이면 부인이 다친다. 또한 삼전에서 초전은 여행의 초기, 중전은 중도, 말전은 목적지이다. 초전이 지반으로부터 극상을 당하니 해를 입고, 중전에서는 도난을 당하며, 말전에서는 손실을 입는다.
○ **귀가** : 천강이 사맹에 가하고, 역마가 집을 벗어나지 못했으며, 중전이 공망이니 귀가가 지체된다.
　➜ 천강이 사맹인 寅에 임하니 귀가가 늦어진다. 삼전에서 말전은 목적지, 중전은 중도, 초전은 집 근처이다. 말전이 공망이니 목적지에서 집으로 출발하지 않았다.
○ **유실** : 현무가 공망되었으니 나의 것이 되기 어렵다.

→ 현무는 도둑이다. 현무가 공망되면 도둑을 잡기 어렵다.
○ 출사 : 수비하는 쪽은 유리하고 공격하는 쪽은 불리하다.
→ 초전의 지반에서 그 천반을 극하는 중심과의 상이니 수비하는 쪽이 유리하다. 섭해과이니 장기전이 될 가능성이 있다.
○ 관재 : 무방하다.
→ 귀살이 없고 중전과 말전이 공망되었으니 무방하다. 또한 辰이 寅에 임하여 '강색귀호'이고, 사살이 사맹에 임하여 '살몰'이 되며, 귀인이 천문(亥)에 올라 '귀등천문'이 되었으니 무방하다. 만약 관재에 걸려 있을 경우에는 회환격이니 관재가 쉽게 풀리지 않는다.

□ 『필법부』: 〈제8법〉 일록이 일지에 임하면, 임시직으로서 정당한 자리가 아니거나 혹은 먼 곳에 직장이 주어진다. 이른바 일간의 록신이 지진 위에 가임하면, 모든 정단에서 스스로 존대해지지 못하고 타인으로부터 굴복과 꺾임을 당하게 된다.
〈제52법〉 천강[辰]이 귀신문을 뜻하는 寅을 막으면 도모해도 된다. 이른바 辰은 천강이고 寅은 귀호이다. 辰이 寅에 가하면 천강이 귀신문을 막는다. 삼전에 있고 없고와 무관하게 이 모두를 '강색귀호'라고 하여 과전의 무리귀살이 노리지 못한다. 오히려 노리는 재액을 피난하여, 음모, 사적인 기도, 문상과 문병, 약 짓기와 부적 쓰기에 좋다. 만약 甲·戊·庚일이면 더욱 좋다.

□ 『과경』: 庚午일에서 戌이 일간에 가하고 간지와 초·중전이 모두 지반의 밤 귀인을 공협하니 관록과 승진을 정단하면 좋다. 이른바 전후에서 인종하면 승진에 길하다.

庚午일 제 12 국

공망 : 戌·亥
낮 : 왼쪽 천장, 밤 : 오른쪽 천장

	辛		癸
玄 戌 玄	空 未 貴	常 酉 陰	
酉		午	申
癸	○	辛	壬
常 酉 陰	玄 戌 玄	空 未 貴	白 申 后
庚 申	酉	午	未

| 庚午巳 青巳 勾巳辰 合戊辰卯 朱丁卯寅 | 辛未午 空 朱 勾蛇 丙寅丑 | 壬申未 白 貴 乙丑子 空 | 癸酉申 常 ○玄戌酉 ○陰亥戌 常○ 后甲子亥 白○ |

- □ **과체** : 묘성(호시전봉) // 록현탈(낮,연명 : 未), 회환, 간지공귀인, 간지공일록, 천라지망, 고진과수.

- □ **핵심** : 무엇인가를 잃은 뒤에 왔다. 공연히 놀랄 일을 면하기 어렵다. 무에서 유를 낳은 뒤에는 편안하다.

- □ **분석** : ❶ 갑자순의 공망이 발용이 되었고 여기에 현무가 탔으니 사람과 가택이 모두 손실을 입고, 래정은 반드시 유실물 정단이다. 그러나 戌이 귀실의 묘신이니 공연히 놀라는 것이다.

  ❷ 이 과는 사과에서 발용이 된 것이 아니다. 양일의 묘성이 발용과 삼전이 되었으니 무(無)에서 유(有)가 나온 것이고, 庚금이 초·중전의 부모효로부터 생을 받으니 편안하다고 한 것이다.

- □ **정단** : ❶ 호시전봉은 생트집을 잡는 상으로서 숨을수록 더 숨고 찾을수록 더 어려워진다.

  ❷ 사과가 천라지망이니 흉이 사라지지 않고 화를 피할 수 없다.

  ❸ 마음과 뜻이 갈팡질팡하며 나아가기도 어렵고 물러나기도 어렵다.

  ❹ 모든 정단에서 나쁘지만 유일하게 관록 정단에만 좋다. 그 이유

는 일지와 일간이 밤 귀인을 공협하고 다시 천반의 일록을 공협하기 때문이다.

○ **날씨** : 하늘과 땅이 움직이지 않는다. 맑기를 원하는 정단을 하면 맑고, 비 오기를 원하는 정단을 하면 비가 온다.
  → 초전과 중전의 두 토는 비를 몰아내는 신이다. 그러나 말전이 癸酉이니 비가 온다.
○ **가정** : 사람과 가정이 모두 손실을 입고, 공망된 戌에 두 현무가 타서 발용이 되었으니 틀림없이 도난당한다.
  → ● 손재수 : 일간은 사람이고 일지는 가정이다. 간상신 酉는 일간의 양인과 겁재이고 지상신 未에서는 일지 午를 탈기하니, 가정 내외에서 손실을 입는다. 그리고 초전에서 종업원을 뜻하는 戌에 도난을 뜻하는 현무가 타니 종업원으로 인해 손재수가 있다. ● 근신 : 간지가 천라지망이고 간상에 양인이 임하니 근신해야 한다.
○ **구관** : 전후에서 귀인과 일록을 인종하니 반드시 얻는다.
  → 귀인은 공무원이고 일록은 관직자가 받는 관록이다. 일간 申과 일지 午에서 밤 귀인 未를 인종하고 간상의 酉와 지상의 未에서 일록 申을 인종하니 구관(求官)에 이롭다. 다만 연명이 未인 사람이 낮에 정단하면 백호가 일록에 타고 있으니 관직을 잃거나 봉록이 삭감된다.
○ **구재** : 재성이 나타나지 않았으니 얻을 수 없다.
  → 일간의 재성 寅·卯가 과전에 나타나지 않았으니 얻을 수 없다. 다만 연명이 丑이나 寅이면 그 위의 寅·卯가 재성이니 얻을 수 있다.
○ **혼인** : 천후가 왕신을 득했으니 밤 정단에서는 여자가 길하다. 낮 정단에서는 일간에 임한 종괴[酉]에 태상이 왕기에 탔으니 크게 길하지도 않지만 흉하지도 않다.

→ 일간과 청룡은 남자이고, 일지와 천후는 여자이다. 밤 정단에서는 천후가 申에 타서 생지(生地)인 未에 임했으니 길한 여자이고, 낮에는 길장인 태상이 왕신인 酉에 타고 있으니 길한 남자이다. 그러나 밤에 신랑감을 정단하면 간상에 흉장인 태음이 타고 있으니 좋지 않고, 낮에 신부감을 정단하면 지상에 흉장인 천공이 타고 있으니 좋지 않다.

○ 임신·출산 : 양일의 묘성은 반드시 딸을 낳는다.

→ 양일의 묘성과는 딸을 낳고, 음일의 묘성과는 아들을 낳는다.

○ 질병 : 귀묘(鬼墓)가 발용이니 질병정단에서 불길하다.

→ ● 병증 : 발용의 戌은 일간의 귀살과 묘신이 아니다. 묘성과의 질병정단은 원래 흉하지만 귀살이 과전에 보이지 않고 다시 초전이 공망되었으니 질병이 사라진다. ● 치료법 : 의약신이 子이니 탕약이 좋고, 의약신이 亥에 임하니 서북간에서 의약을 구하면 된다.

○ 출행 : 앞은 천라이고 뒤는 지망이니 움직일 수 없다.

→ 매일의 제12국은 천라지망이고 천라지망은 그물을 뜻한다. 천라지망은 마치 사람이 그물에 걸린 듯이 움직일 수 없는 상이다. 또한 묘성과는 형살의 뜻을 지니고 있는 酉의 상신이 발용이 되었으니 살기가 있고 따라서 여행에서 위험하다.

○ 귀가 : 천강이 사중에 가한다. 그러나 두 합이 서로 매달고 장애물이 가로막으니 반드시 오지 못한다.

→ 천강이 사중인 卯에 가하니 귀가가 늦어진다. 매일의 제12국은 천라지망이고 천라지망은 그물을 뜻한다. 천라지망은 사람이 그물에 걸린 듯이 움직일 수 없는 상이니 귀가에 장애가 생긴다. 특히 묘성과는 출행과 귀가에서 장애와 사고가 발생하니 매우 위험하다.

○ 유실 : 두 현무가 집안을 훔치니 반드시 잡을 수 없다.

→ 현무는 도둑이다. 현무가 공망되면 도둑을 잡지 못한다.

○ 출사 : 전쟁터로 가면 불리하다. 포위망에 걸릴 우려가 있다.

→ 매일의 제12국은 천라지망이고 천라지망은 그물을 뜻한다. 천라지망은 사람이 그물에 걸린 듯이 움직일 수 없는 상이고 또한 묘성과이니 매우 위험하다.

□ 『필법부』: (제1법) 앞뒤에서 이끌고 따르면 승진에 길하다. 만약 초전이 일간 전에 머물면서 일간을 이끌고 말전이 일간 후에 머물면서 일간을 따르면 이 격에 합당하게 되어 반드시 관직자는 승진·발탁된다.

(제55법) 천라지망을 만나면 꾀하는 일이 졸렬해진다. 이것은 간상에 간전일진이 타고 지상에 지전일진이 타는 것으로서 이것을 '천라지망'이라고 한다. 대개 이 과를 얻으면 그물로 몸과 가택을 옭아매니, 모든 정단에서 어찌 형통할 수 있겠는가?

□ 『백장(百章)』: 庚午일에서 酉가 庚에 가한다. 酉는 庚의 양인이고 그물이다. 酉에 태상이 타고 있으니 연회 및 술과 음식에 관한 일이다. 세 가지 살이 나란히 임하니 연회석에서 반드시 맹렬하게 공격하는 쟁투가 생긴다.

신미일

辛未日의 길신(구보)과 흉살(팔살)			
일덕	巳	형	
일록	酉	충	
역마	巳	파	
장생	巳	해	
제왕	酉	귀살	巳午
순기	丑	묘신	丑
육의	甲子	패신	午
귀인	주 寅	공망	戌亥
	야 午	탈(脫)	亥子
합(合)		사(死)	子
태(胎)	卯	절(絶)	寅

대육임직지

| 辛未일　제 1 국 | 공망 : 戌·亥 ○
낮 : 왼쪽 천장, 밤 : 오른쪽 천장 |

辛	乙	○
青 未 后	后 丑 青	常 戌 常
未	丑	戌 ○
○	○	辛	辛
常 戌 常	常 戌 常	青 未 后	青 未 后
○ 辛 戌	戌 ○	未	未

| 己蛇巳合 巳 戌朱辰朱 辰 丁蛇卯合 卯 丙貴寅勾 寅 | 庚午勾貴 午 乙后丑青 丑 | 辛未青后 未 甲陰子空 子 | 壬空申陰 申申 癸白酉玄 酉 ○戌常 戌 ○玄亥白 亥 ○ |

□ **과체** : 복음, 가색, 참관, 유자∥조간, 주객형상, 맥월, 삼기(중전), 전국.

→ **유자격** : 삼전이 모두 토의 오행으로 구성되면 가색격이다. 그리고 삼전의 가색에 천마나 정마가 타면 유자격이다. 정마는 삼전에 보이지 않는다. 그러나 진월에는 말전의 戌이 천마에 해당하니 유자격이다.

□ **핵심** : 일지가 일간으로 전해지니 상대가 나에게 와서 도움을 청한다. 그것을 지키는 것이 상책이다. 움직이면 어려움을 만난다.

□ **분석** : ❶ 지상신이 발용이 되고 말전이 간상으로 돌아오니 타인이 나에게 와서 부탁한다. 다른 과에서는 일어나서 그 사람의 요구에 응해도 되지만 복음에서는 반드시 정수(靜守)하는 것이 상책이다.
❷ 그리고 사과삼전에 형이 아닌 글자가 없지만 만약 가볍게 움직이면 서로 상형이어서 그 기세가 멈추지 않으니 곤란한 상황을 면하기 어렵다.

□ **정단** : ❶ 이 과전은 가색격과 유자격이고 천반과 지반의 열 두 신이 움직이지도 않고 또한 극하지도 않는다.

❷ 자신격은 나 자신이 유(柔)하니 남에게 가서 하려고 하면 안 된다.
❸ 삼전에 정마가 없으니 모든 일에서 자유롭지 못하고 가정이 불안한 상이다.
❹ 몸을 살펴서 자신을 돌아보아서 삼가서 편안해야 한다.
❺ 만약 삼형이 모두 기세가 있고 일간과 발용이 왕상하며 신장(神將)이 길상하면 사람을 붙잡지 않더라도 인심에 상응하고 일도 성사된다.

○ 날씨 : 온화한 바람이 불고 단비가 내리니 농작물에 매우 이롭다.
　➔ 삼전이 토의 오행으로만 구성되어 있으니 가색이다. 가색은 씨를 뿌려서 수확하는 상이니 경작에 이롭다.
○ 가정 : 토목공사를 일으키고 전택이 들어온다.
　➔ ● 부동산 : 가색격은 전택에 관련된 격으로서 농토를 개간하거나 토목에 관련된 격이다. 가색격에서 일간을 생해 오니 부동산을 취득하는 상이다. ● 화목 : 간지와 그 상신이 삼형이고 간지가 교차 삼형이니 가족이 화목하지 않다.
○ 구관 : 아직은 무익하다. 농부가 이 과전을 얻으면 길하다.
　➔ ● 관직운·시험운 : 과전에 관성과 일록이 없으니 무익하다. 다만 공망된 말전의 공망이 메워지는 술년(戌年)이나 술월(戌月)이나 술월장(戌月將) 기간에 점단하면 삼형을 갖추게 되니 시험에 합격하고 관직자는 승진한다.
○ 구재 : 재물은 있지만 아직 손에 들어오지 않는다.
　➔ 과전에 일간의 재성인 寅卯가 없으니 재물을 취득하지 못한다. 다만 중전의 둔반에 재성이 임하니 작은 재물은 손에 넣을 수 있다.
○ 혼인 : 혼례를 바로 치른다. 혼수로 전답이 들어온다.

➡ ● 손익 : 가색격에서 일간을 생하니 혼수품으로 전답이 들어온다. ● 궁합 : 일간은 나이고 일지는 상대이다. 간지와 그 상신이 삼형이고 간지가 교차삼형이니 궁합이 나쁘고 혼인 또한 불성한다. ● 성정 : 상대는 일지이다. 지상에 주야 모두 길장인 청룡과 천후가 타고 있으니 성정이 좋다.

○ 임신·출산 : 딸이다. 초전에 태아가 보인다.

➡ 일간의 천지반이 1음2양이니 딸이다. ● 복음과는 청각장애아가 우려된다. ● 출산 : 과전이 삼형이니 인공출산을 하게 된다.

○ 질병 : 벙어리 혹은 비·위 질환이 있고 음식과 부인을 얻는다.

➡ ● 병증 : 복음과는 선천성 청각·언어장애자 상이다. 비장에 질환이 있는 것은 과전이 토로 구성되어 있기 때문이다. 음식과 부인을 얻는 것은 부모효에 태상과 천후가 타기 때문이다. ● 이 과전은 부모효로만 구성되어 있으니 자식의 질병을 정단하면 사망할 위험이 있다. ● 치료법 : 의약신이 子이니 탕약이 좋고, 의약신이 子에 임하니 정북방에서 의약을 구하면 된다. ● 과전이 삼형으로 구성되어 있으니 수술할 가능성이 높다.

○ 출행 : 불리하다. 다만 경사스러운 술자리에 가는 것은 이롭다.

➡ 초전은 여행의 초기, 중전은 중기, 말전은 말기이다. 삼전이 삼형을 형성하고 있으니 위험하다. 일지는 목적지이다. 낮 정단 간상에 길장인 태상이 부모효에 타서 일간을 생하니 연회에 가는 것은 이롭다.

○ 귀가 : 귀가해야 하지만 먼 곳에 있는 사람은 오지 않는다. 타향에서 편안하게 즐기고 있다.

➡ 일지는 타향이며 목적지이고 未는 연회이다. 태상이 말전에 타고 있으니 연회에 참석해서 즐기고 있다. 복음과는 원행한 사람은 오지 않고, 근행한 사람은 즉시 온다.

○ 쟁송 : 농토와 주택에서 벗어나지 않는다. 화해하는 것이 좋다.

→ 가색격이니 부동산에서 비롯된 쟁송이다. 비록 기궁과 일지, 간상신과 지상신, 간지가 교차삼형이지만 토의 오행으로만 구성되어 있으니 합의가 가능하다. ● 만약 합의하지 않을 경우에는 삼형에서 일간을 생해오고 다시 조간이니 내가 승소한다.

○ 유실 : 흙속에 묻었거나 혹은 도망자가 멀리 가지는 않았지만 잡기는 어렵다.

→ 이 과전이 가색이니 흙속에 묻은 것이고, 멀리가지 않은 것은 간괘인 복음과이기 때문이다.

○ 전투 : 태세나 월건이 亥나 卯이면 이롭다.

→ 과전이 인성으로만 구성되어 있으니 아군에게 유리하다.

□ 『필법부』 : 〈제75법〉 손님과 주인이 다투니 형벌을 받는다. 무릇 일지와 일간에 형이 타는 종류에는 세 가지가 있다. 모든 정단에서 서로 형을 하는 뜻을 면하지 못한다. 도모하는 교섭사는 반드시 각각에게 다른 마음이 있다.

〈제23법〉 타인이 나에게 일을 구하는 격으로서 이른바 초전이 지상에서 일어나고 말전이 간상으로 돌아오는 것이다.

□ 『금구삼재부(金口三才賦)』 : 삼전의 순수한 토는 추한 부인이 권력을 장악하는 상으로서 고립되어 존장에게는 불리하다. 청룡은 혼인과 보물, 천후는 간음으로 인해 어둡다.

□ 『지요』 : 유자와 가색을 '오분괘(五墳卦)'라고도 한다. 질병정단에서 나쁘다.

공망 : 戌·亥 ○
낮 : 왼쪽 천장, 밤 : 오른쪽 천장

己	戊	丁
合巳蛇	朱辰朱	蛇卯合
午	巳	辰
癸	壬	庚	己
白酉玄	空申陰	勾午貴	合巳蛇
○辛戌	酉	未	午

戊朱辰巳	己合巳午	庚勾午未	辛青未申
丁蛇卯辰			壬空申酉陰
丙貴寅卯			癸白酉戌玄
乙后丑寅	甲陰子丑	○空玄亥子	戊常戌亥○

□ 과체 : 요극(호시), 퇴여, 천강∥일덕격, 왕록임신, 록현탈격, 록폐구, 가귀, 맥월, 역연주, 금일정신, 여덕(낮), 천을신기, 살몰.

□ 핵심 : 일간이 폐구 되었으니 말을 할 수 없다. 삼전으로 가니 삼전이 화(火)가 되어 흉살로 변한다.

□ 분석 : ❶ 순미가 일간에 가하여서 일록이 폐구 되었으니 식록을 지킬 수 없다.

❷ 초전에서는 巳가 午에 가하고, 중전에서는 辰이 巳에 가하며, 말전 卯에 도착하니 순의 둔간이 丁화이고 이곳에 낮에는 등사가 타니 삼전이 모두 화로 변했다.

❸ 辛이 가서 여러 번 극을 당하는 것은 여러 번 옮겨서 흉을 얻은 것이지 저절로 온 것이 아니다.

❹ '자로인일격(自勞人逸格)'이다. 이는 간상의 酉는 일간의 기궁과 육해가 되고 지상의 午는 오히려 일지 未와 육합이 되는 것이다.

□ 정단 : ❶ 이 호시의 과는 또한 퇴여이다.

❷ 군자가 정단하면 녹봉은 후하고 관직은 높으며, 덕은 높고 재물은 쌓이며, 중전에 주작이 타니 학문이 매우 깊고 재능과 명예가 뛰

어나다. 그러나 소인이 이것을 얻으면 관재와 시비가 떼를 지어 일어나고 재앙과 질병이 뒤따른다. 전전긍긍하면서 지켜야 하고 걱정을 면할 수 없다. 모든 일에서 화와 복을 예측할 수 없다. 근심은 서남방에 있고 기쁨은 서북방에 있다.

──────────────────────

○ 날씨 : 맑을 때가 많고 비는 적게 온다.
  ➔ 초전의 巳가 화의 오행이니 맑고, 중전의 辰은 안개를 뜻하지만 여기에 화의 천장인 주작이 타니 맑고, 말전이 卯이니 우레가 치지만 둔반이 정화이니 맑다.
○ 가정 : 가택정단을 하면 사람이 편안하지 않다. 토신에게 빌어야 한다.
  ➔ ● 가상 : 일간은 사람이고 일지는 가택이다. 지상의 午에서 일간을 극하니 사람에게 해를 입히는 가상이다. ● 우환 : 낮 정단에서는 관재가 생기고, 밤 정단에서는 관청으로부터의 시비가 생긴다.
○ 구관 : 관직자에게 승진되는 기쁨이 있지만 관직자가 재물을 취하면 안 된다. 그리고 고시에서는 감독관과 부딪쳐서는 안 된다.
  ➔ ● 관직운 : 일지의 음양과 발용에 관성이 발달되어 있으니 관직에 이롭다. 하지만 말전에 있는 재물을 취하면 그 위에 있는 귀살로부터 재앙을 입는다.
○ 직장 : 움직이면 불리하다.
  ➔ 직장인이 직장을 옮기면 화를 입는다. 공무원과 일반 직장인은 임기를 채우기 어렵다. 그 이유는 일록 酉에 낮에는 백호가 타고 밤에는 현무가 탄다. 또한 일록 酉가 폐구되었기 때문이다.
○ 고시 : 이롭다.
  ➔ 중전의 주작승신 辰에서 일간을 생하여 오니 시험에 이롭다.
○ 구재 : 재물을 취하면 안 된다. 취하면 재앙이 생긴다.

→ 말전의 卯를 취하면 둔반에 귀살로부터 재앙이 생긴다.
○ 혼인 : 나쁘다.
→ ● 길흉 : 일간은 나이고 일지는 상대이다. 지상의 午에서 일간을 극하여 오니 나에게 해를 끼치고, 말전의 재성 위에 있는 귀살에서 일간을 극하여 오니 처를 취한 후에 화를 입는다. ● 궁합 : 지상의 午에서 일간과 간상신을 극하니 나쁜 궁합이다. ● 성정 : 일지는 상대이다. 지상의 낮에는 구진이 타니 나쁘고, 밤에는 천을귀인이 타니 좋다.
○ 임신·출산 : 딸이다. 크게 놀란다.
→ 일간의 상하가 음이니 딸이다. 일간은 태아이고 일지는 임신부이다. 지상의 午에서 일간 辛을 극하니 태아가 놀란다.
○ 질병 : 여자와 아이에게 재난이 닥쳐서 매우 흉하니 기도해야 한다.
→ ● 병증 : 병인은 귀살이다. 귀살의 오행인 화에서 간상의 酉를 극하니 소녀에게 병이 난다. 午화에서 금을 극하니 금의 장부에 해당하는 폐질환이 발생한다. ● 치료법 : 의약신이 子이니 탕약이 좋고, 의약신이 丑에 임하니 동북간에서 의약을 구하면 된다. 그리고 밤에는 귀인승신 午에서 일간을 극하니 귀신의 해를 입으니 기도해서 이를 풀어야 한다.
○ 출행 : 서북쪽으로 원행하면 모망사를 반드시 이룬다.
→ 이 과전은 요극과이다. 요극과는 서북쪽이 길하다.
○ 귀가 : 즉시 온다. 고위직 공무원이나 문서에 관한 일이 아니면 병이 났다.
→ 퇴여격은 삼전이 물러나는 상이니 귀가 정단에서 길하다.
○ 쟁송 : 구설로 인해 소송이 발생한 것으로서 흉하니 화해하는 것이 좋다.
→ 과전의 귀살 午와 巳가 득지(得地)하여 왕성하니 흉하다. 따라서 내가 불리하니 화해하는 것이 좋다.

○ **유실** : 본 사람이 말을 하지 않는다.
  → 일간이 폐구 되었으니 말을 하지 않는다.
○ **전투** : 긴급하게 서신을 주고받는 것이 이롭고 교전은 이롭지 않다.
  → 과전에 귀살이 강성하니 가급적 전쟁을 피하는 것이 좋다.

□ 『**필법부**』: 〈제48법〉 귀살에 천을귀인이 타면 곧 하늘 귀신과 땅 귀신의 해가 있다. 질병정단에서 반드시 하늘 신과 땅 신의 해코지가 있다. 만약 가택 위에 임하면 반드시 가정 내 사당의 신상에게 엄숙하지 못해서 병환이 온 것이다.
  〈제75법〉 손님과 주인이 다투니 형벌을 받는다. 교섭사는 반드시 각각에게 다른 마음이 있다.
  〈제70법〉 귀살이 제3과와 제4과에 임하면 관사와 병환이 끊어지지 않고 계속 이어진다.
□ 『**신응경**』: 辛일의 말전에 卯가 보이고 그 위의 둔반에 정신이 있으니 반드시 처로 인해 흉사가 생기거나 재물로 인해 화가 일어난다.
□ 『**중황경**』: 백호가 卯나 酉에 가하여서 문에 임하면 반드시 출입사가 있다. 현무가 일간을 극하지 않으면 무방하다. 만약 일간과 비화가 되면 음사로 횡재를 구하는 것이 좋다.

辛未일　제 3 국	공망 : 戌·亥○
	낮 : 왼쪽 천장, 밤 : 오른쪽 천장

庚	戊	丙
勾 午 貴	朱 辰 朱	貴 寅 勾
申	午	辰
壬	庚	己	丁
空 申 陰	勾 午 貴	合 巳 蛇	蛇 卯 合
○ 辛 戌	申	未	巳

丁蛇卯巳	戊合辰午	己朱巳未	庚勾午申 貴
丙貴寅辰			辛青未酉 后
乙后丑卯			壬空申戌 陰
甲陰子寅	○ 玄亥丑 白	○ 常戌子 常	癸白酉亥 玄○

□ **과체** : 원수, 고조, 용덕, 사기(死奇) ∥ 덕경, 퇴간전, 관격(關格), 금일
정신, 명암이귀, 오양, 사호귀정(낮), 나거취재.

□ **핵심** : 2개의 巳화와 午화가 와서 나에게 화(禍)를 입힌다. 말전의 재
물과 子를 취하려고 하면 재앙을 면하지 못한다.

□ **분석** : ❶ 지상의 巳화와 발용의 午화가 동시에 일간을 극한다.

❷ 중전의 천강[辰]에 두 주작이 타서 일간을 극하지만 생하지는 않
는다. 辛금이 이 위험을 지나서 말전의 재물을 취하기 위해서 가니
寅의 둔반 丙화가 다시 재앙과 우환을 만드니 이것을 피해야 하며
이 재물을 얻을 수 없다.

❸ 말전의 寅이 초전의 午를 생하고 천지반도에서 子가 寅에 가한
곳에 낮 정단에서 태음이 타고 있으니 부인이 임신했다. 여섯 辛일
에는 이와 같이 추리한다.

➔ 子는 일간의 자손효로서 자녀를 뜻하고 또한 子는 자녀이며 태음
은 부인이다. 태음이 子에 타고 있으므로 "부인이 임신했다."고 하
였다. 다만 연명이 寅인 사람만 이와 같이 분석한다.

□ **정단** : ❶ 이 원수의 과는 다시 '천강(天罡)'이다. 군자가 덕이 있는

사람을 도우니 자연히 만사형통하여 『주역』의 건원지상(乾元之象)에 해당한다.

❷ 만약 태세가 午이고 밤 귀인이 발용이 되면 '용덕격'이 되어 구름이 운행하고 비가 내리는 상이 되어, 공덕이 높고 은택이 광대하다.

❸ 역간전인 午辰寅은 고조격이다. 꾀하는 일에서 모두 순조로운 이익이 있다. 만약 그 사람이 아니면 복앙(伏殃)과 '사기(死奇)'로서 서로 화목하지 않고 동요가 그치지 않으며, 재앙은 많고 복은 적다.

○ 날씨 : 오랫동안 맑고 비가 오지 않는다.
　→ 삼전에 수의 오행과 천장이 보이지 않으니 비가 오지 않는다.
○ 가정 : 조상이 거주하던 집을 넓혀야 한다.
　→ ● 수리 : 삼전 午辰寅은 조상을 돌아보는 상으로서 조상 대대로 살아오던 집과 사당을 수리해야 한다. ● 우환 : 일지의 음양이신에 명귀 巳와 암귀 丁이 임하니 가정에 우환이 발생한다. 지상의 巳에 낮에는 육합이 타니 자녀나 매매로 인한 피해가 발생하고, 밤에는 괴이한 일이 발생한다. 그리고 제4과는 금일정신에 해당한다. 제4과의 천반 卯가 처재효이니 처나 재물로 인해 화가 발생한다.
○ 구관 : 높은 직위에 오른다. 그러나 뇌물을 받으면 패가망신한다.
　→ ● 관직운 : 만약 午년이나 월장이 午인 기간에 정단하면 용덕격이 되어 최길하다. 또한 발용에 관성이 있고 일지음신과 말전의 둔반에 관성이 임하니 승진한다. 그러나 만약 관직의 말기이거나 뇌물을 받은 경우에는 고조격이니 퇴직하게 된다.
○ 고시(선거) : 합격한다.
　→ 중전에 있는 주작승신 辰에서 일간을 생하여 오니 합격한다.
○ 구재 : 재물이 반드시 소송에 관련되어 있거나 혹은 귀인에게서 얻지만 과실이 있다.

→ 일지음신의 卯와 말전의 寅이 재성이지만 일지음신의 둔간이 귀살인 丁이고 말전의 둔반이 귀살인 丙이니 재앙을 부르는 재물이다. 낮 정단에서는 말전의 재성 寅에 천을귀인이 타고 있으니 귀인에게서 취득하는 재물이다.

○ 혼인 : 정숙하지 않은 여자이니 성사되지 않아야 한다.

→ ● 성정 : 재성은 여자이다. 말전의 재성에서 초전의 관성을 생하니 정숙하지 않다. ● 궁합 : 일간은 나이고 일지는 상대이다. 기궁과 일지가 삼형이니 나쁜 궁합이고, 간상신과 지상신이 다시 삼형이니 매우 나쁜 궁합이다. ● 성부(成否) : 기궁과 일지가 삼형이고, 간상신과 지상신이 다시 삼형이니 불성한다.

○ 임신·출산 : 태아는 안전하다. 낮 정단에서는 아들을 얻고, 밤 정단에서는 딸을 얻는다.

→ 고조격은 부모가 자식을 돌아보는 상이니 태아가 안전하다. ● 일지음신의 卯는 일간의 태신이고 사월(巳月)에 정단하면 생기에 해당하니, 사월에 정단하면 부인이 임신한 태아가 건강하게 생육한다. ● 초전의 午는 일지의 태신이고 신월(申月)에 정단하면 생기에 해당하니, 신월에 정단하면 부인이 임신한 태아가 건강하게 생육한다.

○ 질병 : 흉하다. 복을 지으면 풀린다.

→ ● 병증 : 병인은 귀살과 백호이다. 말전의 재성에서 초전에 있는 귀살을 생하여서 강하게 하니 병세가 심해지지만 과전에 의약신이 없으니 흉하다. 따라서 사람들에게 은혜를 베풀면 자손효에서 귀살을 제극하여 길해진다. 그리고 밤 정단에서는 천을귀인이 귀살인 午에 타고 있다. 따라서 귀수가 있으니 법사를 불러서 이를 풀어야 한다. ● 치료법 : 의약신이 子이니 탕약이 좋고, 의약신 寅卯가 辰巳에 임하니 동남방에서 의약을 구하면 된다.

○ 출행 : 동방과 남방으로 가서 귀인을 만나거나 문서사로 귀인을 만난다.

→ 천을귀인은 귀인이다. 낮에는 천을귀인이 寅에 타고 있으니 동방으로 귀인을 만나러 가고, 밤에는 천을귀인이 午에 타고 있으니 남방으로 귀인을 만나러 간다. 주작은 문서이다. 주야 모두 주작이 중전의 辰에 타고 있으니 문서를 구하기 위해 출행한다.

○ **귀가** : 가장이나 형제의 귀가를 정단하면 즉시 도착한다.
→ 고조격은 고향이나 본가로 돌아오는 상이니 귀가한다.

○ **쟁송** : 이롭지 않다. 낮 정단에서는 특히 흉하다.
→ 초전의 午가 말전에 있는 재성 寅의 생을 받아서 일간을 극하니 대흉하다. 특히 낮 정단에서는 관재를 뜻하는 구진이 귀살 午에 타고 있으니 더욱 흉하다. ● 원수과는 먼저 거는 쪽이 유리하다.

○ **유실** : 되찾기 어렵다.
→ 제4과 및 말전에서 재성 위에 귀살이 임하니 되찾을 수 없다.

○ **전투** : 객(客)이 이롭다. 나중에 거동하는 쪽이 승전한다. 신중하면 길하다.
→ 객이 이롭다는 것은 전쟁을 일으킨 쪽이 유리하다는 뜻이고, 나중에 거동하는 쪽이 승전한다는 것은 나중에 대응하는 쪽이 승전한다는 뜻이다. 이 과는 원수과이니 객이 이롭고, 삼전이 퇴간전이니 나중에 거동하는 쪽이 승전하며 신중하면 길하다.

□ 『**필법부**』 : 〈제19법〉 태신 겸 재신이 월신살인 생기이면 처가 임신한다.
〈제48법〉 귀살에 천을귀인이 타면 하늘 귀신과 땅 귀신의 해가 있다. 질병정단에서 반드시 하늘 신과 땅 신의 해코지가 있다.

□ 『**육임심경**』 : 용덕과는 록위를 간청하는 일에서 좋고, 참된 공무원에게 은혜를 베풀고 성군을 섬기면 좋다.

□ 『**증문**』 : 두(鬥)는 '사기(死奇)'이고 중(仲)은 자기 자신이다.

| 辛未일 | 제 4 국 |

공망 : 戌·亥 ○
낮 : 왼쪽 천장, 밤 : 오른쪽 천장

○	辛	辛
合 亥 白	白 未 后	白 未 后
寅	戌 ○	戌 ○

辛	戊	戊	乙
白 未 后	陰 辰 朱	陰 辰 朱	蛇 丑 青
○ 辛 戌	未	未	辰

丙貴寅巳 勾	丁卯午 后合	戊陰辰未 朱	己玄巳申 蛇
乙蛇丑辰 青			庚常午酉 貴
甲朱子卯 空			辛白未戌 后○
○合亥寅 勾	○戊丑 常	癸青酉子 玄	壬空申亥 陰○

- **과체** : 별책, 무음, 불비 // 왕래수생(자재), 여덕(밤), 오음, 고진과수.
- **핵심** : 일지가 와서 나를 생한다. 탈기와 공망을 찾아가서 창피를 당한다에 돌아오면 즐거움이 무궁하다. 따라서 자리를 지키고 있어야 한다.
- **분석** : ❶ 일지가 나에게 와서 나를 생하니 나를 지키고 있으면 잃는 것이 없다.

  ❷ 그러나 초전의 亥수로 가면 亥기 갑자순의 공망되어 있고 다시 일간을 탈기하니, 창피를 당하지 말고 돌아와야 한다. 돌아오니 중·말전의 두 곳에서 모두 나를 생한다. 비록 중·말전이 나를 생하고 비록 낙공이지만 일지가 빈 것을 메워주니 생기가 겹쳐서 그 기쁨을 어찌 다 표현할 수 있겠는가?

- **정단** : ❶ 이 별책의 과는 무음이고 다시 과수이다.

  ❷ 사과가 불완전하고 극이 없어서 별도의 유형을 따라야 하니 지합(支合) 앞의 신을 취해서 발용이 된다. 꾀하는 것은 정도를 벗어나고 모든 일은 타인에게 의지해서 가야 한다. 길흉은 타인에게 크게 달려있고 자신의 의지대로 되는 것이 없다.

❸ 일지가 나에게 와서 일간을 생하니 매우 유유자적하다.
❹ 특히 과수격은 하는 일이 공허하게 되고 길흉 모두 이루지 못한다.
❺ 그리고 두 음이 하나의 양을 다투니 그 상이 고독하여서 가택과 혼인정단에서 나쁘다.

○ 날씨 : 비가 오지만 부족하다.
　→ 비록 초전의 亥가 비를 뜻하지만 공망되었으니 비가 거의 오지 않고, 중전과 말전이 비를 몰아내는 오행이니 비가 오지 않는다.
○ 가정 : 부녀자가 거처하는 방을 세심하게 살펴야 하고 또한 고독한 사람이 있다.
　→ ● 음란사 : 사과가 불비이니 음란사가 발생하는 것을 방지해야 하며, 초전이 과수이니 부인이 고독하다. ● 부모 : 낮 정단에서는 간상의 未에 백호가 타니 부모의 건강을 살펴야 한다. ● 부인 : 밤 정단에서는 간상의 未에 천후가 타서 일간을 생하니 부인의 내조가 있다.
○ 구관 : 구하려고 하면 얻기 어렵지만 결국 관운을 이룬다.
　→ ● 관직운 : 별책과는 타인의 도움을 받으면 성취가 가능하다. 지상과 중·말전에서 일간을 생하여 오니 성취하는 상이지만 공망되었으니 불성한다. 다만 공망된 戌이 메워지는 술년(戌年)이나 술월(戌月)이나 술월장(戌月將) 기간에 정단하면 성취한다.
○ 구재 : 빈손으로 구하는 것이 좋다.
　→ 일간이 공망되었으니 무자본으로 하려고 한다. ● 과전에 재성인 寅과 卯가 없으니 얻기 어렵다. 다만 연명이 巳나 午이면 그 위에 재성 寅·卯가 있으니 취득한다.
○ 알현 : 기쁘지 않게 돌아온다.

➡ 낮 정단에서는 낮 귀인이 재성에 타고 있으니 좋다. 그러나 밤 정단에서는 밤 귀인이 일간을 극하여 오니 나쁘다.
○ 혼인 : 매우 나쁘다. 여자가 남자에게 시집간다.
　➡ ● 길흉 : 사과가 불비여서 음란하니 혼인하지 않는 것이 좋다.
　● 내조 : 일지가 간상으로 와서 일간을 생하니 시집온 뒤에 남편에게 도움을 준다. ● 성정 : 낮 정단에서는 未에 백호가 타니 건강이 나쁘거나 성정이 나쁘고, 밤 정단에서는 천후가 타니 온순한 성정을 지닌 사람이다.
○ 임신·출산 : 태아는 남아이다. 외도로 임신하였거나 여종이 임신한 것이다.
　➡ 태신이 卯이니 남아이고, 사과가 1양2음이니 다시 남아이다. 그리고 사과가 불비이니 외도로 임신한 태아이다.
○ 질병 : 부인에게 병이 났다. 신병은 길하고 구병은 흉하다.
　➡ ● 병증 : 일지는 부인이다. 일지인 未에 낮 정단에서 백호가 타고 있으니 부인에게 병이 났다. 그리고 삼전이 모두 공망되었고 다시 기궁이 공망되었으니 구병이면 사망한다. ● 치료법 : 의약신이 子이니 탕약이 좋고, 의약신이 卯에 임하니 정동에서 의약을 구하면 된다.
○ 출행 : 원행이 좋고 화를 피하려고 하면 피할 수 있다.
　➡ 辰이나 戌이 과전에 임하는 참관격은 피난과 은둔에 길하다.
○ 귀가 : 즉시 귀가한다.
　➡ 동신(動神)인 辰이 지상에 임하니 즉시 귀가한다.
○ 쟁송 : 처와 재물로 인해 허물이 일어났다. 화해하는 것이 이롭다.
　➡ 사과가 1남2녀의 상이니 부인 외의 여자를 취하는 상이다. 따라서 여자로 인해 쟁송이 발생한다.
○ 유실 : 유실물은 찾는 일에는 좋고 반드시 돌아온다. 그러나 도망친 사람은 잡기 어렵다.

→ 별책과는 유실물이 집안에 있다. 제2과에 동신인 辰이 임하니 참관이 되어 먼 곳으로 도망쳤다.
○ **전투** : 허장성세를 부리는 것이 좋고 교전은 불리하다.
→ 사과가 1양2음의 불비이어서 군영이 불완전하니 허장성세로 대처해야 한다.
○ **분묘** : 지진의 음신에 청룡이 타서 일간을 생하니 낮 정단에서는 돈도 벌고 식구도 늘어난다.
→ 일지음신(제4과)은 분묘이고 청룡은 재물이다. 일지음신에 청룡이 타서 일간을 생하여 오니 돈을 벌게 하는 산소이다.

□ 『**필법부**』 : 〈제64법〉 부부가 음란하여 각기 사통하는 일이 있다.
→ 사과의 상신이 未, 辰, 辰, 丑이다. 제2과와 제3과의 상신이 동일한 글자여서 무음격이니 부부가 음란하여 각기 사통하는 일이 있다.

□ 『**관월경**』 : 사과가 불비이면 음란하고 또 음란하다고 하여 일간 위에 양의 유형이 없을 경우에는 두 여자가 한 남자의 마음을 다툰다.
→ 위의 『필법부』〈제64법〉 해설 참조.

□ 『**괘낭부**』 : 불비와 무음은 반드시 음사로 인해 삿됨이 일어난다.
→ 불비는 사과가 1양2음 혹은 1음2양을 가리키고, 무음은 간지가 교차상극하는 것이다. 이 과전은 앞의 1양2음에 해당하는 불비이다.

□ 『**수중금**』 : 괴강[辰戌]이 일진에 임하고 삼전에 백호가 있을 경우에는 참관을 득했다고 하여 근처에 있는 사람을 영원히 잡지 못한다.
→ 과전에 괴강[辰戌]이 임하면 도망에 이롭고 삼전에 申이 임하거나 백호가 타면 도망에 더욱 이롭다.

| 辛未일 | 제 5 국 |

공망 : 戌·亥 ○
낮 : 왼쪽 천장, 밤 : 오른쪽 천장

丁	○	辛
后 卯 合	合 亥 白	白 未 后
未	卯	亥 ○

庚	丙	丁	○
常 午 貴	貴 寅 勾	后 卯 合	合 亥 白
○ 辛 戌	午	未	卯

乙丑巳	丙寅午	丁卯未	戊辰申
蛇 青	貴 勾	后 合	陰 朱
甲子辰			己巳酉
朱 空			玄 蛇
○亥卯			庚午戌
合 白			常 貴 ○
○戌寅	癸酉丑	壬申子	辛未亥
勾 常	青 玄	空 陰	白 后 ○

□ **과체** : 지일, 곡직, 복앙(伏殃), 교동 // 재효태왕, 음일(교동, 일녀), 명암작귀, 금일정신, 불행전, 재화귀(財化鬼), 재효현, 호태, 교차육합, 구극, 살몰.

□ **핵심** : 천반의 귀살과 둔반의 귀살이 나란히 보인다. 먼저는 나쁘고 뒤에 좋다. 일반인이 귀인에게 재물을 가지고 가서 일을 요청하면 재앙이 사라진다.

□ **분석** : ❶ 午화는 일간에 임하여 일간을 극하고, 卯목은 둔반에 丁을 숨기고 일지에 임한 뒤에 발용이 되어 辛금을 극한다. 그러나 午와 일지의 未가 육합하고 卯와 辛(戌)이 합을 하니 처음에는 서로 원수였지만 도중에 합한다.

❷ 밤 귀인이 일간에 임하여 관성을 만들고, 亥卯未는 목이 되어 재성국이다. 만약 나의 재물을 가지고 귀인에게 가면 귀인에게 재물이 생기니 반드시 나의 해를 면하게 한다. 혹은 재물을 바치고 관직을 구하면 성사되는 것도 이와 같은 이치이다.

❸ 간상의 午가 일지의 태신을 얻었고 지상의 卯는 일간의 태신을 얻어서 호태격이다.

❹ 그리고 삼합하여 삼전이 되고 일지와 일간이 다시 교차상합하니 '교합격'이다.

❺ 삼전의 처재효로 인해 반드시 부모에게 우환이 생긴다. 다행히 간상의 牛화가 처재효를 훔쳐서 부모를 생하니 나쁘지 않다.

→ 수토동국을 적용하였다. 즉 간상의 牛가 일지 未의 태신이 되는 이유는 일지 未를 수로 보았기 때문이다.

□ 정단 : ❶ 삼전이 목국이니 처음에는 순조롭지만 나중에는 곡절이 생긴다.

❷ 辛을 만나서 기구를 만들지만 충격을 주니 불안녕한 상이다.

○ 날씨 : 바람만 불고 비는 오지 않으며 무지개가 뜬다.

→ 삼전이 목의 오행으로 구성되어 있으니 바람만 많이 분다.

○ 가정 : 사람과 집이 편안하지 않다. 만약 고시에 합격한 뒤에 집을 이사할 때에 깃대를 세우면 길하게 작용한다.

→ ● 우환 : 일간은 사람이고 일지는 가택이다. 간상에서 일간을 극하고 지상에서 일지를 극하니 사람과 집에 우환이 발생한다. ● 시험운 : 삼전의 재국에서 간상의 관성을 생하니 시험에 합격한다. ● 화목 : 일간·일지·삼전이 모두 삼합하니 가정이 화목하다.

○ 구관 : 재물로 관직을 구하는 일에서 이롭다.

→ ● 관직운 : 삼전에 있는 재성에서 간상에 있는 관성을 생하니 구관에 이롭다. 다만 공망된 亥가 메워지는 해년(亥年)이나 해월(亥月)이나 해월장(亥月將) 기간에 정단하면 가능하다. 낮 정단에서는 염막귀인이 일간에 임하니 퇴직할 우려가 있다. ● 시험운(선거) : 합격한다. 낮 정단에서는 귀인과 염막귀인이 관성에 타서 일간에 임하니 합격하며, 삼전의 재성에서 간상의 관성을 생하니 더욱 길하다.

○ **구재** : 취득하는 재물이 비록 많지만 나중에 상관에게 바친다.
→ 삼전이 재국이니 재물이 많지만 여기에서 간상의 귀인승신 午를 생하니 상관에게 재물을 바친다. ● 만약 사업을 하면 초전의 재성에 귀살이 숨어 있으니 화를 당할 우려가 있다.

○ **혼인** : 나쁘다. 먼저 사통하면 혼인이 이루어진다.
→ ● 성부(成否) : 일간은 남자이고 일지는 여자이다. 간상의 午와 지상의 卯가 파(破)이니 깨질 우려가 있다. 그러나 간지가 교차육합하고 다시 과전이 삼합하니 운우지정을 나누면 혼인이 성사된다.

○ **임신·출산** : 쌍둥이이다. 혹은 밖에서 태어나는 자식이다.
→ 간상의 午는 일지의 태신이고 지상의 卯는 일간의 태신이니 쌍둥이이다. 삼전이 음일격이니 음란으로 인해 임신된 태아이다.
년) 수토동국을 적용하였다. 즉 간상의 午가 일지 未의 태신이 되는 이유는 일지 未를 수로 보았기 때문이다.

○ **질병** : 부모의 질병정단에서는 병세가 위험하고 인삼을 취해서 복용하면 병이 사라진다.
→ ● 병증 : 삼전의 재국에서 부모효를 극하니 부모의 질병정단에서 위험하다. ● 신병은 낫는다. 그러나 일간이 공망되었고 삼전의 중·말전이 공망되었으니 구병환자는 생명이 위험하다. ● 치료법 : 의약신이 子이니 탕약이 좋고, 의약신이 辰에 임하니 동남간에서 의약을 구하면 된다.

○ **출행** : 보물을 가지고 귀인을 만나는 것이 좋다. 혹은 돈을 상납하고 벼슬을 얻으러 간다.
→ 삼전에 있는 재성에서 간상에 있는 귀인승신을 생하기 때문이다.

○ **쟁송** : 웃음 속에 칼을 품고 있다. 먼저 은혜를 베풀고 나중에는 원수지간이 된다. 처음에는 틀어져서 어긋났다면 나중에는 오히려 화해한다.

→ 간지가 교차육합하니 웃음을 보이지만 간지상신이 파(破)이니 칼을 품고 있는 상이다. 따라서 처음에는 좋지만 나중에는 나쁘다. 만약 처음에 사이가 좋지 않았다면 나중에는 좋아진다. ● 일간과 일지가 모두 그 상신으로부터 극을 당하니 패소할 가능성이 있으니 합의를 보는 것이 좋다.

○ 귀가 : 늦게 온다.
→ 삼전이 삼합하니 여러 사람과 회합하고 있다. 따라서 늦게 귀가한다.

○ 유실 : 간통과 유혹을 당하는 일이 있다. 혹은 권세가에게 갔다.
→ 삼전에 천후와 육합이 타고 있으니 음란사가 발생한다. 혹은 삼전의 재국에서 간상의 귀인을 생하니 돈을 가지고 권세가에게 간 것이다.

○ 전투 : 군량과 말의 먹이를 많이 모아야 한다. 화해하는 것이 이롭고 교전하는 것은 불리하다.
→ 삼전의 재성이 식량이지만 공망되었으니 군량과 말의 먹이를 많이 모아야 한다. 일지는 적군이다. 지상 둔반의 귀살에서 일간을 극상하니 내가 불리하다.

□ 『필법부』 : 〈제3법〉 염막귀인은 높은 성적으로 합격한다.
〈제21법〉 교차상합하면 왕래에 이롭다.
〈제23법〉 金일에 정마를 만나면 흉화가 발생한다. 만약 관직자가 정단하면 부임이 지극히 빠르다.
〈제27법〉 삼전의 재신이 귀살로 변하니 재물을 구하면 안 된다.
〈제40법〉 천후와 육합은 혼인정단에서 중매인을 쓰지 않아도 된다.
〈제63법〉 서로 상하니 양쪽 모두 방비해야 한다.

□ 『금궤경』 : 두 곳의 상극하는 동류가 무너뜨리고, 친구가 헐뜯으며,

밖에서 화가 온다.
- 『정온』: 낮 정단에서 일간의 귀살이 일간에 임하는 것은 귀인 때문이고 귀신의 장난 때문이 아니다.

辛未日　제 6 국

공망 : 戌·亥
낮 : 왼쪽 천장, 밤 : 오른쪽 천장

癸	戊	○
青 酉 合	陰 辰 陰	合 亥 青
寅	酉	辰

己	甲	丙	癸
玄 巳 后	朱 子 空	貴 寅 常	青 酉 合
○辛 戌	巳	未	寅

甲 朱 子 巳 空	乙 蛇 丑 午 白	丙 貴 寅 未 常	丁 后 卯 申 玄
○ 合 亥 辰 青			陰 辰 酉 陰
○ 勾 戌 卯 勾			玄 巳 戌 后
青 癸 酉 寅 合	空 壬 申 丑 朱	白 辛 未 子 蛇	常 庚 午 亥○ 貴

□ **과체** : 섭해, 무록, 사절(四絶) // 복덕, 절사, 맥월, 록폐구, 록절, 신장·
귀등천문(밤).

□ **핵심** : 지켜야 할 식록이 없다. 일록이 폐구되었으니 군자에게 나쁘다. 서로에게 잘못이 있다.

□ **분석** : ❶ 일록은 공무원이 받는 식록이다. 과명이 무록이고, 일록은 폐구되며 다시 절지에 임하니 공무원이 먹고 살 직장을 잃으니 매우 나쁘다.

❷ 하물며 일간이 巳화로부터 극을 당하고, 일지가 寅목으로부터 상하니, 모두에게 재난이 닥친다.

→ 이 과전에서는 사과의 천반에서 그 지반을 모두 극한다. 이를 '무록'이라고도 하고 '절사'라고도 한다.

□ **정단** : ❶ 이 섭해과는 네 곳에서 상극하를 하니 무록이다.

❷ 일간과 일지의 음양이 서로 싸우니 얻을 것도 없고 가야 할 곳도 없으니 『주역』의 12번째 괘인 천지비(天地否)의 상이다.

❸ 정단하는 사람의 대다수가 외롭고, 도움을 받을 곳이 없으며, 위축된 것을 펼 수 없다. 유일하게 말전의 亥수가 일간을 보호하지만

공망되었으니 과실을 모면하기 어렵다.

❹ 모든 일은 먼저 일으키는 쪽이 승리한다.

❺ 다행히 신장(神將)이 길하니 군자가 몸을 근신하고 과오를 성찰하면 절망 속에서 생을 만날 수 있고, 처음에는 좋지 못하더라도 나중에는 기쁘다. 만약 세력에 의지해서 경거망동하면 반드시 궁지에 몰려서 벗어날 방책이 없다.

년) 천지비(䷋) : 위에 천이 있고 아래에 지가 있는 괘로서 하늘과 땅이 막혀 있는 상이다.

○ 날씨 : 비가 오지 않고 우레도 치지 않는다.
　→ 오행의 수는 비를 뜻한다. 초전에 癸수가 있으니 비가 오고, 중전에는 토의 오행이 있으니 비가 오지 않으며, 말전에는 亥가 있지만 공망되었으니 비가 오지 않는다.

○ 가정 : 편안하지 않다. 가정에 벙어리가 있다.
　→ ● 우환 : 일간은 사람이고 일지는 가정이다. 간상의 巳에서 일간 辛을 극하고 지상의 寅에서 일지 未를 극하니 가정의 내외에 우환이 있다. ● 벙어리 : 제4과가 폐구되었으니 가정에 벙어리가 있다. ● 화목 : 사상에서 사하를 극하면 어른이 자식을 학대하고 남자가 여자를 학대하는 상이니, 부자와 부부가 화목하지 않다.

○ 구관 : 불리하다.
　→ ● 관직운 : 절사격이니 퇴직하는 상이다.

○ 구재 : 투자한 사람은 이익이 매우 적고, 빈손으로 시작한 사람은 오히려 이득을 본다.
　→ 기궁이 공망되면 빈손으로 사업한다. 그리고 재성은 재물이다. 재성이 지상에 있지만 일지를 극하니 재정난이 있다.

○ 알현 : 손님과 주인이 불화한다.

→ 일간은 나이고 일지는 상대이다. 간상신 巳와 지상신 寅이 삼형이니 서로 싸운다. 특히 지상의 둔반에 귀살이 있으니 상대로부터 암해를 방지해야 한다.
○ 혼인 : 맺어지기 어렵다.
→ ● 성부(成否) : 일간은 나이고 일지는 상대이다. 기궁 戌과 일지 未가 삼형이고 간상신 巳와 지상신 寅이 삼형이니 혼인이 맺어지기 어렵다. ● 길흉 : 또다시 일간의 상하와 일지의 상하가 나쁘니 연애나 혼인으로 인해 남녀 모두에게 해가 닥친다. 그리고 일지음신에서 일록이 폐구되어 있으니 여자에게 혼수품이 준비되어 있지 않다.
○ 임신·출산 : 태아가 뱃속에서 사산되는 것을 방지해야 한다. 출산 또한 두렵다.
→ 사과의 네 곳 위에서 아래를 극하니 절사이다. 절사는 대가 끊어지는 상이니 사산을 방지해야 한다.
○ 질병 : 입을 다물고 먹을 수 없다. 혹은 음식을 끊으니 흉하다.
→ ● 병증 : 일록이 폐구되면 입을 벌려서 음식을 먹지 못하니 생명이 위험하다. ● 치료법 : 의약신이 子이니 탕약이 좋고, 의약신이 巳에 임하니 동남간에서 의약을 구하면 된다.
○ 출행 : 길에서 여비가 모자라는 것을 방지해야 한다.
→ 삼전은 여행의 경로이다. 삼전에 재성이 없고 다시 록폐구가 되어 있으니 여행경비가 없다.
○ 귀가 : 어린이와 윗사람은 즉시 돌아온다.
→ 어린이의 류신은 亥이다. 말전의 亥가 공망되었으니 오지 못한다. 일간의 장생은 부모이다. 장생 巳가 일간에 임하니 타인이 부모를 모시고 온다.
○ 쟁송 : 존장이 어린 사람을 능멸하고 속이지만 위축되어 말할 수 없다.

→ 천반은 윗사람이고 지반은 아랫사람이다. 사과의 천반에서 그 지반을 모두 극하니 윗사람이 승소한다.

○ 유실 : 찾기 어렵다. 도망친 사람은 돌아오는 것을 두려워한다.

→ 폐구격은 물건과 사람이 깊숙한 곳에 숨겨진 상이다. 따라서 찾기 어렵다.

○ 전투 : 진영을 치고 묵는 것을 신중하게 해야 한다. 그리고 동쪽을 대비해야 한다.

→ 일간은 군인이고 일지는 진영이다. 일간과 일지가 모두 그 상신으로부터 극을 받으니 적의 공격이 두렵다.

□ 『필법부』 : 〈제63법〉 서로 상하니 양쪽 모두 방비해야 한다.
〈제76법〉 서로 시기하여 화가 모두에게 미친다. 이 예에는 다섯 가지가 있다.

→ 이 과전에서는 일지와 일간의 상신이 육해를 만드는 것으로서 주객이 서로 시기한다.

□ 『괄낭부』 : 무록이 보이면 자손이 적다.

→ 『괄낭부』에서는 사상극하(四上剋下)를 '무록'이라고 한다.

□ 『육임지남』 : 11월에 월장 丑을 점시 午에 가했다. 임금의 부름을 듣고 나아가는 정단이다. 유도가 일지에 임하고, 적부에서 일간을 극하며, 과명이 무록이니 가더라도 반드시 뜻을 얻지 못한다. 병부가 공망에 앉고 다시 그 음신에서 제지하니 어찌 질병이 걱정되겠는가? 나중에 과연 그러하였다.

년) 유도·적부 : 을축일 제2국의 신살 참조.

辛未일 제7국

공망 : 戌·亥
낮 : 왼쪽 천장, 밤 : 오른쪽 천장

己	乙	戊
玄 巳 后	蛇 丑 白	陰 辰 陰
亥 ○	未	戌 ○

戊	○	乙	辛
陰 辰 陰	勾 戌 勾	蛇 丑 白	白 未 蛇
○ 辛 戌	辰	未	丑

合 亥 巳 青	甲 朱 子 午 空	乙 蛇 丑 未 白	丙 貴 寅 申 常
勾 戌 辰 青 癸 合 酉 卯 壬 空 申 朱 寅			后 丁 卯 酉 玄 陰 戊 辰 戌 陰 ○ 己 玄 巳 后 亥 ○
辛 白 未 蛇 丑	庚 常 午 貴 子		

- **□ 과체** : 반음, 무의, 천망, 정란사(井欄射) // 초전협극, 덕입천문(초전), 덕경(초전), 호승묘신(제3과), 참관격, 양귀수극, 교차묘신, 고진과수.

- **□ 핵심** : 그 무엇을 힘써서 구하더라도 서로 묘신이 되니 어찌할 수가 없다. 귀인이 극지에 앉아 있으니 두 귀인이 모두 노한다.

- **□ 분석** : ❶ 간상에는 일지의 묘신이 타고 지상에는 일간의 묘신이 탄다. 따라서 내가 그를 혼미하게 하려다가 오히려 그에게 혼미를 당한다. 이른바 '하늘이 친 그물은 눈이 성기지만 굉장히 넓어서 악인에게 벌을 주는 일을 빠뜨리지 않는다'는 뜻의 '천망회회(天網恢恢)'라고 한다. 일간(辛)은 다시 일지의 묘신 위에 앉았고 일지(未)는 다시 일간의 묘신 위에 앉았으니, 서로 혼미를 자초하여서 스스로 타락에 빠진 것이니 후회하지 않아야 한다. 그러니 왜 분주하게 움직이겠는가?

  ❷ 辛일의 낮 귀인 午는 子에 임했고 밤 귀인 寅은 申에 임했다. 양 귀인이 모두 지반으로부터 극을 당했으니 귀인이 노한다.

- **□ 정단** : ❶ 이 과전은 무의이며 다시 무친이다. 우물 옆의 난간에 비스

듬히 기대니 내 모습이 우물에 반사되어 그 모습이 흩어지고, 어느 곳에도 소속되지 않으니 오래가지 못한다. 움직이면 서로에게 좋고 가만히 있으면 오히려 방해를 받는다. 일은 빨리 성사되지만 다시 쉽게 망한다.

❷ 일간과 일지가 서로 묘신이니 사람과 가택이 혼미하고 초전·말전과 일상의 음양이 모두 공망되었으니 꾀하는 모든 일은 시작과 끝이 없다.

❸ 丑이 未에 가한 경우에 비가 오기를 정단하면 구름이 낀다.

○ 날씨 : 흐리고, 바람이 많이 불며, 비가 많이 온다.
　→ 초전의 巳는 무지개를 주관하고, 중전의 丑은 비를 주관하며, 말전의 辰은 안개를 주관한다. 따라서 초반에는 무지개가 뜨고, 중반에는 丑이 未에 가해서 丑이 상했으니 비가 오지 않으며, 종반에는 안개가 낀다.
○ 가정 : 집에 복시가 있다. 혹은 대문을 마주하고 있는 이웃집에 있다.
　→ ● 복시 : 밤에 정단하면 백호가 일간의 묘신인 丑에 타서 지상에 가하니 죽은 이의 유골이 집의 아래에 묻혀 있다. ● 가운 : 일간은 사람이고 일지는 가택이다. 일지 未의 묘신은 간상에 임하고 일간 辛의 묘신은 간상에 임하여서 간지상에 묘신이 임하니 사람과 가정이 모두 어둡다.
○ 구관 : 오랫동안 머물고 있으면 성공하지 못한다. 그늘을 벗어나면 크게 이롭다.
　→ ● 관직운 : 반음과는 현직에 오래 머물지 못하고 퇴직하는 과이다. 더군다나 일간의 관성인 巳가 공망되었고, 중전은 일간의 묘신이며, 말전이 일지의 묘신이니 관로가 어둡다.
○ 구재 : 타인과 교역하면 손해를 본다.

➜ 간상에 일지의 묘신이 임하니 타인으로부터 속임을 당하고, 과전에 재성이 없으니 재물을 얻지 못한다. 다만 지상의 둔반에 있는 재물만 얻을 수 있을 뿐이다. ● 삼전은 경영의 초기, 중기, 말기이다. 초전은 공망되었고, 중전은 일간의 묘신이며, 말전이 공망되었으니 계속하여 경영이 어렵다.

○ 알현 : 귀인이 기뻐하지 않는다.
➜ 두 귀인이 귀인을 극하는 지반에 앉아 있으니 귀인의 도움을 받지 못한다.

○ 혼인 : 비천하고 나이가 많은 여자이니 결정하지 못하고 계속 갈팡질팡한다.
➜ ● 길흉 : 일간은 남자이고 일지는 여자이다. 지상의 丑이 묘신이니 남자를 어둡게 하는 여자이고, 丑이 사계의 하나이니 나이가 많은 여자이다. ● 성부(成否) : 반음과에는 마음이 조변석개하는 뜻이 있으니 혼인을 쉽게 결정하지 못한다.

○ 임신·출산 : 첩이 임신한 것으로서 낙태를 방지해야 한다.
➜ 초전의 巳는 원태로서 태아의 뜻이 있다. 낮 정단에서 귀살인 巳에 현무가 타니 첩이 임신했거나 혹은 사생아이다.

○ 질병 : 신병은 쉽고 낫고, 구병은 흉하다.
➜ ● 병증 : 일간이 공망되거나 삼전에 공망이 많으면 구병은 낫기 어렵다. 또한 간지상에 묘신이 모두 임하니 낫기 어렵다. ● 치료법 : 의약신이 子이니 탕약이 좋고, 의약신이 午에 임하니 정남에서 의약을 구하면 된다.

○ 출행 : 나가려다가 다시 멈춘다. 밤 정단에서는 소인을 만나는 것을 방지해야 한다.
➜ 반음과는 뒤집는 상이다. 따라서 가다가 멈추기를 되풀이한다.

○ 귀가 : 돌아 온 사람은 다시 나가고, 나간 사람은 다시 돌아온다.
➜ 반음과는 행동이 반복되는 특징이 있다.

○ **쟁송** : 부인이나 도난으로 인해 발생했다. 양측이 화해하는 것이 이롭다.
  → 쟁송 정단에서 귀살은 관재이다. 발용에 낮에는 현무가 타니 도난으로 인해 쟁송이 발생하고, 밤에는 천후가 타니 부인으로 인해 쟁송이 발생한다.
○ **유실** : 여자가 훔쳐갔다. 찾기 어렵다.
  → 낮 정단에서 현무승신이 음이니 여자 도둑이다.
○ **전투** : 이롭지 않다. 간인에 의한 간첩을 막아야 한다.
  → 간지의 상신이 상충하니 아군과 적군이 치열하게 전투하는 상이다. 낮 정단에서 현무가 귀살인 巳에 타서 일간을 극하니 간첩이나 적의 침입을 방비해야 한다.

□ 『**필법부**』 : 〈제2법〉 순수와 순미가 마주 보이면 처음부터 끝까지 좋다. 정단하는 일은 모두 이루어진다.
  〈제88법〉 간지에 묘신이 타면 모든 일에서 혼미해진다.
  〈제49법〉 양 귀인이 극을 받으면 귀인에게 아뢰는 일은 어렵다.
  〈제62법〉 묘신백호가 일지에 임하면 엎드린 시신인 복시가 있다.
□ 『**육임심경**』 : 일간의 귀살이 발용이 되고 중·말전에 묘신을 만나면 일반인은 길하다.
□ 『**심인부**』 : 간상과 지상에 묘신이 가하면 병자가 낫지 않으니 탄식하게 된다. 출행인은 약속을 어긴다. 길은 멀지만 만약 약속을 지켰으면 며칠 안에 귀가한다.

辛未일 제 8 국

공망 : 戌·亥 ○
낮 : 왼쪽 천장, 밤 : 오른쪽 천장

己	○	丁
玄 巳 后	勾 戌 勾	后 卯 玄
子	巳	戌 ○

丁	壬	甲	己
后 卯 玄	空 申 朱	朱 子 空	玄 巳 后
○ 辛 戌	卯	未	子

勾 戌 巳 青 癸 酉 辰 空 壬 申 卯 白 辛 未 寅	勾 合 亥 午 朱 合 常 午 丑	甲 未 朱 子 未 己 巳 子	乙 丑 申 空 丙 寅 酉 蛇 白 常 丁 卯 戌 玄 戊 辰 亥 ○ 貴 后 陰 陰

- □ **과체** : 섭해, 주인, 승헌, 여덕(낮), 장도액∥초전협극, 일덕(멸덕), 복덕, 가귀, 폐구(초전,낮), 맥월, 주인격(불성), 금일정신(말전), 재성정마, 전묘입묘, 불행전, 말조초혜(불성), 간지상형, 살몰.
- □ **핵심** : 간지의 위와 아래가 모두 형을 한다. 밤에는 처와 재물을 모두 잃는다. 본래 화목한 기운이 없는데 다시 정신이 있다.
- □ **분석** : ❶ 과전이 巳와 申, 戌과 未, 子와 卯이니 사과삼전에 형을 안 하는 곳이 없으니 상하에 화기가 전무하다.

  ❷ 卯는 辛의 처재효이다. 밤에는 현무가 타니 처와 재물을 모두 잃는다. 다시 말전의 둔반이 정신이고 초전의 귀살을 도와 일간을 다치게 한다.
- □ **정단** : 이 견기과는 주인이며 승헌이다. 군자가 기미를 알아채고 인덕을 베풀면 관록이 저절로 높아지고, 명성을 휘날리며, 재물이 풍족해진다. 만약 인덕을 베풀지 않으면 내외에 형상이 있고 닿는 곳은 모두 가시밭길이다. 하물며 초·말전 모두에 천후와 현무가 보이며 도장을 만드는 틀을 지상신에서 형을 하니 '주인불성'이다. 덕이 있는 사람은 삼가야 하고 기회를 엿봐서 해야 하며, 온종일 기다려

서는 안 된다. 돌과 같은 강직한 정조가 없으면 재앙을 면하기 어렵다.

○ 날씨 : 찌는 듯이 더운 날씨 뒤에 비가 온다.
   ➔ 주인격은 용광로에서 쇠를 녹이는 상이니 덥다. 말전이 卯이니 우레가 치고, 卯에 수의 천장인 천후와 현무가 타니 비가 온다.
○ 가정 : 가족에게 경제적인 이익이 있지만 문단속을 잘해야 한다.
   ➔ ● 재물운 : ● 일지는 가정이다. 지상의 둔반에 재성이 임하니 재물이 있다. ● 일간은 사람이다. 간상의 재성에 현무가 타고 정신이 임하니 도난이나 사기를 방지해야 한다. ● 음란사 : 간상의 卯와 지상의 子가 음란지형이니 음란을 방지해야 한다. ● 화목 : 사과가 장도액이고 간지의 상신이 삼형이니 가족이 화목하지 않다.
○ 구관 : 국가로부터 승진을 통보받을 수 있다. 그러나 높은 직위일수록 위험하다.
   ➔ ● 관직 : 주인격은 관직정단에서 길하지만 이 과전에서는 중·말전이 공망되었으니 주인격이 성립되지 않는다. 다만 술년(戌年)이나 술월(戌月)이나 술월장(戌月將) 기간에 정단하면 수인격이 성립되니 승진이 가능하다. ● 시험 : 술년(戌年)이나 술월(戌月)이나 술월장(戌月將) 기간에 정단하면 주인격이 성립되니 합격한다.
○ 구재 : 무자본으로 재물을 취득한다. 혹은 어두워지거나 재물로 인해 우환이 생기는 것을 방지해야 한다.
   ➔ 일간은 나, 재성은 돈, 귀살은 재앙이다. 기궁이 공망되었고 간상 및 말전에 재성이 임하니 무자본으로 재물을 취득하려고 한다. 간상의 재성 卯 위에 귀살 丁이 임하니 법에 저촉되는 재물을 취득하면 우환이 닥친다.
○ 혼인 : 이롭지 않다.

→ ● 성부(成否) : 일간은 나이고 일지는 상대이다. 간지상신이 卯와 子이니 무례지형이어서 예의가 없고 음란하니 혼인이 이뤄지기 어렵다. ● 길흉 : 사과가 장도액이니 남자가 여자로부터 봉변을 당한다. ● 성정 : 지상의 子에 주야 모두 흉장인 주작과 천공이 타니 성정이 좋지 않고, 다시 일지음신 巳에서 일간 辛을 극하니 나에게 해를 입히는 사람이다.

○ 임신·출산 : 딸이다. 태아 유산을 방지해야 한다.
→ 초전이 하적상을 당했으니 여아이고, 일간의 천지반이 모두 음이니 다시 여아이다. 임신정단에서 일간은 태아이고 일지는 임신부이다. 간지상신이 형(刑)을 하니 태아가 손상당할 우려가 있다.

○ 질병 : 부인의 정신질환으로 인해 귀신이 보인다. 모든 병은 먼저는 중하고 나중에는 경하다. 구병은 불길하다.
→ ● 병증 : 주인격은 질병정단에서 최흉하다. 다행히 중·말전이 공망되었으니 초흉후길하다. 그러나 일간이 공망되었고 삼전이 다시 공망되었으니 구병 환자는 사망한다. ● 부인의 질병을 정단하면 처재효가 공망되었으니 사망한다. ● 치료법 : 의약신이 子이니 탕약이 좋고, 의약신이 未에 임하니 남서간에서 의약을 구하면 된다.

○ 출행 : 고위직 공무원의 부임에 좋고, 일반인은 이롭지 않다.
→ 간상의 둔반의 정신이 관성이고 이 정신이 이동을 뜻하니 관직자의 부임을 뜻한다. 그러나 일반인은 귀살로 인해 화를 입는다.

○ 귀가 : 하인의 귀가를 정단하면 반드시 돌아온다.
→ 하인의 류신은 천공이다. 천공이 가정이나 회사를 뜻하는 지상에 임하니 귀가 또는 귀사한다.

○ 쟁송 : 처와 재물로 인한 쟁송이다. 풀어야 한다.
→ 관귀효는 관재를 뜻한다. 처와 재물을 뜻하는 재성 위에 귀살이 임하니 처와 재물로 인한 쟁송이다.

○ 유실 : 유실물을 얻기 어렵고, 도망자는 무서워하고 있다.

→ 유실물을 뜻하는 재성이 공망되었으니 얻지 못한다.
○ **전투** : 군대의 내부가 편안하지 않다. 장군은 한가하게 즐기고 있고, 병졸은 몹시 혼란에 빠져 있고 수선스럽다.
→ 일간은 장군이고 일지는 병사이다. 간상의 처재효에 천후가 타고 있고 정신이니 여인과 원행하여 즐기는 상이고, 지상에는 주작과 천공이 타서 일간을 탈기하니 수선스럽다.

□ 『**필법부**』 : 〈제75법〉 손님과 주인이 다투니 형벌을 받는다. 모든 정단에서 서로 형을 하는 뜻을 면하지 못한다. 도모하는 교섭사는 반드시 각각에게 다른 마음이 있다.
〈제80법〉 사람과 가택이 모두 사신이면 사람과 가택이 쇠해지고 파리해진다.
년) 사신 : 12운성의 사신이다. 지상의 子는 일간 辛의 사신이고, 간상의 卯는 일지 未의 사신이다. 간상의 卯가 일지 未의 사신이라는 것에는 수토동궁이 적용되었다.

□ 『**관월경**』 : 하괴[戌]는 본래 도장인데, 화(火)가 戌에 이르면 이루어진다. 직책이 있는 사람은 거듭하여 발탁을 받고, 관직에 있는 사람은 높은 직위로 올라서 귀하게 된다. 또 말하기를 세 곳의 아래에서 그 위를 제압하니 육친의 뜻을 짐작할 수 없다. 상(象)은 장유와 같고, 모든 일에서 탄식을 면할 수 없다.

辛未일 제 9 국

공망 : 戌·亥 ○
낮 : 왼쪽 천장, 밤 : 오른쪽 천장

○	丁	辛
合 亥 青	后 卯 玄	白 未 蛇
未	亥 ○	卯
丙	庚	○	丁
貴 寅 常	常 午 貴	合 亥 青	后 卯 玄
○辛戌	寅	未	亥○

癸酉巳 青	○戌午 勾	○亥未 合	甲子申 朱
壬申辰 空	朱	青	乙丑酉 空
辛未卯 白	蛇		丙寅戌 蛇 白
庚午寅 白 常	己巳丑 玄	戊辰子 后 陰	丁卯亥○ 后 玄

- □ **과체** : 지일, 곡직, 과숙∥화미, 복덕(공망), 태신공망, 오음, 삼전재효태왕, 금일정신, 재성정마, 태신加장생, 간지봉절신(구절).
- □ **핵심** : 낮 정단에서는 재물이 흩어지고 움직이기만 하면 재난이 생긴다. 정단에서는 겉으로만 좋아 보이는 재물이다.
- □ **분석** : ❶ 삼전이 모두 재성이지만 재성이 지나치게 왕성하니 오히려 재물이 훼손된다. 낮 정단에서는 모두 물에 사는 짐승이 거듭 재물을 생하지만 일간의 기운을 탈기하니 재물이 흩어지는 상이다. 하물며 양인과 그물이 앞에 있으니 움직이면 반드시 재난을 당한다.
  ❷ 중전의 卯는 재성이다. 천후의 오행이 재성인 卯를 생하니 재물로 인한 이익이 많다. 다만 초·중전이 공함이 되었고, 말전에서는 백호가 목국의 묘신에 타니 겉으로는 좋아 보이지만 속으로는 텅텅 비어 있다.
- □ **정단** : ❶ 이 지일과는 다시 곡직격을 이룬다. 처음에는 위축되지만 나중에는 펴지고, 처음에는 어렵지만 나중에는 쉬워진다. 선악이 혼잡되어 있어서 뒤섞이고 번잡하지만 심사숙고해서 선택하는 것이 좋다.

❷ 비록 과전이 삼합과 육합을 하여 매우 화합하는 상이지만 사과 삼전에서 공함에 빠지지 않은 것은 午와 未 외에는 없다. 대외 교섭사에서 어지럽고 복잡하게 얽히어서 전혀 실재하는 것이 없다.
❸ 후일에 그릇을 완성하는 것을 기대하기 어렵다.

○ 날씨 : 구름이 많이 끼지만 비가 오지 않는다. 대풍이 불고 무지개가 뜬다.
  → 오행의 목은 바람을 뜻한다. 삼전이 목국이니 바람이 많이 불고, 초전의 亥가 공망되었으니 비가 오지 않는다.
○ 가정 : 평소에 희경사와 연회가 있다. 첩의 간통과 도둑질을 방지해야 한다.
  → ● 연회 : 태상과 未는 연회를 뜻한다. 밤 정단에서 간상에 태상이 임하니 연회가 있다. 다만 연회장에서 과음으로 인해 탈이 날 수 있으니 주의해야 한다. ● 음란사 : 낮 정단에서는 초전에 육합이 타고 중전에 천후가 타니 음란사가 발생한다. ● 손재수 : 일지는 가정이다. 지상의 亥에서 일간 辛을 탈기하니 가정에 손실사가 발생하고, 나시 일지가 공망되었으니 살림살이가 하나도 없는 상이다. ● 부인 : 일지음신의 재성 위에 정마가 임한다. 낮 정단에서는 천후가 타니 부인의 도망을 방지해야 하고, 밤 정단에서는 현무가 타니 처나 재물을 도난당하는 것을 방지해야 한다.
○ 구관 : 실권이 없는 직무이다. 귀인을 만나면 도움을 받는다.
  → ● 관직운 : 관성은 관직이다. 관성을 생하는 재성이 공함되어 있으니 실권이 없는 직위이다. 낮 귀인은 공망되어 었고 밤 귀인은 일간을 극하니 귀인의 도움을 받지 못한다.
○ 구재 : 이익을 얻기도 하지만 잃는 것이 많다.
  → 일간은 나이고 재성은 재물이다. 간상에 재성이 임하니 소득이

있다. 그러나 삼전의 재국이 공함이니 경제적인 손실이 크고 만약 사업자가 욕심을 내면 손실을 입는다.
○ 혼인 : 화합한다. 밤 정단에서는 더욱 길하다.
　→ ● 성부(成否) : 일간과 일지와 삼전이 삼합하니 혼인이 성사되는 상이지만 일지와 삼전이 공망되었으니 혼인은 불성한다. ● 지일과 : 배우자는 지인으로부터 소개를 받는다.
○ 임신·출산 : 딸이다. 매우 위험한 난산이다.
　→ 지반에서 천반을 극을 하여 발용이 되었으니 딸이고, 일간이 1음 2양이니 다시 딸이다. 삼전의 목국이 비록 아들의 상이지만 공망되어 불성하니 딸이다. 그리고 일간의 태신인 卯가 공망되었으니 낙태 위험이 있다. 또한 일지음신과 중전에서 태신인 卯가 卯의 장생인 亥에 임하며 삼전이 삼합하니 난산이다.
○ 질병 : 음식으로 생긴 병이다. 부인의 병은 낫기 어렵다.
　→ ● 병증 : 재성은 재물과 음식이다. 간상에 있는 재성 위에 귀살이 숨어 있으니 음식으로 인해 온 병으로서 낫기 어렵다. 처재효는 부인을 뜻한다. 재성이 공망되었으니 부인의 병은 낫기 어렵다. ● 낮 귀인 寅은 공망되어 었고 밤 귀인 午는 일간 辛을 극하니 귀수가 있다. 따라서 법사의 도움을 받아서 치료해야 한다. ● 치료법 : 의약신이 子이니 탕약이 좋고, 의약신이 申에 임하니 서남간에서 의약을 구하면 된다.
○ 유실 : 근처에 있다. 그러나 얻기 어렵다.
　→ 지일과는 유실물이나 가출인이 근처에 있다. 재물을 뜻하는 재성이 공망되었으니 얻지 못한다.
○ 출행 : 좋은 동행자를 얻어서 안전한 여행이고 즐겁다. 다만 재물이 낭비된다.
　→ 삼전의 재성이 공함이 되었으니 돈이 낭비된다. 그리고 밤 정단에서는 중전에 귀살과 현무가 타니 도난을 방지해야 한다.

○ 귀가 : 어린이를 정단하면 즉시 온다. 나머지는 안 온다.
　→ 어린이의 류신은 亥이다. 해년(亥年)이나 해월(亥月)이나 해월장(亥月將) 기간에 정단하면 亥가 지상에 임하니 즉시 온다.
○ 쟁송 : 재산 혹은 배와 자동차 등 교통수단 때문에 일어난 일이다. 화해하는 것이 좋다.
　→ 재성은 재물이다. 간상의 재성 위에 귀살이 임하니 재산으로 인해 발생한 쟁송이다. 寅이 배나 수레를 뜻하니 이로 인해 발생한다.
○ 전투 : 낮 정단에서는 대승한다. 태세나 월건이 亥나 卯를 만나면 길하다.
　→ 일지가 공함이 되었으니 적군은 유령군대이고 따라서 아군이 승전한다.

□ 『필법부』 : 〈제47법〉 귀인이 감옥에 있더라도 일간에 임하면 좋다.
〈제83법〉 삼합과 육합을 하면 만사 기쁘다.
〈제23법〉 금일(庚辛)에 정마를 만나면 흉화가 일어난다. 만약 관직자가 정단하면 부임이 지극히 빠르다.
□ 『육임심경』 : 일간과 비화되는 것이 용신이 되면 그 일은 동류에 의해 일어난다.
□ 『정온』 : 卯가 亥에 가한 것은 곧 태신이 장생에 앉은 것으로서 임신정단에서는 유리하고 출산정단에서는 불리하다. 간상이 寅이고 지상이 亥이다. 만약 밤 정단에서 귀인에게 고하여 결절하는 일은 간지가 절에 앉으니 모든 모망사를 결단해야 한다.

辛未日 제 10 국

공망 : 戌·亥
낮 : 왼쪽 천장, 밤 : 오른쪽 천장

	乙	乙
玄 亥 青	后 丑 白	后 丑 白
申	戌 ○	戌 ○
乙	戊	○	乙
后 丑 白	朱 辰 陰	常 戌 勾	后 丑 白
○ 辛 戌	丑	未	戌 ○

壬申巳 空 朱	癸酉午 白 合	○ 戌未 常 勾	○ 亥申 玄 青
辛未辰 青 蛇			甲子酉 陰 空
庚午卯 勾 貴			乙丑戌 后 白
己巳寅 合 ○	戊辰丑 后 朱 陰	丁卯子 蛇 玄 貴	丙寅亥 ○ 常

□ **과체** : 별책, 여덕, 무음, 불비(무음) // 삼기(공망), 복덕(공망), 오음, 묘신부일, 절신가생, 삼전개공, 신장·귀등천문(낮), 고진과수.

□ **핵심** : 밤에는 백호묘신이 타고 있으니 포기해야 한다. 도적떼를 만나면 유숙하기 전에 그들에게 굽히면 능욕 당하는 것을 면할 수 있다.

□ **분석** : ❶ 밤 정단에서 백호가 일간의 묘신에 타고 묘신이 일간을 덮고 있으니 이것을 포기하고 등명[亥]을 맞이하면 백호묘신이 현무[亥]와 한패가 된다. 도둑을 뜻하는 亥에 현무가 타서 일간의 기운을 뺏는다.

❷ 전진하여 중·말전에 머물면서 이곳에서 유숙하면 백호묘신이 중중하니 그 흉이 심하다.

❸ 할 수 없이 지상의 戌에 몸을 굽혀서 戌을 취하니 비록 丑과 戌이 서로 형을 하지만 능욕 당하는 것을 면할 수 있다.

□ **정단** : ❶ 이 별책과는 또한 무음이다. 선비에게 놀람과 걱정이 있고 괴이한 일이 있어 보이지만 실제로는 해가 없다.

❷ 하는 일에서 주도면밀하지 못하고 또한 물품에 결함이 있으니

구하려고 하는 모망사를 이루기 어렵다.

❸ 두 양이 하나의 음을 놓고 다투니 가정의 기강을 엄숙하게 하지 않으면 화는 많고 복은 적다.

❹ 밤 정단에서는 귀인이 卯에 서니 '여덕'이다. 군자는 승진하고 소인은 자리를 박탈당한다.

❺ 낮 정단에서는 도둑신이 발용이고 중·말전에서는 천후가 합을 하여 무음이 되니, 모든 일에서 근신하지 않으면 안 된다. ⑥ 사과삼전에서 일간의 음신만 공함이 되지 않았다. 따라서 모든 일이 공허하지만 화는 감소한다.

○ 날씨 : 비가 오기를 원하는 정단을 하면 비가 오고, 맑은 날씨를 원하는 정단을 하면 맑지 않다.

→ 불비격은 조금 흐리고, 대체로 맑으며, 약간의 비가 온다. 초전의 亥수가 비를 뜻하지만 공망되었으니 비가 오지 않고, 중전과 말전의 丑이 토이지만 공망되었으니 흐리지 않다.

○ 가정 : 낮 정단에서는 존장의 재앙을 방지해야 한다. 주야 모두 음란을 방지해야 한다.

→ ● 부모 : 일지는 가정이다. 낮 정단에서는 지상의 부모효 戌이 공망되었으니 부모의 재앙을 방지해야 한다. ● 음란사 : 별책과이니 부부에게 음란사가 발생한다.

○ 혼인 : 불길하다.

→ ● 성부(成否) : 일간은 나이고 일지는 상대이다. 기궁 戌과 일지 未가 삼형이고 다시 간상신 丑과 지상신 戌이 삼형이니 혼인이 불성하고, 지상의 戌이 공망되었으니 불성하며, 삼전이 공망되었으니 불성한다.

○ 임신·출산 : 임신되지 않는다.

➡ 일간은 태아이고 일지는 임신부이다. 기궁이 공망되고 일지가 다시 공망되었으니 임신되기 어렵다. 사과가 불비이니 또한 임신이 되기 어렵다.

○ 구관 : 낮 정단에서는 귀인을 만나서 부탁하면 관직을 얻는다. 하위직 공무원은 이롭지 않다.

➡ ● 관직운 : 밤 정단에서는 귀인이 사문(私門)인 卯에 임하니 관직을 얻지만 하위직 공무원에게는 불리하다. ● 시험운 : 낮 정단에서는 천을귀인이 천문을 뜻하는 亥에 오르니 관직을 얻는다.

○ 구재 : 취득하는 재물이 없다.

➡ 재성은 재물이다. 재성이 과전에 임하지 않으니 얻지 못한다. 다만 연명이 亥와 子이면 그 위에 寅과 卯가 임하니 얻는다. 그리고 연명이 辰이면 그 위에 청룡이 부모효에 타고 있으니 역시 얻는다.

○ 알현 : 만나지 못한다.

➡ 천을귀인은 곧 공무원이다. 낮 귀인 寅은 공함이 되었고 밤 귀인 午는 卯에 임하니 공무원에게 사욕이 있다. 그리고 과전에 공함이 많으니 귀인에게 목적을 성취하기 어렵다.

○ 질병 : 어른의 병을 정단하면 흉하다. 행년이나 본명의 상신이 未이면 사람을 구한다.

➡ ● 병증 : 간상의 부모효인 丑은 부모를 뜻한다. 丑에 백호가 타고 있으니 존장의 생명이 위험하다. 그러나 연명상신이 未이면 未에서 丑을 충을 하여 깨트리니 목숨을 구한다. ● 치료법 : 의약신이 子이니 탕약이 좋고, 의약신이 酉에 임하니 정서에서 의약을 구하면 된다.

○ 유실(도난) : 낮 정단에서는 여자가 도둑이며 잡기 어렵다.

➡ 초전에 있는 亥는 실탈의 신이고 여기에 현무가 타고 있으니 도난을 당했다. 현무가 음의 12지에 타고 있으니 여자 도둑이고 공망되었으니 잡지 못한다.

○ 출행 : 불길하다.
→ 일간은 여행객, 일지는 여행지, 삼전은 여행의 경로이다. 간상이 묘신이니 갈 수 없고, 지상이 공망되었으니 공허한 여행지이며, 삼전이 공망되었으니 장애가 생긴다. 그리고 사과가 불비이니 여행 갈 준비가 되어 있지 않다.
○ 행인 : 동년배의 귀가를 정단하면 바로 온다.
→ 말전이 일상신이나 지상신이면 귀가한다. 말전과 일상신이 부모효이니 부모의 귀가를 정단하면 귀가한다. 본문에서 "동년배의 귀가를 정단하면 바로 온다."고 하였지만 이해할 수 없다.
○ 쟁송 : 낮 정단에서는 반드시 귀인의 힘을 빌려야 한다. 밤 정단에서는 그렇지 않다.
→ 일간은 나이고 일지는 상대이다. 사과가 불비이고 또한 일간이 공함되어 있어서 무력하니 귀인에게 도움을 받아야 한다.
○ 전투 : 작은 좌절이 오히려 화가 된다.
→ 일간은 아군이고 일지는 적군이다. 어둡고 미혹되며 흉악의 뜻이 있는 묘신이 일간에 임하니 패전한다.

□ 『필법부』 : 〈제88법〉 질병정단에서 일간 위에 묘신백호가 없어야 좋다. 모든 정단에서 어둡고 미혹되며 흉악하다.
〈제74법〉 거듭하여 공망되면 일을 추구해서는 안 된다.
□ 『괄낭부』 : 불비와 무음이면 반드시 음란과 비방이 일어난다.
□ 『중황경』 : 현무가 등명[亥] 위에 있으면 눈에 눈물이 흐른다.
□ 『과경』 : 일간의 묘신에 백호가 타면 질병정단에서 반드시 사망한다. 만약 연명상에 소길[未]을 득한 사람이면 등사가 타니 가히 구함이 있다.

辛未일 제 11 국

공망 : 戌·亥 ○
낮 : 왼쪽 천장, 밤 : 오른쪽 천장

丙	戊	庚	
青 寅 常	朱 辰 陰	勾 午 貴	
子		寅	辰
甲	丙	癸	○
陰 子 空	貴 寅 常	白 酉 合	玄 亥 青
○ 辛 戌	子	未	酉

辛 青 未 蛇 巳	壬 空 申 朱 午	癸 白 酉 合 未	○ 常 戌 勾 申
勾 庚 午 貴 合 辰 己 后 巳 卯			○ 玄 亥 青 酉 陰 甲 子 空 戌 ○
朱 戌 陰 辰 寅	蛇 丁 玄 卯 丑	貴 丙 常 寅 子	后 乙 白 丑 亥 ○

□ **과체** : 탄사, 출음(出陰) ∥ 요극, 오양, 덕경, 복덕(공망), 근단원소, 록폐구, 록현탈격(낮), 진간전(출삼양), 강색귀호, 교차육해, 일순주편(수미상견), 권섭부정, 살몰.

□ **핵심** : 낮 정단에서는 내 식록을 호랑이가 물어가니 입을 다물고 있어야 한다. 곤경에 처해 있지만 마음을 비우면 재앙이 사라진다.

□ **분석** : ❶ 辛의 식록은 酉이다. 지상에 임하고 있는 이 식록을 백호가 지키고 있으니 가져오기 어렵다. 하물며 酉가 순미여서 입을 다물고 대응하는 것이 이롭다. 계속하여 억지로 이 식록을 요구해서는 안 된다.

❷ 辛의 기궁은 戌이고 이 戌은 갑자순의 공망이다. 子가 그 위에 가하여서 일간의 기운을 훔치니 곤경에 처한 것이 아닐 수 없지만 안전하게 살면 평안해진다.

❸ 삼음에서 나와 앉아서 寅의 이익을 받으면 과오가 없다.

□ **정단** : ❶ 이 탄사과는 일간의 음신이 발용이 되었고 다시 일간음신이 스스로 내전을 하니 하는 일에서 무력하고 내부의 일은 무방하지만 눈에 뛰게 돌출행동을 해서는 안 된다.

❷ 중전에서 辰을 취득하였으니 쏜 총에 총알이 있으니 놀랄만한 재앙이 있다.

❸ 인년(寅年)과 진년(辰年)에는 두 전(傳)이 삼음에서 빠져나와서 삼양으로 들어가니 봄철의 새가 깊은 산골짜기에서 나와 높은 나무 위에 올라앉는 상이고, 겸하여 일간이 스스로 子를 생하고 子가 다시 발용을 생한다. 따라서 비록 탈기를 당하고 손실이 뒤따르지만 오히려 무성하게 자라니 눈앞에서 이루지는 못하지만 걱정할 일은 아니다.

○ 날씨 : 맑은 날씨를 원하는 정단을 하면 바로 화창해지고, 비를 원하는 정단을 하면 늦게 비가 온다.
→ 寅은 새벽이고, 辰은 아침이며, 午는 한낮이다. 새벽에서 낮으로 이어지니 비가 오지 않는 상이다.
○ 가정 : 낭비로 인해 손재수가 있다.
→ ● 손재수 : 일간은 가장이고 일지는 식구이다. 간상과 지상에서 일간과 일지를 탈기하니 가정 내외에 손재수가 있다. 사과가 근단원소이니 가성의 살림살이가 바닥난다. ● 화목 : 간상의 子와 지상의 酉가 파(破)이고 다시 간지가 교차육해이니 가족이 화목하지 않다.
○ 혼인 : 성사되지만 나중에 쇠해진다.
→ ● 성부(成否) : 일간은 나이고 일지는 상대이다. 일지에서 일간을 생하고 지상에서 간상을 생하니 성사될 수 있다. 그러나 기궁과 지상신이 육해이고 일지와 간상신이 육해이니 혼인이 순조롭지 않다.
● 손익 : 사과의 지반이 그 천반으로 탈기를 당하니 막대한 손실이 뒤따른다.
○ 임신·출산 : 첩에 의한 부정한 임신이 있고 낙태를 방지해야 한다.

➜ 첩의 류신은 酉와 태음이다. 지상에 酉가 있으니 첩에 의한 부정한 임신이다.

○ 구관 : 재물로 관록을 사지만 봉록은 없다.
➜ ● 관직운 : '권섭부정'이니 강등을 당하거나, 지방으로 발령을 받거나, 퇴직하게 된다. ● 시험운 : 재성은 재물이고 관성은 관직이다. 일지음신과 발용의 재성 寅이 말전의 관성 午를 생하니 관직을 얻는다. 그러나 지상의 일록이 폐구되었으니 관록을 얻지 못한다. ● 사과가 근단원소이니 손재수가 있거나 몸이 쇠해진다.

○ 구재 : 본전을 잃고 이익은 없다.
➜ 사과의 지반이 천반으로 탈기를 당하니 큰 손실이 뒤따른다. 비록 일간음신과 발용에 재성이 있지만 그 위의 귀살이 일간을 노려보고 있으니 얻기 어렵다.

○ 알현 : 만날 수 없다. 밤 정단에서는 오히려 귀인이 화를 낸다.
➜ 밤 정단에서는 귀인이 입옥되어 귀인이 어려운 상황에 놓여 있으니 화를 낸다.

○ 질병 : 허탈증이 있다. 먹지 못하지만 무방하다.
➜ ● 병증 : 간상에서 일간을 탈기하고 사과가 근단원소이니 허탈증이고 다시 록폐구이니 음식을 먹을 수 없지만 중전의 辰토에서 일간을 생하고 있으니 다행이다. ● 치료법 : 의약신이 子이니 탕약이 좋고, 의약신이 戌에 임하니 서북간에서 의약을 구하면 된다.

○ 유실 : 도둑이 집에 있지만 본 사람이 말을 하지 않는다.
➜ 일지는 집이다. 현무가 일지음신에 임하니 도둑이 집에 있고, 지상이 폐구이니 본 사람이 말을 하지 않는다.

○ 귀가 : 오는 데에 작은 장애가 있다.
➜ 여행에서 지출이 많았으니 장애가 생긴다.

○ 출행 : 식록을 취하는 여행은 이롭지 않다.
➜ 일록이 폐구가 되었으니 식록을 취하지 못한다. 오히려 사과가

근단원소이니 지출이 많은 출행이다.
○ **쟁송** : 화해하는 것이 옳다.
  → 소송을 오래 끌면 재산을 모두 탕진하니 화해하는 것이 옳다. 관재를 입은 경우 말전의 귀살 丑를 간상의 子에서 충과 극을 하여 귀살을 제압하니 관재가 해소된다.
○ **전투** : 밤 정단에서는 대길하다.
  → 귀살은 적군이다. 말전의 귀살 丑를 간상의 子에서 극하니 적을 물리칠 수 있다.

□ 『**필법부**』 : 〈제8법〉 일록이 일지에 임하면 직위는 임시직으로 정당한 자리가 아니다. 이른바 일간의 록신이 지진 위에 가임하면, 모든 정단에서 스스로 존대해지지 못하고 타인에 의하여 굴복과 꺾임을 당하게 된다.
  〈제16법〉 공망 위에 공망이 타면 일을 이룰 수 없다.
  〈제2법〉 순수와 순미가 나란히 보이면 처음부터 끝까지 좋다. 이른바 간상에 순미가 있고 지상에 순수가 있으면 정단하는 일은 일탈되지 않고 도모하는 일은 모두 이루어진다.

□ 『**과경**』 : 간상의 子는 일간의 기운을 훔치고 뺏는다. 낮에는 천공이 타니 '탈공신'이라고 하여 모든 정단에서 무에서 유를 낳는 것이 없으니 사실무근이다.

□ 『**육임심경**』 : 일간에서 사과의 신을 극하는 것이 탄사이다. 취득하더라도 이익이 없다. 그리고 집에 손님이 오면 머물게 해서는 안 된다. 구설은 항상 서남쪽에 있다.

辛未일　제 12 국

공망 : 戌·亥 ○
낮 : 왼쪽 천장, 밤 : 오른쪽 천장

壬	○	壬
空 申 陰	玄 亥 白	空 申 陰
未	戌 ○	未

○	甲	壬	癸
玄 亥 白	陰 子 空	空 申 陰	白 酉 玄
○ 辛 戌	亥 ○	未	申

庚午巳 勾貴	辛未巳 青后	壬申未 空陰	癸酉申 白玄
己巳辰 合蛇			○戌酉 常常
戊辰卯 朱朱			○亥戌 玄白
丁卯寅 蛇	丙寅丑 合貴	乙丑子 勾后 青	甲子亥 陰空○

- □ **과체** : 묘성, 천라지망, 동사엄목 // 복덕, 록현탈격, 원태, 회환, 탈상봉탈, 피차시기(침해), 간지수탈.
- □ **핵심** : 밤 정단에서 다섯 호랑이를 만나니 재앙과 화가 겹친다. : 과전이 모두 육해이지만 낮 정단에서는 조금 낫다.
- □ **분석** : ❶ 申은 백호의 본래 방위로서 밤 정단에서 백호가 亥에 타고 있다. 이 과전에 두 亥가 있고 세 申이 있으니 모두 다섯 마리의 백호여서 백호의 화가 매우 심하다.

　❷ 삼전의 申亥申과 사과의 申과 亥, 子와 未, 酉와 戌이 모두 육해를 만든다.

　❸ 낮 정단에서는 천장이 모두 천공과 현무이다. 비록 천공과 현무가 어두운 도적이고 교활하지만 백호의 맹렬에는 미치지 못하여 손실에 불과할 뿐이니 조금 낫다.
- □ **정단** : ❶ 이 묘성의 과가 음일에는 동사엄목이어서 음의 성정이 땅을 따르고 그 기운이 아래로 가라앉아서 엎드려서 살펴보니, 일이 어둡고 밝지 못해서 진퇴하기 어렵고 화는 안에서 일어난다.

　❷ 정단하는 사람은 정신을 가다듬어서 모든 일을 결단해야 하며,

오직 의(義)가 있는 곳으로 돌아가야 한다.

❹ 밤 정단에서는 흉과 재앙이 겹쳐서 천지를 놀라게 하는 상이고, 낮 정단에서는 우환과 의혹, 괴이한 환상이 천태만상으로 나타나니 살피고 또 살펴야 한다.

○ 날씨 : 밤 정단에서는 대풍이 불고 혹한으로 변하여 춥다. 낮 정단에서는 흐리고 비가 오며 바람이 분다.

→ 백호는 바람이고 태음은 만물을 얼리는 작용을 한다. 밤 정단에서 초전과 말전에 태음이 타고 중전에 백호가 타니 바람이 불고 추운 날씨이다. 그리고 천공은 안개이고 현무는 궂은비이다. 낮 정단에서 초전과 말전에 천공이 타니 안개가 끼고 중전에 현무가 타니 궂은비가 온다.

○ 가정 : 편안하지 않다. 병환으로 지출이 많다.

→ ● 질병 : 낮 정단에서는 백호가 酉에 타고 있으니 소녀에게 병환이 생기고, 밤 정단에서는 백호가 亥에 타고 있으니 어린이에게 병환이 생긴다. ● 손재수 : 일간이 그 상신으로 탈기되니 가정 내외에 손재수가 있다. 간싱의 낮에는 현무가 타니 도난이나 사기로 인한 손재수이고, 밤에는 백호가 타니 사고나 질병으로 인한 손재수이다.

○ 혼인 : 크게 나쁘다. 혼인으로 인해 재앙을 당할 우려가 있다.

→ ● 성부(成否) : 간상의 亥와 지상의 申이 육해이니 혼인하기 어렵고, 과전에 백호가 많으니 혼담이 오고가는 도중에 재앙을 당할 우려가 있으며, 사과가 천라지망이니 혼인에 장애가 발생한다. ● 성정 : 일지는 상대이다. 지상에 낮에는 천공이 타고 밤에는 태음이 타니 주야 모두 성정이 좋지 않은 사람이다.

○ 임신·출산 : 쌍둥이이다. 크게 놀란다.

→ 자손효는 태아이고 亥는 쌍둥이다. 亥가 간상과 중전에 임하니

쌍둥이이고, 음일의 묘성과이니 아들이다.
- **구관** : 조급하게 전진하면 안 된다.
  - ● 관직운 : 이 과전에는 육해와 형제효가 많고 다시 공망이 많으니 승진에 불리하다.
- **구재** : 사람에게 빼앗기고 속는 것을 방지해야 한다. 집이 곤궁해진다.
  - 간상에 탈기신이 임하고 다시 공망되었으니 타인에게 속아 손재수가 생기고, 일지의 음양이신이 모두 형제효이니 지출이 많다.
- **질병** : 허약하다. 급병은 길하고, 구병은 낫기 어렵다.
  - ● 병증 : 일간이 간상으로 탈기되니 허약증이고 일간이 공망되었으니 구병 환자는 사망한다. 묘성과는 질병정단에서 최흉하다. 특히 밤 정단에서는 다섯 호랑이가 임하니 더욱 흉하다. ● 치료법 : 의약신이 子이니 탕약이 좋고, 의약신이 亥에 임하니 서북간에서 의약을 구하면 된다.
- **유실(도망)** : 유실물은 찾기 어렵고, 도망간 사람은 스스로 돌아온다.
  - 과전에 재성이 없으니 유실물을 찾기 어렵다. 삼전의 글자가 사과로 모두 돌아오니 스스로 귀가한다.
- **귀가** : 아직 돌아오지 않는다. 경공이 있다.
  - 묘성과는 사고를 당하는 과이니 경공사가 생긴다.
- **출행** : 원행은 나쁘다. 소인배를 만나는 것을 방지해야 한다.
  - 묘성과는 도중에 사고가 나니 원행하면 안 된다. 삼전에 천공과 현무가 타고 있으니 사기를 당하고 도둑을 만난다.
- **쟁송** : 음모와 사기를 방지해야 한다.
  - 낮 정단에서는 현무가 탈기신에 타서 일간을 탈기하니 도난을 방지해야 한다.
- **전투** : 불리하다. 군복을 벗고 전쟁을 멈춰야 한다.
  - 일간은 아군이다. 일간을 일간의 음양이신에서 탈기하고 있으니

손실이 심하다. 그리고 묘성과의 전쟁 정단은 위험하다.

―――――――――――――――

□ 『필법부』: 〈제54법〉 호시과에서 백호를 만나면 힘이 있어도 쓰기 어렵다. 모든 정단에서 어찌 지극히 큰 놀람과 액을 면할 수 있으리오?

〈제55법〉 천라지망을 만나면 모망사가 보잘 것이 없게 된다. 대개 이 과를 얻으면 그물로 몸과 가택을 옭아매니, 모든 정단에서 어찌 형통할 수 있겠는가?

〈제76법〉 서로 시기하여 화가 모두에게 미친다.

〈제75법〉 손님과 주인이 다투니 형벌을 받는다. 모든 정단에서 서로 형을 하는 뜻을 면하지 못한다.

□ 『괄낭부』: 묘성과는 출행과 귀가에서 위험을 예방해야 한다.

□ 『조담비결』: 백호가 날뛰면 온 집안을 상하게 한다.

□ 『과경』: 간상의 亥에서는 탈기하고 천장이 다시 현무이니 '탈도격(脫盜格)'이다.

임신일

壬申日의 길신(구보)과 흉살(팔살)			
일덕	亥	형	
일록	亥	충	
역마	寅	파	
장생	申	해	
제왕	子	귀살	辰戌丑未
순기	丑	묘신	辰
육의	甲子	패신	酉
귀인	주 卯	공망	戌亥
	야 巳	탈(脫)	寅卯
합(合)		사(死)	卯
태(胎)	午	절(絕)	巳

대육임직지

壬申일 제 1 국

공망 : 戌·亥 ○
낮 : 왼쪽 천장, 밤 : 오른쪽 천장

○	壬	丙
常 亥 空	青 申 玄	后 寅 合
亥 ○	申	寅

○	○	壬	壬
常 亥 空	常 亥 空	青 申 玄	青 申 玄
○ 壬 亥	亥 ○	申	申

己巳 朱 貴	庚午 合 后	辛未 勾 陰	壬申 青 玄
戊辰 蛇 蛇			癸酉 空 常
丁卯 貴 朱			○戌 白 白 ○
丙寅 后 合	乙丑 陰 勾	甲子 玄 青	常 亥 空 ○

□ **과체** : 복음, 자임, 원태, 과숙, 두전∥형상, 일덕(초전), 덕입천문(초전), 복덕(말전), 여덕(낮), 피차시기(침해), 왕록임신, 덕록공망, 공상공(밤).

□ **핵심** : 일덕과 일록이 공함이 되었고, 일간을 탈기한 역마를 말전에서 만나며, 현무는 장생을 타고 있다. 따라서 동정(動靜) 모두 불가하다.

□ **분석** : ❶ 간상과 빌용의 亥가 일간의 일덕과 일록이지만 갑자순의 공함에 떨어지고, 밤 정단에서는 다시 천공이 타니 공망 위에 다시 공망을 만났다.

❷ 말전의 寅이 일지의 역마이지만 움직이면 일간의 기운을 탈기한다. 다행히 말전에 있으니 아직은 이것의 작용이 나타나지 않는다.

❸ 중전의 申금이 비록 일간의 장생이지만 밤에는 현무가 타고 있으니 허비가 많고, 초전의 일덕과 일록이 텅텅 비었는데 장생에는 현무가 탄다.

❹ 이와 같이 초전과 중전의 두 곳에 안주할 수가 없어서 움직여서 말전으로 간다. 밤 정단에서는 역마에 육합이 타니 간음과 도난을

당하니 어떤 이익이 있겠는가?

❺ 그리고 간지의 천반과 지반이 모두 육해가 되니 주객이 서로 시기한다.

□ 정단 : ❶ 이 과전은 자임과이고 원태이며 다시 두전이다.

❷ 일록과 역마가 모두 달리니 눈앞에서 금세 흥왕할 것 같지만 손실을 입고 공허에 이른다. 이것이 두려우니 문을 닫아걸고 자취를 감추는 것이 이롭고 겸허하게 자제하면 어둠 속에 길이 있다.

❸ 그리고 과전이 모두 맹신이어서 원태격이니 일상의 모든 일에서 새로운 뜻이 있다. 낮 정단에서는 천장이 길하다. 그러나 밤 정단에서는 천장이 천공을 만나 간사(奸私)를 벗어나지만 반드시 놀랄 일이 생긴다.

년) 원태 : 사맹이 마치 뱃속의 태아에 해당하니 원태이다. 하고자 하는 일은 일의 토대를 발판으로 삼아 날마다 점점 성숙해지는 뜻이 있다.

───────────────

○ 날씨 : 비가 온다. 만약 오랫동안 온 비이면 개기 어렵다.

→ 중전의 申이 비를 발생시키는 오행이고 여기에 낮에는 청룡이 타고 밤에는 현무가 타니 비가 온다. 말전이 寅이니 바람이 불고 낮에는 수의 천장인 천후가 타니 비가 온다. 복음과이니 이러한 날씨가 오랫동안 지속된다.

○ 가정 : 밤 정단에서는 공허하다. 도둑을 방지해야 한다.

→ ● 손재수 : 일지는 가정이고 현무는 도둑이다. 밤 정단에서 지상에 현무가 타니 도난을 당한다. 그러나 낮 정단에서는 청룡이 장생에 타니 살림살이가 넉넉하다. ● 직장 : 일간은 나이고 일록은 직업이다. 간상의 일록 亥가 공망되었으니 직장을 잃는 것을 방지해야 한다. ● 화목 : 간지의 그 상신의 亥와 申이 육해이니 가족이 화목하

지 않다.
○ 혼인 : 밤 정단에서는 나쁘고, 낮 정단에서는 길하다.
→ ● 길흉 : 밤 정단에서는 지상에 현무가 타고 있으니 나쁘고, 낮 정단에서는 지상에 청룡이 타고 있으니 좋다. ● 성부(成否) : 일간은 나이고 일지는 상대이다. 간상신과 지상신이 육해이고 간지가 교차 육해이니 혼인하기 어렵다. 또한 초전이 고진과수이니 역시 혼인하기 어렵다.

○ 임신·출산 : 첩이 임신했다. 정월 정단에서는 키울 수 없는 것을 방지해야 한다.
→ 정월 정단에서는 태신 午가 사기에 해당하니 임신이 되더라도 낙태된다. ● 출산 : 삼전이 삼형이니 인공출산을 하게 되고, 복음과이니 출산된 아기에게 청각장애가 우려된다.

○ 구관 : 관직자는 발탁되고, 고시에서는 합격한다.
→ ● 관직운·시험운 : 낮 정단에서는 중전의 장생에 청룡이 타고 다시 말전에 역마가 임하니 관직자는 발탁되고 수험생은 합격한다. 간상과 발용에 있는 일덕과 일록이 공망되었으니 실직할 우려가 있다. ● 직장인 : 일록이 공망되었으니 퇴직할 운세이다.

○ 구재 : 반복해서 노력해도 얻지 못한다.
→ 과전에 재성이 없으니 재물을 취득할 수 없다. 다만 낮 정단에서는 중전의 申에 청룡이 타고 있으니 재물을 얻으며, 연명이 巳·午인 사람은 그 상신이 재성인 巳·午이니 재물을 얻는다. ● 사업자 : 간상 및 초전의 일록이 공망되었으니 폐업하는 운이고, 중전이 창업을 뜻하는 일간의 장생이니 창업한다.

○ 질병 : 불길하다. 급병은 낫는다.
→ ● 병증 : 삼전이 삼형으로 구성된 복음과는 위험하다. 구병 환자는 일간과 초전이 공망되었으니 생명이 위험하다. 그러나 신병은 낫는다. ● 치료법 : 의약신이 寅卯이니 약초요법과 기도가 좋고, 의

약신이 寅卯에 임하니 동북간과 정동에서 의약을 구하면 된다.
○ **유실(도난)** : 밤 정단에서는 찾기 어렵다
→ 과전에 물건을 뜻하는 재성이 없으니 물건을 되찾기 어렵다. 일지가 申이니 도둑은 집 근처의 서남방에 있다.
○ **귀가** : 방금 귀가 길을 나섰다.
→ 복음과는 곧 돌아온다.
○ **쟁송** : 반드시 화해하게 되고 우환이 풀린다.
→ 쟁송을 뜻하는 삼전의 삼형이 공망되었으니 우환이 풀린다. 만약 합의를 하지 않을 경우 간괘(艮卦)에 해당하는 복음과이니 쟁송이 오래가고 일록이 공망되었으니 재물을 잃는다.
○ **전투** : 적의 속임수를 방지해야 한다. 수가 왕성한 겨울에 정단하면 길하다.
→ 적군에 해당하는 지상의 申에 밤 정단에서 현무가 타니 속임수를 방지해야 한다. 그리고 겨울 정단에서는 일간이 왕성하니 길하다.

□ 『**필법부**』 : (제16법) 공망 위에 공망이 타면 일을 이룰 수 없다. 천반에 순의 공망이 보이고 천공이 타면 실상이 전혀 없다.
(제76법) 서로 시기하여 화가 모두에게 미친다. 일지와 일간의 상신이 육해를 만드는 것으로서 주객이 서로 시기한다.
□ 『**수중금**』 : 여섯 壬일에서는 스스로 자형을 한다. 壬申일에서는 공망되지 않는다.
□ 『**지요**』 : 『육임심경』에서 말하기를, 출행했던 사람이 대문에 즉시 도착하는 것은 집에서 잠시 외출한 사람이 즉시 오는 것이고, 원방에 있는 사람이 즉시 돌아오는 것을 뜻하지는 않는다.

壬申일 제 2 국

공망 : 戌·亥
낮 : 왼쪽 천장, 밤 : 오른쪽 천장

	癸	壬
白 戌 白	空 酉 常	青 申 玄
亥 ○	戌 ○	酉
○	癸	辛	庚
白 戌 白	空 酉 常	勾 未 陰	合 午 后
○ 壬 亥	戌 ○	申	未

戌 蛇 辰 巳	己 朱 巳 貴 午	庚 合 午 后 未	辛 勾 未 陰 申
丁 朱 貴 卯 辰			壬 青 申 玄 酉
丙 合 寅 卯			癸 空 酉 常 戌
乙 陰 丑 寅	甲 勾 玄 子 青 丑	○ 常 亥 空 子	○ 白 戌 白 亥

□ **과체** : 원수, 퇴여, 참관, 조지(朝支)∥괴도천문(불성), 최관사자(불성), 양사협묘(연명 : 巳), 살몰, 고진과수.

□ **핵심** : 초전에 귀살이 있고 중전에 공망이 있으니 물러나면 공(功)이 있다. 매사 힘써 노력하지만 난관을 겪는다.

□ **분석** : ❶ 戌이 일간의 귀살이지만 갑자순의 공망되어 었고, 이곳에 타고 있는 두 마리의 백호가 동시에 나를 덮치지만 이를 두려워하지 않아도 된다.

❷ 일간 壬이 일간의 장생인 申으로 가니 일반인에게는 공(功)이 있다.

❸ 먼저 허경(虛驚)의 귀살인 戌을 초전에서 만나고, 파패신인 酉를 중전에서 만나며, 한발 나아가면 말전에서 생기인 申을 만난다.

❹ 꾀하는 모든 일에서 반드시 노력해야 한다. 다만 괴도천문이니 나중에 장애를 피할 수 없다. 이는 마치 배를 타고 누각에 오르는 것과 같고, 차를 타고 강을 건너려고 하는 것과 같아서, 곤란함은 많고 순조로움은 적다. 이 과는 돌을 안고 강에 뛰어드는 것에 비유된다.

□ 정단 : ❶ 이 원수의 과는 또한 퇴여에 해당하고 다시 참관이다.
❷ 모든 일에서 장애가 있지만 군자는 천거 받는 일이 생기니 많은 사람들을 위해서 수고를 마다하지 않아야 한다. 소인은 장애를 당하는 흉을 방지해야 하고 분쟁을 억지로 일으키지 말아야 한다.
❸ 삼전이 일지로 가니 하(下)에게는 유리하고 상(上)에게는 불리하다.
❹ 그리고 참관이 백호를 만나면 사적인 일에는 유리하고 공적인 일에 불리하다.
❺ 壬癸일에 辰이 巳에 가하면 양사협묘이다. 질병정단에서 반드시 배에 덩어리가 있다.
년) 군자, 소인 : 군자는 공무원을 뜻하고, 소인은 일반인을 가리킨다.

○ 날씨 : 바람이 불고 우레가 친 뒤에 비가 온다.
→ 백호는 우레와 바람이고, 酉와 申은 수를 생하는 오행이다. 오행의 수와 청룡 및 현무는 비를 뜻한다. 초전에 백호가 타니 우레가 치고 바람이 분다. 중전이 癸酉이니 비가 오고, 말전의 申에 청룡과 현무가 타고 있으니 비가 온다.
○ 가정 : 고독한 이별이 있다. 그리고 도둑을 예방해야 한다.
→ ● 질병 : 백호귀살이 간상에 임하여 일간을 극하지만 공망되었으니 사망하지 않는다. 다만 술년이나 술월이나 술월장 기간에 정단하면 공망된 호귀가 풀리니 사망을 방지해야 한다. ● 우환 : 지상에 구진이 타서 일간을 극하니 낮 정단에서는 가정에 관재가 생기고, 밤 정단에서는 태음이 타니 음인에 의한 해가 생긴다. ● 화목 : 기궁과 일지가 육해이고 다시 그 상신이 삼형이니 가족이 화목하지 않다.

○ 구관 : 부임이 매우 빠르다. 그러나 관성이 공망되었으니 장애가 생기고 지체된다.

→ ● 부임운 : 백호가 관성에 타는 '최관사자'는 부임이 매우 빠르다. 그러나 최관사자가 공망되었으니 그렇지 않다. ● 승진운 : 최관사자가 공망되었으니 승진하지 못한다. ● 시험운 : 최관사자가 공망되었으니 합격하지 못한다.

○ 구재 : 힘들게 얻는다. 불필요한 지출을 방비해야 한다.

→ 낮 정단에서 말전의 장생에 청룡이 타고 있으니 재물을 얻는다. 다만 초·중전의 공망을 건너가야 얻을 수 있는 재물이니 힘들게 취득하는 재물이고, 일간 및 초전과 중전이 공허하니 불필요한 지출이 생긴다.

○ 혼인 : 나쁘다.

→ ● 성부 : 일간은 남자이고 일지는 여자이다. 기궁과 일지가 육해이고 간지의 상신이 형을 하고 있으니 혼인은 불성한다. 그리고 발용이 괴도천문이니 혼인에서 장애가 생긴다.

○ 임신·출산 : 딸이다. 삿된 임신이다.

→ 태신인 午가 중녀를 뜻하는 리괘이고 삼전이 다시 1음2양이니 딸이나. ● 출산 : 초진이 괴도천문이니 출산에 장애가 생긴다.

○ 질병 : 기가 막혔거나 혹은 식체가 있다. 체한 것을 내려가게 해야 한다. 구병은 흉하고, 급병은 즉시 낫는다.

→ ● 병증 : 괴도천문은 기운이 막혔거나 체병이다. 그리고 일간이 공망되면 구병 환자는 사망한다. ● 백호가 귀살에 타서 일간에 임하니 대흉하지만 공망되었으니 흉화위길하다. ● 치료법 : 의약신이 寅卯이니 약초요법과 기도가 좋고, 의약신이 卯辰에 임하니 정동과 동남간에서 의약을 구하면 된다.

○ 출행 : 나갈 수 없다.

→ 괴도천문은 문이 닫혀 있는 상이니 나갈 수 없다.

- ㅇ **귀가** : 장애가 있거나 타향을 연연해한다.
  - ➔ 괴도천문은 귀가에 장애가 있다.
- ㅇ **유실** : 스스로 돌아온다. 그렇지 않으면 잡기 어렵다.
  - ➔ 괴도천문은 도둑을 잡기 어렵다.
- ㅇ **전투** : 불리하다. 군사를 잃는 상이다.
  - ➔ 백호귀살이 간상과 발용에서 일간을 극하니 불리하다. 군사를 뜻하는 일간이 공망되었으니 군사를 잃는다.
- ㅇ **쟁송** : 풀리지 않을 경우, 형을 받는 것을 방지해야 한다.
  - ➔ 백호귀살은 형을 받는 상이다. 이 과전에서는 호귀가 공망되었으니 무방하다. ● 일간이 발용이 되어 말전이 일지로 이어지니, 윗사람이 불리하고 아랫사람이 유리하다.

- □ 『**필법부**』: 〈제51법〉 하괴가 천문을 건너면 장애가 생긴다. 戌이 亥에 가하여 발용이 되면 모망사는 모두 막히고 불통한다.

  〈제61법〉 질병정단에서 일간 위에 묘신백호가 없어야 좋다. 모든 정단은 어둡고 미혹되며 흉악하다.

  〈제91법〉 백호가 일간에 임하면 귀살의 흉한 작용이 매우 빨리 나타난다.

- □ 『**괘낭부**』: 戌에 백호가 타면 개가 놀란다. 또 말하기를 관문이 머니 출행인은 아직 오지 않는다.

- □ 『**과경**』: 간상이 발용이고 말전이 일지로 돌아가면 조지격이다. 타인에게서 허리를 숙여서 취하는 것을 면하지 못하고, 타인에게 억제를 당하여 스스로 할 수 없다.

壬申일		제 3 국	공망 : 戌·亥 ○

낮 : 왼쪽 천장, 밤 : 오른쪽 천장

庚	戊	丙
玄 午 后	后 辰 蛇	蛇 寅 合
申	午	辰

癸	辛	庚	戊
空 酉 常	常 未 陰	玄 午 后	后 辰 蛇
○ 壬 亥	酉	申	午

丁卯巳 貴 朱	戊辰午 后 蛇	己巳未 陰 貴	庚午申 玄 后
丙寅辰 蛇 合			辛未酉 常 陰
乙丑卯 朱 勾			壬申戌 白 玄
甲子寅 合 青	○ 勾 亥 空 丑	○ 青 戌 白 子	空 酉 常 亥 ○

- □ **과체** : 원수, 고조, 퇴간전, 일녀(밤) // 복덕, 오양, 관격, 사승살, 아괴성, 초전외전.
- □ **핵심** : 가정은 깨지고 사람은 쇠해진다. 말전에서 초전의 재물을 생해 준다. 음란한 여자가 도망친다. 음력 7월 정단에서는 처가 아이를 갖는다.
- □ **분석** : ❶ 사람과 가택에 모두 패신이 타고 있다.
  ❷ 초전이 수야의 천장으로부터 협극을 당하니 초전을 쓸 수 없다. 그러나 말전의 寅목이 초전의 재성을 생하니 성공할 희망이 있다.
  ❸ 午는 일간의 처재이고 여기에 타고 있는 천후와 현무는 모두 음란의 천장이다. 낮 정단에서 현무가 타니 처가 도망가서 숨는다.
  ❹ 午는 壬수의 태신과 재성이다. 7월에 정단하면 생기이니 임신한다.
- □ **정단** : ❶ 이 과전은 원수와 퇴간전의 하나인 고조이다.
  ❷ 고조는 구업(舊業)으로 돌아가는 상으로서 모든 모망사에서 길하다. 다만 퇴간전이니 장애가 생긴다.
  ❸ 밤 정단에서는 초전에 천후가 타고 말전에 육합이 타서 '일녀'이

니 음란사가 있어서 부정한데, 다시 간지상에 목욕이 타고 있다. 이러하니 사람과 가택이 모두 패망하고, 신체 정단에서는 기혈이 쇠약하며, 가택 정단에서는 집이 기운다.
❹ 간상의 酉가 첩과 같은 성격이니 주색으로 인해 가정이 깨진다.

─────────────────

○ 날씨 : 밤 정단에서는 비가 많이 오고 가끔씩 해가 보인다. 낮 정단에서는 오랫동안 흐리다.
　→ 寅은 바람을 뜻하고, 등사는 우레를 뜻하며, 육합은 우사(雨師)를 뜻한다. 초전이 화의 오행이니 맑고, 중전이 토의 오행이니 흐리다. 말전이 寅이니 바람이 불고 밤에는 육합이 타니 비가 오며, 낮에는 등사가 타니 우레가 친다.
○ 가정 : 가정이 깨진다. 여종이 간통하고 도망치는 것을 방비해야 한다.
　→ ● 가상 : 간상의 酉는 일간의 패신이고 지상의 午는 일지의 패신이다. 특히 간상의 酉는 일지의 파쇄이니 이러한 흉이 더욱 심하다. 따라서 가정이 깨지는 가상이다. ● 음란사 : 간상에 酉가 임하니 여종이나 딸이 간통하고 도망간다. ● 임신 : 지상 및 초전의 午는 壬수의 태신이면서 재성이다. 7월에 정단하면 생기이니 임신한다. ● 음란사 : 밤 정단에서 초전이 천후이고 말전이 육합이면 일녀격이다. 따라서 부녀자가 음란하여 도망치는 것을 방지해야 한다.
○ 구관 : 호기를 기다려야 한다.
　→ ● 관직운 : 삼전이 고조격(午辰寅)이니 퇴직하는 상이다. 또한 초전이 외전이 되었으니 뜻대로 되지 않는다.
○ 구재 : 돈을 번 뒤에 주색으로 탕진한다.
　→ 말전에서 초전의 재성을 생하니 돈을 벌지만 간지상신이 패신이니 주색으로 탕진한다.

○ 혼인 : 혼인하지 않는 것이 좋다.
→ ● 길흉 : 간상의 酉는 일간의 패신이고 지상의 午는 일지의 패신이다. 간상과 지상에 패신이 타니 혼인하지 않는 것이 좋다. ● 성부 : 지상의 午는 처재효이면서 태신이다. 낮에는 현무가 타니 여자를 잃는 상이니 혼인하기 어렵다. ● 임신 : 만약 혼인하면 밤에는 午에 천후가 타니 장가든 뒤에 자식을 얻는다. 만약 신월(申月)에 정단하면 임신한 태아는 잘 자란다.

○ 임신·출산 : 7월 정단에서는 처의 임신이 길하다. 그러나 정월과 2월에는 불길하다.
→ 지상의 午는 처를 뜻하는 재성과 태아를 뜻하는 태신이다. 신월(申月)에는 午가 생기이니 임신해서 생육이 잘 되지만 인월(寅月)과 묘월(卯月)에는 사신과 사기에 해당하니 낙태된다.

○ 질병 : 심장병과 신장병이다.
→ ● 병증 : 일간은 환자이고 일지는 질병이다. 지상이 午이니 심장병이고 귀살이 土이니 신장병이다. 그리고 간지상신이 모두 패신이니 기혈이 쇠하다. ● 치료법 : 의약신이 寅이니 약초요법과 기도가 좋고, 의약신이 辰에 임하니 동남간에서 의약을 구하면 된다.

○ 출행 : 동방이 이롭다.
→ 말전이 寅이니 동방이 좋다. 음일격이니 연인과 여행을 간다.

○ 귀가 : 형제의 귀가를 정단하면 즉시 온다.
→ 고조격은 가족이 귀가하는 상이다. ● 발용과 지상이 午이니 처의 귀가정단을 하면 즉시 온다.

○ 유실 : 여자가 훔쳐갔다. 도망쳤으니 잡기 어렵다.
→ 간상이 酉이니 여자가 훔쳐갔다. 癸酉는 폐구이다. 여자가 잠복하였으니 잡지 못한다.

○ 전투 : 기습공격에 대비해야 한다.
→ 일간은 아군이다. 일간에 패신과 파쇄가 임하니 적의 기습공격

으로 인해 궤멸당할 수 있다.

→ 맹일[寅申巳亥]에는 酉, 중일[子午卯酉]에는 巳, 계일[辰戌丑未]에는 丑이 파쇄이다. 간상의 酉는 일지의 패신이며 파쇄이다.

○ 쟁송 : 간음으로 인해 밝지 못하다. 옛일이 발각되는 것을 방지해야 한다.

→ 간지의 상신이 패신이니 간음에 의한 쟁송이다.

□ 『필법부』 : 〈제75법〉 손님과 주인이 다투니 형벌을 받는다. 교섭사는 반드시 각각에게 다른 마음이 있다.

〈제36법〉 일간과 일지가 모두 패신이면 형세가 기울고 무너진다. 몸에 관한 정단을 하면 기혈이 쇠패하고, 가택 정단을 하면 가택이 무너진다.

〈제85법〉 초전이 협극되면 뜻대로 되지 않는다. 만약 협극되는 것이 재신이면 재물을 꾀하지 못한다.

〈제40법〉 천후와 육합은 혼인정단에서 중매인을 쓰지 않아도 된다. 일간은 남편이고 일지는 아내이니 혼인정단에서는 온전히 여기를 살펴야 한다.

□ 『과경』 : 壬申일에 월장은 巳이고 점시는 未이다. 남편의 행년은 甲寅이고 처의 행년은 己亥이다. 상하가 상생해서 합을 하고 본명에 타서 왕기이니 '번창과'로서 일명 '덕잉과'이다.

□ 『중황경』 : 천후가 형을 하면 어두워진다. 정단하여 극을 만나지 않으면 반드시 혼인이 성사된다.

| 갑자순 | 임신일 | 4국 |

壬申日　제 4 국

공망 : 戌·亥 ○
낮 : 왼쪽 천장, 밤 : 오른쪽 천장

	己		丙		○	
陰	巳	貴	蛇	寅	合	勹 亥 空
	申		巳		寅	
	壬		己		己	丙
白 申 玄	陰 巳 貴	陰 巳 貴	蛇 寅 合
○ 壬 亥	申	申	巳

蛇	丙寅巳	合	丁卯午	貴	朱	戊辰未	后	蛇	陰	己巳申	貴
朱	乙丑辰	勹						玄	庚午酉	后
合	甲子卯	青						常	辛未戌	陰
勹	○亥寅	空	青	○戌丑	白	空	癸酉子	常	白	壬申亥	玄○

□ **과체** : 원수, 병태, 불비(무음), 자재(왕래수생) // 형상, 침해, 복덕.

□ **핵심** : 앉아서 꾀하면 이익이 있고 움직이면 손실이 있다. : 현무와 백호가 일간에 임하니 우환을 대비해야 한다.

□ **분석** : ❶ 장생이 일간에 임하니 앉아서 이것을 가만히 지키면 이익이 생긴다. 그러나 만약 움직여서 초전의 재물을 취하려고 하면 오히려 둔반 己土의 극을 받아서 우환이 닥친다.

❷ 중전의 寅목은 일간의 탈기이고 말전의 亥수는 갑자순의 공망이니, 여러 모로 애쓰더라도 효과를 거두기 어렵다.

❷ 간상의 申에 밤에는 현무가 타고 낮에는 백호가 타니 우환에 대비해야 한다. 다행히 공망에 앉아 있으니 큰 해가 되지는 않는다.

□ **정단** : ❶ 이 과전은 원수과이고 또한 병원태이다.

❷ 몸은 기쁘지만 마음에는 걱정이 앞선다.

❸ 두 사람이 동업하면 나중에 틀어지고, 간지에 형(刑)이 타고 있으니 움직이면 편안하지 않다. 만약 신하는 충성하고, 자식은 효도하여, 법규와 예의를 지키면, 몸과 명예가 모두 태평해진다.

❹ 만약 사사로운 정을 잊지 못해 외간 여자에게 양심에 걸리는 행

동을 하면 나중에 안정을 잃게 된다. 그리고 두 양이 하나의 음을 놓고 다투고, 사사로운 연정을 품으니, 부부의 정과 뜻이 서로 어긋난다.

❺ 집안의 일 처리는 매우 투명하고 엄격해야 화를 면할 수 있다.

○ 날씨 : 낮 정단에서는 바람이 많고 불고, 밤 정단에서는 많은 비가 온다.

→ 초전의 巳는 무지개, 중전의 寅은 바람, 말전의 亥는 비를 뜻한다. 따라서 초기에는 무지개가 뜬다. 중기에는 바람이 불면서 낮에는 등사가 타니 우레가 치고 밤에는 육합이 타니 비가 온다. 말기에는 수의 오행인 亥가 공망되었으니 비가 오지 않는다.

○ 가정 : 식구에게 작은 불안이 있다.

→ ● 음란사 : 사과가 불비이니 가정에 음란사가 발생한다. ● 태아 : 삼전이 병태이니 태아나 아기가 제대로 생육되지 않는다. ● 화목 : 일지의 상하가 서로 형·파·극을 하고 다시 지상의 巳가 남편궁의 申과 형·파·극을 하니 가족이 화목하지 않다.

○ 구관 : 순조로운 이익이 있다. 시험에 응시하면 길하다. 세 번째 시험에서는 신중해야 한다.

→ ● 관직운·시험운 : 일간의 장생인 일지 申이 간상으로 와서 일간 壬을 생하니 순조로운 이익이 있다. 그리고 원수과이니 시험에 유리하다. 말전이 공망되었으니 세 번째 시험에서 불합격 우려가 있다. ● 직장운 : 장생이 일간에 가하니 현재의 직장에 머무는 것이 좋다. 만약 이동하면 초전의 천지반이 형·파·극을 하고, 중전은 일간을 탈기하며, 말전은 공망되니 나쁘다. ● 취직운 : 일록이 공망되었으니 구할 수 없다. 다만 공망이 메워지는 해년(亥年), 해월(亥月), 해월장(亥月將) 기간에는 가능하다.

○ 구재 : 얻을 수 있다.
→ 중전의 자손효에서 발용의 재성을 생하니 얻을 수 있다. 발용의 재성이 간상과 형이니 위험성이 있는 재물이다. ● 차용 : 돈을 차용할 경우, 밤 정단에서는 재성에 탄 귀인이 공무원과 은인을 뜻하니 공무원이나 은인에게서 차용하면 된다. ● 사업 : 사업을 할 경우, 밤 정단에서는 관청을 상대로 한 사업이 좋다. 그리고 낮 정단에서는 태음이 아가씨를 뜻하니 아가씨를 고객으로 하는 장사가 좋다.

○ 혼인 : 나쁘다.
→ ● 궁합 : 일간은 나이고 일지는 여자이다. 일지인 申이 간상으로 와서 기궁 亥와 육해가 되어 남녀가 해를 끼치고 입으니 나쁜 궁합이고, 또한 사과가 불비여서 음란하니 나쁜 궁합이다. ● 성부 : 삼전이 병태이니 혼사가 시들해진다.

○ 임신·출산 : 출산 이전에는 다병하고, 출산 이후에는 안전하다.
→ 삼전이 병태이니 태아의 생육이 나쁘다.

○ 질병 : 몸에서 한열이 왕래하는 병이다. 속히 낫기는 어렵다.
→ ● 병증 : 수는 한이고 화는 열이다. 초전이 화이고 말전이 수이니 한열이 교대로 나타난다. 삼전이 병태이니 병이 오래가고 쉽게 낫지 않는다. ● 치료법 : 의약신이 寅卯이니 약초요법과 기도가 좋고, 의약신이 巳午에 임하니 동남간과 정남에서 의약을 구하면 된다.

○ 출행 : 2·6·10월에는 원행을 꺼린다.
→ 역마는 여객수단이다. 2·6·10월에는 중전의 역마가 망신에 해당하니 원행을 꺼린다.

○ 귀가 : 목적지에 머물면서 돌아오지 않는다.
→ 말전은 목적지이다. 말전이 공망되었으니 아직 출발하지 않았다.

○ 유실 : 되찾은 유실물이 온전하지 않다. 도망간 사람은 스스로 돌아

온다.
→ 초전 천반의 재성이 지반과 형을 하니 물건이 손상당했다.
○ **전투** : 밤 정단에서는 길하고 천리의 영토를 넓힌다. 낮 정단에서는 군사들이 혼란스럽고 편안하지 않다.
→ 일지는 군영이다. 일지의 상하가 형·파·극이 되니 군영이 편안하지 않다. 낮 정단에서는 巳가 내전되니 더욱 심하다.
○ **알현** : 일 때문에 찾아 가서 화사한 기운을 잃을 우려가 있다.
→ 낮 정단에서는 귀인승신 卯에서 일간을 탈기하니 귀인에 의한 손실이 있고, 밤 정단에서는 귀인이 사문인 酉에 임하니 귀인에게 사심이 있다.
○ **쟁송** : 수감을 방지해야 한다. 먼저 움직인 쪽이 이롭다.
→ 초전의 巳가 간상의 申을 형하니 수감을 방지해야 한다. 그리고 원수과이니 쟁송에서 먼저 움직인 쪽이 이롭다.

□ 『**필법부**』 : 〈제75법〉 손님과 주인이 다투니 형벌을 받는다. 교섭사는 반드시 각각에게 다른 마음이 있다.
□ 『**과경**』 : 일지가 간상에 가하여 일간을 생하면 자재격이고 구생격이다. 소위 호생과 구생은 모든 일에서 유익하다.
□ 『**수중금**』 : 巳가 申에 가하니 병태이고 또 무서운 과라는 뜻이다. 임신한 태아에게 병이 있으니 어찌 근심이 없고, 어찌 안전할 수 있겠는가? 따라서 겉으로는 좋지만 속으로는 걱정이 앞선다.

壬申일 제 5 국

공망 : 戌·亥 ○
낮 : 왼쪽 천장, 밤 : 오른쪽 천장

甲	壬	戊
合 子 青	白 申 玄	后 辰 蛇
辰	子	申

辛	丁	戊	甲
常 未 陰	貴 卯 朱	后 辰 蛇	合 子 青
○壬亥	未	申	辰

乙丑 朱巳	丙寅 蛇午	丁卯 貴未	戊辰 后申 蛇己巳
甲子 合辰			陰巳 貴酉
○亥 勾卯 空			庚午 玄戌 后
○戌 青寅	癸酉 空丑常	壬申 白子玄	辛未 常亥 陰○

- □ **과체** : 중심, 윤하, 여덕, 참관, 교동, 육의 // 화미, 침해, 맥월, 합중범살, 명암이귀, 용화사(龍化蛇), 살몰.
- □ **핵심** : 꾀하는 일에서 남에게 속임을 당하고, 처와 재물에 곤란한 일이 두렵다. 낮 귀인은 낮길에 있고, 밤 귀인은 밤길에 놓여있다.
- □ **분석** : ❶ 일간의 壬수가 일지의 申금을 탈기하지만 지상의 辰에 의해 묘신을 당하니 꾀하는 모든 일에서 기만을 당하고 부실하다.
  ❷ 삼전의 수국은 일간과 동일한 오행으로서 삼전에서 처의 재물을 방해한다. 구결에서 말하기를, "일간의 동류가 삼전 안에 들면 재물이 사라지고 처첩에게 흉하다."고 하였다.
  ❸ 태음이 未에 타서 亥에 가하니 자식의 혼사가 있다.
- □ **정단** : ❶ 이 중심의 과는 국명이 윤하이다.
  ❷ 간지상의 未와 辰 두 토는 비화되고, 밤 천장 청룡과 등사는 동류로서 기쁜 일이 거듭 겹쳐서 보인다.
  ❸ 귀인이 酉에 서면 '여덕'이다.
  ❹ 천강[辰]이 일지에 임하면 '참관'이다. 군자는 승진하고 소인은 멀리 도망친다.

❺ 낮 정단에서 교동이니 인륜을 져버린다. ⑥ 수는 겨울이 돌아와야 왕성하다. 만약 겨울을 만나면 모든 일이 뜻대로 된다.

○ **날씨** : 발을 적실 정도의 비가 온다.
　➔ 오행의 수는 비를 뜻한다. 삼전이 수국이니 많은 비가 온다.
○ **가정** : 물 가까이에 집이 있다.
　➔ ● 가상 : 일지의 음양이 모두 수국이니 하천 근처에 집이 있고, 삼전이 형제국이니 가정에 재물이 적은 가상이다. ● 우환 : 지상의 辰이 일간의 귀살이다. ● 밤에는 등사가 타니 가정에 우환이 발생한다. 만약 자월(子月)에 정단하면 辰이 사기이니 상을 당할 우려가 있다. ● 낮에는 천후가 묘신에 타니 부인의 건강이 좋지 않다. 다시 일지의 상하와 삼전이 합을 하여 형제국이 되니 부인의 건강을 정단하면 매우 흉하다.
○ **구관** : 이뤄진다.
　➔ ● 관직운 : 삼전의 합국은 곧 일간의 합국이니 이뤄진다. ● 밤 정단에서는 삼전이 용화사 곧 초전에는 청룡이 타고 말전에는 등사가 타니 관운이 나빠진다. ● 시험운 : 일지의 상하와 삼전이 형제국이니 시험에 불리하고, 다시 초전이 형제효이니 더욱 불리하다.
○ **구재** : 얻기 어렵다.
　➔ 일진의 상하와 삼전이 형제국을 이루고 있으니 파재하는 상이다. 다만 제2과가 수일정재이니 자식으로부터 재물을 얻는다.
○ **혼인** : 아이의 혼인이다. 그리고 밤 정단에서는 화합하고, 낮 정단에서는 부정하다.
　➔ ● 혼인 : 태음이 未에 타서 亥에 가하니 자식이 혼인한다. 그리고 제2과가 수일정신이니 미혼남성이 장가든다. ● 궁합 : 과전이 삼합하여 화미이니 궁합이 좋다. 다만 일지의 상하와 삼전이 삼합하여

형제국이 되니 처의 건강이 나쁘다.
- **임신·출산** : 첩이 부정하게 임신한다.
   → 낮 정단에서 초전에 육합이 타고 말전에 천후가 타니 '교동'이다. 남자의 음란으로 인해 사사롭게 임신한다.
- **질병** : 낫기 어렵다.
   → ● 병증 : 제5국과 제9국은 일간의 상하와 일지의 상하 그리고 삼전이 삼합한다. 이는 환자와 질병이 상합하고 있으니 낫기 어렵다. 삼전이 수국이니 심장질환이나 신장질환이다. 낮 정단에서는 낮 귀인 卯가 일간 壬을 탈기하고 있어서 귀수가 있으니, 법사의 도움을 받아서 귀수를 물리쳐야 한다. ● 치료법 : 의약신이 寅卯이니 약초요법과 기도가 좋고, 의약신이 午未에 임하니 정남과 남서방에서 의약을 구하면 된다.
- **출행** : 곡절이 많다.
   → 삼전이 역행하여 귀가의 상이니 출행이 순조롭지 못하여 곡절이 많다. 그리고 낮 정단에서는 교동이니 남성이 여성과 여행하거나, 기혼 남성이 부인 외의 여성과 여행한다.
- **귀가** : 타향에서 연연해하고 있다.
   → 삼전이 삼합하니 타향에서 연연해하고 있다. 따라서 귀가가 늦다.
- **유실** : 도둑을 잡기 어렵다. 도망간 사람은 스스로 귀가한다.
   → 지상이 辰이고 말전이 辰이니 참관격이다. 참관격은 도둑을 잡지 못한다. 삼전이 일종의 퇴여이니 도망간 사람이 돌아온다.
- **전투** : 승전한다.
   → 귀살은 적군이다. 일간의 상하가 자손효이니 아군이 승전하며, 삼전이 형제국이니 아군이 유리하다. 중심과이니 수성하는 것이 유리하다.
- **알현** : 웃음 속에 칼을 숨기고 있는 것을 방비해야 한다.

→ 지상의 辰과 말전의 辰이 자형이니 웃음 속에 칼을 숨기고 있다. 그리고 낮 정단에서는 낮 귀인 卯가 일간을 탈기하고 있으니 귀인이 나에게 손실을 입히고, 밤 정단에서는 밤 귀인 巳가 사문(私門)인 酉에 임하니 귀인에게 사심이 있다. 여기에서의 사문은 卯와 酉를 가리킨다.

○ **쟁송** : 상대가 속임수를 꾸미도록 내버려 두면 결국은 무용지물이 되니 차분하게 기다리면 된다.

→ 일간은 나이고, 일지는 상대이며, 지상의 辰은 속임의 신이다. 지상에 일간의 묘신이 임하니 상대가 불리하다. ● 만약 합의를 보지 않으면 과전이 삼합하니 장기화되고 손재수가 많다.

□ 『**필법부**』 : 〈제84법〉 합 속에 살을 범하는 것은 꿀 속에 비상이 있는 것이다. 성합하려다가 갑자기 성합을 잃게 된다.

〈제46법〉 귀인에게 차질이 생기면 일은 가지런하지 못하게 된다. 귀인을 만나서 구하는 일이 많을지라도 제대로 되는 것이 없다.

〈제40법〉 천후와 육합은 혼인정단에서 중매인을 쓰지 않아도 된다.

□ 『**과경**』 : 하루 중 귀인이 순행하는 것이 전무할 경우에는 귀인에게 부탁해도 결국 귀인이 호응하지 않는다. 전진하면 좌절한다.

□ 『**옥성가**』 : 삼전이 합을 하면 구하는 일을 꾀해도 된다. 류신을 취해서 일간과 같이 정단하면 된다.

壬申일 제 6 국

공망 : 戌·亥 ○
낮 : 왼쪽 천장, 밤 : 오른쪽 천장

庚	乙	壬	
玄午后	朱丑勾	白申玄	
亥 ○	午	丑	
庚	乙	丁	○
玄午后	朱丑勾	貴卯朱	青戌白
○壬亥	午	申	卯

甲子 合巳	青	乙丑	朱	丙寅	蛇	丁卯	合	貴	朱
					未	申			
○						戌			蛇
勾 亥 空 辰						后 辰 酉			
						己			
青 戌 白 卯						陰 巳 戌			貴
癸 空 酉 常 寅		壬 白 申 玄 丑		辛 常 未 陰 子		庚 玄 午 后 亥			

□ **과체** : 섭해, 장도액, 사절(四絶) // 초전협극, 삼기(중전), 체생(불성), 인귀생성, 명암작재, 수일정신, 복태, 태수극절, 과수, 인택좌묘, 록현탈, 구태(俱胎).

□ **핵심** : 午가 밀려서 물러난다. 낮 정단에서는 처와 재물을 잃는다. 웃 : 른과 형제가 재앙을 당하는 것을 방지해야 한다.

□ **분석** : ❶ 간상의 午와 발용의 두 午는 모두 일간의 처재이다. 밤의 천후와 낮의 현무는 모두 일간과 동일한 오행인 수이니 午를 협극한 뒤에 다시 절지에 임했다. 낮에 만나는 천장이 '진현무'이니 특히 처와 재물이 손실된다.

❷ 申은 일간의 장생이며 부모이다. 이 장생이 중전에서 온 申의 묘신인 丑에 앉는다.

❸ 초전의 午로부터 申이 극을 당하고 申의 묘신인 丑에 앉으니 장생이 무기하다. 장생에 낮에는 백호가 타고 있으니 웃어른이 재앙을 당한다.

□ **정단** : ❶ 이 섭해과는 또한 장도액이다.

❷ 세 곳이 하적상을 당하니 웃어른에게 나쁘다. 모든 일에서 험하

고 어렵다. 반드시 많은 고난을 겪어야 생기가 발동한다.
❸ 간상의 음양이신 午와 丑이 서로 해치고, 지상의 음양이신이 서로 육합을 하니, 타인은 교분을 나누지만 자신은 화합을 잃는다. 하물며 초전이 협극을 당하니 모든 것이 자신의 뜻대로 되지 않는다.
❹ 정단하는 사람은 자신의 재능이나 명성을 드러내지 않고, 참고 기다리면서, 깊이 은둔해야 하며, 낌새를 알아채고 물러나야 절망 속에서 생기를 얻을 수 있다.

○ **날씨** : 오랫동안 내리던 비는 개이기 어렵고, 비가 오기를 바라면 적은 비가 온다.
　→ 말전의 申은 비의 근원자이다. 여기에 주야에 금과 수의 천장인 백호와 현무가 타고 있으니 많은 비가 온다.
○ **가정** : 문서와 구설이 생긴다. 남에게 집을 빌려주면 집을 망친다.
　→ ● 우환 : 밤에는 지상에 주작이 타니 가정에 구설이 생긴다. 낮에는 귀인이 타니 귀인이나 관청으로부터 가정에 피해를 입거나 혹은 지상이 수일정재이고 지상의 卯가 자손효이니 자녀로부터 재물을 얻는다. ● 가례 : 사과가 장도액이니 어른은 자녀에게서 불효를 당하고, 남편은 아내에게서 불손을 당한다. ● 화목 : 기궁 亥와 일지 申이 육해이고 다시 간상신 午와 지상신 卯가 육파이니 화목하지 않다.
○ **구관** : 좋은 기회가 왔지만 결국 빛을 보지 못한다.
　→ ● 관직운 : 삼전에서 체생하지만 초전이 공망되었으니 체생하지 못하고 실패한다. 다만 공망이 메워지는 해년·해월·해월장 기간에는 구관이 길하다.
○ **구재** : 재물은 있지만 타인이 모두 쓰는 것을 주장할 수 없다.
　→ 초전의 재성이 공망되었고 낮 정단에서는 현무가 타니 타인이

가져가는 재물이다. 재성의 지반이 일간의 형제효이니 이 돈을 쓰는 사람은 동류이다. ● 또한 초전이 협극되고 다시 공망되었으니 구재가 뜻대로 되지 않는다.

○ 혼인 : 좋은 가운데에서 부족한 것이 있다.
　→ ● 성부(成否) : 일간은 나이고 일지는 상대이다. 간지상신이 서로 파(破)를 하니 좋은 가운데에 부족한 것이 있다. 더군다나 초전의 처재효가 공망되었으니 혼인하기 어렵다. ● 길흉 : 초전에 낮에는 흉장인 현무가 타니 흉하고, 밤에는 길장인 천후가 타니 길하다. ● 혼처 : 지상이 수일정신이니 원방에서 처를 구하는 것이 좋다.

○ 임신·출산 : 신월(申月) 정단은 유리하다. 딸을 낳으면 길하고, 아들을 낳으면 키울 수 없다.
　→ 간상 및 초전의 午는 처이고 여아이다. 신월(申月)에는 午가 생기이니 임신하여 건강하게 생육된다. 지상의 卯는 아들이다. 卯가 申에 가하니 태아가 도끼에 상하는 상이니 아들을 낳으면 불리하다. ● 유산 : 초전의 태신의 몸이 태신을 극하는 지반에 앉아 있고 다시 공망되었으니 임신된 태아는 유산된다.

○ 질병 : 존장에게 불리하지만 복이 있으면 면할 수 있다.
　→ ● 병증 : 장생은 곧 부모이다. 말전의 申이 묘신에 임하니 부모의 질병을 정단하면 생명이 위험하다. ● 치료법 : 의약신이 寅卯이니 약초요법과 기도가 좋고, 의약신이 未申에 임하니 서남간에서 의약을 구하면 된다.

○ 출행 : 방문을 가서 즐겁고 그와 마음이 맞는다. 정월과 2월에는 출행하는 것은 불리하다.
　→ 일간은 나이고 일지는 목적지이다. 일간 亥와 일지 申이 육해이고 다시 간상신 午과 지상신 卯가 육파이니 나와 상대가 화목하지 않다.

○ 귀가 : 어른을 정단하면 곧 돌아온다.

→ 장생은 어른이고 말전은 목적지이다. 장생이 말전에 임하니 귀가하기 위해 출발은 했지만 바로 도착하지는 못한다. 이 외의 다른 사람은 천강[辰]이 사중에 가하니 오는 중이다.
○ 유실 : 도난품을 발견할 수 없다. 도망친 사람을 잡아 온다.
→ 재성은 도난품이다. 공망되었으니 얻기 어렵다.
○ 전투 : 불리하다.
→ 일간은 아군이다. 일간이 공망되었으니 아군이 불리하다.
○ 쟁송 : 밭이나 토지 도난에 관한 쟁송이다. 의외의 누명을 벗거나 혹은 귀인의 힘으로 승소한다.
→ 중전의 丑은 부동산이다. 丑에 낮 정단에서는 주작이 타고 밤 정단에서는 구진이 타니 부동산으로 인한 쟁송이다.

□ 『필법부』 : 〈제85법〉 초전이 협극되면 뜻대로 되지 않는다. 만약 협극되는 것이 재신이면 재물을 꾀하지 못한다.
〈제87법〉 사람과 가택이 묘신에 앉으면 불행을 부른다. 이른바 일지와 일간이 모두 지반의 묘신 위에 앉는 것으로서 어둡게 된다. 모든 일에서 모두 스스로 화를 부른다.
□ 『과경』 : 丑은 배이다. 태신인 午가 丑의 아래에 위치하면 '복태격'이다.
□ 『정와』 : 관직자가 이 과를 얻으면 이웃 마을에서 일이 발동한다. 산까치가 떼를 지으니 형제가 서로 친한 상이다. 신장이 길할 경우에 움직이면 기쁨이 생기고, 신장이 흉할 경우에는 겉으로는 맞는 것 같지만 속으로는 다른 마음을 품는다.

壬申日   제 7 국

공망 : 戌·亥 ○
낮 : 왼쪽 천장, 밤 : 오른쪽 천장

丙	壬	丙
蛇 寅 玄	白 申 合	蛇 寅 玄
申	寅	申
己	○	丙	壬
陰 巳 貴	勾 亥 空	蛇 寅 玄	白 申 合
○壬亥	巳	申	寅

	甲	乙	丙
勾 ○亥 巳	合 子 午	朱 丑 未 常	蛇 寅 申 玄
青 ○戌 辰			貴 丁卯 酉 陰
空 癸酉 卯 勾			后 戊辰 戌 后
白 壬申 寅	常 辛未 丑 合	朱 庚午 子 玄 蛇	貴 陰 己巳 ○亥

□ **과체** : 반음, 무의, 지일, 여덕(낮), 원태(절태) // 형상, 교차육합, 회환, 간지봉절, 양귀수극, 피차시기, 교차재합, 신장·귀등천문(밤).

→ 식반의 상하가 충을 하니 반음과이다. 하적상을 하는 제1과와 제3과 중 양일에 양인 寅을 취해 발용이 되었으니 지일과의 상이 있다.

□ **핵심** : 일지와 일간(기궁)이 절(絶)에 앉는다. 조전이 탈기하니 말전도 : 기한다. 밤에는 현무와 육합을 만난다. 두 귀인이 좋아하지 않는다.

□ **분석** : ❶ 일지와 일간에 절신이 임하는데 寅이 발용이 되어 일지의 절신이 되고 초·말전의 寅이 시종일관 일간의 기운을 탈기한다.

❷ 밤에는 申에 목의 천장인 육합(乙卯)이 타서 다시 일간을 탈기하고, 두 寅에 밤에는 현무가 타서 다시 일간을 탈기한다.

❸ 밤 귀인 巳화는 亥에 임해서 亥수의 극을 받고 낮 귀인 卯는 酉에 임해서 酉금의 극을 받는다. 이와 같이 두 귀인이 모두 극을 받으니 나쁘다.

❹ 그리고 지상의 寅은 일간을 도둑질하는 기운으로서 이 곳에 현무가 타니 반드시 가족이 도둑질을 한다.
□ 정단 : ❶ 이 무의의 과는 지일과에도 해당하는 원태격이다.
❷ 그리고 귀인이 卯·酉에 임하는 '여덕격'으로서 반복되고 편안하지 않다. 매사에서 짜증을 내지 말고 욕되게 하지 말아야 한다.
❸ 윗사람은 아랫사람을 아끼고 아랫사람은 윗사람을 존경하여 분쟁을 멈춰 원한을 없애면 자연히 복이 오고 재난이 사라진다.
❹ 일간의 음신과 일지의 양신은 모두 도적이다.
❺ 간지 2개의 음신에서 모두 그 하를 극한다. ⑥ 반음과의 사맹은 '절원태'이다. ⑦ 寅巳申亥가 거듭하여 해를 입히니 신중하지 않을 수 없다.

○ 날씨 : 밤 정단에서는 비가 오고, 낮 정단에서는 번개가 치고 바람이 분다.
→ 낮 정단에서는 초전과 말전이 寅이니 바람이 불고 여기에 우레의 천장인 등사가 타니 우레가 친다. 밤 정단에서는 초전과 말전이 寅이니 바람이 불고 여기에 수의 천장인 현무가 타니 비가 온다.
○ 가정 : 주인이 가격을 올리니 결절하는 것이 좋다.
→ ● 이사 : 간상의 巳는 일간의 절신이고 지상의 寅은 일지의 절신이다. 이 집과의 인연이 끝났으니 이사해야 한다. ● 화목 : 간지와 그 상신이 육해이니 가족이 화목하지 않다.
○ 구관 : 밤 정단에서는 길하고, 낮 정단에서는 먼저의 상태로 되돌려진다.
→ ● 관직운 : 중전의 장생에 밤 정단에서는 길장이 타니 길하고, 낮 정단에서는 흉장이 타니 되돌려진다. 반음과는 공무원과 회사원 모두 만임하지 못한다.

○ **구재** : 노비 혹은 형벌과 교도소에 관련된 일로 교역한다. 먼저 잃고 나중에 얻는다.

→ 일간(기궁) 亥와 지상신 寅이 육합하고 일지 申과 간상신 巳가 육합한다. 일간 壬 기준의 간상신 巳는 재성이고 일지 申 기준의 지상신 寅 또한 재성이다. 따라서 교차재합에 해당한다. 다만 간상에 일간의 재성이 임하지만 절신에 임하니 손재수가 생긴다. 다만 봄과 여름에는 재성인 巳가 득령하니 재운이 좋다.

○ **혼인** : 훌륭한 남자이고 아름다운 여자이다. 아쉽게도 난폭하니 장애가 생겨서 혼인하기 어렵다.

→ ● 성부 : 일간은 나이고 일지는 상대이다. 기궁과 지상신은 파와 합이고 일지와 간상신은 형과 합이니 혼인하기 어렵다. 또한 기궁은 일지와 육해이고 간상신은 지상신과 육해이니 더욱 더 혼인하기 어렵다. ● 성정 : 밤에는 간상에 귀인이 타니 귀한 남자이다. 그러나 지상에는 주야 모두 흉장인 등사와 현무가 타니 천한 여자이다.

○ **임신·출산** : 정월 정단에서는 두렵다. 태아가 손상을 당하거나 부실을 방지해야 한다.

→ 정월에는 태신 午가 사기이니 사망하고, 신월에는 태신 午가 생기이니 잘 생육된다.

○ **질병** : 처와 노인 그리고 아이는 불길하다. 나머지는 반복되고 음식을 먹지 못한다.

→ ● 병증 : 반음과는 질병이 재발한다. 그리고 일록이 공망되었으니 음식을 먹지 못하니 사망할 우려가 있다. ● 치료법 : 의약신이 寅卯이니 약초요법과 기도가 좋고, 의약신이 申酉에 임하니 서남간과 정서에서 의약을 구하면 된다.

○ **출행** : 귀인을 만나서 일을 매듭짓는 것이 좋고, 식록(돈)이 지출되니 나쁘다.

→ 귀인은 공무원이나 은인이다. 귀인이 절신에 임하니 귀인을 만

나서 용건을 끝맺는 것이 좋고, 일록이 공망되었으니 재물을 잃는다.

○ **귀가** : 오는 중이다.
  → 천강[辰]이 사계인 戌에 임하니 곧 도착한다.
○ **유실** : 도둑이 장차 나타난다.
  → 밤 정단에서 현무가 지상에 임하니 도둑이 온다.
○ **전투** : 이득이 없다. 휴전하는 것이 좋다.
  → 반음과는 전세가 뒤집히는 상이다. 따라서 휴전하는 것이 좋다.
○ **쟁송** : 화해하는 것이 좋다.
  → 반음과에는 판결이 뒤집히는 뜻이 있으니 화해하는 것이 좋다.
○ **알현** : 뜻을 이루지 못한다.
  → 주야 두 귀인이 지반으로부터 극을 받으니 귀인을 만나서 뜻을 이루지 못한다.

□ 『**필법부**』 : 〈제49법〉 두 귀인이 극을 받으면 귀인에게 요청하는 일을 이루기 어렵다.
  〈제76법〉 서로 시기하여 화가 모두에게 미친다. 일지와 일간의 상신이 육해를 만드니 나와 상대가 서로 시기한다.
□ 『**과경**』 : 10월에 정단하면 월장이 寅이어서 현무를 비추니 도둑을 잡는 일에서 가장 좋다. 만약 천공이 타면 더욱 좋다.
□ 『**정온**』 : 이 과는 교차합재이니 재물로 교섭하는 일에서 이로움이 있다. 그리고 절신이 일간의 재성이니 재물사를 끝맺는 일에서 좋다.
  → 일간(기궁) 亥와 지상신 寅이 육합하고 일지 申과 간상신 巳가 육합한다. 일간 壬 기준의 간상신 巳는 재성이고 일지 申 기준의 지상신 寅 또한 재성이다. 따라서 교차재합에 해당한다.

壬申일 제 8 국

공망 : 戌·亥○
낮 : 왼쪽 천장, 밤 : 오른쪽 천장

戊	癸	丙
后辰后	空酉勾	蛇寅玄
亥○	辰	酉

戊	癸	乙	庚
后辰后	空酉勾	朱丑常	玄午蛇
○壬亥	辰	申	丑

○戊巳青	○亥午	甲子未	乙丑申常
青癸酉辰空	勾	合白	朱丙寅酉蛇玄
空壬申卯白	合		蛇丁卯戌貴陰
常辛未寅	庚午丑玄蛇	己巳子陰貴	戊辰亥后后
朱			

- **과체** : 원수, 참관, 천강(天罡,사기) ∥ 형상, 묘신부일, 구묘(간지승묘), 귀묘(鬼墓), 덕경(말전), 인귀생성, 양후협묘, 참관, 살몰, 고진과수.
- **핵심** : 간상이 묘신이고 지상도 묘신이니 가정 내외가 모두 어둡다. 움직이면 재앙이 닥치고 위험한데 삼전 또한 불길하다.
- **분석** : ❶ 辰은 수의 묘신이고 丑은 금의 묘신이다. 일간은 壬이고 일지가 申이니 간지가 모두 묘신의 아래에 있다. 경에서 말하기를, "묘신이 일진을 모두 덮으면 사람과 가택이 혼미하다"고 하였다.
❷ 삼전에서 수차례 이동하여 전진하니, 초전에서는 묘신 겸 귀살을 만났고, 중전에서는 패기를 만났으며, 말전에서는 탈기를 만났으니, 매 걸음마다 재앙이 생기고 시시각각 위험하다.
- **정단** : ❶ 이 과전은 원수과이고 참관이다.
❷ 일간의 묘신이 일간을 덮고 일지의 묘신이 일지를 덮었으니, 손위와 손아래가 혼미하고 가정의 내외가 모두 어려우며 어둡다.
❸ 辰이 壬(亥)에 가하여 발용이 되었다. 辰은 일지의 화개이며 일간의 묘신이다. 신분과 지위[관직, 직장]를 정단하면 이것을 잃고 방황하게 된다. 그리고 일간의 묘신이 공망에 앉고 밤과 낮에 천후가

타며 亥가 나와 동류이니, 이러한 경우에는 몰래 도와야 한다. 정단하는 사람은 음덕을 널리, 많이 쌓아서 호기에 움직여야 한다. 그리고 위험하고 의혹스러운 일에서는 순리를 따라야 반드시 원수과의 길한 뜻에 부합해서 민심이 나를 따른다. 일반인이 이 과로 정단하면 재앙을 피하고 화를 벗는다.

○ 날씨 : 봄 정단에서는 큰 비가 온다.
   → 초전의 辰은 수의 창고이다. 이곳에 주야 모두 수의 천장인 천후가 타니 비가 온다. 중전의 酉는 비를 생하는 오행이다. 말전이 寅이니 바람이 불며 낮 정단에서는 우레의 천장인 등사가 타니 우레가 치고, 밤 정단에서는 수의 천장인 현무가 타니 비가 온다.

○ 가정 : 어둡고 해가 닥친다. 여자가 가권을 거머쥐려고 한다.
   → ● 가상 : 나쁘다. 묘신에는 어둡다는 뜻이 있다. 간상에는 일간의 묘신이 임하고 지상에는 일지의 묘신이 임하니 사람과 가정이 어둡다. 따라서 이사해야 한다.

○ 구관 : 뜻밖의 좋은 기회를 만났지만 타인이 그것을 망친다.
   → ● 관직운 : 간지상에는 묘신인 辰과 丑이 임하고, 초전의 관성 辰은 공망되었으며, 중전의 酉는 폐구가 되었고, 말전의 역마 寅에는 흉장이 타니 관직이 어둡다.

○ 구재 : 얻기 어렵다. 취득하더라도 여자에게 낭비한다.
   → 재성은 돈이다. 일지음신의 재성 午에 낮 정단에서 현무가 타니 여자에게 재물을 도난당한다.

○ 혼인 : 사납고 억세며 무례한 사람이니 나쁘다.
   → ● 성정 : 천후는 여자이다. 천후승신 辰이 괴강이니 사납고 억세며 무례한 여자이다. ● 궁합 : 기궁과 일지가 육해이고 간상신과 지상신이 육파이니 나쁘다. ● 혼담 : 간상과 지상에 간지의 묘신이 임

하니 혼담이 잘 되지 않는다. ● 성부(成否) : 기궁과 일지는 육해이고 간상신과 지상신은 파이니 불성한다.

○ 임신·출산 : 태아가 자궁 안에서 비정상으로 발육되고 이로 인해 놀란다.

→ 일지는 임신부이고 일지음신 午는 처재효와 태신이다. 午가 지상의 丑과 육해이고 午에 현무와 등사가 타고 있으니 발육이 순조롭지 못하다.

○ 질병 : 먼저는 심하고 나중은 가볍다. 기절하고 기운이 막힌다.

→ ● 병증 : 일간은 환자이다. 묘신이 간상에 임하니 사망의 상이지만 다행히 묘신이 공망되었으니 흉이 사라진다. 그리고 기절하는 것은 간상에 묘신이 임하기 때문이다. 그리고 귀묘(鬼墓)가 간상에 임하고 발용이 되었으니 정신계 질환을 앓고 있다. ● 치료법 : 의약신이 寅卯이니 약초요법과 기도가 좋고, 의약신이 酉戌에 임하니 정서와 서북간에서 의약을 구하면 된다.

○ 출행 : 귀인을 만나더라도 이득이 없다. 남쪽으로의 출행이 유리하다. 다만 여자를 가까이 하면 안 된다.

→ 낮 정단에서는 귀인승신 卯에서 일간 壬을 탈기할 뿐만 아니라 공함이 되었고, 밤 정단에서는 귀인이 지반으로부터 수극이 되었으니 귀인을 만나더라도 이득이 없다. 그리고 출행인을 뜻하는 일간 위에 천후가 귀살에 타서 일간을 극하니 여자를 조심해야 한다.

○ 귀가 : 오지 않는다. 목적지에서 뜻대로 되지 않는다.

→ 화개와 묘신이 일간·일지·초전을 뒤덮고 있으니 출행이 뜻대로 되지 않는다.

○ 유실 : 도둑을 잡기 어렵다.

→ 도둑의 류신은 현무이다. 낮 정단에서는 현무가 일지음신에 가하니 가족이 도둑이고, 밤 정단에서는 현무가 말전에 있으니 멀리 도망쳤다.

- ○ **쟁송**: 음인(陰人)으로 인해 일어난 일이거나 혹은 분묘로 인해 다툰다. 분쟁을 풀고 화해하는 것이 좋다.
    - ➜ 재성은 관재를 일으키는 신이다. 일지음신에 낮 정단에서는 현무가 타고 있으니 분쟁이 발생한다. 일지음신이 묘지를 뜻하니 묘지로 인한 분쟁이다.
- ○ **전투**: 군영에 음기가 있으니 위엄을 높일 수 없고 또한 불안하다.
    - ➜ 일간은 장수이고 일지는 군영이다. 간지상신이 묘신이니 음기가 가득하다.

- □ 『**필법부**』: 〈제2법〉 순수와 순미가 마주 보이면 시종 좋다.
    - ➜ 이 과전은 여기에 해당하지 않는다.

  〈제65법〉 일간의 묘신이 관신을 아우르면 사람과 가운이 막히는 허물이 있다.

  〈제88〉 간지에 묘신이 타면 주객 모두 혼미해진다.

  〈제59법〉 화개가 일간을 덮으면 사람이 혼미해진다.
- □ 『**과경**』: 삼전의 묘신이 묘신으로 들면 스스로 밝음에서 어둠에 들게 된다.
- □ 『**옥성가**』: 묘신이 일간에 가하면 나의 몸이 재앙에 얽매이게 된다. 그리고 참관격과 유자격은 움직이게 된다.

壬申일 제 9국

공망 : 戌·亥 ○
낮 : 왼쪽 천장, 밤 : 오른쪽 천장

辛	○	丁
勾 未 朱	常 亥 空	貴 卯 陰
卯	未	亥 ○

丁	辛	甲	戊
貴 卯 陰	勾 未 朱	玄 子 白	蛇 辰 后
○ 壬 亥	卯	申	子

癸空酉巳 青壬申辰 勾辛未卯 合庚午寅	○勾白戌午 朱己巳丑	○常青亥未 蛇戊辰子	甲白玄子申 陰乙丑酉 常后丙寅戌○ 陰丁卯亥○

- **과체** : 중심, 곡직 // 화미, 전국, 복덕, 멸덕, 수일정신, 간지구사, 간지구탈, 가중사거, 관격(여행), 삼전불행전, 합중범살, 오음, 신장·귀등천문(낮).

- **핵심** : 일간과 일지가 무례형(子卯)과 육해(申亥)이고, 간상에서는 일간을 탈기하고 공허하게 한다. 낮 정단에서는 천장오행에서 손실을 막아주지만, 밤 정단에서는 늦어지고 막힌다.

- **분석** : ❶ 간지상의 子와 卯가 서로 형이니 나와 상대가 서로 불화하고, 간지인 申과 亥가 서로 육해이니 나와 상대가 서로 상해를 입힌다.

❷ 중전 亥는 갑자순의 공망되어 었고, 말전 卯는 공망에 앉으며, 간상에서는 일간의 기운을 탈기한다. 이와 같이 형·해가 앞에 있고 탈·공이 그 뒤를 따르니 어찌 이익이 있겠는가?

❸ 낮 정단에서는 천장의 오행이 모두 토이고 삼전의 12신이 목국(未亥卯)이니 목국에서 관성을 제극하고, 밤 정단에서는 중전의 亥에 천공이 타고 말전 卯가 공망되어 공망과 탈기신이 내달리니, 이것을 도저히 막을 수 없다.

□ 정단 : ❶ 중심과이고 곡직격이니 모든 일에서 불순한 것이 많고 그 일은 여자로 인해 발생한다. 처음에는 위축되지만 나중에는 펴지고, 처음에는 어렵지만 나중에는 쉬워진다.
❷ 목(木)이 수(水)를 뿌리로 삼아서 목국에서 일간의 기운을 빼고, 형·해가 뒤섞여서 보이며, 공·탈이 뒤따르니, 모든 희망하는 일에서 뜻을 이루기 어렵다.
❸ 따라서 군자는 기회를 봐서 움직여야 하며, 비록 길사는 불성할지라도 흉사는 흩어져서 사라진다.

○ 날씨 : 바람이 불고 적은 비가 온다.
　➜ 오행의 목은 바람, 수는 비를 뜻한다. 삼전이 목국이니 바람이 많이 불고, 중전이 수이지만 공망되었으니 적은 비가 온다.
○ 가정 : 구설과 문서사가 있다. 소인배의 해를 막아야 한다.
　➜ ● 손재수 : 삼전이 목국을 이루어 일간을 탈기하니 사람에게 손실을 입힌다. 초전의 未에 낮에는 구진이 타고 있으니 쟁송이 생기고, 밤에는 주작이 타고 있으니 구설수가 생긴다. ● 화목 : 간지가 육해이고 그 상신이 형이니 가족이 화목하지 않다. ● 가정운 : 간지의 상신이 간지의 사(死)이니 가운이 쇠해진다. 만약 신월(申月)에 정단하면 지상의 子가 사기이니 가족에게 대흉하고, 해월(亥月)에 정단하면 간상신이 사기이니 가장에게 대흉하다.
○ 구관 : 수험생은 합격한다. 관직자는 탄핵을 방지해야 한다.
　➜ ● 시험운 : 낮 정단에서는 천을귀인이 일간 및 말전에서 천문 亥에 임하니 합격하고, 밤 정단에서는 초전에서 주작이 귀살에 타서 일간을 극하니 불합격 된다. ● 관직운 : 그리고 발용의 未에 구진과 주작이 타서 일간을 극하니 관직자는 탄핵을 방지해야 한다.
○ 구재 : 손실이 많다. 만약 자식이나 어린 사람으로부터 반드시 배의

이익을 얻는다.

→ 삼전이 탈기국이니 손실이 생긴다. 간상과 말전의 자손효 위에 정재(丁財)가 임하니 자녀를 통해 재물을 얻는다. 만약 연명이 丑이나 寅인 사람이 투자하면 그 위에 재성이 임하니 돈을 번다.

○ 혼인 : 낮 정단에서는 길하다. 늦게 성사되는 것이 이롭다.

→ ● 길흉 : 낮 정단에서는 목국에서 삼전의 토의 귀살 천장들을 극하니 길하다. ● 성부 : 일간은 나이고 일지는 상대이다. 기궁과 일지가 육해이고, 간지의 상신이 삼형이며, 다시 삼전의 목국이 공망되어 불성하니 혼인하기 어렵지만, 해년, 해월, 해월장 기간에 정단하면 혼인이 가능하다. ● 궁합 : 나쁘다.

○ 임신·출산 : 첩이 아들을 낳는다. 공연히 놀라지 말아야 한다.

→ 태신은 곧 태아이다. 간상의 卯는 일지의 태신이니 태아이다. 이 卯와 지상의 子가 도화지형이니 첩의 자식이다. 간상의 태신이 장생에 앉고 삼전이 삼합하니 임신정단은 좋고 출산정단은 나쁘다.

○ 질병 : 간기[목]가 비장[토]을 해친다. 혹은 어지럼증이다. 갑자기 생긴 병은 흉하다.

→ ● 병증 : 삼전의 목국은 곧 간이다. 목국에서 토를 극하니 소화기에 탈이 난다. 과전이 삼합하니 병세가 점점 강해지니 나쁘다. ● 치료법 : 의약신이 寅卯이니 약초요법과 기도가 좋고, 의약신인 寅卯가 戌亥에 임하니 서북방에서 의약을 구하면 된다.

○ 귀가 : 자녀의 귀가정단을 하면 바로 온다.

→ 삼전이 자손효이니 자녀가 바로 온다. 나머지 가족은 천강이 사중[子]에 임하니 오는 중이다.

○ 유실 : 사내종[남종업원]이나 계집종[여종업원]이 훔쳐갔다. 도로나 깊은 숲속에 물건이 있다.

→ 현무는 곧 도둑이다. 현무가 양지인 子에 타고 있으니 도둑은 남자이고, 도둑의 신분은 선원이거나, 어부이거나, 물가에 사는 사람

이거나, 부녀자이다. 그리고 삼전이 목국이니 숲속에 물건이 있다.
○ **쟁송** : 구설과 부동산에 관련된 일로 발생한다. 화해해서 쟁송을 푸는 것이 좋다.
→ 밤 정단에서는 발용에 주작이 타고 있으니 구설구로 인해 발생한 쟁송이다. 삼전이 삼합하고 있으니 합의가 되기 쉽다. 만약 화해를 하지 않을 경우 오래 끌게 되어 재산 손실이 매우 크다.
○ **전투** : 큰 전과가 없다. 군영을 숲 가까운 곳에 설치하면 안 된다.
→ 목은 곧 나무와 숲이다. 삼전의 목국에서 일간을 설기하니 숲에 군영을 설치하면 대패한다.

□ 『**필법부**』 : 〈제75법〉 손님과 주인이 다투니 형벌을 받는다. 간지상의 子卯 상형은 양쪽 모두 무례하다.
〈제80법〉 사람과 가택이 모두 사신이면 사람과 가택이 쇠해진다.
〈제84법〉 합 속에 살을 범하는 것은 곧 꿀 속에 비상이 있는 것이다. 반드시 은혜가 원한으로 변하여 다가오고 화합이 깨진다.
□ 『**과경**』 : 태신이 장생에 앉을 경우, 임신정단에서는 유리하고 출산정단에서는 불리하다.
□ 『**신응경**』 : 壬申일에서 말전에 보이는 卯는 갑자순의 丁이고 이 재물은 자식의 재물이다.
□ 『**삼거일람**』 : 주작이 일간의 귀살에 타고 있다. 설령 일간에 임하지 않더라도 만약 연명에 임하면 '작귀격(雀鬼格)'이다. 작귀격은 탄핵을 방지해야 한다.

壬申일   제 10 국

공망 : 戌·亥 ○
낮 : 왼쪽 천장, 밤 : 오른쪽 천장

	己	壬	○	
朱 巳 貴	青 申 合	常 亥 空
	寅	巳	申	
	丙	己	○	丙
后 寅 玄	朱 巳 貴	常 亥 空	后 寅 玄
○ 壬 亥	寅	申	亥 ○

壬申巳 青合	癸酉午 空勾	○戌未 白青	○亥申 常空
辛未辰 勾朱			甲子酉 玄白
庚午卯 合蛇			乙丑戌 陰常
己巳寅 朱貴	戊辰丑 蛇后	丁卯子 貴陰	丙寅亥 后玄○

□ **과체** : 탄사, 불비, 원태∥요극, 충파, 일덕(불성), 권섭부정, 간지록마(불성), 왕래수생(불성), 절신가생, 생원태(불성), 근단원소, 피난도생, 록공망, 외호리사아격.

□ **핵심** : 가정 내외에 손실이 생기고 가정은 적막하다. 허리를 속여서 타인에게 기대야 하고, 두 귀인이 무력하니 기대할 수 없다.

□ **분석** : ❶ 밤 정단에서는 삼전의 천장오행이 모두 토와 목이다. 토에서는 일간을 극하고 목에서는 일간을 탈기한다.

❷ 귀인승신 巳가 재성이지만 둔간은 귀살 己이다.

❸ 申이 壬수의 장생이지만 亥와 서로 육해이니 반드시 잃는다.

❹ 그리고 지상의 亥에서 일지 申을 탈기하고 다시 공망되고 밤에는 천공이 타니 가정이 적막하다.

❺ 亥는 곧 壬이다. 일간이 일지에 가한 뒤에 장생을 취하니 '부취(俯就)'라고 하여, 손 위의 사람이 손 아래의 사람을 따라야 한다. ❻ 시작은 비록 고통스럽지만 결과는 즐거움으로 돌아오고, 모든 일을 간신히 시작하지만 나중에는 성사된다. ❼ 밤 귀인 巳가 寅에 가하고 낮 귀인 卯가 子에 가하여서 모두 형이 되는 지반에 임했으니 어

찌 귀인의 도움을 받겠는가?
□ **정단** : ❶ 이 탄사격의 초전에 밤 정단에서는 귀인[土]을 얻어 총알을 뜻하는 土가 있으니 모든 일에서 유력하다.

❷ 그러나 간지가 모두 설기당하고, 귀인이 실지(失地)하여 귀인이 터무니없이 요구하니 손실을 입는다.

❸ 좋은 것은 일상이 일지의 역마이고 지상이 일간의 일록이며, 다시 일간의 음신과 초전이 모두 재성이니 이치에 순응하면 부귀를 누릴 수 있다.

───────────────────────────

○ **날씨** : 맑은 날씨와 비 오는 날씨가 조화를 이룬다.

→ 오행의 화는 맑음이고, 금은 수를 생하며, 수는 비를 뜻한다. 초전의 巳화에 주작과 귀인이 타니 맑고, 중전의 申금에 낮에는 청룡이 타니 큰 비가 오고 밤에는 육합이 타니 역시 비가 온다. 말전의 亥수가 공망되고 土의 천장이 주야에 타니 비가 오지 않는다.

○ **가정** : 가정의 식구가 왕성하지 않다. 집에 몰래 도둑이 드는 것을 막아야 한다.

→ ● 손재수 : 일간은 사람이고 일지는 집이다. 간상에서 일간을 탈기하고 지상에서 일지를 탈기하니 손재수가 생긴다. 낮 정단에서는 옷과 음식으로 인한 손재수이고, 밤 정단에서는 사기로 인한 손재수이다. ● 음란사 : 사과가 불비이니 음란사를 방지해야 한다. ● 화목 : 일간과 일지는 육해이고 간지의 상신은 육파이니 가족이 화목하지 않다. ● 가계 : 사과가 근단원소이니 가계가 바닥난다.

○ **구관** : 시간을 기다렸다가 움직여야 한다.

→ ● 시험운 : 사과가 불비이니 지금은 합격하지 못한다. ● 관직운 : 그리고 비록 간지상에 역마와 일록이 임하지만 모두 공망되었으니 승진이나 발탁이 되지 않는다. 다만 해년 혹은 해월 혹은 해월

장 기간에 정단하면 공망된 亥가 풀리니 승진된다. ● 좌천 : 기궁이 지상으로 갔으니 좌천 혹은 지방으로 발령이 난다.
○ 구재 : 잃은 것은 다시 얻고 얻은 것은 다시 잃는다.
　→ ● 사업정단 : 사과의 사하가 사상으로 탈기되는 근단원소이니 재물을 크게 잃지만, 초전의 재성 巳가 장생지 寅에 임하니 재물을 다시 얻는다. ● 차용 : 밤에는 초전의 재성에 귀인이 타니 귀인에게서 차용하면 되고, 낮에는 주작이 타니 문인에게서 차용하면 된다. 거래 : 간지상신이 육합을 하지만 간지는 육해이니 거래를 위한 교섭은 겉으로는 좋지만 속으로는 나쁘다.
○ 알현 : 밖으로는 합을 하고, 안으로는 이별한다.
　→ 간지상신은 겉이고 간지는 안이다. 간지상신이 합을 하니 겉으로는 좋아 보이고, 간지가 육해이니 속으로는 그렇지 않다.
○ 혼인 : 화합하는 분위기이지만 깨진다.
　→ ● 성부(成否) : 일간은 남자이고 일지는 여자이다. 일간과 일지는 육해이고 간상신과 지상신은 육합이면서 육파이니 혼인이 깨진다. 더욱이 간상신과 육합하고 있는 지상신이 공망되었으니 혼인하기 어렵다. 연애의 마지막을 뜻하는 말전이 공망되었으니 혼인하기 어려우며, 또한 기궁이 지상으로 갔지만 공망되었으니 혼인하기 어렵다. ● 성정 : 사과가 불비이니 상대의 성정이 음란하다.
○ 임신·출산 : 삿된 결합에 의해 첩이 임신한다.
　→ 사과가 불비이니 외도에 의한 임신이다.
○ 질병 : 급병은 즉시 낫고, 구병은 난치이다.
　→ ● 병증 : 근단원소이니 원기가 쇠하고 다시 일록 亥가 공망되었으니 구병은 사망한다. ● 치료법 : 의약신이 寅卯이니 약초요법과 기도가 좋고, 의약신이 亥子에 임하니 서북간과 정북에서 의약을 구하면 된다.
○ 출행 : 이롭지 않다.

→ 근단원소이니 출행하면 원기가 소진되었고 일록이 다시 공망되었으니 재산을 탕진한다.

○ 귀가 : 庚申일에 반드시 온다.
→ 원방이나 장기간 출행한 사람은 庚申일에 온다. 이 외에는 곧 돌아온다.

○ 유실 : 도둑을 잡기 어렵다. 도망간 사람은 돌아오지 않는다.
→ 도둑의 류신은 현무이다. 밤 정단에서 현무가 공망되었으니 잡을 수 없다.

○ 쟁송 : 쟁송이 풀려서 우환과 의혹이 흩어지고 사라진다.
→ 초전은 쟁송의 초기, 중전은 중기, 말전은 말기이다. 말전이 공망되었으니 나중에 쟁송이 사라진다.

○ 전투 : 공허는 많고 실속은 적다.
→ 사과가 불비이니 군영이 비어 있다. 특히 일지의 음양이 모두 공망되었으니 군영이 텅텅 비어 있다.

□ 『필법부』 : 〈제8법〉 일록이 일지에 임하면 직위는 임시직으로 정당한 자리가 아니다.
〈제41법〉 간상과 지상에 일록과 역마를 만나면 부귀해진다. 군자가 정단하면 관직이 오르고 봉록이 늘어서 부와 귀를 모두 누린다. 그러나 일반인이 정단하면 질병과 소송에서 흉하고 가택을 옮긴다.
〈제35법〉 사람과 가택이 손실을 입으니 두 곳 모두 도적을 초래한다. 이 과전에서는 지상과 간상 모두에 탈기가 임한다.
〈제16법〉 공망 위에 공망이 타면 일을 이룰 수 없다. 이른바 천반에 순내의 공망이 보이고 천공이 타면 빈 뜻과 빈말이 되고 실상이 없다.

□ 『과경』 : 간지상의 寅과 亥가 육합을 하고 간지의 亥와 申이 육해를

한다. 겉으로는 좋지만 속으로는 해하는 뜻이 있는 '외호리사아격'이다.

- 『비요』: 호시에 금(金)이 보이면 화살촉이 있는 것이고 탄사격에 토(土)가 보이면 총알이 있는 것이다. 만약 삼전이 공망되면 화살촉과 총알을 잃은 셈이다.

壬申日 제 11 국

공망 : 戌·亥
낮 : 왼쪽 천장, 밤 : 오른쪽 천장

甲	丙	戊
玄 子 白	后 寅 玄	蛇 辰 后
戌 ○	子	寅
乙	丁	○	甲
陰 丑 常	貴 卯 陰	白 戌 靑	玄 子 白
○ 壬 亥	丑	申	戌 ○

辛未巳 勾朱	壬申午 靑合	癸酉未 空勾	○戌申 白靑
庚午辰 合蛇			○亥酉 常空
己巳卯 朱貴			甲子戌 玄白○
戊辰寅 蛇后	丁卯丑 貴陰	丙寅子 后玄	乙丑亥 陰常

□ **과체** : 중심, 간전, 향삼양(子寅辰) ∥ 덕경(불성), 육의, 맥월, 고진과수, 강색귀호, 살몰.

□ **핵심** : 두 귀인이 같은 곳에 있다. 병은 낫는다. 흉으로써 흉을 제압, 등사가 백호를 충을 하여 흉을 제거한다.

□ **분석** : ❶ 巳가 卯에 가했으니 밤 귀인이 낮 귀인의 집에 있는 것이고 卯가 丑에 가했으니 낮 귀인이 밤 귀인의 집에 있는 것이다. 따라서 두 귀인이 동일한 곳에 있다.

❷ 백호가 재성의 묘신에 타서 가택을 덮었으니 질병정단에서 반드시 병세가 심하다. 그러나 백호가 흉장인 금에 속하고 흉장인 등사가 화에 속하니 치료될 수 있다. 말전의 '진등사'가 지상의 '술백호'를 충을 하는 것은 흉으로써 흉을 제압하는 것이다. 따라서 흉이 저절로 사라진다.

□ **정단** : ❶ 중심과이고 순진간전이다.

❷ 삼전의 子寅辰이 향삼양이니 북방의 어두운 곳에서 점차 남방의 밝은 곳으로 나아간다. 정단에서는 어두운 곳에서 밝은 곳으로 드니, 처음에는 흉하지만 나중에는 길하다.

❸ 子와 卯, 丑과 戌, 申과 寅이 서로 형을 하고, 申과 亥, 卯와 辰은 서로 육해를 하니, 주객이 반목하고 상하가 분쟁한다. 근신하고 인의를 힘써 행하면 환란을 만나더라도 반드시 변통한다.

○ **날씨** : 비가 내리지만 부족하고, 이미 비가 내리고 있었다면 개이기 어렵다.
→ 오행의 수는 비, 목은 바람, 토는 흐린 날씨이다. 초전의 子에 현무와 백호가 타고 있지만 공망되었으니 비가 오지 않는다. 중전의 寅에 주야 모두 수의 천장이 타니 비바람이 몰아친다. 말전의 辰에 낮에는 화의 천장인 등사가 타니 비가 오지 않고, 밤 정단에서는 천후가 타니 적은 비가 온다.

○ **가정** : 동향의 집이다. 밤 정단에서는 감춘 물건을 찾을 수 있다.
→ ● 좌향 : 제4과의 지반이 좌향에서의 좌(坐)이다. 따라서 술좌(戌座)의 집이니 辰 곧 동남간을 향한 집이다. ● 우환 : 일지는 가정이다. 낮 정단에서는 지상에 백호가 타서 일간을 극하니 가정에 병재가 생긴다. 밤 정단에서는 지상에 청룡이 타서 일간을 극하니 가계 난이 있지만, 귀살인 戌이 공망되었으니 흉이 가볍다. ● 어린이 : 백호가 어린이를 뜻하는 子에 타고 있으니 어린이의 질병을 예방해야 한다.

○ **구관** : 추천을 받는 일에서 귀인의 힘이 필요하지만 아직은 형통하지 못하다.
→ ● 관직운 : 밤 귀인 巳가 낮 귀인 卯에 임하고 있다. 귀인을 귀인의 집으로 초대하여 만나고 있으니 귀인을 만나 도움을 요청할 수 없다. 그리고 간상과 지상의 관성은 공망되어 었고, 말전의 관성은 중전으로부터의 극과 지상으로부터의 충을 당했으니 형통하지 못하다.

○ **구재** : 집안에서 구하는 것이 좋다. 밖에서는 구하더라도 얻기 어렵다.

→ 집안에서 구하는 재물인 일지의 재성 寅이 중전에 임하고 있으니 구재할 수 있지만, 밤 정단에서는 현무가 타고 있으니 구재할 수 없다. 밖에서 구하는 재물인 일간의 재성인 巳午가 과전에 없으니 구재할 수 없다. 다만 중전의 둔반이 일간의 재성인 丙이니 작은 재물은 구재할 수 있다.

○ **알현** : 귀인이 그의 집에 있지만 만나주지 않는다. 설령 만나더라도 화목하지 않다.

→ 귀인이 다른 귀인을 만나고 있으니 나의 요구를 들어주지 않는다.

○ **혼인** : 두 신부감이 있지만 모두 성사되지 않는다.

→ ● 성부 : 일간은 나이고 일지는 상대이다. 간지가 육해이고 그 상신이 다시 삼형이니 혼인하기 어렵다. 또한 지상신이 공망되었으니 혼인하려는 뜻이 없거나 형편이 되지 못한다. ● 궁합·금슬 : 간지가 육해이고 그 상신이 다시 삼형이니 나쁘다. ● 성정 : 지상이 괴강인 戌이니 드센 상대이다. 특히 낮에는 지상의 戌에 백호가 타서 일간을 극하니 더욱 드센 상대이다.

○ **임신·출산** : 아들이다. 낙태를 방지해야 한다.

→ 일간의 음양이 1양2음이니 아들이고, 삼전이 향삼양(子寅辰)이니 아들의 상이다. 그러나 임신부를 뜻하는 일지가 공망되었으니 낙태를 방지해야 한다.

○ **질병** : 급병은 위험하지만 반드시 낫는다. 구병은 난치이다.

→ ● 병증 : 백호는 질병이다. 낮 정단에서는 백호가 귀살에 타서 공망되었으니 낫고, 밤 정단에서는 백호가 형제효에 타서 공망되었으니 역시 낫는다. 그러나 일간이 공망되었고 초전이 공망되었으니 구병은 사망한다. ● 치료법 : 의약신이 寅卯이니 약초요법과 기도가

좋고, 의약신이 子丑에 임하니 정북과 동북간에서 의약을 구하면 된다.

- **귀가** : 나중에 오지만 다시 다른 곳으로 간다.
  → 역마는 자동차이다. 중전에 역마가 있으니 조금 지체된다.
- **유실** : 친척과 친구 집을 자주 방문해야 한다.
  → 초전의 子는 어린이를 뜻한다. 어린이가 보이지 않을 경우 子가 형제효이니 형제 혹은 친인척 혹은 친구를 방문해야 한다.
- **쟁송** : 해결된다. 나중에 움직이는 쪽이 이롭다.
  → 천강[辰]이 귀호인 寅에 가하고 귀살이 다시 공망되었으니 해결된다. 그리고 곤괘인 중심과는 나중에 대응해야 유리하다.
- **전투** : 순조로운 이익이 없다. 의외의 일이 생기는 것을 방지해야 한다.
  → 간상과 지상에 귀살이 있으니 나쁘다.

- □『**필법부**』: 〈제45법〉 주야의 귀인이 서로 가하면 양 귀인에게서 구하면 된다. 그러나 귀인을 만나는 점단에서는 반드시 귀인을 만나지 못한다.
  → 밤 귀인 巳가 낮 귀인 卯에 가하고 있다.
- □『**과경**』: 子寅辰은 향삼양이다. 질병은 낫고, 소송은 풀리며, 타인과의 정은 모두 좋다.
- □『**심인부**』: 子가 사계에 임하고 백호가 와서 나란히 임하니 어린에게 재난이나 화가 자주 발생한다. 그리고 현무가 삼전에 타면 보이지 않는 손재수가 닥치고 도둑과 여자로 인해 어긋나는 일을 방지해야 한다.
  → 밤 점단에서 戌에 임한 子에 백호가 타고 있다. 그리고 초전의 낮에는 현무가 타고 있고, 중전의 밤에는 현무가 타고 있다.

壬申일 제 12 국

공망 : 戌·亥
낮 : 왼쪽 천장, 밤 : 오른쪽 천장

	乙	丙	丁	
	陰 丑 常	后 寅 玄	貴 卯 陰	
	子	丑	寅	
甲	乙	癸	○	
玄 子 白	陰 丑 常	空 酉 勾	白 戌 青	
○ 壬 亥	子	申	酉	

庚午巳 合 蛇	辛未午 勾 朱	壬申未 青 合	癸酉申 空 勾
己巳辰 朱 貴			○戌酉 白 青
戊辰卯 蛇 后			○亥戌 常 空
丁卯寅 貴 陰	丙寅丑 后 玄	乙丑子 陰 常	甲子亥 玄 白

□ **과체** : 원수, 연여, 삼기, 천라지망 // 덕경, 천상삼기, 구왕(개왕), 일순주편, 파패신임택, 수일정신.

□ **핵심** : 가만히 있으면 왕성해지지만 움직이면 칼을 만나고 그물에 낚인다. 견우직녀가 만나니 혼인하지만 환희 속에 비애가 생긴다.

□ **분석** : ❶ 일간에는 왕성한 수(水)가 탔고 일지에는 왕성한 금(金)이 탔으니 각자 자기의 왕성을 지키면 된다. 만약 움직여서 전진하면 반드시 그물과 양인을 만난다.

❷ 태상이 丑에 타서 子에 임하여 상합하니 견우와 직녀가 만나는 상이다. 따라서 혼인에 이롭다. 하지만 子와 酉가 서로 파(破)이고 申과 亥가 서로 육해이며, 다시 중전과 말전의 寅·卯가 丑을 만나 일간을 탈기하니 기쁨 속에 슬픔이 생기고 좋은 가운데에서 나쁜 것이 생긴다.

□ **정단** : ❶ 원수과이고 연여이다. 높은 곳에서 낮은 곳에 임하여 순풍을 따라 호령한다.

❷ 다시 갑자순의 삼기가 발용이 되니 '옥당(玉堂)'이라고 하여 길하다.

❸ 삼전이 丑寅卯이니 햇빛을 많이 받지만 태양의 정(精)이 아직 펼쳐지지 않았으니 명성은 높지만 실제의 이익을 아직은 받지 못한다.

❹ 삼전 丑寅卯의 둔간은 乙丙丁 삼기이다. 이것은 삼전 안에서 삼기를 만나면 존숭해진다는 뜻의 '존숭전내우삼기'이다. 관직자가 정단하면 일품의 벼슬에 오르고, 소인은 재앙을 면한다.

○ 날씨 : 비가 오지 않았다면 비가 오기 어렵고, 이미 비가 왔다면 개이기 어렵다.

→ 丑은 비를 사령하고, 寅은 바람을 사령하며, 卯는 우레를 사령한다. 초전이 丑이니 비가 온다. 중전의 寅에는 주야 모두 수의 천장이 타니 비가 온다. 말전의 卯에 밤에는 태음이 타니 우레가 치고 우박이 온다.

○ 가정 : 무엇인가에 관련되어서 집안이 편안하지 않다. 구설수를 방지해야 한다.

→ ● 가정운 : 지상의 酉가 일간의 패신 겸 일지의 파쇄이니 가정이 무너지는 기상이다. 낮 정단에서는 전공이 타니 사기를 방지해야 하고, 밤 정단에서는 구진이 타니 쟁투를 방지해야 한다. ● 사기 : 일간은 사람이다. 간상의 형제효 子에 낮에는 현무가 타니 동류로부터의 사기를 조심해야 하고, 밤에는 백호가 타니 건강을 조심해야 한다. ● 화목 : 간지가 육해이고 그 상신이 파(破)이니 가족이 화목하지 않다.

○ 구관 : 처음에는 이롭고 나중에는 거만해진다.

→ ● 관직운 : 丑이 삼기이고 乙丙丁은 천상삼기이니 관직에서 대길하고, 삼전이 장태(將泰)이니 관직자의 미래가 밝다. 그리고 순중의 순수와 순미가 간지에 임하니 관운이 더욱 좋다. 다만 양인이 일간

에 임하니 근신하면서 호기를 기다리는 것이 좋다.
○ 구재 : 두 곳에 있고 얻을 수 있다.
→ 중전의 둔반에는 재성인 丙이 임하고 말전의 둔반에는 재성인 丁이 임한다. 중전과 말전의 천반이 자손효이니 먼곳에 있는 자녀에게 재물을 요청하면 자녀가 돈을 보내온다.
○ 혼인 : 성취하지만 좋은 가운데에 부족이 있다.
→ ● 성부(成否) : 丑과 子가 서로 가하면 우녀상회이니 혼인이 되고 다시 삼전이 천상삼기이니 더욱 좋다. 그러나 간지가 육해이고 간지상신이 육파이니 부족이 있고, 사과가 천라지망이니 장애가 생긴다.
○ 알현 : 주와 객이 즐겁고 마음이 맞는다.
→ 낮 귀인승신 卯에서 일간을 설기하니 귀인이 나에게 손실을 입히고, 밤 귀인 巳는 입옥되었으니 귀인을 만나서 이익이 없다.
○ 임신·출산 : 태아가 움직이니 불안하지만 출산은 쉽다.
→ 말전의 卯는 태신이고 여기에 정마가 타고 있으니 태아가 움직이는 상이다. 따라서 임신정단은 나쁘지만 출산정단은 좋다. 그리고 출산한 뒤에 다시 임신하는 기쁨이 있다.
○ 질병 : 겉으로는 건강하게 보이지만 속으로는 기가 허하다. 조용하게 수양하면 해가 없다.
→ ● 병증 : 삼전이 연주삼기이니 좋아 보인다. 그러나 중전과 말전에서 일간을 설기하니 원기가 쇠하고, 순수와 순미가 간지에 임하고 사과가 천라지망이니 병을 물리치기가 쉽지 않다. ● 치료법 : 의약신이 寅卯이니 약초요법과 기도가 좋고, 의약신이 丑寅에 임하니 동북간에서 의약을 구하면 된다.
○ 출행 : 전진하다가 후퇴한다.
→ 진여이니 전진한다. 그러나 중전과 말전에서 일간을 탈기하니 전진하면서 손실이 뒤따르니 후퇴해야 한다.

○ 귀가 : 웃어른은 바로 온다. 나머지 사람은 늦다.

→ 丑은 귀인의 정오행이다. 丑이 초전에 임하니 곧 온다. 그러나 나머지의 사람은 삼전이 진여이니 목적지를 향하여 가고 있는 상이니 아직 오지 않는다.

○ 유실 : 찾기 어렵다.

→ 재물은 재성이다. 재성이 과전에 없으니 찾기 어렵다. 그러나 사과가 천라지망이니 도둑을 잡는 일에서는 이롭다.

○ 쟁송 : 반드시 관청을 보게 되지만 우환과 의혹이 모두 해소된다.

→ 귀살이 삼전에 있더라도 자손효가 임하면 관재가 해소된다. 원수과이니 소송을 거는 쪽이 유리하다.

○ 전투 : 밤 정단에서는 작은 승전이 있고, 낮 정단에서는 그만 두고 쉬는 것이 좋다.

→ 귀살은 적군이다. 이를 중전과 말전의 복덕신에서 제압하니 아군이 승전한다.

○ 분묘 : 일지의 묘신이 발용이 되었고 삼전에서 삼기를 만났다. 밤 정단에서는 청룡이 일지의 음신에 임하니 매장이 길하다.

→ 일간은 묘지이고 일지는 혈(穴)이다. 일지음신이 공망되었으니 공히한 혈이고 따라서 좋은 혈이 아니다.

□ 『필법부』 : 〈제55법〉 천라지망을 만나면 모망사가 보잘 것이 없게 된다.

〈제78법〉 호왕과 개왕은 앉아서 도모하는 것이 좋다.

〈제26법〉 수일(水日)에 정신을 만나면 재물이 빠르게 움직인다. 하지만 정단인의 행년상신에서 여섯 정신이 타고 있는 신을 극하여 없애면 재물이 동하지 않는다.

〈제2법〉 순수와 순미가 마주 보이면 처음부터 끝까지 좋다.

〈제42법〉 삼전 내에서 삼기를 만나면 존숭해진다. 군자가 정단하면 일품의 높고 귀한 벼슬아치가 되고 의정부에 들어간다. 만약 일반인이 정단하면 비록 길하고 태평한 조짐은 없지만 재앙은 사라진다.

□ 『심인부』: 세 곳이 연속으로 삼전이 되면 천리를 가더라도 다시 돌아오는 것을 보게 된다.

□ 『과경』·「정와」: 천라지망은 사냥과 형을 집행하는 일과 도망가는 사람을 추격하여 잡는 일에서 이롭다. 만약 중전과 말전에 자손이 보이면 망(網)이 풀리니 오히려 흉이 길로 변한다.

계유일

癸酉日의 길신(구보)과 흉살(팔살)			
일덕	巳	형	
일록	子	충	
역마	亥	파	
장생	申	해	
제왕	子	귀살	辰戌丑未
순기	丑	묘신	辰
육의	甲子	패신	酉
귀인	주	巳	공망	戌亥
	야	卯	탈(脫)	寅卯
합(合)		사(死)	卯
태(胎)	午	절(絶)	巳

대육임직지

癸酉일	제 1 국

공망 : 戌·亥 ○
낮 : 왼쪽 천장, 밤 : 오른쪽 천장

乙	○	辛
勾 丑 陰	白 戌 白	陰 未 勾
丑	戌 ○	未
乙	乙	癸	癸
勾 丑 陰	勾 丑 陰	常 酉 空	常 酉 空
癸丑	丑	酉	酉

己貴巳巳	庚后午午	辛陰未未	壬玄申申 青
戊蛇辰辰 蛇			癸常酉酉 空
丁朱卯卯 貴			○白戌戌 白○
丙合寅寅	乙勾丑丑 陰	甲子青子 玄	○空亥亥 常○

□ **과체** : 복음, 자신, 천강, 여덕, 가색, 삼기 // 재둔귀(연명 : 巳).
□ **핵심** : 일지와 일간이 서로 생을 하지만 화개가 일간을 손상시킨 : . 질병을 정단하면 주야 모두 처음에는 위중하지만 나중에는 가벼워진다.
□ **분석** : ❶ 간상의 丑이 일지 酉를 생하고 지상의 酉가 일간 癸수를 생하니 일지와 일간이 서로 생을 한다. 그러나 丑은 일지의 화개이고 戌·未가 삼전에서 계속하여 형(刑)을 하니, 생을 하는 가운데에서 속이니 혼미를 면하지 못한다.
　❷ 癸일의 戌 위에 주야 모두 백호를 만나니 질병정단에서 매우 흉하다. 처음에는 충으로 인하여 불안하고 질병이 위중하지만 나중에는 지상에 중첩되어 있는 酉금이 질병을 물리치니 질병이 가벼워진다.
□ **정단** : ❶ 자신격이며 가색격이다. 자신의 여림을 믿고 사람에게 접근한다. 토국인 丑戌未가 침체되어 있지만 우레를 맡은 신의 변화를 만나지 못하였으니 모든 일에서 핍박을 받아 자유롭지 못하다. 癸일에 이것을 만나니 살기를 벗어날 수 없다.

❷ 과체는 허리가 꺾인 '절요'이다.
❸ 백호와 戌이 공함에 빠졌지만 오행의 금(金)을 얻어서 그의 분노를 발산해야 재난을 면할 수 있다.
❹ 그리고 갑자순의 삼기가 발용이 되어 삼기의 상하가 상생하니 사람과 가택이 모두 왕성하다. 봄 점단에서는 형통하고 이롭다.

○ 날씨 : 구름은 끼지만 비는 오지 않는다. 다만 습기가 많아서 찌는 듯이 무덥다. 바람이 불면 건조해진다.
　→ 삼전이 토국이니 흐리고 습기가 많다.
○ 가정 : 집이 넓다. 집을 팔아서 돈을 장만하여 우환에 대비해야 이롭다.
　→ ● 가상 : 일간은 사람이고 일지는 가택이다. 토국에서 일간을 극하니 사람에게 해롭고, 삼전의 토국에서 일지를 생하니 집이 지나치게 넓은 가상이다. 따라서 이사해야 한다. ● 우환 : 낮에는 간상에 구진이 타서 일간을 극하니 쟁투를 방지해야 하고, 밤에는 간상에 태음이 타서 일간을 극하니 소인의 해를 방지해야 한다.
○ 구관 : 좋은 기회가 주어졌지만 나중에는 평상으로 후퇴한다.
　→ ● 관직운 : 삼전의 삼형은 권력이고 권위이다. 중전이 공망되었으니 이것을 놓치게 된다. 술년, 술월, 술월장 기간에 점단하면 삼형을 갖추게 되니 관운이 매우 좋다.
○ 구재 : 처음에는 경제적인 이익이 있지만 나중에는 조금 있다.
　→ 과전에 재성이 없으니 구재할 수 없다. 다만 연명이 巳나 午인 사람은 그 상신이 재성이니 가능하다.
○ 혼인 : 평범하고 일반적이다.
　→ 일간은 나이고 일지는 상대이다. 간상에서 일지를 생하고 지상에서 일간을 생하니 서로에게 좋은 궁합이다.

○ **임신·출산** : 임신 중 자궁출혈을 방지해야 한다. 피가 나오면 안전하다.

→ 丑은 임신부의 배이고 자궁이다. 丑이 삼형을 만들어 자궁이 손상되었으니 자궁출혈이 있다. ● 출산 : 간지와 그 상신이 삼합하고 다시 간지가 교차삼합하니 출산이 늦어진다.

○ **질병** : 비장병이거나 신장병이거나 혹은 피를 보게 된다. 비록 흉하지만 무해하다.

→ ● 병증 : 과전에서 토의 오행이 지나치게 왕성하다. 따라서 토가 뜻하는 비·위에 병이 오거나 혹은 토의 극을 받는 신장에 병이 온다. 비록 삼전이 귀살국이지만 중전이 공망되었고 초전과 말전이 서로 충을 하여 귀살이 깨지며, 다시 관귀효에서 지상의 부모효를 생하여 일간을 생하여 오니 흉이 저절로 사라진다. ● 치료법 : 의약신이 寅卯이니 약초요법과 기도가 좋고, 의약신이 寅卯에 임하니 동북간과 정동에서 의약을 구하면 된다.

○ **출행** : 귀인을 만나려고 하지만 길을 떠나지 못한다.

→ 일간은 여행객, 일지는 여행지, 초전은 여행의 초기이다. 간상이 발용이 되어 일간을 극하니 떠나기 어렵다.

○ **귀가** : 도중에 장애가 있으니 진퇴양난이다.

→ 말전은 목적지, 중전은 귀가 도중, 초전은 집 근처이다. 중전이 공망되었으니 도중에 장애가 생긴다.

○ **쟁송** : 부동산으로 인해 다투거나 혹은 형제간에 무력을 써서 다친다. 형을 범하는 것을 방지해야 한다.

→ 삼전의 오행이 모두 토이니 부동산으로 인한 다툼이고, 丑戌未 삼형은 형제나 친구간의 다툼이다. 비록 삼전이 귀살국이지만 중전이 공망되었고 초전과 말전이 서로 충을 하여 귀살이 깨지며, 다시 관귀효에서 지상의 부모효를 생하여 일간을 생하니 흉이 저절로 사라진다.

- ○ 유실 : 경사 도중에 물건을 잃는다. 집안에 있다.
  - → 만약 귀금속을 유실하였다면 酉가 지상에 있으니 집에 귀금속이 있다.
- ○ 전투 : 이익이 없다. 중도에 멈춰야 한다.
  - → 토국에서 일간을 극하니 아군이 패전한다. 따라서 휴전하는 것이 좋다.
- ○ 알현 : 밤에는 천을귀인이 일간을 설기하니 귀인이 나에게 손실을 입히고, 낮에는 귀인의 도움을 받아 재물을 얻는다.
  - → 밤 정단에서는 귀인승신 卯에서 일간을 설기하니 귀인이 나에게 손실을 입히고, 낮 정단에서는 귀인승신이 재성인 巳이니 내가 귀인으로부터 재물을 얻는다.

- □ 『필법부』: 〈제75법〉 손님과 주인이 다투니 형벌을 받는다.
  〈제30법〉 지나치게 넓은 집은 사람을 쇠하게 된다.
  〈제77법〉 호생은 모든 일에서 유익하다. 간상신은 일지를 생하고 지상신은 일간을 생하는 것이다.
- □ 『정온』: 삼전이 서로 형과 충을 하니 흉으로써 흉을 제거한다. 따라서 '도둑으로 도둑을 잡는다.'고 한다.
- □ 『수중금』: 살기를 벗어날 수 없는 것은 사물이 극에 이르면 변하고 변하면 통하기 때문이다. 일반인이 정단하면 고래의 수컷과 암컷이 강으로 돌아간다는 뜻의 '경예귀간(鯨鯢歸澗)'에 해당한다.
- □ 『옥성가』: 삼형이 귀살이 되어 가정에 들면 집안이 깨진다. 일간의 귀살이 도와서 관직이 빛난다.

| 癸酉일 | 제 2 국 |

공망 : 戌·亥
낮 : 왼쪽 천장, 밤 : 오른쪽 천장

	辛		庚		己	
陰	未	勾	后	午	合	貴	巳	朱
	申		未		午	
	甲		○	壬	辛
青子玄	空亥常	玄申靑	陰未勾
癸丑	子	酉	申

戊蛇辰蛇巳	己貴巳午	庚朱午后未	辛合未陰申 勾
丁朱卯貴辰			壬玄申靑酉
丙合寅后卯			癸常酉空戌 ○
乙勾丑陰寅	甲靑子玄丑	○空亥常子	○白戌白亥

□ **과체** : 호시, 퇴여 // 왕록임신, 맥월, 양사협묘(연명 : 巳), 살몰.
□ **핵심** : 현재의 식록을 지키는 것이 좋다. 움직이면 삼전에서 일간을 다치게 한다. 호시과라고 우습게 여기면 안 된다. 특히 밤의 화살촉은 대단히 견고하고 강하다.
□ **분석** : ❶ 癸수의 일록인 子가 간상에 임했으니 일록을 지키는 것이 좋다. 만약 이 일록을 포기하고 움직이면 초전에서 일간을 극하여 오고 다시 중전과 말전의 午·巳가 초전의 未를 생하여서 일간의 귀살이 유력하게 되어 반드시 일간을 다치게 한다.
❷ 비록 과명이 '호시'이지만 낮 정단에서는 태음이 타니 금속으로 만든 화살촉이어서 견고하고 강하다. 어찌 힘이 없다고 생각하여 두려워하지 않을 수 있겠는가?
□ **정단** : ❶ 이 과는 요극신이 일간을 극하며 또한 역간전과 역연여이다.
❷ 일지의 음신이 발용이 되었고 지상의 현무는 무력하다.
❸ 호시이니 나중에 대응하는 주(主)에게 이롭고 먼저 공격하는 객

(客)에게 불리하며, 작은 것에 유리하고 큰 것에 불리하며, 나중에 움직이는 쪽이 이롭고 먼저 일어난 쪽이 불리하다. ❸ 낮 정단에서는 발용의 未에 태음이 타니 사기와 황당무계한 일을 당한다.
❹ 화는 내부에서 일어나니 근신하지 않을 수 없다.
❺ 간상의 왕록은 매우 좋지만 아쉽게도 초전의 未로부터 극을 당하고 午로부터 충을 당하니, 좋은 가운데에서 부족이 있다. ⑥ 관직자가 이 과로 정단하면 관직과 녹봉이 모두 높다.

○ 날씨 : 처음에는 흐리고 나중에는 갠다.
　➔ 초전이 토이니 흐리고, 중전과 말전이 화이니 맑다.
○ 가정 : 사람과 집이 모두 왕성하지만 밤 정단에서는 아궁이에서 괴이한 일이 발생한다.
　➔ ● 화재 : 일지는 집이다. 주작이 말전의 巳에 타서 일지 酉를 요극하니 집에 화재가 발생한다. ● 가계 : 장생에는 생계의 뜻이 있다. 밤 정단에서는 지상의 장생에 청룡이 타니 생계가 넉넉하다. ● 우환 : 일지음신의 未에 낮에는 태음이 타니 소인으로부터의 해를 예방해야 하고, 밤에는 구진이 타니 쟁투와 관재를 예방해야 한다. ● 화목 : 기궁과 일지가 삼합하고 다시 간상신과 지상신이 삼합하니 가족이 화목하다.
○ 구관 : 반드시 고위직에 오르지만 감봉을 방지해야 한다.
　➔ 중·말전의 재성에서 초전의 관성을 생하고 다시 지상의 장생에서 일간을 생하여 오니 현달한다. 다만 간상의 일록 子가 초전으로부터 육해를 당하고 중전으로부터 충을 당하니 녹봉이 깎인다. 밤 정단에서는 일록에 현무가 타고 있으니 더욱 흉하다.
○ 구재 : 얻을 수 있다. 그러나 장애를 방지해야 한다.
　➔ 재성은 재물이다. 초전이 귀살이니 초기에 장애가 생기고, 중·말

전에 재성이 임하니 나중에 재물을 얻는다. 특히 말전의 둔반에는 암귀가 도사리고 있으니 암해를 방지해야 한다.
○ 알현 : 화합한다. 천거 조짐이 있지만 타인의 시기와 방해를 방지해야 한다.
→ 중·말전의 재성에서 관성을 생하니 천거를 받는다. 다만 초전의 관성이 간상의 子와 육해이니 방해를 받는다.
○ 혼인 : 성사된다. 깨지거나 막히는 일을 방지해야 한다.
→ ● 성부(成否) : 일간은 나이고 일지는 상대이다. 일지에서 일간을 생하고 지상에서 다시 일간을 생하니 혼인이 성사된다. 다만 일지 음신 未에서 일간 癸를 극하고 未와 간상의 子가 육해이니 상대의 부모가 혼인을 반대한다. ● 궁합 : 간지는 물론이고 그 상신이 삼합하니 좋은 궁합이다.
○ 임신·출산 : 아들을 낳되 출산이 지연된다.
→ 일간의 음양이신이 1양2음이니 아들이고 삼전이 1양2음이니 또한 아들이다. 퇴여격이니 출산이 늦어진다. 그리고 삼전이 연여이니 연이어서 임신하고 연이어서 출산한다.
○ 질병 : 잔병이고 무사하다. 연명이 辰·戌인 사람은 흉하다.
→ ● 병증 : 요극과이니 잔병으로 분석했지민 이는 잘못된 분석이다. 비록 요극과이지만 초전이 귀살인 토이고 다시 중·말전에서 초전의 귀살을 강하게 생하게 있으니 중병이다. 연명이 寅·申·巳·亥인 사람은 그 상신이 귀살인 辰·戌·丑·未이니 더욱 흉하다. ● 연명 巳 : 양사협묘이니 암 진찰을 받아야 한다. ● 치료법 : 의약신이 寅卯이니 약초요법과 기도가 좋고, 의약신이 卯辰에 임하니 정동과 동남간에서 의약을 구하면 된다.
○ 출행 : 서북쪽은 유리하고 서남쪽은 불리하다.
→ 요극과는 서북쪽은 유리하고 서남쪽이 불리하다.
○ 귀가 : 곧 온다.

→ 삼전이 퇴여이니 곧 온다.
○ **유실** : 물건을 찾기 어렵다. 도망간 사람은 스스로 돌아온다.
→ 재성은 물건이다. 재성이 중·말전에 있으니 먼 곳에 재물이 있다. 삼전이 퇴여이니 가출한 사람은 귀가한다.
○ **쟁송** : 부추기는 사람이 있다. 지금은 화합하지만 나중에는 불화한다.
→ 귀살은 관재이고 재성은 그것을 부추기는 사람이다. 간지와 그 상신이 삼합을 하지만 간상의 子와 일지 酉가 파(破)를 하고 간상신 子와 초전 未가 다시 육해이니 서로 불화한다.
○ **전투** : 진흙 속에 가시가 있다. 적군이 진 것으로 가장하여 속이는 일을 방지해야 하며 적을 추격하면 안 된다.
→ 요극과의 초전이 귀살이니 진흙 속의 가시이고, 요극과이니 적군이 아군을 속이며, 초전에서 일간을 극하니 패전할 가능성이 있다.

□ 『**필법부**』 : 〈제7법〉 왕록이 일간에 임하면 망령된 행동을 하면 안 된다.
〈제78법〉 호왕(互旺)과 개왕(皆旺)은 앉아서 도모하는 것이 좋다.
□ 『**중황경**』 : 태음이 일간을 극하면 간사한 일이 일어나서 결국 음인으로 인해 소송이 일어난다.
□ 『**육임지남**』 : 己丑년 5월이고 월장은 酉이며 점시는 酉이다. 재취하는 정단이다. 간지의 상하가 상합하고 지상에서 일간을 생하니 여자가 시집오려고 한다. 재성과 관성이 왕성하니 해로하고 아들을 낳는다. 다만 말전이 초전의 귀살을 도와 일간을 극하고 다시 재성에 둔귀가 타니 반드시 처로 인해 소송이 생긴다. 모두 이러하였다.

| 갑자순 | 계유일 | 3국 | 501 |

癸酉일 제 3 국

공망 : 戌·亥 ○
낮 : 왼쪽 천장, 밤 : 오른쪽 천장

辛		己		丁	
陰 未 常		貴 巳 陰		朱 卯 貴	
酉		未		巳	
○		癸	辛		己
空 亥 勾	常 酉 空	陰 未 常	貴 巳 陰
癸丑	亥○	酉	未

丁 朱 卯 貴 巳	戊 蛇 辰 后 午	己 貴 巳 陰 未	庚 后 午 玄 申
合 丙 蛇 寅 辰			陰 辛 常 未 酉
勾 乙 朱 丑 卯			玄 壬 白 申 戌○
青 甲 合 子 寅	空 亥○ 勾 丑	白 戌○ 青 子	常 癸 空 酉 亥○

□ **과체** : 호시, 회명(未巳卯), 퇴간전 ∥ 요극, 복덕, 가귀, 귀덕, 육음, 수일정신(수일봉정), 공상공(낮).

□ **핵심** : 삼전이 퇴간전이니 쓸모가 없다. 화살을 목표물에 쏠지라도 적중하기 어렵다. 낮에 정단한 질병과 소송은 흉하지 않다.

□ **분석** : ❶ 간상의 亥는 갑자순의 공망이고 지상의 未는 일간의 귀살이다.

❷ 간상의 亥와 초전의 未는 모두 무력하다. 초전의 未는 학실이다. 비록 쇠로 만든 태음의 화살촉이지만 未를 쓰면 망친다.

❸ 그리고 말전의 卯가 앞으로 돌아와서 未를 극하니, 未로 사물을 쏠지라도 반드시 맞추기 어렵다.

❹ 밤 정단에서는 중전과 말전의 길장이 극을 당하니 질병과 소송 정단에서 흉하다. 그러나 낮 정단에서는 삼전이 삼전에 타고 있는 천장을 모두 생하니 질병과 소송 정단에서 흉하지 않다.

□ **정단** : ❶ 이 호시과는 간전이기도 하다.

❷ 지상이 발용이 되어 일간을 극하니 움직이면 안 된다.

❸ 삼전은 역퇴이고 회명(未巳卯)이니 갑자기 거사하는 것을 크게

꺼리며, 마음을 내려놓고 뜻을 접어 기다리는 것이 좋다. 비록 처음에는 손실을 입더라도 나중에는 반드시 보상을 받기 때문이다. 만약 한번 움직이면 반드시 어렵고 놀란다.

❹ 그리고 卯가 巳에 가했다. 이는 두 귀인이 서로 가한 것이니 반드시 두 귀인과 관련이 있는 일이다.

○ 날씨 : 오랫동안 비가 내렸다면 반드시 개이고, 가뭄 때문에 정단하면 적은 비가 온다.
　➜ 삼전의 未巳卯는 '회명'이다. 기나긴 강우 뒤에 정단하면 맑아지고, 비가 오기를 원하는 정단을 하면 적은 비가 온다.
○ 가정 : 길한 가택이다. 가택이 사람을 돕는다.
　➜ ● 가상 : 일간은 사람이고 일지는 가택이다. 지상의 未에서 일지 酉를 생하니 길한 가택이고, 일지에서 일간 癸를 생하니 가택이 사람을 돕는다. ● 화목 : 기궁과 일지가 삼합하고 간상신과 지상신이 삼합하니 가족이 화목하다. ● 상(喪) : 묘월(卯月)의 밤 정단에서는 지상의 未가 사기이고 일간의 귀살이며 여기에 태상이 타니 상(喪)을 당한다.
○ 구관 : 마음이 게을러서 기회를 잡지 못한다.
　➜ ● 관직운 : 재성은 재물이고 관성은 관직이다. 중전의 재성에서 초전의 관성을 생하니 관직에 이롭다. 다만 일간에 형제효가 임하니 나태로 인해 기회를 놓치는 것을 방지해야 한다.
○ 구재 : 얻기 어렵다.
　➜ 일지음신과 중전에 재성인 巳가 임하고 말전에는 정재(丁財)가 임하니 구재가 가능하다. 다만 말전의 재성은 원방에서 구하는 재물이다. 중전과 말전의 재성에서 초전의 귀살을 생하니 득재한 이후에 재앙을 방지해야 한다.

○ 알현 : 마음에 들지 않고 후회하는 마음이 생긴다.
→ 낮 정단에서는 두 귀인이 서로 가했으니 귀인을 만나기 어렵다. 그러나 밤 정단에서는 밤 귀인의 둔반에 재성이 임하니 귀인으로부터 재물을 얻는다.

○ 혼인 : 성사되지 않는다.
→ ● 성부 : 일간은 나이고 일지는 상대이다. 요극과이고 다시 일간이 공망되었으니 혼인이 성사되기 어렵다. ● 궁합 : 간지와 그 상신이 거듭 삼합하니 궁합은 좋은 편이다. ● 길흉 : 지상의 未에서 일간을 극하니 나에게 해를 입히는 사람이다. 특히 낮에는 지상의 未에 흉장인 태음이 타니 더욱 나쁘다.

○ 임신·출산 : 딸이다. 산모가 허약하다.
→ 일간의 천지반이 모두 음이고, 태신 午가 중녀이니 딸이다. 일지는 산모이다. 과전이 육음이고 지상의 未로부터 일지 酉가 생을 받았지만 일간 癸가 일지의 기운을 설기하니 산모가 허약하다.

○ 질병 : 허약증이다. 보약을 많이 먹으면 효과를 본다.
→ ● 병증 : 과전이 육음이고, 일간이 공망되었으며, 말전에서 일간을 탈기하니 허증이다. ● 귀살은 병인이다. 귀살이 未土이니 토의 극을 받는 수의 장부인 신장이 허하다. ● 생사 : 일간이 공망되었으니 구병 환자는 사망할 우려가 있다. ● 치료법 : 의약신이 寅卯이니 약초요법과 기도가 좋고, 의약신이 辰巳에 임하니 동남간에서 의약을 구하면 된다.

○ 출행 : 나쁘다.
→ 양은 밝음, 음은 어둠을 뜻한다. 과전이 육음이니 출행이 어둡다. 또한 삼전이 퇴간전이니 출행이 늦춰지는 상이다.

○ 귀가 : 늦게 온다.
→ 동신(動神)인 정마가 말전에 임하니 지금 출발했다.

○ 유실 : 잡지 못한다. 흔적 없이 도망쳤다.

➜ 정신이 말전에 있으니 먼곳으로 도망쳤다. 따라서 잡지 못한다.
○ 쟁송 : 풀린다.

➜ 퇴간전은 쟁송이 물러나는 상이고, 회명은 우환이 풀리는 상이다. 또한 말전에서 초전의 귀살을 제극하고 있으니 쟁송이 풀린다.
○ 전투 : 낮 정단에서는 길하고, 밤 정단에서는 헛되이 놀란다.

➜ 귀살은 적군이다. 未에 낮에는 금의 천장인 태음이 타서 일간을 생하니 길하고, 밤에는 토의 천장인 귀인이 타니 조금 놀란다.

□ 『필법부』 : 〈제16법〉 공망 위에 공망이 타면 일을 이룰 수 없다. 무릇 정단에서 빈 뜻과 빈말이 되고 전혀 실상이 없다.

〈제26법〉 수일에 정신을 만나면 재물이 빠르게 움직인다.

〈제45법〉 주야귀인이 서로 가하면 양 귀인에게서 구하면 된다. 그러나 귀인을 만나는 정단이면 반드시 귀인을 만나지 못한다.

□ 『과경』 : 회명격[未巳卯]은 음에서 출발하여 양에 이르는 상으로서 달이 없어진 뒤에 점차 달이 돌아오는 상이다. 따라서 일을 늦춰서 진행하면, 길사는 점차 이루고 흉사는 점차 사라진다. 밤 정단에서는 사기(死氣)가 일간의 귀살이고 여기에 태상이 타서 가택에 드니 상복을 입게 된다.

□ 『금구결』・『운소부』 : 장사를 하면 이익을 얻고, 여자를 만나 술을 따르기 위해 간다.

□ 『지장부』 : 未가 酉에 가하면 계모이다.

癸酉일 제 4 국

공망 : 戌·亥 ○
낮 : 왼쪽 천장, 밤 : 오른쪽 천장

庚	丁	甲
后 午 玄	朱 卯 貴	靑 子 合
酉	午	卯

○	辛	庚	丁
白 戌 靑	陰 未 常	后 午 玄	朱 卯 貴
癸丑	戌 ○	酉	午

丙合寅巳 蛇	丁朱卯午	戊蛇辰未	己貴巳申 陰
勾 乙丑辰 朱			后庚午酉 玄
靑 甲子卯 合			陰辛未戌 常
○空亥寅 勾	○白戌丑 靑	癸酉子 常空	壬申亥 白玄

□ **과체** : 섭해, 헌개(午卯子), 삼교, 이번∥육의(말전), 덕경(중전), 삼음(낮, 추동절), 수일정신, 참관격(불성), 교차육해.

□ **핵심** : 사람과 집이 모두 상한다. 간상의 戌은 공망이고 지상의 午는 실하다. 현무와 천후가 재물을 뺏는다. 상대는 흉하고 나는 길하다.

□ **분석** : ❶ 戌이 일간에 가해서 일간 癸수를 극하니 내가 상하고, 午가 일지에 가해서 일지 酉를 극하니 집이 상한다. 戌은 공망되었고 午는 일지음신 卯의 생을 받으니, 戌은 허하고 午는 실하다.

❷ 지상과 초전의 재성에 천후와 현무로부터 협극(夾克)을 당해 내 재물을 빼앗기니 이 재물을 쓸 수 없다.

❸ 서로의 흉이 견고하게 남아 있지만 내가 그를 해치지 않는 것이 길하다.

❹ 낮 정단에서 일간의 귀살에 백호가 타니 흉하다.

□ **정단** : ❶ 섭해과이고 삼교격이며 고개승헌격이다. 寅월과 申월 관직 정단에서 매우 평범하다.

❷ 괴강[戌·辰]이 丑·未에 임하고 일숙과 월숙이 사중[子·午·卯·酉]에 가하니 '천지이번'이라고 하여, 겉으로는 평온해 보이지만 속으로는

상한다.

❸ 午가 酉에 가하면 '사교(死交)'로서 모든 일은 불성하고 험난한 계곡에 빠져서 진퇴가 어렵다. 만약 점자에게 덕이 있으면 길하고 덕이 없으면 흉하다.

년) 천지이번 : 월장과 음력의 달로 이 격이 정해지니 계유일 제4국이 이 격에 해당할 가능성은 매우 낮다. 다만 과전에서 사중이 사중에 다시 가했으니 삼교격에 가까운 격이니 흉과라고 할 수는 있다.

년) 천지이번 : 일수(월장)와 월수(달)가 사중이고 이 둘이 사중에 가하며 두강(辰)이 丑이나 未에 임해야 한다. 일수가 사중이 되는 때는 子(대한~우수), 酉(곡우~소만), 午(대서~처서), 卯(상강~소설)이다. 월수가 사중이 되는 시기는 『육임입문』 제2권 부록 참조.

────────────────────────

○ 날씨 : 비가 온다.
　→ 초전이 午이니 처음에는 맑고, 중전이 卯이니 중간에 우레가 치며, 말전이 子이니 나중에 비가 온다.
○ 가정 : 가정이 파손된다. 밤 정단에서는 간음을 방지해야 한다.
　→ ● 파가(破家) : 酉일은 사중일이고, 사중이 사중에 가하여 입택하며, 삼전이 모두 사중이니 삼교격이다. 삼교격은 가정이 깨지고 가정에 간음이 발생한다. ● 우환 : 낮에 정단하면 간상의 백호가 일간을 극하니 가장에게 병이 발생하고, 밤에 정단하면 지상의 현무가 일지를 극하니 가정에 도난이 발생한다.
○ 구관 : 1월과 7월 정단에서는 대길하고, 6월 정단에서는 흉하다.
　→ ● 관직운 : 초전의 午가 1월과 7월에서는 천마에 해당하니 대길하다. 6월에는 흉하지만 가을에 정단하면 卯가 상차(상여)에 해당하니 더욱 흉하다. 간상의 백호관성이 공망되었으니 길한 기운이 불발하지만 만약 술년, 술월, 술월장 기간에 정단하면 매우 길하다.

○ 구재 : 얻는다.
➔ 재성인 午가 지상과 발용에 임하니 재물을 얻는다. 다만 낮에는 수의 천장인 천후가 타니 외전되어 구재에서 나쁘고, 밤에는 현무가 타니 도둑에게 재물을 빼앗긴다.
○ 알현 : 귀인을 만나는 일에서 길하다. 주객이 화기애애하다.
➔ 낮 정단에서는 귀인승신이 재성이니 구재에 좋고, 밤 정단에서는 귀인승신에서 일간을 탈기하니 손실을 입는다.
○ 혼인 : 할만하다. 밤 정단에서는 이롭지 않다.
➔ ● 성부 : 낮에는 지상의 午가 처재효이고 다시 태신이며 여기에 길장인 천후가 타니 혼인과 동시에 임신하니 좋다. 그러나 밤에는 현무가 재성에 타고 있으니 신부감을 잃게 된다. ● 궁합 : 간지가 교차육해이니 나쁜 궁합이다. ● 구처(求妻) : 중전이 수일정재이다. 미혼 남성이 원방에서 처를 취하는 기쁨이 있다.
○ 임신·출산 : 유산을 방지해야 한다. 만약 유산하면 그 뒤에는 아들을 낳는다.
➔ 섭해과의 찰미격에서 간지상에 괴강[戌·辰]이 보이면 난산이다. 일간은 태아인데 간상의 戌이 공망되었으니 유산되는 상이다. 지상의 태재에 낮에는 실상이 타고 있으니 부인이 태아를 갖는다.
○ 질병 : 중하다. 난치병이고 피고름이 나는 재앙이 있다.
➔ ● 병증 : 낮에는 백호귀살이 간상에서 일간을 극하니 병이 나지만 공망되었으니 낫는다. 그리고 헌개격은 병이 오래 끌며 혼이 날아다니니 흉하다. ● 치료법 : 의약신이 寅卯이니 약초요법과 기도가 좋고, 의약신이 巳午에 임하니 동남간과 정남에서 의약을 구하면 된다.
○ 출행 : 비를 조심해야 하고, 1월과 6월은 불리하다.
➔ 섭해과와 삼교격은 출행에 불리하다. 월장이 子·午·卯·酉가 되는 시기는 더욱 불리하다.

○ 귀가 : 아직 오지 않는다.
  → 헌개격이니 반드시 곧 돌아온다.
○ 유실 : 남의 집에 숨겨놓았으니 찾아내기 어렵다.
  → 삼교격은 정부나 물건을 감춰두는 상이다.
○ 쟁송 : 싸워서 다치고 피를 본다. 귀인에게 부탁하면 해결할 수 있다.
  → 간상에서 일간을 극하니 흉하고, 삼교격이니 형을 살 우려가 있다. 밤에는 귀인승신이 재성이니 귀인의 도움을 받을 수 있다.
○ 전투 : 불리하다. 휴전하는 것이 좋다.
  → 삼교격은 전쟁을 하면 패전한다. 따라서 휴전하는 것이 이롭다.

□ 『필법부』 : (제61법) 질병정단에서 일간 위에 묘신백호가 없어야 한다.
  → 비록 간상의 호귀가 흉하지만 공망되었으니 다행이다.
  (제63법) 서로 상하니 양쪽이 모두 방비해야 한다. 송사 정단이면 반드시 양가 모두 죄로 인하여 처벌을 당하며, 모든 정단에서 반드시 양쪽 모두 탄식한다. 사람에 관한 정단이면 상함을 당하고, 가택 정단이면 가택이 무너지고 훼손된다.

□ 『정온』 : 백호귀살이 공망되었으니 지금은 재난을 입지만 나중에는 오히려 두렵지 않다. 관직자가 정단하면 부임이 신속한데 이것을 '최관부(催官符)'라고 한다. 만약 최관부가 공망되면 나쁘다.

□ 『관월경』 : 사중[子午卯酉]이 와서 사중에 가해서 발용이 되면 그 누가 앞장서며, 화개를 구하지만 이 죄가 하늘을 흐리게 하는 것이 아니다.

| 癸酉일 | | 제 5 국 | | 공망 : 戌·亥 ○
낮 : 왼쪽 천장, 밤 : 오른쪽 천장 |

己	乙	癸
貴 巳 陰	勾 丑 朱	常 酉 空
酉	巳	丑

癸	己	己	乙
常 酉 空	貴 巳 陰	貴 巳 陰	勾 丑 朱
癸丑	酉	酉	巳

乙 勾 丑 朱 合	丙 合 寅 午	丁 朱 卯 貴 未	戊 蛇 辰 后 申
巳 青 甲 合 子 辰			己 貴 巳 陰 酉
空 ○亥 勾 卯			庚 后 午 玄 戌
白 ○戌 青 寅	癸 常 酉 空 丑	壬 玄 申 白 子	辛 陰 未 常 亥○

□ **과체** : 원수, 종혁, 불비(무음), 회환 // 삼기(중전), 형통(체생), 왕래수생(자재), 여덕(낮), 귀덕(貴德), 조간(피구아사), 합중범살, 용덕(사년,사월장), 살몰.

□ **핵심** : 삼전의 낮 천장은 금을 생하고 삼전의 금은 일간을 생한다. : 되돌아오니 우여곡절이 있고, 대중이 나를 우습게 여긴다.

□ **분석** : 삼전의 낮 천장인 귀인·구진·태상의 모든 토에서 삼전의 금을 생하고, 금이 삼전에 모여 금국을 이루어서 일간을 생한다. 과전이 모두 巳酉丑을 벗어나지 않고 되돌아와서 나를 돕는 사람을 만나지 않는 곳이 없으니 도움을 많이 받는다.

□ **정단** : ❶ 원수과이고 종혁이다.

❷ 일덕이 발용이 되어 쟁반 속의 구슬처럼 돌고 도니 화미한 상으로서 상하가 모두 기쁘고 교역 또한 대통하다. 만약 연월일시가 모두 사과에 임하면 '천심격(天心格)'으로서 일상적이지 않은 원대한 일이 있다.

❸ 그리고 순삼전[순종혁]을 득했으니 먼 곳의 것을 가까이 하여 공을 세울 수 있다.

❹ 그러나 과체가 불비이고 다시 순음이다. 음에는 어둠의 뜻이 숨어 있으니 반드시 처음에는 순종하고 나중에 개혁해야 한다. 고요하게 기다렸다가 음이 극에 이르면 양이 살아나니, 무리를 지은 금이 수를 생하는 때에 모든 일이 길하게 된다.

───────────────────────────────

○ 날씨 : 구름이 많이 끼지만 비가 오지 않는 상이다.
　→ 삼전의 금은 수를 생하는 오행이다. 그러나 삼전의 천장이 대부분 토와 화이니 비가 오지 않는다.
○ 가정 : 고치고 새롭게 한다. 다른 업을 많이 한다.
　→ ● 집수리 : 종혁은 구개신취하는 격이다. 따라서 집을 수리하고 가업을 새롭게 해야 한다. ● 내조 : 일지가 간상으로 와서 일간을 생하니 아내가 내조한다. ● 화목 : 간지와 그 상신이 삼합하고 간지가 교차삼합하니 가족이 화목하다. 만약 가을에 정단하면 과전이 왕성하니 더욱 좋다. ● 가상 : 일간은 사람이고 일지는 가택이다. 일지가 간상으로 와서 일간을 생하니 가택이 사람을 유익하게 하는 가상이다.
○ 구관 : 타인의 도움을 받아 노력하지 않더라도 관직을 향유한다.
　→ ● 관직운 : 일간·일지·삼전이 부모국을 이루어서 일간을 생한다. 특히 삼전이 체생하여 일간을 생해 오니 반드시 추천을 받아 승진, 발탁된다. 만약 가을에 정단하면 금국이 왕성하니 더욱 좋다. 만약 낮에 정단하면 삼전의 토의 천장 오행에서 삼전의 금국을 생하여서 일간을 생해 오니 더욱 좋다.
○ 구재 : 여러 사람이 돈을 각출(各出)해서 모으면 더욱 좋다.
　→ 일간·일지·삼전 세 곳이 부모국을 이루어서 일간을 생하고, 삼전이 일간을 체생하니 여러 사람의 도움으로 사업이 번창한다. ● 일간은 나이고 일지는 타인이다. 일지가 간상으로 와서 일간을 생하

니 타인의 도움을 받아 사업이 번창한다.
○ **알현** : 귀인과 화합한다.
→ 삼전이 일간을 체생하니 귀인과 화합하고 삼전의 종혁에서 일간을 생하니 도움을 받는다.
○ **혼인** : 낮 정단은 좋다. 친척과 혼인을 맺는다.
→ ● 길흉 : 일지가 간상으로 왔으니 여자가 시집오는 상이다. 낮에는 길장인 태상이 타고 있으니 양처이고, 밤에는 천공이 타고 있으니 양처가 아니다. ● 성부(成否) : 일간의 상하가 금국이고 일지의 상하가 다시 금국이니 친척과 혼인한다. ● 조간격 : 지상신이 발용이 되고 말전이 간상으로 돌아오니 여자가 남자에게 고개를 숙이고 시집오는 상이다. ● 이혼정단 : 과전이 종혁이니 뜻을 이루지만 역종혁이니 이혼이 지체된다.
○ **임신·출산** : 딸이다. 난산을 방지해야 한다.
→ 일간의 천지반이 모두 음이니 딸이고, 삼전이 종혁이니 다시 딸이다. 비록 원수과이지만 가을정단에서는 초전의 지반 酉가 왕성하니 반드시 딸이다. ● 종혁격은 수술을 해서 낳는다. ● 과전이 부모국이니 자식 임신에 흉하고, 과전이 삼합하니 출산이 지연된다.
○ **질병** : 폐에 문제가 있다. 근골 질환은 난치이다.
→ ● 병증 : 과전이 금국이니 폐가 굳어지는 병이거나 혹은 금국에서 목을 극하니 간질환이 온다. 과전이 삼합을 하였으니 치유가 늦지만 금국에서 일간을 생하여 오니 늦게나마 낫는다. ● 치료법 : 의약신이 寅卯이니 약초요법과 기도가 좋고, 의약신이 午未에 임하니 정남과 서남간에서 의약을 구하면 된다.
○ **출행** : 불리하다. 나가면 다시 돌아온다.
→ 삼전의 금국이 다시 과전으로 돌아오니 출행한 뒤에 되돌아온다.
○ **귀가** : 즉시 온다.

➜ 삼전의 금국이 사과로 돌아오니 즉시 온다.
○ **유실** : 산의 돌길[石道途]에 감췄다.
➜ 과전이 금국이니 돌길에 감췄다.
○ **쟁송** : 서로 뒤엉켜져서 풀 수 없다. 형벌을 방지해야 한다.
➜ 제5국과 제9국은 과전이 삼합하는 과이니 쟁송과 질병정단에서 흉하다. 삼전이 일간을 체생하여 오니 승소한다. 특히 가을에 정단하면 승소가 더욱 확실하다.
○ **전투** : 정의를 지키는 쪽은 도움을 많이 받는다. 낮 정단에서는 승전하고, 밤 정단에서는 불리하다.
➜ 낮 정단에서는 천장의 오행에서 금국을 생하고 금국에서 다시 일간을 생하니 승전한다.

□ 『**필법부**』 : 〈제23법〉 타인이 나에게 일을 구하는 격이다. 이른바 초전이 지상에서 일어나고 말전이 간상으로 돌아오는 것이다. 모든 정단에서 반드시 타인이 주요 일을 나에게 위임, 부탁하게 된다.
〈제31법〉 삼전이 차례로 일간을 생해 오면 타인의 추천을 받는다. 반드시 여러 번 타인에 의해 높은 직위로 추천을 받는다.

□ 『**과경**』 : 태세는 癸巳, 월건은 申, 월장은 巳, 점시는 酉이다. 巳는 태세와 월장이며 또한 낮 귀인이다. 낮 정단에서 巳에 귀인이 타서 발용이 되는 용덕과이다. 마치 용이 날아다니면서 비를 뿌리니 그 은덕이 만물에 미친다. 왕의 은덕이 백성들에게 베풀어져서 백성들이 환호한다.

□ 『**심인부**』 : 丑이 巳에 가하고 그 위에 태음이나 육합이 타면 귀인이 추천한다.

癸酉일 제 6 국

공망 : 戌·亥 ○
낮 : 왼쪽 천장, 밤 : 오른쪽 천장

	丁	○	己
	朱卯貴	白戌青	貴巳陰
	申	卯	戌 ○
	壬	丁	戊	○
	玄申白	朱卯貴	蛇辰后	空亥勾
	癸丑	申	酉	辰

甲青子巳	乙勾丑午	丙合寅未	丁朱卯申 蛇 貴
○空亥辰 勾			戊蛇辰酉 后
○白戌卯 青			己貴巳戌 陰 ○
癸常酉寅	壬空玄申丑 白	辛陰未子 常	庚后午亥 玄

- □ 과체 : 견기, 사절, 착륜 // 구생, 수일정신(수일봉정), 불행전.
- □ 핵심 : 두 귀인이 지상신을 인종한다. 낮에는 중전에서 백호가 戌에 타고 토끼[卯]와 등사[巳]를 쏘아보니 밤에는 편안하지 못하다.
- □ 분석 : ❶ 밤 귀인 卯는 申에 임하고, 낮 귀인 巳는 戌에 임하며, 지상의 辰은 주야 귀인의 가운데에 끼어 있다.

  ❷ 등사가 일간의 귀묘(鬼墓)에 타서 가택 위에 임하니 흉하다. 그러나 백호가 디고 있는 중전의 戌에서 묘신을 파(破)하고 등사를 충(沖)을 하여 흉으로써 흉을 제압하니 흉이 저절로 사라진다.

  ❸ 낮 귀인이 옥묘(獄墓,戌)에 들어가니 귀인이 편안하지 않다.

  ❹ 제2과의 卯와 제4과의 亥가 모두 섭해이다. 卯는 네 번의 극을 당했고 亥는 다섯 번의 극을 당했으니 亥가 발용이 되어야 한다. 이 과전에서는 맹상신[卯]이 발용이 되고 견기이다.

  ❺ 일간의 묘신이 酉에 임하고 여기에 등사가 타니 정녕 묘문(墓門)이 열린다.

- □ 정단 : ❶ 견기과이며 착륜이다. 卯 속의 乙목과 申 속의 庚금이 합을 해서 그릇을 만든다.

❷ 癸일에는 배의 노를 얻은 상으로서 주어진 일은 중요하고 멀다.
❸ 관직정단에서 크게 이롭지만 처음에는 어려움을 겪고 나중에는 뜻을 이룬다.
❹ 중전과 말전이 모두 공망되었으니 꽃만 피고 결실이 없을 우려가 있다. 따라서 조급하게 전진하면 안 된다.

―――――――――――――――――――――

○ **날씨** : 낮 정단에서는 맑고, 밤 정단에서는 비가 온다.
→ 초전이 卯이니 우레가 치고, 중전이 戌이니 흐리며, 말전이 巳이니 맑다. 밤 정단에서는 말전에 태음이 타니 서리 혹은 눈이 온다.
○ **가정** : 집의 전후가 귀인이 사는 집과 이웃하고 있다. 앞집과 쟁송을 한다.
→ ● 이웃집 : 일지는 집이고 귀인은 공무원이다. 초전의 밤 귀인과 말전의 낮 귀인이 지상신을 인종하니 공무원이 거주하는 집과 이웃하고 있다. 다만 낮 정단에서 초전에 주작이 타고 있으니 앞집과 다툰다. ● 가정운 : 간상에서 일간을 생하고 지상에서 일지를 생하니 사람과 가택이 모두 발달한다. ● 수일정신 : 원방에 있는 자녀로부터 재물이 온다. ● 이사·수리 : 초전과 말전에서 지상을 인종하니 이사와 수리에 길하다.
○ **혼인** : 밤 정단에서는 혼인해도 좋지만 장애가 생길 수 있으니 이를 방지해야 한다.
→ ● 길흉 : 일간은 나이고 일지는 상대이다. 지상에 밤에는 길장인 천후가 타고 있으니 조금은 좋다. 그러나 지상의 辰이 일간의 묘신이니 혼인 상대자로서 적합하지 않고 또한 나를 속인다. 간상의 申에서 일간 癸를 생하고 지상의 辰에서 일지 酉를 생하니 남녀 모두에게 대체로 유익한 혼인이다. ● 궁합 : 간지와 그 상신이 삼합하니 대체로 좋은 궁합이다.

○ **임신·출산** : 낙태를 방지해야 한다. 딸이다.
→ 초전이 착륜이다. 도끼로 나무를 찍는 상이니 낙태될 위험이 있다. 그리고 하적상하여 발용이 되었으니 딸의 상이다. 그러나 일간의 음양이신과 삼전이 1양2음이니 아들이다. ● 출산 : 찰미격의 간지상에 괴강이 임하니 난산이다.

○ **구관** : 바로 높이 승진되는 기쁨이 있다. 이루지만 나중에 헛된 것이 될 우려가 있다.
→ ● 관직운 : 초전이 착륜이니 바로 승진한다. 그러나 중·말전이 공망되었으니 관직자의 미래가 어둡다. 연명이 酉이면 초전과 말전의 두 귀인이 연명상신 辰을 인종하니 승진, 발탁된다.

○ **구재** : 얻지만 공허에 떨어지는 것을 방지해야 한다.
→ 초전의 둔재를 얻는다. 그러나 말전의 재성이 공망되었으니 말전의 재물은 잃게 된다. ● 수일정신 : 정재의 아래가 자손효이니 자식을 통해 재물을 얻거나 혹은 낮에는 주작이 타니 문서로 재물을 얻고, 밤에는 귀인이 타니 관청을 통해 재물을 얻는다.

○ **알현** : 흥이 나서 갔지만 흥을 잃고 되돌아온다.
→ 초전의 밤 귀인은 실하지만 말전의 낮 귀인은 공망되었다.

○ **질병** : 행년상신이 卯인 사람은 불길하다.
→ ● 병세 : 착륜격은 사망의 상이다. ● 부모 : 밤에는 간상의 장생에 백호가 타니 부모님의 건강을 보살펴야 한다. ● 치료법 : 의약신이 寅卯이니 약초요법과 기도가 좋고, 의약신이 未申에 임하니 서남간에서 의약을 구하면 된다.

○ **유실** : 도둑은 군부의 실세의 집에 숨어있다.
→ 申은 군인이다. 申에 현무가 타고 있으니 군부의 실세의 집에 숨어있다.

○ **출행** : 월건과 일이 戌이나 亥일 때에 서북쪽으로 출행하는 것이 유리하다.

→ 지상은 일묘이다. 이를 戌에서 충을 하여 깨니 이 일월이나 방위가 좋다.
○ **귀가** : 이제야 출발했다. 형제의 귀가 정단을 하면 즉시 온다.
→ 집을 뜻하는 일지음신에 형제효인 亥가 임하니 바로 온다.
○ **쟁송** : 낮 정단에서는 불길하다. 기회를 파악해서 멈춰야 한다.
→ 발용이 착륜이니 패소할 가능성이 높다. 따라서 합의를 보는 것이 좋다.
○ **전투** : 낮 정단에서는 장수에게 불리하다. 밤 정단에서는 승전이 가능하지만 이익 중 손실이 있다.
→ 일간은 장수이다. 낮에는 흉장인 현무가 타고 있으니 장수에게 불리하고, 밤에는 백호가 타고 있으니 위엄이 있다.

□ 『**필법부**』 : 〈제77법〉 호생과 구생은 모든 일에서 유익하다. 나와 상대가 화순하니 양쪽이 밑천을 합쳐서 경영하면 더욱 좋다.
〈제86법〉 내전을 만나면 도모하여 나중에 재앙이 닥친다.
□ 『**점험**』 : 3월의 辛卯일에 월장 戌을 卯에 가한다. 전정을 정단한다. 태세에 주작이 타서 발용이 되었으니 문서가 반드시 조정에 이른다. 중전과 말전이 재성과 관성이지만 공함이 되었고 낮 귀인이 공망과 묘신에 앉으니 구관은 반드시 유시무종이다. 지상의 월건에는 등사가 묘신에 타서 일간을 극하니 윗선이 부족하다. 양 귀인이 지상을 인종하고 중전의 백호에서 지상의 등사를 충을 하니 이흉제흉이 되어 안전하다.

癸酉일 제 7 국

공망 : 戌·亥 ○
낮 : 왼쪽 천장, 밤 : 오른쪽 천장

丁	癸	丁
陰卯貴	勾酉空	陰卯貴
酉	卯	酉
辛	乙	丁	癸
朱未常	常丑朱	陰卯貴	勾酉空
癸丑	未	酉	卯

○空亥巳 勾	甲子午 白 合	乙丑未 常 朱	丙寅申 玄 蛇
○青戌辰 青			陰卯酉 貴
勾癸酉卯 空			后戊辰戌 后 ○
合壬申寅	辛未丑 白 朱	庚午子 常 蛇	己巳亥 玄 貴 陰

- □ **과체** : 무의, 삼교, 용전, 여덕 // 초전협극(낮), 초전내전, 회환, 착륜, 수일정신(수일봉정), 육음, 양귀수극, 축미상가(두괴상가), 신장·귀등천문(낮).

- □ **핵심** : 초·중전과 지상에서 천장오행과 12지가 내외전을 하며 : 과전에 丁이 보이니 가정에 사악한 일이 발동한다.

- □ **분석** : ❶ 간지와 삼전의 밤 천장은 대부분 토의 천장들로서 이들이 무리를 지어서 일간을 극하니 이를 당해낼 수 없다.

  ❷ 卯와 酉는 가정을 뜻하고 卯는 갑자순의 丁이다.

  ❸ 사과와 삼전에 보이는 丁은 요동을 뜻한다. 시야에 갑자순의 丁만 보이니 요동이 적지 않다. 이러하니 집안의 사악을 면할 수 없고, 혹은 가정으로 재물이 오거나 여러 자식으로 인해 재물이 나간다.

  ❹ 그리고 밤 귀인 卯가 일간을 탈기하니 반드시 귀인으로 인해 손실을 입는다.

- □ **정단** : ❶ 무의과이고 삼교격이며 여덕격이니 일상적인 왕래가 아니다. 오랫동안 움직였다면 고요하게 지내는 것을 생각하고, 오랫동안

고요하게 있었다면 움직이는 것을 생각한다.

❷ 과전이 화목한 기운을 잃었으니 반드시 성사되기 어렵다.

❸ 양이 앞에 있고 음이 뒤에 있으니 군자(관직자)는 길하고 소인(비관직자)은 흉하다.

❹ 만약 사람의 연명이 卯·酉이면 용전격의 상이어서 살고 죽는 것이 진퇴유곡이다. 움직이면 어긋나고 근신하면서 정수(靜守)해야 화가 없다.

○ 날씨 : 맑고 비가 오기를 반복한다.

→ 丁은 맑음을 뜻하고 癸는 강우를 뜻한다. 丁과 癸가 반복되어 있으니 맑고 비가 오기를 반복한다.

○ 가정 : 가정에서 근신해야 한다.

→ ● 화목 : 용전격이다. 따라서 가정이 불안정하니 근신해야 한다. 부부는 별거나 이혼을 막아야 한다. ● 우환 : 간상의 未에 낮에는 주작이 타서 일간을 극하니 탄핵이나 구설을 방지해야 한다. 밤에는 태상이 타니 부친상을 방지해야 하며, 만약 묘월(卯月)에 점단하면 未가 사기에 해당하니 상(喪)을 방지해야 한다. ● 송금 : 수일정재이다. 丁의 아래가 일간의 자손효이니 자녀가 나에게 송금한다.

○ 혼인 : 어울리지 않는 짝이다.

→ ● 길흉 : 비록 기궁과 일지가 삼합하고 간상신과 지상신이 삼합하지만 간지의 천반과 지반이 충을 하고 삼전이 계속하여 충을 하여 가니 어울리지 않는 짝이다. 설령 혼인을 하더라도 헤어지게 된다. 남녀의 연명이 卯나 酉이면 그 해가 더욱 심하다. ● 성정 : 일지는 상대이다. 지상의 卯에 낮에는 흉장인 태음이 타니 나쁘고, 밤에는 귀인이 타니 좋은 편이다.

○ 임신·출산 : 첩이 임신한 자식이고 키우기 어렵다.

→ 일지와 지상은 모두 음란의 신이다. 특히 낮 점단에서는 음란의 천장인 태음이 卯에 타고 있으니 더욱 더 음란하다. 일간은 태아이고 일지는 임신부이다. 지상의 卯에서 간상의 未를 극하니 태아가 상한다. 따라서 키우기 어렵다.

○ **구관** : 관직자는 탄핵당하는 것을 방지해야 한다. 이에 대한 보고서를 올리더라도 질책을 당한다. 고시에 응시하면 낙방한다.

→ ● 관직운 : 낮에는 주작이 未에 타서 일간을 극하고, 밤에는 주작이 丑에 타서 일간을 극한다. 주작에서 일간을 극하면 공무원은 탄핵을 당하거나 질책을 당한다. ● 시험운 : 시험에 응시하면 낙방한다.

○ **구재** : 재물의 득실이 반복되고, 가정의 자손들이 재물을 탕진하는 경우가 많다.

→ 가정을 뜻하는 지상의 자손효 위에 정신이 타니 자식이 가산을 탕진한다. ● 사업 : 재성은 재물이다. 비록 정재(丁財)가 많이 보이지만 충을 당하여 파괴 되었으니 사업을 시작하면 폐업하게 된다.

○ **알현** : 왕래해서 뜻을 이루지 못한다.

→ 초전과 말전의 정신은 출행을 뜻한다. 초전의 천반이 지반 및 중선과 상충하고 있으니 뜻이 깨진다. 그리고 귀인을 만나는 일에서, 두 귀인이 모두 충과 극을 하는 지반에 앉아 있으니 그의 도움을 받을 수 없다.

○ **질병** : 토사곽란을 하거나 혹은 한열이 반복된다.

→ ● 병증 : 삼전의 丁은 화이고 癸는 수이다. 삼전에 丁과 癸가 반복되어 있으니 한열이 반복된다. 卯는 앞문이고 酉는 뒷문이다. 삼전에서 卯酉가 왕래하니 토하고 설사하기를 반복한다. ● 명의가 있는 방위 : 의약신 卯가 임한 유방(酉方)이다. ● 치료법 : 의약신이 寅卯이니 약초요법과 기도가 좋고, 의약신이 申酉에 임하니 서남간과 정서에서 의약을 구하면 된다.

○ 유실 : 얻었다가 다시 잃는다.
 → 재물을 뜻하는 丁이 초전에 임하니 얻고 중전의 癸에서 이를 충을 하니 다시 잃는다.
○ 출행 : 귀인을 따르는 것이 좋다. 나머지는 반드시 반복된다.
 → 초전과 말전에 두 귀인이 있으니 귀인의 뜻을 따르는 것이 좋다. ● 정신이 가하고 있는 卯에 낮에는 태음이 타니 소인에 의한 손실을 방지해야 하고, 밤에는 귀인이 타니 귀인에 의한 손실을 막아야 한다.
○ 귀가 : 귀가했다가 다시 나간다.
 → 초전의 정마가 말전에 다시 보이니 귀가했다가 다시 나간다.
○ 쟁송 : 시비가 분분해서 멈추지 않는다. 귀인의 도움으로 풀린다.
 → 용전에는 쌍방에게 일진일퇴하는 뜻이 있다. 밤에는 귀인이 과전에 임하니 귀인의 도움을 받아서 쟁송이 풀린다. ● 그러나 간상에서 일간을 극하니 쟁송에서 내가 불리하다.
○ 전투 : 낮 정단에서는 대승한다. 엎치락뒤치락하는 일이 많다.
 → 초전과 말전의 卯에서 귀살을 제압하니 나중에 승전한다. 다만 삼전이 용전이니 엎치락뒤치락한다.

□ 『필법부』 : 〈제49법〉 양 귀인이 극을 받으면 귀인에게 아뢰는 일은 어렵다.
 〈제68법〉 귀살을 제압하는 자리가 곧 훌륭한 의사가 있는 곳이다.
□ 『과경』 : 일간의 귀살이 일간에 임했지만 지상에 있는 식신의 제극에 힘입어서 본가의 친척이 충분히 치료하거나 혹은 집안 선조의 보호를 받아서 낫는다. 밤 정단에서는 식신에 귀인이 타고 있으니 반드시 윗사람의 도움을 받아 허물이 풀리고, 감금을 당한 경우에는 사면을 받아서 화를 면하게 된다.

癸酉일   제 8 국

공망 : 戌·亥
낮 : 왼쪽 천장, 밤 : 오른쪽 천장

辛	甲	己
朱 未 常	白 子 合	貴 巳 陰
寅	未	子
庚	○	丙	辛
蛇午玄	空亥勾	玄寅蛇	朱未常
癸丑	午	酉	寅

○青戌巳癸勾酉辰壬合申卯辛朱未寅	○青空亥勾午	甲白子合未	乙常丑申朱丙玄寅蛇酉丁陰卯貴戌○戊后辰亥○
	辛常未寅朱	庚蛇午玄丑貴	己陰巳后子

□ **과체** : 지일, 장도액, 둔복∥복덕(지상), 육의(중전), 록현탈격(중전, 낮), 가귀(지음), 인종간신, 맥월, 삼전내전, 살몰.

□ **핵심** : 재성, 관성, 일덕, 일록이 모두 극을 받는다. 전후에서 인종하니 액을 풀 수 있다.

□ **분석** : ❶ 일간의 귀살인 未는 寅에 임하고, 일록인 子는 未에 임하며, 일간의 재성 및 일덕인 巳는 子에 임한다. 이 네 글자는 모두 하적상(下賊上)을 한다.

❷ 癸의 기궁은 丑이다. 초전에서는 未가 寅에 가해서 丑의 앞에서 이끌고, 말전에서는 巳가 子에 가해서 丑의 뒤에서 따른다. 이와 같이 말전과 초전의 천반이 일간의 기궁인 丑을 인종하니, 세 하적상의 액을 충분히 감당할 수 있다.

□ **정단** : ❶ 봄 정단에서는 팔둔과 오복의 과이다. 사기가 발용이 된 것이 일둔, 寅목이 지극히 왕성한 것이 이둔, 위로 무덤을 보고 아래로 그 원수를 내려다보는 것이 삼둔, 흉장인 주작이 사둔, 주작과 형합(刑合)을 한 것이 오둔, 子가 未에 임해서 하적을 당하고 백호가 탄 것이 육둔, 子가 허수(虛宿)을 얻음으로 인해 분묘와 곡읍이 되니 칠

둔, 일간에는 등사가 타고 일지에는 현무가 탄 것이 팔둔이다.
❷ 그리고 초전이 사(死)이고 말전이 상(相)인 것이 일복, 말전에서 초전을 생하여서 자식이 엄마에게 가니 이복, 초전이 주작이고 말전이 귀인인 것이 삼복, 巳가 子로부터 극을 당하지만 귀인에 의해 구함을 얻는 것이 사복, 癸의 덕이 戌에 부착되고 戌가 丙에 기대고 午가 일간에 임한 것이 오복이다.
❸ 먼저는 우환이 있지만 나중에는 기쁨이 있다.

○ 날씨 : 바람은 많이 불고 비는 적게 온다. 머지않아 갠다.
　➔ 초전이 未토이니 비가 오지 않고, 중전의 子수가 극을 받으니 적은 비가 오며, 말전이 巳화이니 갠다.
○ 가정 : 사람이 많고 사람들의 뜻이 뒤섞여 있다. 가끔 불안하다.
　➔ ● 화목 : 사과와 삼전의 세 곳에서 하적상을 하는 장도액이니 부모와 자식, 남편과 아내가 불화하고 나쁜 소문이 가정 밖으로 퍼진다. ● 어린이 : 子는 어린이를 뜻한다. 중전에서 子가 子가 임한 未로부터 극을 받으니 어린이에게 재난과 질병이 발생한다. ● 도난 : 낮에는 지상에 현무가 타고 있으니 가정에서의 도난을 방비해야 한다.
○ 혼인 : 성사된다.
　➔ ● 성부 : 일간은 나이고 일지는 상대이다. 기궁과 일지 그리고 간상신과 지상신이 삼합하고 있으니 성사된다. ● 성정 : 사과의 세 곳이 하적상이니 무례한 성정의 여자이다. 또한 지상에 낮에는 현무가 타고 있으니 도심(盜心)이 있는 사람이고, 밤에는 등사가 타고 있으니 간교한 사람이다.
○ 임신·출산 : 임신과 불임신이 불확실하다. 혹은 병이 누적되어 있다. 출산을 정단하면 즉시 출산한다.

➜ 간상의 丑는 처재효이면서 태신이니 처의 임신을 뜻한다. 다만 밤에는 현무가 타고 있으니 불임일 가능성이 있다. 그리고 태신에 등사가 타고 있으니 즉시 출산한다.

○ **구관** : 관직자는 승진할 조짐이다. 과거에서는 대길하지만 문장은 칭찬할 정도가 아니다.

➜ ● 관직운 : 초전과 말전에서 일간을 인종하고, 삼전이 모두 하적상을 하며 연이어서 극을 하여 가니, 승진되거나 발탁되며 선거에서는 당선된다. ● 시험운 : 다만 밤에는 주작에서 일간을 극하니 성적이 나쁘다.

○ **구재** : 얻을 수 있지만 지나치게 욕심을 내면 안 된다.

➜ 재성은 곧 재물이다. 말전과 간상에 재성인 巳가 임하지만 여기에서 귀살을 생하니 재물로 인해 재앙이 될 수 있다.

○ **알현** : 기쁨이 있다.

➜ 초전과 말전에서 일간을 인종하니 기쁨이 있다. 그러나 낮에는 귀인이 지반으로부터 극을 당하고 밤에는 귀인이 교도소인 戌에 갇혀 있으니 어려운 상황에 놓여 있다.

○ **질병** : 무방하다.

➜ ● 병증 : 백호는 곧 병이다. 낮에는 백호가 子수에 타서 그 지반 未토로부터 극을 당하고 있으니 병세가 미약하다. ● 치료법 : 의약신이 寅卯이니 약초요법과 기도가 좋고, 의약신이 酉戌에 임하니 정서와 서북간에서 의약을 구하면 된다.

○ **유실** : 얻기 어렵다.

➜ 밤 정단에서는 현무가 재성에 타고 있으니 도난품을 얻기 어렵다. 또한 낮 정단에서는 현무가 탈기신에 타니 얻기 어렵다.

○ **출행** : 시비가 있으니 짝을 지어서 다니는 것이 좋다.

➜ 낮에는 주작이 未에 타서 일간을 극하니 출행하여 시비가 생긴다. 그리고 지일과이니 가까운 곳으로 출행하는 것이 좋다.

○ 귀가 : 아이를 정단하면 즉시 도착한다.
→ 어린이의 류신은 亥, 子, 천후[子], 현무[亥]이다. 현무가 지상과 간상에 임하니 온다. 그리고 지일과이니 집 근처에 있었다.
○ 쟁송 : 가정에서 일어나거나 혹은 보금자리를 침범한 사건이다.
→ 삼전이 모두 하적상이니 가정에서 쟁송이 발생한다. 일간 癸水가 일지 酉金으로부터 생을 받고 간상의 午火가 지상의 寅木으로부터 생을 받으니 상대는 내가 승소하며, 또한 삼전이 일간을 인종하니 내가 승소한다. 다만 『주역』의 수지비에 해당하는 지일과이니 화해하는 것이 좋다.
○ 전투 : 낮 정단에서는 불리하고, 밤 정단에서는 길하다.
→ 초전의 귀살은 적군이다. 이를 지상에서 제압하니 아군이 승전한다. 다만 지일과이니 휴전하는 것이 좋다.

□ 『필법부』 : 〈제1법〉 전후에서 인종하면 승진에 길하다. 반드시 관직자는 승진·발탁된다.
〈제76법〉 서로 시기하여 화가 모두에게 미친다.
〈제86법〉 내전을 만나면 도모하는 일에서 장차 재앙이 생긴다.
□ 『요람(要覽)』 : 삼전이 모두 하적상하고 연이어서 극을 하여 가는 것을 '내전'이라고 한다. 정단하는 사람의 보금자리를 반드시 범한 것으로 인하여 소송이 가정에서 발생한다. 관직자는 낮은 직책에서 높은 직책으로 오르게 되고 높은 지위에 올라 크게 귀하게 된다.
□ 『심인부』 : 子가 사계에 임하면 백호도 같이 온다. 어린이들에게 재난과 병이 자주 발생한다.

| 갑자순 | 계유일 | 9국 | 525 |

癸酉일 제 9국

공망 : 戌·亥 ○
낮 : 왼쪽 천장, 밤 : 오른쪽 천장

癸	乙		己
勾 酉 空	常 丑 陰		貴 巳 朱
巳	酉		丑

己	癸	乙	己
貴 巳 朱	勾 酉 空	常 丑 陰	貴 巳 朱
癸丑	巳	酉	丑

癸酉巳 勾空	○戌午 青白	○亥未 空常	甲子申 白玄
壬申辰 合青			乙丑酉 常陰
辛未卯 朱勾			丙寅戌○ 玄后
庚午寅 蛇合	己巳丑 貴朱	戊辰子 后蛇	丁卯亥○ 陰貴

□ **과체** : 섭해, 종혁, 불비, 반주∥삼기(중전), 형통(체생), 역허, 귀덕(낮), 용전호투, 회환, 무음(교차상극), 신장·귀등천문(밤).

□ **핵심** : 낮 정단에서는 귀인이 나에게 재물을 주려는 마음이 있다. 타인에 의지하는 것은 좋지 않다. 낮에는 천장오행에서 삼전을 생하고 삼전의 금에서 다시 일간을 생한다.

□ **분석** : ❶ 귀인의 재물인 巳가 일간에 임하고 그 둔간이 귀살인 己이다. 그 이로움이 반드시 귀인의 마음 씀씀이에서 나온 것이니 안심하고 거두어 들여도 된다.

❷ 그러나 움직여서 일지의 酉에게 몸을 숙여서 취하면, 일지의 묘신에 들어가서 연이어서 실패와 손실을 당한다. 이익을 버리고 손실을 선택한 것은 편안함을 구하려는 것이지만 어찌 계산으로 얻겠는가?

❸ 다행히 마지막에 일상으로 돌아오고 또한 낮의 천장이 모두 토이니 삼전의 모든 금을 생하고 삼전의 모든 금에서 다시 일간을 생한다.

□ **정단** : ❶ 섭해과이고 종혁격이다.

❷ 삼전과 사과가 회환이어서 쟁반 위에서 굴러다니는 구슬이 쟁반 밖으로 나가지 않는다.
❸ 낮 천장이 삼전을 생하고 삼전에서 차례로 일간을 생하니 대중의 사랑을 받아 복이 오고 우환은 저절로 사라진다.
❹ 그러나 일이 갈고리와 같이 구부러져서 펴지지 못하는 것이 반복된다.
❺ 금(金)에 결함이 있어서 순수하지 않다. ⑥ 이 과는 육음이고, 불비이며, 일진이 교차하여 극을 하니, 개혁[革]은 하지만 아직은 따르지[從] 않고, 따르지만[從] 다시 개혁[革]한다. ⑦ 군자는 반성하고 경계해야 한다.

───────────────────

○ 날씨 : 오랫동안 맑다. 아직은 비가 오지 않는다.
　➔ 삼전에 수의 천장이 타지 않았으니 비가 오지 않는다.
○ 가정 : 집은 넓고 사람은 쇠하다. 첩의 도망을 막아야 한다.
　➔ ● 가상 : 일간은 사람이고 일지는 가택이다. 삼전의 금국(酉丑巳)이 일지 酉를 탈기해서 일간을 생하는 상이니 집은 넓고 사람은 쇠하다. 이와 같이 가상이 흉하니 이사해야 한다. ● 음란사 : 긴지가 교차상극하니 '무음'이다. 따라서 가정에서 음란사가 발생하는 것을 방지해야 한다. ● 화목 : 일간과 일지가 삼합하고 일간과 일지의 상신이 다시 삼합하니 화목한 편이지만, 일간과 일지가 교차상극하니 좋은 가운데에 나쁜 점이 있다. 즉 지상의 丑은 일간 癸를 극하고 간상의 巳는 일지 酉를 극하니 교차상극이다.
○ 혼인 : 처가로 들어가는 것이 좋다. 나머지는 좋은 가운데에 부족함이 있다.
　➔ ● 성부 : 일간은 남자이고 일지는 여자이다. 기궁이 지상으로 가니 남자가 처가로 들어간다. 기궁이 일지로 탈기되니 처가를 부양

하는 상이다. ● 궁합 : 기궁이 지상으로 가서 일지와 삼합하니 남녀의 궁합이 좋다. 다만 간지가 교차상극하니 나중에 음란이 발생할 우려가 있다. 삼전이 일간을 체생하여 오니 많은 사람들의 축복을 받는다.

○ 임신·출산 : 태아는 안전하고 출산은 지체된다.

→ 일간은 태아이고 일지는 임신부이다. 삼합해서 일간을 생해오니 임신은 안전하지만 출산은 지연된다. 또한 태신인 午가 午의 장생지인 寅에 임하니 임신은 좋고 출산은 나쁘다.

○ 구관 : 추천해 주는 사람이 있으면 길하다. 스스로 구하면 의도대로 되지 않는다.

→ ● 관직운 : 삼전에서 일간을 차례로 생하여 오니 대중의 추천을 받아 승진·발탁·당선된다. 낮 정단에서는 삼전에 토의 천장들이 모두 타서 삼전의 금국을 생하고 여기에서 다시 일간을 생하여 오니 관직에 더욱 길하다. 비록 섭해과이니 승진이 조금 지체될 우려가 있지만 가을에 정단하면 그렇지 않고 최길하다.

○ 구재 : 순조로운 이익이 있다. 빨리 가서 취해야 한다.

→ 삼전에서 일간을 차례로 생하여 오니 순조로운 이익이 있다.

○ 알현 : 공연히 심신의 기운만 빠진다.

→ 낮 정단에서는 귀인이 재성에 타고 있으니 나에게 이롭고, 밤 정단에서는 귀인이 일간을 설기하니 손실을 입힌다. ● 만약 이 외의 일로 타인을 방문을 하거나 혹은 면접을 보면 간지가 교차상극이니 나쁘다.

○ 질병 : 간이나 신장이 상했거나 혹은 근골이 상했다.

→ ● 병증 : 금이 지극히 강하고 일간 癸수와 목이 약하다. 따라서 수의 장기인 신장과 목의 장기인 간이 약하다. ● 치료법 : 의약신이 寅卯이니 약초요법과 기도가 좋고, 의약신이 戌亥에 임하니 서북간에서 의약을 구하면 된다.

○ 유실 : 도둑을 잡기 어렵다.
　➜ 현무는 곧 도둑이다. 현무가 과전에 보이지 않으니 잡기 어렵다.
○ 출행 : 이익이 없다. 돌아올 시기에는 이롭다.
　➜ 말전에 재성이 임하니 돌아올 시기에 이익이 있다. 만약 구재가 목적이면 말전의 재성이 간상으로 돌아오니 목적을 성취한다.
○ 귀가 : 신속하게 돌아온다.
　➜ 삼전이 사과로 회귀하는 회환이니 신속하게 돌아온다.
○ 쟁송 : 화해한다.
　➜ 과전이 삼합하니 화해한다.
○ 전투 : 불리하다. 변동하면 이익이 있다.
　➜ 일간은 아군이고 일지는 적군이다. 지상에서 일간을 극하니 아군이 불리하다. 그러나 움직이면 삼전의 생을 받아서 유리하다.

────────────────

□ 『필법부』 : 〈제64법〉 부부가 음란하여 각기 사통하는 일이 있다.
　〈제31법〉 삼전이 차례로 일간을 생해오면 타인의 추천을 받는다.
　〈제81법〉 삼전에서 묘신이 묘신에 들면 증오와 사랑으로 나눠진다.
　□ 『과경』 : 午가 寅에 가하니 태신이 태신의 장생에 앉는다. 임신정단에서는 크게 좋고 출산정단에서는 크게 나쁘다. 그리고 일상신이 재성이지만 오히려 둔반이 갑자순의 귀살이니 반드시 재물로 인해 화가 미치거나, 혹은 음식으로 인해 몸이 상하거나, 혹은 처로 인해 소송이 발생한다. 밤에 정단하면 주작이 타고 있으니 관재와 구설수를 방지해야 한다. 낮 정단에서는 이와 같이 논하지 않는다.
　□ 『운소부』 : 미녀[酉]가 말을 하지 못하고 흰 닭[酉]이 손방(동남방)으로 날아간다. 다시 말하기를 소[丑]를 끌고 금문[酉]의 길에 이르니, 가축이 피로 물들여지고 병에 걸려서 수척하다.

癸酉일 제 10 국

공망 : 戌·亥 ○
낮 : 왼쪽 천장, 밤 : 오른쪽 천장

戊	辛	○	
后辰蛇	朱未勾	青戌白	
丑	辰	未	

戊	辛	甲	丁
后辰蛇	朱未勾	白子玄	陰卯貴
癸丑	辰	酉	子

壬申巳 合青	癸酉午 勾空	○戌未 青白	○亥申 空常
辛未辰 朱勾			甲子酉 白玄
庚午卯 蛇合			乙丑戌 常陰 ○
己巳寅 貴朱	戊辰丑 后蛇	丁卯子 陰貴	丙寅亥 玄后

- □ **과체** : 원수, 순간색, 참관 // 사기(死奇), 귀묘, 록현탈, 권섭부정, 유자(미월·축월), 묘신부일, 옥택관광, 절신가생(연명 : 巳), 참관, 교차육합, 유자(5·11·3·9).

- □ **핵심** : 간지가 교차육합을 하지만 소용이 없다. 밤에는 일록에 현무가 타니 일록을 포기해야 한다. 일록을 포기하고 움직이면 거듭된 토로 인해 잘못된다.

- □ **분석** : ❶ 子와 丑이 합을 하고 辰괴 酉가 교차하여 서로 합을 할지라도 소용이 없다.

  ❷ 낮 정단에서 일록인 子에 백호가 타고 있으니 매우 놀랄만한 액은 있지만 지킬 수 있다. 그러나 밤 정단에서는 현무가 타고 있으니 반드시 도난을 당한다. 따라서 교차육합을 하지만 무슨 이익이 있겠는가?

  ❸ 이미 일록이 소용이 없으니 집을 포기하고 움직여서 다시 초전에 있는 귀살 겸 묘신에 들어가서 가득 찬 토를 만나니 화(禍)를 면하기 어렵다.

- □ **정단** : ❶ 원수과이며 참관격이다.

❷ 삼전이 모두 사계이고 천강[辰]이 일간에 가한 뒤에 발용이 되고, 다시 묘신이 일간을 뒤덮으니 일이 크게 어둡고 침체된다.
❸ 움직이면 발용과 간상이 자형(自刑)이고, 중전은 지상의 子를 육해하며, 말전은 공망된다. 그래서 앞이 캄캄한 사람은 하나의 틈새로 빛이 들어오고, 막힘이 있는 사람에게는 하나의 선을 열어서 길을 내어준다.
❹ 이러하니 정단하는 사람은 새롭게 변모해서 나아가면 이롭고, 모든 계획하는 일에서 흉이 사라지고 길이 찾아 온다.

○ 날씨 : 온난하고 다습하지만 비는 오지 않고 안개만 낀다.
→ 삼전이 순토이니 온난하고 다습하다. 토에서 오행의 수를 극하니 비가 오지 않는다. 초전이 辰이니 안개가 끼고, 말전이 戌이니 구름이 낀다.

○ 가정 : 집을 팔아 돈을 모아서 우환에 대비해야 한다. 그러나 능력이 있는 사람은 집을 지키더라도 모든 흉이 해가 되지 않는다.
→ 일지가 삼전의 토국으로부터 생을 받으니 집이 지나치게 넓다. 따라서 이 집을 팔고 이사해서 여유자금을 마련하여 삼전 귀살로부터의 해(害)에 대비해야 한다. 다만 부자는 무방하다.

○ 혼인 : 이롭지 않다.
→ ● 길흉 : 일간은 나이고 일지는 상대이다. 지상에 낮에는 백호가 타고 있고 밤에는 현무가 타고 있으니 상대방은 나에게 이롭지 않은 사람이다. 그리고 묘신이 일간을 덮고 있으니 어려운 상황에 놓여 있다. 이러한 것에 개의치 않는다면 간지가 교차육합을 하고 일간과 일지, 간지의 상신이 삼합하고 있으니 혼인이 된다. ● 궁합 : 기궁과 일지가 삼합하고, 간상신과 지상신이 삼합하며, 간지가 교차육합하니 좋은 편이다.

○ **임신·출산** : 낙태를 방지해야 한다.

→ 일간은 태아이고 일지는 임신부이다. 묘신이 일간을 덮고 있으니 태아의 생명이 위험하고, 일지의 상하가 파(破)이니 임신부의 건강 또한 나쁘다.

○ **구관** : 처음에는 장애가 있지만 나중에는 점차 밝아진다.

→ ● 관직운 : 일록은 공무원이 받는 재물이고 관성은 관직이다. 일록이 지상으로 갔으니 강등 당할 우려가 있다. 초전이 관성이니 길하고, 중전이 관성이니 또한 길하다. 다만 말전이 공망되었으니 관로의 마지막은 좋지 않다. ● 진로 : 삼전이 토국이니 땅을 지키는 군인, 경찰, 출입국관리직, 국토해양부, 국토교통부 등의 공직이 좋다.

○ **구재** : 그것을 굳건하게 유지하면 된다.

→ 그것은 지상에 있는 일록을 가리킨다. 근신하면서 식록을 지켜야 한다. 만약 움직이면 삼전이 모두 귀살이니 귀살의 해를 입게 된다. 다만 연명이 寅卯이면 그 상신이 巳午이니 구재를 해도 된다.

○ **질병** : 비장과 신장 질환이다. 한참 뒤에 낫는다.

→ ● 병증 : 오행이 실한 것과 허한 것이 병이 된다. 이 과전에서 토는 실하고 수는 허하다. 따라서 토에 해당하는 비·위와 수에 해당하는 신장에 관련된 병이 발생한다. ● 정신병 : 간상과 초전이 귀살 겸 묘신이니 정신병이다. ● 치료법 : 의약신이 卯이니 약초요법과 기도가 좋고, 의약신이 子에 임하니 정북에서 의약을 구하면 된다.

○ **유실** : 도망간 도둑을 잡기 어렵다.

→ 도둑의 류신은 현무이다. 낮에는 현무가 공함이 되었으니 잡기 어렵다. 밤에는 현무가 지상에 있으니 가족이 도둑이다. 가족의 행년이 酉인 사람이 도둑이다.

○ **출행** : 비록 출행이 순조롭지 못하지만 집에 있는 것보다는 좋다. 우환을 피하는 것이 더욱 이롭다.

➔ 삼전이 귀살국이니 출행하여 장애가 있다.
○ 귀가 : 장애가 있어서 아직은 돌아오지 않는다.
➔ 삼전이 귀살국이니 귀가에 장애가 생긴다.
○ 쟁송 : 화해하기 어렵다. 마지막에 풀려서 소송이 구해진다.
➔ 간지가 삼합하고 간지상신이 다시 삼합하니 합의를 하는 것이 좋다. 일지음신의 복덕신 卯가 삼전의 귀살을 제압하니 관재가 해소된다.
○ 전투 : 군영의 내부가 불안하다. 일에 부딪치면 결과가 없다.
➔ 일간은 군인, 일지는 군영, 일록은 양식이다. 밤에는 지상의 일록 子에 현무가 타고 있으니 양식을 도난당할 우려가 있고, 낮에는 백호가 타고 있으니 양식을 취하기 어렵다.

□ 『필법부』: 〈제8법〉 일록이 일지에 임하면, 임시직으로서 정당한 자리가 아니거나 혹은 먼 곳에 직장이 주어진다.
 〈제65법〉 일간의 묘신이 관신을 아우르면 사람과 가택이 폐관되는 허물이 있다. 관신은 봄에는 丑, 여름에는 辰, 가을에는 未, 겨울에는 戌이다. 이 과전에서는 간상이 발용이 되었으니 사람이 쇠해진다.
□ 『과경』: 묘신이 비록 일간을 덮고 밤에는 등사가 타고 있지만 다행한 것은 백호가 말전의 戌에 타서 묘신인 辰을 충을 해서 묘지를 깨부수고 귀살을 충하니, 흉으로써 흉을 사라지게 한다.
□ 『정와』: 천강[辰]이 관귀효에 해당하면 '진부(真符)'이다. 천을귀인이 귀호[寅]에 임하면 참관이 공무원을 만났다고 한다.
□ 『괄낭부』: 유랑자와 돈 많은 상인은 아직 돌아오지 않는다. 참관은 신속하게 도망친다.

| 갑자순 | 계유일 | 11국 | 533 |

癸酉일   제 11 국

공망 : 戌·亥 ○
낮 : 왼쪽 천장, 밤 : 오른쪽 천장

乙	丁	己	
常 丑 陰	陰 卯 貴	貴 巳 朱	
亥 ○	丑	卯	
丁	己	○	乙
陰 卯 貴	貴 巳 朱	空 亥 常	常 丑 陰
癸 丑	卯	酉	亥 ○

辛未巳 朱勾	壬午 勾合青	癸酉未 空勾青	○戌申 白
庚午辰 合蛇			○亥酉 常空
己巳卯 朱貴			甲子戌 玄白
戊辰寅 蛇后	丁卯丑 貴陰	丙寅子 后玄	乙丑亥 陰常 ○

□ **과체** : 원수, 진간전, 출호(出戶) // 삼기(불성), 여덕(낮), 복덕, 가귀, 귀덕임신(연명 : 卯, 낮), 회환, 맥월, 육음, 수일정신, 강색귀호, 염막귀인(낮), 간지구탈, 살몰, 고진과수.

□ **핵심** : 낮 귀인과 밤 귀인이 모두 모여 있다. 거주할 수 있는 집이 없다. 일간과 일지가 탈기를 당하고, 공허한 귀살이 쓸데없이 포진하고 있다.

□ **분석** : ❶ 낮 귀인 巳가 밤 귀인 卯에 가한 것은, 낮 귀인이 밤 귀인의 집에 임한 것이다. 따라서 낮 귀인이 밤 귀인의 집에 모인 것이다. ❷ 丑은 가택의 음신으로서 공망된 亥로 들어갔으니 거주할 수 있는 집이 없다. 일간과 일지가 모두 그 상신에게 탈기를 당했으니 사기를 당하지 않아야 한다. 丑이 일간의 귀살이지만 공망에 떨어졌으니 화(禍)와 복(福) 모두 무력하다.

□ **정단** : ❶ 원수과이며 순간전(順間傳)이며 출산하는 격이다.
❷ 갑자순의 삼기가 발용이 되었으니 뜻밖의 기이한 만남이 있다. 군자는 '홍점지익(鴻漸之翼)' 곧 점점 높이 천상으로 날 수 있는 큰 기러기의 날개와 같이 점차 높은 자리에 오르는 재능으로 승진하

고, 소인은 의심이 많아서 결정을 내리지 못한다. 그러나 애석하게도 초전이 공함이 되었으니 모두 헛소리에 불과하다.

❸ 간지가 모두 탈기를 당하니 무익하다. 꾀하여 구하는 일이 실제에 부합하는 면이 적으니 가만히 기다리는 것이 오히려 낫다. 가을과 겨울이 길하다.

○ 날씨 : 구름이 모였다가 흩어진다. 갑자순을 벗어나면 비가 오지만 많은 양은 아니다.
　→ 초전이 丑이니 비를 흩고, 중전이 卯이니 우레가 치며, 말전이 巳이니 무지개가 뜬다. 삼전에 수의 천장이 없으니 비가 오지 않는다.
○ 가정 : 집은 낡고 사람은 궁색하다. 손실을 방지해야 한다.
　→ ● 가계 : 일지가 지상으로 탈기되니 집은 낡고, 일간이 간상으로 탈기되니 사람은 궁색하다. ● 손재수 : 낮에는 간상에 태음이 타니 소인에 의한 손재수가 생기고, 지상에 천공이 타고 있으니 속임에 의한 손재수가 생기며 다시 공망되었으니 그 해가 더욱 심하다.
○ 혼인 : 남자와 여자가 모두 가난하면 양측 모두 좋다. 그러나 그렇지 않으면 불길하다.
　→ ● 길흉 : 일간은 남자이고 일지는 여자이다. 일간과 일지가 모두 탈기를 당하니 남녀 모두 가난하다. 특히 지상이 공망되었으니 상대방이 더 가난하다. 남녀가 모두 가난한 사람이면 혼인이 성립된다. ● 궁합 : 간지와 그 상신이 삼합하니 좋은 편이다.
○ 임신·출산 : 임신은 했지만 병이 많다. 임신에서 부실을 방지해야 한다.
　→ 일간은 태아이고 일지는 임신부이다. 일간이 간상으로 탈기되니 태아의 건강이 좋지 않고, 일지가 지상으로 탈기되니 임신부의 건강이 좋지 않다. 따라서 병약한 태아 혹은 낙태를 방지해야 한다.

● 임신정단에서 간상에 정신이 타고 있어서 태아가 요동하니 불길하다.

○ 구관 : 연명이 戌과 亥인 사람은 이롭고 나머지는 무익하다.

　→ ● 관직운 : 일록은 봉록, 역마는 승진의 신이다. 비록 원수과이니 유리해 보이지만 과전에 관성과 일록이 없고 지상의 역마가 공망되었으니 흉하다. 연명이 戌이면 그 상신이 일록인 子이니 좋고, 亥이면 그 상신이 관성인 丑이니 좋다.

　● 퇴직운 : 낮 정단에서 염막귀인이 일간에 임하니 퇴직할 우려가 있다.

○ 구재 : 오히려 손실을 입는다.

　→ 사업정단에서 일간은 사업주이고 일지는 회사이다. 간지가 모두 그 상신으로부터 탈기를 당하니 경제적인 손실이 많다. 말전의 재성 巳는 낮 정단에서 관청이나 귀인을 통한 수입이다. 그러나 그 위의 귀살에서 일간을 극하니 화를 방지해야 한다.

○ 질병 : 허약하지만 막을 수 있다.

　→ ● 병증 : 일간은 환자이다. 일간이 간상으로 탈기를 당하니 몸이 허약하고 쇠하다. 약이 되는 음식을 먹고 원기를 보충해야 한다. 더군다나 과전이 육음이니 그 해가 더욱 심하다.

　● 치료법 : 의약신이 寅卯이니 약초요법과 기도가 좋고, 의약신이 丑에 임하니 동북간에서 의약을 구하면 된다.

○ 유실 : 한번이 아니다. 찾기 어렵다.

　→ 재성은 곧 재물이다. 재성이 정마에 타니 재물이 원방에 있으니 찾기 어렵다.

○ 출행 : 불리하다.

　→ 출행인을 뜻하는 일간이 간상으로 탈기되니 출행하여 손실이 많다. 그리고 초전이 공망되었으니 출행하기 어렵다.

○ 귀가 : 아직 귀가하지 않는다. 어디로 갔는지 알 수 없다.

→ 출호격은 집을 나가는 상이니 아직 집에 오지 않는다.
○ 쟁송 : 양쪽 모두에게 손실이 있지만 저절로 풀리게 된다.
→ 일간은 나이고 일지는 상대이다. 간지가 모두 그 상신으로부터 탈기를 당하니 나와 상대 모두에게 손실이 생긴다. 초전의 관귀효가 공망되었으니 관재가 해소된다.
○ 전투 : 낮 정단에서는 길하고, 밤 정단에서는 대승을 거둔다. 용병에서 분합(分合)이 묘하다.
→ 귀살은 적군이다. 초전의 귀살이 공망되었으니 승전한다.
○ 분묘 : 묘혈이 넓으면 사람에게 유익하다.
→ 일지음신은 혈(穴)이고 丑 또한 혈이다. 일지음신이 공망되었으니 공허한 혈이다.

□ 『필법부』 : 〈제26법〉 수일(水日)에 정신을 만나면 재물이 빨리 움직인다.
  〈제35법〉 사람과 가택이 손실을 입으니 두 곳에 도적이 온다.
  〈제45법〉 주야귀인이 서로 가하면 양 귀인에게서 구하면 된다. 그러나 귀인을 만나는 정단에서 귀인을 만나지 못한다.
□ 『과경』 : 밤 귀인 卯가 일간을 탈기하니 반드시 귀인에 의해 손실을 입거나 혹은 '천을신기(天乙神祇)' 곧 천신과 지귀로 인하여 재물을 잃는다. 그리고 卯는 일문(日門)이고 巳는 지호(地戶)이다. 丑에서 巳로 전해지면 문을 열고 나가는 상이다. 모든 정단에서 타인을 방문하면 집에 없고, 출행하면 유리하다.

| 癸酉일 | 제 12 국 |

공망 : 戌·亥 ○
낮 : 왼쪽 천장, 밤 : 오른쪽 천장

○	甲	乙	
空 亥 常	白 子 玄	常 丑 陰	
戌 ○	亥 ○	子	
丙	丁	○	○
玄 寅 后	陰 卯 貴	青 戌 白	空 亥 常
癸丑	寅	酉	戌 ○

庚午 蛇 合 巳	辛未 朱 勾 午	壬申 合 青 未	癸酉 勾 空 申
己巳 貴 朱 辰			○ 青 戌 白 酉
戊辰 后 蛇 卯			○ 空 亥 常 戌 ○
丁卯 陰 貴 寅	丙寅 玄 后 丑	乙丑 常 陰 子	甲子 白 玄 亥 ○

□ **과체** : 중심, 진여, 고진과수∥침해(피차시기), 덕경, 연주삼기(공망), 육의(중전), 록현탈격, 록공망, 맥월, 탈상봉탈, 탈도격(낮), 천라지망.

□ **핵심** : 일간과 일지가 삼전을 끼고 있으니, 집을 나간 사람은 곧 돌아온다. 모든 일은 가정을 벗어나지 않고, 도둑이 근처에 서성이고 있다.

□ **분석** : ❶ 간상의 寅은 말전의 앞에 있고 지상의 戌은 초전의 뒤에 있다. 亥子丑을 가운데에 두고서 일간과 일지에서 이를 끼고 있다. 따라서 귀가 정단에서는 이미 집 근처로 왔다. 지상이 戌과 亥이니 가정사를 벗어나지 않는다. 중전과 말전은 子丑에서 寅으로 들어가서 일상신이 된다.

❷ 낮에는 간상에 현무가 타니 도둑이 마을을 떠나지 않았고, 밤에는 백호가 가택에 임하여 일간의 귀살이 되니 식구가 불안하다.

❸ 초전이 낙공이 되었지만 간상의 寅이 이를 구하니 화가 없다.

□ 정단 : ❶ 중심과이고 순연여이다.

❷ 子와 寅이 삼기인 丑을 끼고 있고 갑자순의 육의인 子가 과전에 들어 왔다.

❸ 일지 기준의 지의가 과전에 드니 만사 뜻대로 되고 길사와 경사가 겹친다.

❹ 간상은 일간을 탈기하고 지상은 공망되니, 한곳에서는 탈기하고 한곳에서는 공망되어, 두 곳 모두에 이득이 없다. 도가와 불가의 수행자가 이 과전으로 정단하면 길하지만, 나머지 부류의 사람이 정단하면 취할 것이 하나도 없다.

❺ 용신이 본래 갑자순의 공망이고, 다시 공망된 지반에 앉으며, 낮 정단에서는 용신에 천공이 탄다. 따라서 길(吉)은 헛되고 흉(凶)은 사라진다.

년) 지의(支儀) : 유일(酉日)의 지의가 戌이지만 갑자순의 공망에 해당하니 쓸 수 없다.

○ 날씨 : 가끔 가물고 많이 맑다. 가끔 흐리고 오랫동안 비가 온다.
→ 오행의 수는 비를 뜻한다. 삼전이 수국이지만 공망되었으니 비가 오지 않는다. 그러나 다음 순에는 공망이 메워지니 비가 온다.

○ 가정 : 가운이 막히고 닫히며 사람의 운세가 왕성하지 못하다.
→ 일지는 가정이다. 지상이 공망되었으니 가운이 막힌다.
● 일간은 사람이다. 간상에서 일간을 설기하고 현무가 이곳에 타니, 도난이나 사기로 인한 손재수를 방지해야 한다.
● 일지의 상하가 육해이고 지상의 戌에서 일지음신의 亥를 극하니 가족이 화목하지 않다.

○ 혼인 : 중매인이 헛말을 하지만 결국은 영향이 미친다.
→ ● 중매장이 : 사과에서는 일간이 남자이고 일지는 여자, 삼전에

서는 초전은 남자이고 중전은 중매인이며 말전은 여자이다. 중전이 공망되었으니 거짓말을 하는 중매인이다.

　● 성부(成否) : 간상의 寅에서 지상의 戌을 극하고, 기궁인 丑과 지상의 戌이 다시 형을 하며, 지상이 공망되었으니 혼인하기 어렵다.

○ 임신·출산 : 임신정단을 하면 아직 임신이 되지 않았고, 출산정단을 하면 즉시 출산한다.

　→ 임신정단을 하면 초전이 공망되었으니 임신되지 않고, 출산정단을 하면 일지가 공망되었으니 출산이 길하다.

　● 일간의 음양이신이 1양2음이니 아들이고 삼전이 1양2음이니 다시 아들이다.

○ 구관 : 먼저 공허한 말을 듣게 되지만 나중에는 뜻밖의 좋은 기회가 있다.

　→ ● 관직운 : 초전이 공망되었으니 처음에는 관운이 나쁘지만 말전이 삼기이니 나중에는 관운이 좋다.

　● 시험운 : 삼기·육의·연주삼기는 모두 고시에 이롭다.

○ 구재 : 오히려 손실을 입는다.

　→ 재성이 과전에 없으니 소득이 없을 뿐만 아니라 간상에서 일간을 탈기하니 손실을 입는다. 낮에는 현무가 타니 도둑이 훔쳐가고, 삼전이 형제효이니 지인이 다시 뺏어간다.

○ 알현 : 만나지 못하고 돌아온다.

　→ 삼전이 공망되었으니 만나지 못한다.

○ 질병 : 급병은 바로 낫고, 구병은 흉하다.

　→ ● 병증 : 삼전이 공망되었으니, 급병은 바로 낫고 구병은 사망한다. ● 치료법 : 의약신이 寅卯이니 약초요법과 기도가 좋고, 의약신이 丑寅에 임하니 동북간에서 의약을 구하면 된다.

○ 유실 : 물건은 잃고 도둑은 잡기 어렵다.

　→ 재성은 곧 물건이고, 현무는 곧 도둑이다. 재성이 과전에 없으니

물건을 되찾기 어렵고, 밤 정단에서는 현무가 공망되었으니 도둑을 잡기 어렵다. 낮 정단에서는 현무가 간상에 있지만 현무의 음신에 태음이 타고 그 위에 다시 정마가 타고 있으니 잡기 어렵다.
○ **출행** : 움직이면 안 된다. 갑자기 나가고 즉시 되돌아온다.
→ 초전은 출행의 초기, 중전은 중도, 말전은 목적지이다. 초·중전이 공망되었고, 진여격이 공망되었으며, 역마가 공망되었으니 움직이면 안 된다. 그리고 '간지협공삼전'은 귀가하는 상이다.
○ **귀가** : 타향에서 고독하지만 아직은 귀가하지 않는다.
→ 일지는 타향이고 기궁은 출행인이다. 지상이 공망되었으니 타향살이가 고독하고, 기궁이 말전에 있으니 아직 귀가하지 않는다. 그러나 간지협공삼전이니 다음 순에는 귀가한다.
○ **쟁송** : 수감을 방지해야 한다. 관재가 곧 흩어진다.
→ '간지협공삼전'은 관재를 벗어날 수 없는 상이지만 초·중전이 공망되었으니 곧 풀린다.
○ **전투** : 이롭지 않다. 진영을 견고하게 지켜야 하고 구덩이와 도랑을 많이 파야 한다.
→ 일간은 군인이고 일지는 진영이다. 지상이 공망되었으니 군영이 공허하다. 따라서 군영을 견고하게 설치해야 한다.

□ 『필법부』: 〈제55법〉 천라지망을 만나면 꾀하는 일이 졸렬해진다. 〈제16법〉 공망 위가 다시 공망되면 모든 일을 이룰 수 없다.
□ 『과경』: 간상에서 탈기를 만나고 낮 정단에서 현무가 타니 '탈도격(脫盜格)'이다. 손실을 당하고 속임을 당해 실속이 없다.
□ 『수중금』: 이 과전의 연주삼기인 亥子丑은 햇빛이 아래에 있으니 비록 보물을 품고 있지만 공허해져서 모든 것을 미혹시킨다.
□ 『정와』: '진고진과수'는 앞과 뒤에서 공허하다. 음양이 모두 쓸쓸하

고 몹시 불길하지만 만약 삼기와 육의를 만나면 구제신이 이를 구제하여 홀아비와 과부가 다시 장가들고 시집간다.

끝맺는 말

육임에는 세 가지 성격의 책이 있다. 첫째는 육임의 '이론서'이고, 둘째는 육임의 '임상서'이며, 셋째는 육임의 '720과 주석서'이다. 필자가 예전에 저술했던 『육임입문』과 편저했던 『대육임필법부』는 육임의 이론서이고, 육임실전 2(『육임지남주해』)는 임상서이며, 이번에 출간하는 『대육임직지』는 720과 주석서이다. 육임의 이론서는 육임 720과를 위한 기본서책이라고 할 수 있으므로 『대육임직지』는 곧 육임의 결실에 해당하는 책이라고 말할 수 있다.

720과 주석서인 『대육임직지』를 출간하려고 마음을 먹은 지 10여 년이 지나서야 겨우 그 절반인 갑자순·갑술순·갑신순 등 세 순의 주석서를 먼저 출간하게 되었다. 애초에는 여섯 순의 주석서를 완성하여 한꺼번에 출간하려고 하였지만, 이번에 갑자순·갑술순·갑신순 등 세 순의 『대육임직지』를 먼저 공개하는 가장 큰 이유는 두 가지이다. 육임을 공부하는 분들에게는 육임 이해에 도움이 되게 하고, 상담을 생업으로 하는 분들에게는 상담에 적합한 책이 시급하게 필요하다고 생각하였기 때문이다.

지난 10여 년을 돌이켜 생각해보면 참으로 바쁘게 산 삶이었다. 대학원에 진학하여 수업을 듣고 강의와 상담으로 숨 가쁘게 살았다. 그 와중에서 틈틈이 720과를 번역하고 주석하였다. 휴가철과 주말은 물론이고 일요일에도 번역을 했고, 밤마다 가족이 잠든 시간에도 『대육임직지』를 붙들고 밤을 샌 날들이 머리를 스친다.

끝으로 다량의 거친 원고를 편집해 주시고 출판해 주신 대유학당의 여러분께 감사의 말씀을 드리면서, 이 책이 육임을 사랑하고 연구하며 활용하시는 모든 분들께 조금이나마 도움이 되길 해님에게 기원한다.

서기 2018년 중추에
빛고을 광명에서 이수동 적음

참고문헌

1. 고서(古書)

- 삼국시대 촉나라, 諸葛孔明(?), 『六壬直指』.
- 시대, 작자 미상, 『六壬立成大全鈴』〈고금도서집성에 수록〉.
- 명나라, 黃賓廷, 『六壬集應鈴』(전60권).
- 청나라, 吳師靑, 『六壬要訣』.

2. 근대

- 阿部熹作(=아부태산), 『鑑定祕鍵』, 京都書員(일본).

3. 현대

1) 대만

- 林相如, 『大六壬總覽』, 武陵出版公司, 대만, 1995.
- 阿部熹作(아부태산), 『鑑定祕鍵』, 武陵出版公司, 대만, 1995.

2) 국내

- 아부희작, 정민현번역, 『六壬天文易720課鑑定祕鍵』, 삼원문화사, 1998.
- 신육천, 『육임정단법』, 상지사, 1987.
- 소담, 『六壬直指註解』, 2007.

육임 720과 삼전

제1순	제1국	제2국	제3국	제4국	제5국	제6국	제7국	제8국	제9국	제10국	제11국	제12국
갑자	寅巳申	子亥戌	戌申午	午卯子	戌申寅	寅酉辰	寅申寅	子巳戌	辰申子	申亥寅	辰午申	辰巳午
을축	辰丑戌	子亥戌	亥酉未	丑戌未	巳丑酉	卯戌巳	戌辰戌	寅未子	酉丑巳	未戌丑	申戌子	寅卯辰
병인	巳申寅	子亥戌	丑戌酉	亥申巳	戌午寅	子未寅	寅申寅	子巳戌	酉丑巳	申亥寅	辰午申	辰巳午
정묘	卯子午	丑子亥	亥酉未	子酉午	未卯亥	戌巳子	卯酉卯	巳戌卯	亥卯未	酉子卯	酉亥丑	辰巳丑
무진	巳寅申	卯寅丑	丑戌酉	寅亥申	子卯辰	子申午	亥巳亥	寅未子	子辰申	亥戌巳	申戌子	寅午午
기사	巳申寅	卯寅丑	丑戌酉	寅亥申	卯戌未	酉辰亥	巳亥巳	巳戌卯	酉丑巳	申亥寅	亥丑卯	申申申
경오	申寅巳	午巳辰	寅子戌	巳寅亥	子申辰	戌巳子	寅申寅	辰酉寅	辰申子	酉子卯	申戌子	戌未酉
신미	未丑戌	巳辰卯	午辰寅	亥未未	卯戌未	酉辰亥	丑巳丑	巳戌卯	亥卯未	亥丑丑	寅辰午	申亥午
임신	亥申寅	戌酉申	午辰寅	巳寅亥	子申辰	午丑申	寅申寅	辰酉寅	未亥卯	巳申亥	子寅辰	丑寅卯
계유	丑戌未	未午巳	未巳卯	午卯子	巳丑酉	亥午丑	卯酉卯	未子巳	酉丑巳	辰未戌	丑卯巳	亥子丑

제2순	제1국	제2국	제3국	제4국	제5국	제6국	제7국	제8국	제9국	제10국	제11국	제12국
갑술	寅巳申	子亥戌	午辰寅	申寅寅	戌午寅	子未寅	寅申寅	子巳戌	寅午戌	亥申寅	辰午申	辰巳午
을해	辰亥巳	戌酉申	酉未巳	丑戌未	未卯亥	午丑申	巳亥巳	寅未子	未戌丑	未戌丑	申戌子	丑寅卯
병자	巳申寅	戌酉申	丑亥酉	午卯子	申辰子	子未寅	午子午	巳戌卯	酉丑巳	申亥寅	辰午申	辰卯辰
정축	丑戌未	子亥戌	亥酉未	子辰戌	巳丑酉	卯戌巳	亥未丑	巳戌卯	酉丑巳	午戌辰	酉亥丑	申酉戌
무인	巳申寅	子亥戌	丑戌酉	寅亥申	戌午寅	子未寅	寅申寅	子巳戌	丑午酉	申亥寅	辰午申	辰巳午
기묘	卯子午	丑子亥	亥酉未	子酉午	未卯亥	戌巳子	卯酉卯	巳戌卯	亥卯未	酉子卯	亥丑卯	辰巳午
경진	申寅巳	卯寅丑	寅子戌	巳寅亥	子卯辰	午丑申	寅申寅	寅未子	辰申子	巳申申	申戌子	午未申
신사	巳申寅	卯寅丑	丑亥酉	寅亥申	午寅戌	未寅酉	巳亥巳	卯申丑	酉丑巳	亥申寅	寅辰午	午未申
임오	亥午子	戌酉申	寅子戌	巳寅亥	戌午寅	午丑申	午子午	辰酉寅	未亥卯	酉子卯	申戌子	丑寅卯
계미	丑戌未	巳辰卯	巳卯丑	戌未辰	卯亥未	卯戌巳	未丑未	巳戌卯	酉丑巳	辰未戌	巳未酉	申寅辰

제3순	제1국	제2국	제3국	제4국	제5국	제6국	제7국	제8국	제9국	제10국	제11국	제12국
갑신	寅巳申	子亥戌	午辰寅	巳寅亥	子卯辰	戌巳子	寅申寅	子巳戌	辰申子	申亥寅	辰午申	辰巳午
을유	辰酉卯	申未午	未巳卯	丑戌未	巳丑酉	亥午丑	卯酉卯	未子巳	申子辰	未戌丑	申戌子	亥子丑
병술	巳申寅	卯寅丑	丑戌酉	亥申巳	酉巳丑	子未寅	巳亥巳	申卯午	酉丑巳	申亥寅	子寅辰	亥子丑
정해	亥未丑	戌酉申	酉未巳	巳寅亥	未卯亥	午卯申	亥巳巳	巳戌卯	未戌丑	午戌辰	酉亥丑	申酉戌
무자	巳申寅	酉申申	丑亥酉	寅亥申	申丑申	子未寅	午子午	巳戌卯	辰申子	卯午酉	辰午申	寅卯辰
기축	丑戌未	子亥戌	亥酉未	子辰戌	卯戌未	卯戌巳	亥未丑	巳戌卯	酉丑巳	午戌辰	卯巳未	卯巳未
경인	申寅巳	子亥戌	午辰寅	巳寅亥	子申辰	戌巳子	寅申寅	子巳戌	辰申子	申亥寅	辰午申	辰巳午
신묘	卯子午	丑子亥	亥酉未	子未子	未卯亥	戌巳子	卯酉卯	卯申丑	亥卯未	酉子卯	巳未酉	辰巳午
임진	亥辰戌	戌酉申	寅子戌	寅亥亥	子申辰	午丑申	巳亥巳	寅未子	未亥卯	戌丑辰	申戌子	丑寅卯
계사	丑戌未	卯寅丑	丑戌酉	戌未辰	巳丑酉	卯戌巳	巳亥巳	午亥辰	酉丑巳	申亥寅	未酉亥	未申酉